中國学術思想 研究輯刊

二　編

林　慶　彰　主編

第6冊

西漢以前家宅五祀及其相關信仰研究
——以楚地簡帛文獻資料爲討論焦點（上）

鄒　濬　智　著

花木蘭文化出版社

國家圖書館出版品預行編目資料

西漢以前家宅五祀及其相關信仰研究——以楚地簡帛文獻資
料為討論焦點（上）／鄒濬智 著—初版—台北縣永和市：
花木蘭文化出版社，2008〔民 97〕
序 2+ 目 2+242 面；19×26 公分
（中國學術思想研究輯刊 二編；第 6 冊）
ISBN：978-986-6528-07-1（精裝）
1. 祭祀 2. 民間信仰 3. 簡牘 4. 先秦史
209.201   97016490

ISBN - 978-986-6528-07-1

中國學術思想研究輯刊
二 編 第六 冊   ISBN：978-986-6528-07-1

西漢以前家宅五祀及其相關信仰研究
——以楚地簡帛文獻資料爲討論焦點（上）

作　　者　鄒濬智
主　　編　林慶彰
總 編 輯　杜潔祥
出　　版　花木蘭文化出版社
發 行 所　花木蘭文化出版社
發 行 人　高小娟
聯絡地址　台北縣永和市中正路五九五號七樓之三
　　　　　電話：02-2923-1455／傳眞：02-2923-1452
網　　址　http://www.huamulan.tw 信箱 sut81518@ms59.hinet.net
印　　刷　普羅文化出版廣告事業
封面設計　劉開工作室
初　　版　2008 年 9 月
定　　價　二編 28 冊（精裝）新台幣 46,000 元

西漢以前家宅五祀及其相關信仰研究
——以楚地簡帛文獻資料爲討論焦點（上）

鄒濬智　著

作者簡介

鄒濬智,男,1978 年生,台灣省南投縣人。政治大學中文系學士、台灣師範大學國文系碩士、博士。曾任中研院史語所、資訊所兼任助理,耕莘護專、景文科大、台灣科大兼任講師,現任元培科大兼任講師。研究領域為戰國楚地簡帛文獻之語言文字與思想。著有《《上海博物館藏戰國楚竹書(一)·緇衣》研究》(碩士論文)、《西漢以前家宅五祀及其相關信仰研究——以楚地簡帛文獻資料為討論焦點》(博士論文);合著有《上海博物館藏戰國楚竹書(一)讀本》、《創意國語文教學活動設計》;合編有標點本《說文解字注》。另撰有語言文字、先秦思想、民間信仰、中文應用等相關單篇論文五十餘篇。

提　　要

　　本論文以出土及流散於古物市場的戰國楚地簡帛文獻資料為研究焦點,先討論戰國楚地家宅五祀——中霤、灶、門、戶、行道的信仰狀況、祭祀儀節,並擴及探討五祀、七祀(五祀加上司命及厲)諸神的信仰來源及其在西漢以前的發展。在撰寫的過程中,本論文釐清戰國楚人祭祀家宅五祀諸神的底層因素、解釋楚國流行的諸種中霤異名及中霤神格、發現灶神信仰起源的各種說法之間的關聯、為祝融部族世系及其與黃帝和炎帝集團的糾葛作出合理的說明、確定禮書所言門內與城外行道神之分其來有據、組織出楚人成套的祭祖禮儀、重新考察楚簡所見各種祭禱名與祭禱法、建立目前所知最完整的楚人信仰譜系、說明西漢以前五祀信仰中各神祇之間地位的消長和五祀擴展為七祀的原因。

本論文之寫作承
「劉真學術基金會品學特優獎學金」贊助
謹此誌謝

目次

自序：寫在前面的話

　　列表機將自己博論最後一頁軋軋的吐出後，嚴格的所謂「學生生涯」總算到了頭。自碩士畢業後，不像一般人選擇先行服兵役好喘一口氣，我緊接著攻讀博士。照說這對我個人而言是不好的決定。沒有時間消化攻碩時間所遭遇到的問題，卻馬上攻博，博士論文的質量勢必受到影響。

　　所幸攻博期間，我仍請到業師季旭昇教授及袁國華先生擔任我的博士論文指導老師。季老師在我決定研究大方向及細部章節安排上給了我很多極具建設性的意見，拙作草成後，季老師抽空批閱並指出拙作論證的諸多疏失和錯誤，這些都是極費心力的事，我非常感謝他為我的論文所付出的心力；而袁老師在我陳述寫作意見時很尊重我不成熟的看法，在我進行撰寫時又給了我極大的發揮空間，我由衷感謝。

　　博論送交外審時，三位匿名委員費心審閱並提供了很多寶貴的意見；學位論文發表會上，特約討論人鍾柏生教授鉅細靡遺的將拙作的錯誤一一指出；論文口試時，口試委員許錟輝、鍾柏生、朱歧祥、許學仁諸位教授從各自的專業角度檢視拙作的問題，並提出具體的建議。前輩老師們提攜獎掖後進的苦心，我銘感在心。

　　其他先進如教授陳昭容、陳偉、黃銘崇、沈培、李天虹、馮勝君、白於藍，學長姐憲仁、建洲、今慧、佩霓，同學德榮、玉姍、苑夙，同事宛蓉、維盈，學弟妹佑仁、思婷、繼凌、昆翰等，或惠賜大作，或代為尋找資料，惠我良多；師大國文所辦公室雯怡學姐、念慈學姐、文齡學姐在我申請獎助學金及辦理畢業手續時給了我很多方便，我很感謝他們。

　　遠居南投深山的父親鄒正雄君、母親鍾美雪女士、姊鄒瓊瑤小姐、兄鄒

騰鋒君，一如以往所對我的呵護，適時的給我經濟上的援助。這雖然讓我在攻博期間較為心無旁騖，但總讓我覺得離鄉求學十餘載來一直未能克盡孝道，實在忝為人子。虧欠家人的這份情，今生今世恐怕難以還清。

在攻博的這段時間裡，我先後完成人生中最重要的兩件大事：娶妻、生子。在和博士論文長期奮戰的過程中，內人陳柏君女士給我極大的精神支持；岳母丁巧麗女士則長期犧牲自己的休閒時間，細心呵護犬子鄒睿；而犬子鄒睿三不五時的呵嗤嘻笑，每每讓我在工作與論文的雙重煎熬下偶爾「解脫」出來，享受為人父的快樂。

雖然在撰寫拙作的過程中，援引了近千項前輩時賢的研究成果以證，但總覺得創見太少而拾人牙慧之處太多，充其量只能算是對漢代以前家宅五祀及其相關信仰的研究做了一個粗糙的開頭。問題所在多有，缺憾之處只能以待來人了。

第壹章　緒　論

第一節　研究動機與目的

　　信仰是人類文化的結晶，是人類理解外在世界時的心理反應。研究信仰的變化，可以了解人類心理世界的種種變化；研究信仰的種類，可以察知人類體會外在世界的種種反應。可以說，研究信仰本身即是在研究人類自身。

　　近一個世紀以來，中國大陸陸續發現大批戰國秦漢魏晉時期的簡牘帛書文獻，以戰國楚系簡帛、秦簡、兩漢簡帛和三國吳簡為其大宗。根據張顯成的初步的統計，自廿世紀初至 2003 年這百年以來出土的簡帛總共約有廿二萬枚（件），總字數七百萬左右。〔註1〕由此可知出土簡帛的數量是十分驚人的。這些出土資料加總起來，可媲美一座館藏豐富的「地下圖書館」。

　　出土於中國南境的故楚國簡牘文物，迄今面世者已有廿餘批，資料的內容包羅萬象：其中的諸子類著作，記有戰國早期到中晚期諸子百家，特別是儒道二家思想的匯流與發展，對恢復先秦學術史的幫助很大；其中的遣策簡，為墓葬主的陪葬物品清單，它們有助於我們知道當時的喪葬習俗；其中的卜筮祭禱簡，為家臣或主人向鬼神卜筮貞問前途、病狀發展、禳袚的記錄〔註2〕，可以幫助我們明白當時人的迷信思想和信仰系統。〔註3〕楚系簡牘內容豐富，蘊含

〔註 1〕 張顯成〈論簡帛的文獻學研究價值〉，《古籍整理研究學刊》2005 年 1 期，頁 34。

〔註 2〕 關於先秦卜筮文化的演變可參鄔濬智〈原卜——中國先秦「占卜」文化的歷時性透視〉，《景文學報》18 卷 1 期，2007 年 12 月。

〔註 3〕 「迷信」多半被認為，那是在長期受到統治者剝削和壓榨中的人們，懷著求

著豐富的思想、信仰習俗和祭祀禮儀等文化訊息。

胡雅麗認爲：

> 楚人的信仰與楚人的禮俗，是楚國歷史文化的重要組成部份，它們
> 既浸潤著楚人的精神家園，又規範著楚人的物質世界，二者互爲表
> 裡、相互依存，共同催生出瑰麗奪目、異彩紛呈的楚文明。因此，
> 要瞭解楚人的歷史文化，不可不知道楚人的禮儀風俗，要知道楚人
> 的禮儀風俗，不可不研究楚人的信仰。〔註4〕

先秦楚國是南方大國，疆域之大、人口之多，罕有其匹，想要了解先秦時人
的生活，當先了解先秦楚人的生活；衣食住行，俱需神祇護佑，民間信仰是
與人們最爲貼近的生活儀俗，想要了解先秦楚人的生活，當先了解楚人的民
間信仰。

歷來傳世文獻中有關荊楚〔註5〕民間信仰的直接資料並不多見，所幸廿世
紀以來，南國楚境大批出土簡牘帛書中，記載大量的先秦楚人對神靈的看法
和宗教儀式行爲，這批資料對補充先秦原始宗教〔註6〕及民間信仰研究的幫助
很大。因此，本論文擬以楚地簡帛所見宗教信仰資料爲基礎，先研究楚人的
五祀信仰，並擴大探究西漢以前五祀信仰的來源及變化，以明瞭先秦楚國禮
儀風俗的發展及其對後世宗教習俗的影響。〔註7〕

　　　　生存的本能去尋求精神解脫的廉價方式。詳宋抵〈民俗性迷信的文化功能及
　　　　其心理特徵淺釋〉，《社會科學戰線》1996 年 6 期，頁 90。

〔註 4〕　胡雅麗《尊龍尚鳳──楚人的信仰禮俗》（武漢：湖北教育出版社，2003 年
　　　　1 月），導言頁 1～3。

〔註 5〕　關於「荊楚」一詞的概念，學界約有十說：荊州有楚國、先名荊後名楚、荊
　　　　爲貶稱而楚爲自號、以荊代楚以避秦莊公名楚之諱、荊楚同義互指、荊人建
　　　　立楚國、楚國以荊山爲名、荊形容楚人稟性剛強、荊替代先楚人闢荊山創業
　　　　之遺事、楚國由荊族楚族合成等。詳王廷洽〈荊楚國名考釋〉，《民族論壇》
　　　　1995 年 1 期。

〔註 6〕　原始宗教指原始時代的樸素宗教。存在於尚不具有成文歷史的原始社會中。
　　　　郭沫若主編《中國史稿》（北京：人民出版社，1962 年）第一編第一章第二節：
　　　　「原始宗教是現實生活在人們意識中的虛幻的歪曲的反映，是他們還無法有
　　　　效地制服自然界的時候在精神世界中的幻覺。」宋兆麟《中國風俗通史·原
　　　　始社會卷》（北京：北京文藝出版社，2001 年 11 月），頁 482 指出原始宗教的
　　　　特點有：是自發性的、沒組織、沒創教人的信仰；多神信仰，諸神平等；巫
　　　　覡不脫離生產，亦未享特權；沒有教派之分，但有濃厚的血緣性和地域性；
　　　　沒有完整的思想體系，其信仰與習俗和禁忌交織在一起；沒有固定的活動場
　　　　所。

〔註 7〕　楚地簡帛所見家宅五祀信仰雖然在比例上只佔戰國楚人全體信仰的一小部

　　何以本論文在楚地簡帛資料所見眾多宗教儀俗與民間信仰資料中，選擇以「西漢以前家宅五祀」記錄做為研究的重點？這是因為：

　　第一、家宅五祀信仰是最底層、最貼近一般人民生活的民間信仰。根據楚地簡帛等相關資料研究楚國乃至西漢以前家宅五祀信仰，可以藉此深入了解當時人們的生活狀況。

　　第二、以與人民習習相關的家宅五祀信仰做為研究標的，可深入了解當時人們對宇宙的看法，並得知其對外界的理解與因之所產生的心理反應與信仰活動。

　　第三、家宅五祀信仰之研究涉及對巫覡、天神、地祇、祖先、庶物神的探討與研究。根據楚地簡帛等相關資料研究楚國乃至西漢以前家宅五祀信仰，其研究成果可供宗教學、文學、史學、民俗學、文化人類學、哲學等領域之學者在進行先秦其他神祇研究時參考。

　　第四、根據楚地簡帛等相關資料研究楚國乃至西漢以前家宅五祀信仰的來源與變化，可以得知傳世典籍中所見家宅五祀信仰與祭儀的理論基礎與來源。兩相比較後，可得知先人對原始五祀信仰的損益和改造，恢復部份中國民間信仰流變的原貌。

份，但其形成卻是戰國以前各朝各代民間信仰文化累積而成，它也影響到秦漢以後民間信仰的發展。以楚地簡帛所見家宅五祀資料為討論的起點，結合包括戰國時期在內的各朝代傳世文獻、考古資料、民俗調查報告，除了可以還原家宅五祀信仰在戰國楚地的流行情況，也能恢復西漢以前家宅五祀的演變歷程和了解它對後世民間信仰的影響。

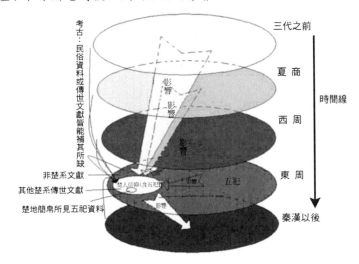

第五、民間神祇和宗教活動的內容，神秘而引人入勝，在明白楚國乃至西漢家宅五祀信仰的來龍去脈之後，對它是否合於現代生活，可以加以分析思考，並藉著這種瞭解，促進民間對該信仰的自行取捨，以提高現代人研究民間信仰的積極意義。

就「五祀」此種祭祀習俗而言，包山大墓出土有書寫家宅五祀的神主牌（籤牌）；《九店楚簡》所收 M56 所發現的楚簡，也有楚人使用《日書》以與五祀相互搭配的記載〔註8〕；《上海博物館藏戰國楚竹書（四）·內禮》講到孝子如何爲罹病之至親祈求鬼神而進行五祀；新蔡簡零 282 還記有「☐舊丘，是日就禱五祀☐」。〔註9〕連同其他相關的簡牘記載，雖然數量算不上很多，但對整個中國先秦「家宅五祀信仰」的信仰來源、系統化過程、在先秦的發展、祭祀對象與儀式、祭祀儀式的宗教內涵與哲學內涵的種種考察，仍有著十分重要的價值。是以本論文欲從楚地簡帛文獻資料著手，先探討戰國楚地「五祀信仰」的流行情況，再進而擴及西漢以前五祀信仰的變化，以期爲上述「五祀」研究課題補充新的材料、提供新的思考角度。

第二節　研究範圍

本論文題目爲「西漢以前家宅五祀及其相關信仰研究 —— 以楚地簡帛文獻資料爲討論焦點」。所處理的材料以出土及流散至古物市場的戰國楚地簡帛文獻爲主，旁及傳世文獻；所探討的是戰國楚人家宅五祀及其相關信仰文化，旁及整個西漢以前五祀信仰的變化。以下將分「家宅五祀」、「信仰」、「楚地簡帛」三個部份說明本論文的研究範圍。

一、家宅五祀

本論文所討論的「家宅五祀」，指的是五種祭祀對象。中國信仰文化中的「五祀」有三個系統，其一是「社稷五祀」 —— 句芒、祝融、蓐收、玄冥、后土，它是從土地信仰衍生出來的五方五行之神〔註10〕；其二是《國語·魯

〔註 8〕 湖北省文物考古研究所、北京大學中文系編《九店楚簡》，北京：中華書局，2000 年。

〔註 9〕 原作「五世」，宋華強〈新蔡簡兩個神靈名簡説〉（「武漢大學簡帛研究中心」，http://www.bsm.org.cn/，2006/7/1）改釋「五祀」。

〔註10〕 丁山《中國古化宗教與神話考》（上海：上海文藝出版社，1988 年），頁 48～

語上》所見禘、郊、宗、祖、報五種祭禮；其三是「家宅五祀」——戶、灶、中霤、門、行（或井），指的是五種家宅守護神。本論文所討論的五祀，指的是家宅五種神祇的祭祀。

　　傳世文獻中記錄「五祀」最早起源的是宋・羅泌《路史》一書，《路史・後記》提到五祀起源時說：「少昊金天氏，興郊禪、崇五祀，作大淵之樂，以諧神人。」〔註 11〕但筆者以爲《路史》所記之少昊「五祀」緊接在「郊禪」之後，按「郊」，《書・召誥》：「越三日丁巳，用牲于郊。」《漢書・郊祀志上》：「古者天子夏親郊祀上帝於郊，故曰郊。」而「禪」，《管子・地數》：「封於泰山，禪於梁父，封禪之王，七十二家。」《史記・衛將軍驃騎列傳》：「封狼居胥山，禪於姑衍，登臨翰海。」張守節正義：「祭地曰禪。」《路史》所記少昊氏「興郊禪」之舉在敬事天地，若將「崇五祀」理解成「重視家宅五祀」，則與前之「興郊禪」等級並不相配。是以筆者以爲此處「五祀」應是指可與天地相配之社稷五方五行神才是。

　　若《路史》「五祀」並非「家宅五祀」，則傳世文獻中可以確定的「家宅五祀」記錄最早見於《呂氏春秋・十二紀》：〔註 12〕

> 孟春之月……其祀戶，祭先脾。孟夏之月……其祀竈，祭先肺。季夏之月，……中央土，……其祀中霤，祭先心。孟秋之月，……其祀門，祭先肝。孟冬之月，……其祀行，祭先腎。是月也，……天子乃祈來年於天宗，大割祠於公社及門閭，臘先祖五祀。

此段文句後來也被《禮記・月令》所引用。另外，在《禮記・祭法》裡頭也有一段與之相關的記錄：

> 王爲群姓立七祀：曰司命，曰中霤，曰國門，曰國行，曰泰厲，曰戶，曰竈；王自爲立七祀。諸侯爲國立五祀：曰司命，曰中霤，曰國門，曰國行，曰公厲；諸侯自爲立五祀。大夫立三祀：曰族厲，

68、96～109。

〔註 11〕本論文所採用之版本爲北京：中華書局，1985 年所出版者。下不另注。

〔註 12〕本論文所引古籍文例悉參考「中央研究院漢籍電子文獻」，http://www.sinica.edu.tw/~tdbproj/handy1/、「【寒泉】古典文獻全文檢索資料庫」，http://140.122.127.253/dragon/ 、「標點版《古今圖書集成》」，http://140.122.127.253/chinesebookweb/home/ 、「《四庫全書》電子版」，http://140.122.97.200/webacc/account.asp?num=skqs 、「中國古籍全錄」，http://guji.artx.cn/、「道教學術資訊」，http：//www.ctcwri.idv.tw、「道教文化資料庫」，http://www.taoism.org.hk/default.htm，並予以標明適當新式標點，下不另註。

> 曰門，曰行。適士立二祀：曰門，曰行。庶士、庶人立一祀；或立
> 戶，或立灶。

可惜的是這些文獻記載僅說明五祀的內容和祭祀五祀者的身份，並未交待五祀信仰的起源。

鄭玄在注《禮記‧曲禮》時曾解釋爲何禮書中有七祀、五祀、三祀、二祀的差別：

> 五祀，戶、灶、中霤、門、行也。此蓋殷時制也。〈祭法〉曰：「天
> 子立七祀，諸侯立五祀，大夫立三祀，士立二祀。」謂周制也。

鄭玄以爲殷商就已經有五祀制度的出現，但鄭注並未說明殷制對祭五祀的身份限制，可以推想當時可能還沒有像周制（理想化的）一樣，爲了明上下，將五祀擴展到七祀，並依政治的層級限制各階級的人的祭祀權力。鄭注雖然係爲解釋常祀之等差而發，其言論甚至引起其他禮學家的懷疑〔註13〕，可是他認爲成系統的五祀信仰可能早在殷商之時就已經出現，這個意見雖然值得檢討，但卻不容忽略。

楚文化色彩鮮明的《山海經》〔註14〕，其《大荒東經》記有「禓五祀」，它可能是家宅五祀的來源之一。據《山海經》記載，夏朝帝泄十二年，商族首領亥，到了有易國（地當今河北易水流域），因爲做了淫穢不軌之事，被有易國王綿臣殺死。亥的兒子微（上甲微／上甲），「假師于河伯，以伐有易」。消滅有易國，並殺了綿臣爲父報仇。微爲祭祀亡父，創建了「禓五祀」之禮。〔註15〕

「禓」主要有三個涵義：一是鬼名，指非正常死亡之鬼，即「強死鬼」

〔註13〕 清‧秦蕙田《五禮通考》（收入《文淵閣四庫全書》，臺北：臺灣商務印書館影印，1983年卷53頁2左～3右）曾對鄭注提出五點質疑：「〈曲禮〉天子祭五祀，不云七祀；〈儀禮〉士禱五祀，不云二祀，一也；五祀與社稷同爲地示之屬，司命則屬天神，泰屬則屬人鬼，合爲七祀，恐非其類，二也；諸侯不祭戶竈，大夫以下不祭中霤，恐非推報之義，三也；既爲群姓立七祀，又自爲立七祀，是天子有十四祀，諸侯有十祀矣，四也；五祀祭於宮中，而以屬參之，五也。〈祭法〉之說本不足信，康成反以爲周制而以天子祭五祀爲商制，惑矣。《周禮》五祀難指爲商制，遂以爲五官之神，抑又惑矣。」

〔註14〕 關於《山海經》與楚人的關係可參袁珂〈《山海經》的寫作時地及篇目考〉，《神話論文集》，上海：上海古籍出版社，1982年、翁銀陶〈《山海經》產於楚地七證〉，《江漢論壇》1984年2期、翁銀陶〈《山海經》作於楚懷王末年考〉，《求索》1987年5期、楊興華〈從祖先崇拜和楚俗看《山海經》作者的族別〉，《贛南師範學院學報》1997年1期。

〔註15〕 此事並見《竹書紀年》，《路史‧餘論》卷四引作：「湯作五祀。」

〔註16〕；二是禮名，禓禮，即驅趕強死鬼的儺祭儀式；三是行祭，《說文》：「禓，道上祭」，作動詞用。禓五祀，指禓祭五種祭祀對象：門、戶、行（井）、灶、中霤。上甲微用禓五祀，指的是當微要將亥的屍體從有易國運回時，舉行「道上祭」的過程。微創建的是「禓五祀」並不是一般的「道上祭」。在當時，禓五祀很可能已是一個完整的儀式。因為禓鬼不正常死亡，可能做祟，所以禓禮要將門、戶、行（井）、灶、中霤都搜索驅趕一遍，以免有強死鬼被遺漏。可見，禓禮比儺禮更仔細、更費力氣。到了後世，禓和五祀，才慢慢的分成兩類儀式。〔註17〕

《禮記‧郊特牲‧鄉人禓》鄭注說：「禓，或為獻，或為儺。」據此可知後世的「禓」是一禮三用：

第一，儺，驅趕一般的鬼疫，是定期的。

第二，禓，不定期。因禓係驅趕強死鬼──非正常死亡之鬼，所以要比儺禮更激烈，更複雜，需要將門、戶、行（井）、灶和中霤等處都要搜索驅趕乾淨。

第三，獻，上甲微祭祀亡父亥，必有獻。

由此看來，「禓五祀」應是屬於一種大範圍的、強度極高的驅鬼儀式，雖然過程中亦祭五祀，但是禓的目的主要在驅趕強死鬼，五祀並非禓祭的主角，可見其與本論文所討論的家宅五祀並不完全相同。不過可以知道的是，若《山海經》所言無誤，則五祀信仰源頭確如鄭玄所云，可以推到商朝或更早之前。

呂大吉指出，人之所以要崇拜某個神聖對象，是因這個神聖對象與人的日常生活被人認為有密切的關係。〔註18〕雖說關於五祀的確實起源，文獻難徵，但從五祀的神祇名可以知道，五祀信仰的起源，最早可以推前到人類建立居處（中霤、門、戶、井），習慣熟食（灶），需要長途旅行（行道）之時。先人之所以祭祀五祀，應是期望中霤可以保佑一家安穩；門戶可以提供居家有形與無形屏障；（井可以提供生活中的必需用水；）灶可以提供熟食與溫暖；

〔註16〕《論語‧鄉黨》載：「鄉人儺，朝服立於阼階」，《禮記‧郊特牲》所載近似：「鄉人禓，孔子朝服立於阼階」，鄭注：「禓，強鬼也，謂時儺，索室毆疫逐強鬼也。」

〔註17〕弗子〈上甲微創建禓五祀〉，「中國網」，
http://big5.china.com.cn/chinese/zhuanti/zgnwh/463378.htm。

〔註18〕呂大吉《宗教學通論新編》（北京：中國社會科學出版社，1998年12月），頁152。

旅行在外可以受行道神的護佑而一路平安。

　　五祀雖屬家常小祀範疇，但除去漢族，中國其他少數民族的神靈崇拜亦可見家神一類。譬如東巴文化被認爲和商代以來中原的文化發展有著母子、主支的關係，東巴文化和楚文化一樣也是以炎帝、祝融爲其先祖。他們在祭祀卜問時，有一個祈禱的對象就是「家神」。〔註19〕少數民族達斡爾族亦有家神，他們稱家神爲「加天」，即獨尊無二之意。遇有災殃或傳染病流行，爲求其保佑舉行祭活動。小家庭用黑豬，大家庭用小牛，在屋內西北炕角設桌焚香，同族也來助祭，將熟肉置於大盤內放在神前。主人叩首禱祝供畢，擺席與同族人吃肉。吃完大家一起送神，將喉骨、大片肉及蹄尾等用草繩捆好，插立於大門側，祭畢各自散去。〔註20〕青海土族也供奉專門的家神，作爲本家的保護神。不過供奉的家神各有不同：有的供祖師爺，有的供灶君娘娘，有的供白馬天將，有的供金絲綿羊，有的供牛頭護法等。對家神的祭供除在朔望上香、年節上供外，每隔三年還有一次香表大祭，請法師下壇，卜問人口平安，六畜興旺，年豐歲熟。〔註21〕由此可見五祀之類的家神奉祭，其流行的範圍很廣。現今少數民族聚落文化和漢族文化多少有同源或相互影響的關係，是以本論文在論述的過程當中，也會適時列舉現今少數民族的信仰習慣以作爲輔助的說明或證據。

二、宗教與信仰

　　本論文題目之所以以「信仰」而非「宗教」稱呼戰國楚人對五祀的信仰行爲，乃因最早的（西方）宗教學對完整意義上的宗教定義爲：具有信仰對象（崇拜物）、信仰與回報的路徑（儀式與方法）、組織形式（教團）、生活方式（戒律與倫理）等。〔註22〕若以此嚴格定義來看待先秦的民間崇拜行爲，則中國早期

〔註19〕戈阿干《東巴骨卜文化》，昆明：雲南人民出版社，1999年3月。

〔註20〕汪玢玲、張志立主編《中國民俗文化大觀》（長春：吉林人民出版社，1999年），頁1246。

〔註21〕薛壽喜主編《黃河文化叢書・民俗卷》（西安：陝西人民出版社，2001年），頁392。

〔註22〕英・弗雷澤《金枝》（徐育新等譯，北京：中國民間文藝出版社，1987年）：「宗教指的是對被認爲能夠指導和控制自然與人生進程的超人力量的迎合或撫慰。」「宗教包含理論和實踐兩大部份，就是：對超人力量的信仰，以及討其歡心、使其息怒的種種企圖。這兩者中，顯然信仰在先，因爲必須相信神的存在，才會想要取悅於神。」「中國大百科全書智慧藏」

並無眞正的「宗教」。屬於民間信仰（「信仰」的定義詳下）其中一環的家宅五祀，當然也不算是宗教。如此一來，符合宗教學定義的中國正式「宗教」，嚴格得來說，時間上應該還得後推到大約西元一世紀佛教傳入之時。〔註23〕

但是，民間信仰與那種登堂入室的正式宗教相對而言，它雖然從未取得過可以與之比肩而立的地位，但是，「它的影響，卻絕不小於任何一種曾經廣爲流傳的宗教，這是今人不應低估的一個問題。」〔註24〕所以現代人類學家對宗教的定義逐漸放寬，只要社會存在對人之外的力量的信仰或超自然力量的崇拜，都可以稱爲宗教。〔註25〕「凡有文化必有宗教。馬林諾夫斯基認爲宗教不是超越文化結構的抽象觀念，而是人類的基本需要，它相伴於人類的『生命過程』。」〔註26〕況且，信仰和宗教，它們的心理根源、社會功能相同，且皆具有長期性、群衆性、複雜性。〔註27〕因此，爲了避免捲入宗教學界與人類學界的爭論，本論文採取涵蓋範圍較廣的「信仰」來概括「宗教」，並據以規範本論文所欲討論的內容。意即，本論文所謂的「信仰」，其實是包含了西方「宗教」與「信仰」的觀念。

何謂「信仰」？信仰是人類特有的一種精神現象，是人們對一定宇宙觀、價值觀、人生觀等觀念體系的尊崇和信服，並把它奉爲自身言行的準則和指南。每個有主體思維的人，一定都會有信仰。對大部份的人來說，信仰不是有無問題，而是信仰什麼的問題。正如社會心理學家黎鵬所說的：「決定人生和歷史的眞正因素，就是信仰。信仰是不可避免的，它永遠構成人類精神生活的主要部份。一種信仰也許被人推翻。但繼之而起的又是一種新信仰。假如一個民族的信仰發生變遷，必有整個社會生活的巨大變遷隨之而起。」〔註28〕

（http://140.109.8.45/cpedia/）對宗教的詮釋與之大體相似：「1.相信超自然體的存在；2.認爲超自然體的意志和行動能影響現實世界和人生的禍福；3.信仰者因而對之禮拜、求告。」

〔註23〕 丁毅華〈漢代的類宗教迷信和民間信仰〉，《南都學壇》哲社版21卷4期，2001年7月，頁1。

〔註24〕 賈二強《神界鬼域——唐代民間信仰透視》（西安：陝西人民出版社，2000年2月），序言頁2。

〔註25〕 蒲慕州《追尋一已之福：中國古代信仰的世界》（臺北：允晨文化，1995年），頁20。

〔註26〕 林紅、孟麗君〈《九歌》宗教意識的審美表現〉，《長春大學學報》16卷2期，2006年3月，頁39。

〔註27〕 李雲華〈民間信仰與宗教〉，《中國宗教》2004年9期。

〔註28〕 轉引自賀麟《文化與人生》（北京：北京商務印書館，1988年），頁91。

根據李世俊的定義，「信仰」具有下列特點〔註29〕：

（一）主觀性

人的信仰是人作為主體的證明。他能夠在精神上把握客體，他懂得自己同外部世界的關係。他要力求弄清外部世界的來源，自己同外部世界的關係；他要對世界的本質、人生的目的和意義進行思索和探究。信仰得以確立並不是原封不動地依賴於客觀。客觀反映到主觀裡要經過一系列認識過程和階段，一旦形成信仰就具有了主觀的形式。

（二）超越性

信仰的超越性具有多方面的涵義，一是信仰對象的超現實性。信仰的產生離不開現實，非科學的信仰也有客觀的原型或根據，但現實事物本身並不是信仰的對象。二是信仰係主體對未來之物的一種價值追求。「人不同於動物，在於人有追求的價值目標，這種追求是對現實境況的超越。一旦確立了信仰，人們就會不屈不撓地為之奮鬥，為之獻身。」〔註30〕

（三）可變性

信仰不是一成不變的，而是不斷變化和發展的。這主要表現在：信仰追求的目標一旦達到，就會出現新的追求，新的信仰。另外，信仰的可變性還表現在人們由一種信仰轉向另一種信仰。由於外在條件的變化和認識的轉變，從而引起信仰主體改變信仰的事例是屢見不鮮的。

（四）群體性

信仰主要是指信仰主體對一定信仰對象所表現出來的感情、態度和行為，但信仰又是一種社會現象，它是由信仰觀念、信仰領袖、信仰組織、信仰儀式及與信仰相關的偶像、聖跡等組成的一整套信仰體系。信仰既是個體的事，又是群體的事。

「信仰」具有主觀性、超越性、可變性、群體性。其中具有多神性、傳承性、歷史性、地方性與功利性，並且廣泛流行的即為「民間信仰」。〔註31〕民間

〔註29〕主要節錄自李世俊〈論宗教的信仰功能〉，《宗教學研究》2005年1期。

〔註30〕蘇曼如指出，信仰是神聖的，應不僅於被膜拜，或是猶如萬能神的有求必應，有功利、現實意義，應該能夠轉移，即在轉移中產生自我提昇、更多的愛及包容。詳氏著〈從中國封神概念探討「神」觀點的源起〉，《東方人文學誌》1卷3期，2002年9月，頁135～136。

〔註31〕董曉萍〈民間信仰與巫術論綱〉，《民俗研究》1995年2期，頁82指出，相較

信仰如何產生？遠古時代的生產力水準極其低下，人類屈服於自然。人類的認識活動遠遠不足以把握自然界運動變化的客觀規律，被迫把一種擬人的神秘力量加諸自然物或者自然力之上。一方面，人們把萬物的「靈」作為一種異己的、神秘的力量來崇拜，以此來緩解自身與強大的自然界對立所帶來的恐懼心理。另一方面，人們接近、模擬自然物或自然力，試圖借助這種相似性而同化於自然物或自然力，求得其庇護。因此形成了大量神秘的觀念、神話、傳說、特定的儀式和禁忌等風俗習慣，這些原始思維形式經過不斷地傳承、變異，形成了種種信仰形式，並成為人們信奉，甚至成為支配人們精神生活的重要因素。這些民間信仰是一種服務於人們現實生活、帶有明顯功利性的世俗信仰，它源於人們對超人力量的信仰或對神秘化的人與物的崇拜，「沿著人們生活的脈絡編成，並被利用於生活之中的宗教，它服務於生活總體的目的。」〔註32〕

家宅五祀是民間信仰的一種，五祀這類民間信仰與成熟的宗教相比，雖然沒有明確的教祖或創教人、教義、宗教組織、修持儀式和教堂等職業性的活動場所，但這種信仰一直也未從民眾的一般精神文化、物質生產生活和社會組織中分離出來。它是民間思維觀念與原始宗教因素相混合的民俗傳統。

有信仰、有崇拜就會有祭祀，祭祀是人類普遍的現象。〔註33〕民間信仰

於具有規模和擁有戒律的宗教信仰，民間信仰的主要特徵有：多神信仰——不問為什麼，認為有靈力、有力量就信，一些信仰現象根本無法解釋；自發性——即帶著明顯的散漫和言傳的特點，其信仰對象之多、範圍之廣，表現形式之複雜，也難以形成統一的概念和有效的控制手段；功利性——它的發生與傳播，與實用的功利目的緊密相連，這種功利性使民間信仰很容易與人為宗教相融合，在實際生活中發生重複信仰的現象。吉成名《中國崇龍習俗》（天津：天津古籍出版社，2002年）指出，民間信仰的傳承性，是指民間信仰在傳播過程中的連續性。民間信仰的傳承可分為形態傳承和性質傳承兩種形式。形態傳承是指民間信仰活動方式等外在形式的傳承；性質傳承是指信仰等內在因素的傳承。所謂民間信仰的可變性，是指民間信仰在傳播過程中引起的自發和漸進的變化。民間信仰變異是受地理環境、歷史時代、民族文化傳統等諸多因素的影響而產生的。所謂民間信仰的歷史性，是指民間信仰發展在時間上所呈現出來的特徵。隨著時代的推移，社會經濟、政治、文化等因素強烈地影響著民間信仰的形成、發展和消失。新俗取代舊俗，某些信仰的全部或部份發生變異，使某些民間信仰以鮮明的時代特色而成為特定歷史階段的標誌。所謂民間信仰的地方性，是指民間信仰發展在空間上所顯示的特徵。每一民間信仰的形成、發展和消失，均會受一定地域的生產條件、生活條件和地緣關係的制約，因而或多或少會呈現出地域特徵。

〔註32〕日·渡邊欣雄著、周星譯《漢族的民俗宗教》，天津：天津人民出版社，1998年。
〔註33〕鄭基良〈喪禮與祭祀研究〉，《空大人文學報》10期，2001年12月，頁176

的祭祀特色在：名目繁多——舉凡民間一應雜事，可以說都各有一路神靈在暗中主持；來源複雜——如早期先民們就有的自然崇拜，這種崇拜一直延續到後世甚至到今日；面目多變——已成爲享受萬家香火掌管一方的神靈，其尊崇地位也並不是一成不變，隨著時代變化遷移，也不斷此消彼長，來去生滅；人間化色彩濃厚——具有自然屬性的神靈原本就出自於自然崇拜，但其流傳的過程中卻經歷了長時期的逐漸人格化的演進。〔註34〕

三、楚系簡帛所見家宅五祀信仰相關資料

本論文以故楚地出土簡帛文獻資料（以下簡稱楚地簡帛）所見五祀信仰記錄爲研究的焦點。本論文所依循之簡帛釋文，包山簡採劉信芳《包山楚簡解詁》；〔註35〕望山簡採張光裕師主編、袁國華師合編之《望山楚簡校錄》；〔註36〕九店簡採《九店楚簡》李家浩釋文；〔註37〕新蔡簡採宋華強《新蔡楚簡的初步研究》；〔註38〕上博簡採季旭昇師主編之上博系列《讀本》；〔註39〕天星觀簡採滕壬生《楚系簡帛文字編》與晏昌貴〈天星觀「卜筮祭禱」簡釋文輯校〉；〔註40〕秦家嘴簡採滕壬生《楚系簡帛文字編》與晏昌貴〈秦家嘴「卜筮祭禱」簡釋文輯校〉；〔註41〕睡虎地簡採睡虎地秦墓竹簡整理小組編《睡虎地秦墓竹簡》；〔註42〕周家台簡採湖北省荊州市周梁玉橋遺址博物館

～178 提到中國歷朝歷代天子，一年之內定期祭祀天地之神、四方之神、山川之神、戶灶門井中雷之神（家宅五祀）。祭祀的意義在於表現孝道、祈福報恩消災、施行教化。

〔註34〕 賈二強《神界鬼域——唐代民間信仰透視》（西安：陝西人民出版社，2000年 2 月），頁 1～4。

〔註35〕 劉信芳《包山楚簡解詁》，臺北：藝文印書館，2003 年。

〔註36〕 張光裕師主編、袁國華師合編《望山楚簡校錄》，臺北：藝文印書館，2004 年。

〔註37〕 湖北省文物考古研究所、北京大學中文系編《九店楚簡》，北京：中華書局，2000 年，李家浩釋文。

〔註38〕 宋華強《新蔡楚簡的初步研究》，北京：北京大學中文系博士論文，2007 年 5月。兼參邴尚白《葛陵楚簡研究》，臺北：臺灣大學中文系博士論文，2007年 1 月。

〔註39〕 目前（2008）已出版到第 4 冊，由臺北：萬卷樓發行。

〔註40〕 滕壬生《楚系簡帛文字編》，武漢：湖北教育出版社，1995 年；晏昌貴〈天星觀「卜筮祭禱」簡釋文輯校〉，《楚地出土簡帛文獻思想研究（2）》，武漢：湖北育出版社，2005 年。

〔註41〕 晏昌貴〈秦家嘴「卜筮祭禱」簡釋文輯校〉，《湖北大學學報》2005 年 1 期。

〔註42〕 睡虎地秦墓竹簡整理小組編《睡虎地秦墓竹簡》，北京：文物出版社，1978

《關沮秦漢墓簡牘・周家台 30 號秦墓簡牘》；〔註 43〕郭店簡採李零《郭店楚簡校讀記（增訂本）》〔註 44〕及劉釗《郭店楚簡校釋》，〔註 45〕並參考最新研究成果調整之。與本論文討論無關之簡帛釋文，一律採寬式隸定。

　　現將目前所見楚地簡帛中與五祀信仰有關的記載，依各批材料公佈時間分類整理如下：

（一）包山 M2 楚簡（戰國中期）

　　1991 年公佈的包山楚簡，有關楚人「五祀」的記錄非常之多，茲舉例如下：

> 厭於野地主一羖，宮地主一羖，〔註 46〕賽於行一白犬、酒食。（包山
> M2 簡 207～208）
>
> 賽禱行一白犬。（簡 208、219）
>
> 舉禱宮行一白犬，酒食。（簡 211、229）
>
> 舉禱行一白犬，酒食，磔於大門一白犬。（簡 233）

此類簡文不勝枚舉。此外，在包山 M2 中還發現了祭禱「五祀」的五塊小木牌──神主木牌，根據湖北省荊沙鐵路考古隊的說明，五塊木主分別作圭形、亞腰形、尖頂弧形、凹弧頂燕尾等，均為長方形的變形，每塊約莫長 6、寬 1.8、厚 0.2 公分。每塊書一字，共書「室、門、戶、行、灶」五字。〔註 47〕原整理者認為包山遣策簡中所記「大兆」木器應與之有關。〔註 48〕包山大墓西室、北室的出土物以生活用品「行器」（如冠飾、衣物、床、枕、幾、扇、席、梳等）為多，就連裝有「五祀」神牌的竹笥內，也同時裝有冠飾一件和一堆花椒籽。楊華據此以為「五祀」神牌與死者生前生活用品是混雜在一起

年 11 月。

〔註 43〕 湖北省荊州市周梁玉橋遺址博物館《關沮秦漢墓簡牘・周家台 30 號秦墓簡牘》，北京：中華書局，2001 年。

〔註 44〕 李零《郭店楚簡校讀記（增訂本）》，北京：北京大學出版社，2002 年 9 月。

〔註 45〕 劉釗《郭店楚簡校釋》，廈門：福建人民出版社，2003 年。

〔註 46〕 「宮地主」即中霤異名，詳本論文第參章第一節「中霤神信仰研究」。

〔註 47〕 湖北省荊沙鐵路考古隊《包山楚墓》（北京：文物出版社，1991 年），頁 156。

〔註 48〕 湖北省荊沙鐵路考古隊《包山楚墓》（北京：文物出版社，1991 年），頁 514 提到：「包山二號墓所出木牌，應是二號墓墓主生前所能祭祀的『五祀』各神所依之木主，死後行禱五祀所尊之神器，亦即遣策所謂之『五皇祭』。」簡 266 之「五皇祭」，李家浩認為「五皇槃」或「五皇祭」應該是「五皇俎」，李釋與同墓所出的木俎數目完全相合，可見李釋更為妥當，詳李家浩〈包山二六六號簡所記木器研究〉，《國學研究》2 卷，1994 年 7 月。又收入氏著《著名中年語言學家自選集・李家浩卷》，合肥：安徽教育出版社，2002 年。

的,「五祀」與楚人生活息息相關,或許屬於家常小祀。〔註49〕

(二)望山 M1 楚簡（戰國中期）

　　1995 年公佈的望山簡,裡頭亦有部份竹簡記錄與楚人「五祀」相關,茲舉例如下:

　　　　享歸佩玉一環,簡大王,舉禱宮行一白犬,酒食。（簡 28）

　　　　☑☑於東宅公、社、北子、行、☑☑☑（簡 115）

　　　　☑舉禱大夫之私巫,舉禱行白犬,罷禱王孫悼冢。（簡 119）

　　　　☑祭灶,祭☑（簡 139、140）

在望山 M1 簡 54、55、56 等簡文當中還有不少祭禱司命神的記載;由於「有憂於宮室」而對宮室進行攻解的簡文記載也為數不少,〔註50〕如望山 M1 簡 24、75 等等。

(三)九店 M56 楚簡（戰國晚期）

　　2000 年公佈的九店楚簡,其中《日書》有兩條與楚人「五祀」信仰相關的簡文:

　　　　☑交日:利以申戶牖,鑿井,行水事,吉。……以祭門、行,享之。（簡 27）

　　　　☑害日:利以祭門、行,除疾。（簡 28）

由九店簡可看出門、行時常合祭。這二條有關五祀的時日選擇,與雲夢睡虎地《日書》甲種楚建除「交日」和「害日」條完全相同。〔註51〕楊華據此認為,五祀雖然是與百姓平日生活息息相關的小祀,但百姓於此仍是十分重視,在祭祀之前仍要根據《日書》擇日。〔註52〕

(四)新蔡葛陵平輿君成墓楚簡（戰國中期）

　　2003 年公佈的新蔡楚簡,內容以卜筮祭禱為主。〔註53〕與「五祀」祭禱相關的竹簡有 7 支,簡文內容如下:

　　　　☑一犬,門一羊。（甲一 2）

〔註49〕楊華〈「五祀」祭禱與楚漢文化的繼承〉,《江漢論壇》2004 年 9 期。

〔註50〕「宮室」即中霤異名,詳本論文第參章第一節「中霤神信仰研究」。

〔註51〕湖北省文物考古研究所、北京大學中文系《九店楚簡》（北京:中華書局,2000年）,頁 48、84～85。

〔註52〕楊華〈「五祀」祭禱與楚漢文化的繼承〉,《江漢論壇》2004 年 9 期。

〔註53〕河南省文物考古研究所《新蔡葛陵楚墓》,鄭州:大象出版社,2003 年 10 月。

□特牛，樂之。就禱戶一羊，就禱行一犬，就禱門□（甲三 56）

□靈君子，門□戶□□（甲三 76）

□戶、門。有祟見於昭王、惠王、文君、文夫人、子西君，就禱□（甲三 213）

□就禱靈君子一豬；就禱門、戶純一牂；就禱行一犬。壬辰之日禱之。（乙一 28）

□之戶，一戶□（零 325）

□禱門、戶（零 442）

新蔡簡十分殘斷，但從不完整的簡文中仍可知五祀門、戶時常合祀。另外新蔡簡零 282 有祭「五祀」一詞，雖說「五祀」除指中霤、灶、門、戶、行道外，還有社稷五祀和禘、郊、宗、祖、報等涵義，但一則楚地簡帛裡多見頻繁的家宅五祀各別神祇之祭，卻罕見社稷五祀；〔註54〕二則「五祀」於此是受祭神名，不可能是禘、郊、宗、祖、報等祭名。是以筆者認為新蔡簡「五祀」與下文所提及〈內禮〉中君子為禱父母之疾而祈之「五祀」，當是家宅五祀。

（五）《上海博物館藏戰國楚竹書（四）・內禮》（戰國中期偏晚）〔註55〕

2004 年 12 月上海古籍出版社出版之《上海博物館藏戰國楚竹書（四）》中有〈內禮〉一篇，〔註56〕該篇與《大戴禮記・曾子立孝》有關。簡文有若干闕脫，經補缺，內容如下：〔註57〕

君子之立孝，愛是用，禮是貴，故為人君者，言人君之不能使其臣者，不與言人之臣不能事其君者；故為人臣者，言人之臣之不能事其君者，不與言人之君之不能使其臣者。故為人父者，言人之父之

〔註54〕簡文雖見有社稷五祀的祝融和后土，但祝融係以祖先神而非社稷神的身份出現（詳本論文第肆章第二節「人神人鬼信仰研究」）。

〔註55〕學者多半以為上博簡之年代與郭店簡（戰國中期偏晚）相當。譬如李學勤〈孔孟之間與老莊之間〉（《中國思想史研究通訊》6 輯，2005 年 6 月）認為從形制與字形上來看，上博簡和郭店簡沒有突出的差別，其年代應在戰國中期偏晚至晚期偏早。

〔註56〕馬承源主編《上海博物館藏戰國楚竹書（四）》，上海：上海古籍出版社，2004 年 12 月。

〔註57〕簡文據季旭昇師審訂、陳思婷撰《《上海博物館藏戰國楚竹書（四）》讀本・內禮譯釋》（臺北：萬卷樓，2006 年）、陳思婷《《上海博物館藏戰國楚竹書（四）・采風曲目、逸詩、內豊、相邦之道》研究》（臺北：臺灣師範大學國文系碩士論文，2007 年 6 月）調整修正。

不能蓄子者，不與言人之子之不孝者；故爲人子者，言人之子之不孝者，不與言人之父之不能蓄其子者；故爲人兄者，言人之兄之不能慈弟，不與言人之弟之不能承兄者；故爲人弟者，言人之弟之不能承兄者，不與言人之兄之不能慈其弟者。故曰：「與君言，言使臣；與臣言，言事君。與父言，言畜子；與子言，言孝父，與兄言，言慈弟；與弟言，言承兄。反此亂也。」君子事父母，無私樂，亡私憂。父母所樂樂之；父母所憂憂之。善則從之，不善則止之，止之而不可，憐而任不可。雖至於死，從之，孝而不諫，不成孝；諫而不從，亦不成孝。君子孝子，不食若災，腹中巧變，故父母安之，如從起。君子曰：「孝子，父母有疾，冠不力，行不頌，不依立，不庶語。時眯，攻、禜、行，祝於五祀，豈必有益？君子以成其孝。……是謂君子。君子曰：「孝子事父母以食惡，嬐下之……君子曰：「悌，民之經也。在小不爭，在大不亂。故爲少必聽長之命，爲賤必聽貴之命。從人勸，然則免於戾。……□亡難。毋忘姑姊妹而敬遠之，則民有禮，然後奉之以中準。（簡 1～10）

簡文提到父母有疾時，孝子（君子）必須舉行攻解、禜祭，並祝於五祀。

（六）天星觀 M1 簡（戰國早期）

天星觀 M1 簡雖然從未完全公佈，但從其他研究成果所援引的圖版，可以見到其中五祀相關簡文內容如下：

　　□司命、司禍、地主各一吉環。（滕本頁 10、33、43、105、614）〔註58〕

　　舉禱宮地主一豭。（滕本頁 26、337、614、619）

　　享祭門一□（滕本頁 21）

　　舉禱行一白犬。遊巫□（滕本頁 25、169、573）

　　擇良日冬夕賽禱宮地主一羖□（滕本頁 26、32、337、523、564、619）

天星觀簡文「擇良日冬夕賽禱官地主一羖□」，證明祭祀五祀，確實需依《日書》擇日。

〔註58〕晏昌貴據滕壬生文字編所錄文例整理出天星觀與秦家嘴簡的釋文，括號內爲滕氏文字編的頁碼。

（七）秦家嘴 M99 簡（戰國中期）

秦家嘴 M99 簡雖然從未完全公佈，但從其他研究成果所援引的圖版，可以見到其中五祀相關簡文內容如下：

> 甲申之夕，賽禱宮地主一貑，賽禱行一白犬，司命……酒食祚之。。
> （簡 1）

> 賽禱於五世王父王母……地主、司命、司禍，各一貑，纓之吉玉，
> 北方一環。（簡 11）

（八）其他相關資料

1. 1978 年公佈的雲夢睡虎地 M11 秦簡《日書》（戰國末期）

睡虎地在文化上深受楚秦二地的影響，〔註 59〕所以本論文以雲夢睡虎地秦簡中所見多處與「五祀」相關的簡文作爲討論楚人五祀信仰時的輔助文獻。茲舉與五祀相關簡文文例如下：

> 交日：鑿井，吉。以祭門、行，行水吉。（《日書（甲）·除》簡 4
> 正貳）

> 害日：利以除凶屬，說不祥。祭門、行，吉。（《日書（甲）·除》簡
> 5 正貳）

> 陰日：利以家室。（《日書（甲）·除》簡 6 正貳）

> 祠行良日，庚申是天昌，不出三歲必有大得。〔註60〕（《日書（甲）》
> 簡 79 正貳）

> 毋以丑除門戶，害於驕母；毋以寅祭祀、鑿井，鄭以細□。（《日書
> （甲）》簡 104 正貳）

> 祠室中日：辛丑，癸亥，乙酉，己酉，吉。龍，壬辰，申。祠戶日：
> 壬申，丁酉，癸丑，亥，吉。龍，丙寅，庚寅。祠門日：甲申，辰，

〔註59〕 據中國社會科學院主辦、譚其驤主編《簡明中國歷史地圖集·春秋時期全圖、
　　　 戰國時期全圖》（北京：中國地圖出版社，1991 年 10 月），雲夢全境皆在楚國
　　　 之內。倪婉〈雲夢睡虎地秦簡的考古學意義〉，《武漢大學學報》人科版 2002
　　　 年 6 期，頁 697～698：「睡虎地秦簡中的《語書》是南郡的郡守滕頒布給郡屬
　　　 各縣、道官吏的文告。《語書》要依次傳送南郡各縣、道，另抄送江陵。其中
　　　 的『別書江陵布』一句，應該另有內涵。江陵本是楚國的核心區域，也是戰
　　　 國末年楚國的都城所在地，是楚文化的根據地。」
〔註60〕 庚申日祭祀行神，不出三年必有大收獲，因爲這天「天昌」。其意謂天可「昌」
　　　 人，使之有「大得」，即天可佑人得財。詳張富春〈先秦民間祈財信仰研究——
　　　 以睡虎地秦簡《日書》爲中心〉，《四川大學學報》哲社版 2005 年 6 期，頁 90。

乙亥，丑，酉，吉。龍，戊寅，辛巳。祀行日：甲申，丙申，戊申，壬申，乙亥。龍，戊、巳。祠灶日：己亥，辛丑，乙亥，丁丑，吉。龍，辛□。祠五祀日：丙丁灶，戊巳內中土，〔註61〕甲乙戶，壬癸行，庚辛門。（《日書（乙）》簡31貳－40貳）

祠常行，甲辰、甲申、庚申、壬辰，吉。母以丙、丁、戊、壬……。」（《日書（乙）・行祠》簡144）

祠室，己卯、戊辰、戊寅，吉。祠戶，丑、午……。」（簡148殘篇簡文〈祠〉）

楊華認爲〈祠〉殘掉的簡文應該還記載有門、行、灶諸祀的禁忌。從僅餘的殘簡內容看來，其宜忌日辰與同屬於乙種《日書》的〈行祠〉不太一樣。〔註62〕

2. 2000年公佈的周家台M30秦簡《日書》（秦朝）

1993年出土於湖北荊沙市周家台M30的秦簡當中，有《曆譜》、《日書》、《病方和其他》，〔註63〕M30墓主人據信應該爲秦代時略低於縣令史的低級官吏。可能爲佐史一類的南郡官署屬吏。《日書》中的古代地名對考察江漢地區的歷史沿革很有幫助。〔註64〕荊沙市包括原先的沙市與江陵（荊州市），地有楚國郢都舊紀南城遺址，故本論文亦以周家台M30秦簡《日書》簡作爲討論時的輔助文獻。

周家台秦簡《日書》中有一幅線圖，畫有始皇卅六年的地支神位圖，十二地支按順時針方向旋轉，佔據十二角。書寫於其側的文字有：

卅六年，置居金，上公、兵死、殤主歲，歲在中。

置居火，築囚、行、灶主歲，歲爲下。

置居水，……主殘☑

置居土，田社、木並主歲。

置居木，里社、塚主歲，歲爲上。（以上見簡298～302壹）〔註65〕

《禮記・月令》將五祀分置於四季之中，分別與五行相對應：春氣木，祀戶；

〔註61〕睡虎地秦墓竹簡整理小組《睡虎地秦墓竹簡》（北京：文物出版社，1990年9月），頁236根據《禮記・月令》，認爲「內中土」就是中霤。

〔註62〕楊華〈五祀祭禱與楚漢文化的繼承〉，《江漢論壇》2004年9期，頁98。

〔註63〕韓劍南、郝晉陽《〈周家台秦簡〉虛詞研究》，《淮北煤炭師範學院學報》哲社版2004年4期，頁111。

〔註64〕湖北省荊州市周梁玉橋遺址博物館《關沮秦漢墓簡牘》（北京：中華書局，2001年），頁157～159。

〔註65〕湖北省荊州市周梁玉橋遺址博物館《關沮秦漢墓簡牘》（北京：中華書局，2001年），頁107～117。

夏氣火，祀灶；中央土，祀中霤；秋氣金，祀門；冬氣水，祀行。以之檢驗周家台秦墓《日書》中的式盤圖，楊華認爲文中「居火」的時期，由「行、灶主歲」，此種運行原則與《禮記・月令》中的排列規律有相同的部份，也有不同之處──「行」神於《禮記・月令》裡在居水的時節主歲，但在周家台秦簡裡卻與灶神同時主歲。〔註66〕

另甘肅放馬灘秦簡《日書》乙種雖見「祠門良日甲申庚壬申」及〈門忌〉簡文30條，〔註67〕但放馬灘和楚國故境相隔甚遠，故不在本論文討論的範圍之內。

現將見於以上七批與五祀信仰相關的楚地資料，與《禮記・祭法》所見天子七祀至庶人一祀祭祀系統製成對照表如下：

對象＼出處	司命	中霤	門	行	厲	戶	灶	主(令)祭者身份
天子七祀	司命	中霤	國門〔註68〕	國行	泰厲	戶	灶	天子
諸侯五祀	司命	中霤	國門	國行	公厲	X	X	諸侯
大夫三祀	X	X	門	行	族厲	X	X	大夫
適士二祀	X	X	門	行	X	X	X	適士
庶人一祀	X	X	X	X	X	(或)戶	(或)灶	庶人
上博〈內禮〉	X？	？	？	？	X？	？	？	君子
新蔡簡	司命	室中	門	行、步	諸祖先神與人鬼	戶	？	平輿君（封君）
包山M2簡＆籤牌	司命	室、宮室、宮地主、宮后土	門	行、宮行	人鬼與諸祖先神	戶	灶	左尹（上大夫）
望山M1簡	司命	宮	X	行、宮行	人鬼與諸祖先神	X	灶	王族（下大夫）

〔註66〕楊華〈五祀祭禱與楚漢文化的繼承〉，《江漢論壇》2004年9期，頁98。
〔註67〕何雙全〈天水放馬灘秦簡綜述〉，《文物》1989年2期。
〔註68〕楊英指出國門、國行、泰厲爲周王所立，應爲天下所祀之神。詳氏著〈「禮」對原始宗教的改造考述〉，《中華文化論壇》2004年2月，頁58。

九店 M56簡	X	X	門	行	人鬼與諸祖先神	X	X	庶人
秦家嘴 M99簡	司命	宮地主	X	行	人鬼與諸祖先神	X	X	不詳
天星觀 M1簡	司命	宮地主	門	行	人鬼與諸祖先神	X	X	邸殤君（上卿）
睡虎地《日書》	X	室、室中、內中土	門	行、（大常行	諸種人鬼、物魅	戶	灶	庶人
周家台《日書》	X	X	X	行	諸種人鬼、物魅	X	灶	庶人

　　由上表可以明顯看出，楚地簡帛資料所反映出來的楚地五祀系統，大體上和《禮記》所記錄的系統相當。但楚地五祀系統和《禮記》所記最大不同處，在於楚地五祀系統鮮少提及「厲」。睡虎地簡方面，《日書》「刺鬼」，劉釗雖將之讀爲「厲鬼」，並以爲即七祀之一，但劉釗卻未進一步說明，不知其據。〔註69〕楚地簡帛亦僅有不甚確定的一例，見南傳楚地儒書《上海博物館藏戰國楚竹書（六）·景公瘧》簡13，末句「旬又五，公乃出，見折」，沈培讀作「見厲」，並指出「簡文說『公乃出，見折』，如果解釋成『公乃出，見厲』，指通過晏子主持的祭祀和貞卜活動，景公在十五天後終於看到了給他帶來『祟』的厲鬼」；〔註70〕但蘇建洲學長認爲一般人並不能看見厲，故將「見厲」讀作「現厲」，即「厲現」——找出作祟者並予以拔除；〔註71〕同門陳惠玲認爲「見折」指的應該是齊景公接受晏子的建議，去民間視察殘傷，以力行德政才是。〔註72〕由此看來，目前學界對於簡文「見折」之釋讀，尚未討論出一個大家都能接受的說法。

　　另外，關於司命的記載，主要見於包山、望山簡、天星觀與秦家嘴殘簡中。根據竹簡內容可以知道，包山楚墓墓主名叫邵𢾭，官拜左尹，彭浩指出他應該是楚國主掌司法的官員；〔註73〕望山楚墓墓主名叫悼固，望山簡整理

〔註69〕劉釗〈談秦簡中的鬼怪〉，《文物季刊》1997年2期。
〔註70〕沈培〈《上博（六）·競公瘧》「正」字小議〉，「武漢簡帛研究中心」，http://www.bsm.org.cn/，2007/7/31。
〔註71〕蘇建洲學長〈《上博（六）·景公瘧》補釋一則〉，「武漢簡帛研究中心」，http://www.bsm.org.cn/，2007/10/7。
〔註72〕陳惠玲〈上博六《競公瘧》釋「𩷒」及「旬又五公乃出見折」〉，「武漢簡帛研究中心」，http://www.bsm.org.cn/，2007/10/23。
〔註73〕彭浩〈包山楚簡所反映的楚國法律與司法制度〉，《包山楚墓》（北京：文物出版社，1991年10月），頁553。

者認為他應是以悼為姓的楚國王族。〔註74〕若彭浩與望山簡整理者所言無誤，邵妝和悼固的地位並非天子、諸侯，但他們卻能夠祭祀司命，單從《禮記》規定祭祀者與受祀神靈身份具有對等關係的這點來看，就夠讓人無法理解。要解釋這些現象，就必須先弄清楚家宅五祀的起源及其在西漢以前的變化。是以家宅五祀的來源、楚人家宅五祀與《禮記·祭法》等所記五祀的差異、楚人家宅五祀的內涵及其差異所揭示的信仰詮釋匯整或合流的種種文化現象等，即本論文所要探討的重點所在。

再者，五祀後來演變成七祀——七祀為家宅祭祀加祭司命及厲而成，這是在講天子七祀時，《禮記·祭法》等篇所提出來的觀念，漢代以後的家祀並未包括司命及厲。因此清·秦蕙田以為《禮記·祭法》所提出的七祀是漢儒的附會，他提出五種理由，認為七祀並不成立：

〈曲禮〉天子祭五祀，不云七祀；《儀禮》士禱五祀，不云二祀，一也。五祀與社稷同為地示之屬，司命屬天神，厲屬則屬人鬼，合為七祀恐非其類，二也。諸侯不祭戶灶，大夫以下不祭中霤，恐非推報之義，三也。既為群姓立七祀，又自為立五祀，是天子有十四祀，諸侯有十祀矣，四也。五祀祭於宮中而以厲參之，五也。〈祭法〉之說不足信。〔註75〕

但從楚地簡帛的記錄看來，楚人十分頻繁的祭祀七祀個別神祇，雖然當時沒

〔註74〕湖北省文物考古研究所、北京大學中文系《望山楚簡》（北京：中華書局，1995年6月），頁6。「悼固」，簡文作「𦀚固」，或有以其為「昭」姓者，如中山大學古文字學研究室〈江陵望山一號楚墓竹簡考釋〉，《戰國楚簡研究（3）》，廣州：內部油印本，1977年。但從包山M2簡與新蔡簡來看，墓主所祭核心先祖，有固定的四代，其中必然包括得姓之王、始封之君、分宗始立之君（詳本論文第肆章第二節「人神人鬼信仰研究」）。望山M1簡亦見有墓主所祭固定的四代核心先祖，分別是聲王（高祖）→𦀚王（曾祖）→東宅公（祖）→王孫喿／桌（父）。查𦀚王，《史記·楚世家》作「悼王」。又「悼」古屬定紐藥韻，「𦀚」所從之「卲」古屬禪紐宵韻，藥韻為宵韻之入聲，禪、定古皆為舌音；「悼」之所從聲符「卓」古屬端紐藥韻，「卲」之所從聲符「召」古屬定紐宵韻，二者古聲同在舌頭音。是以「𦀚固」應作「悼固」、悼王應即悼固得姓之王。悼固之父「王孫喿」又作「王孫桌」。「喿」古屬心紐宵韻，與「𦀚」聲近韻同；「桌」古屬端紐藥韻，與「悼」聲近韻同，悼固之父在簡文中應可讀作「王孫悼」。本論文所引上古音韻分部悉依郭錫良《漢字古音手冊》（北京：北京大學出版社，1986年11月），下不另注。
〔註75〕清·秦蕙田《五禮通考》（收入《文淵閣四庫全書》，臺北：臺灣商務印書館影印，1983年），卷53頁2左～3。

有嚴謹的七祀祭祀制度，但要說沒有七祀的存在是很困難的。又雖然記載七祀的是漢代才成書的禮書，但眾所周知，漢文化是以楚文化爲其根植的土壤，既然漢代出現七祀制度，那麼楚國可能也是有七祀或七祀的前身存在。章太炎〈大夫五祀三祀辨〉就認爲《禮記・祭法》在「五祀」的基礎上，吸收了楚地廣爲流行的「司命」和「厲」兩種神祇，形成所謂「七祀」。〔註76〕再者，秦駟禱病玉版上有：「孟多十月……事天地、四極、三光、山川、神祇、五祀、先祖」的紀錄，〔註77〕《禮記・月令》也講到孟多之月臘祭祈來年（豐年）時要祭天宗、先祖、五祀等，司命屬天宗（詳本論文第肆章第一節「司命神信仰研究」）、厲當中有很大部份是作祟的先祖。從禱病玉版、《禮記・月令》講歲終臘祭天宗、先祖、五祀的說法可以推知，司命、厲、五祀應該存在有內在的聯繫才是。是故本論文除了以楚地簡帛所見家宅五祀爲研究的焦點外，並將討論擴大到七祀系統中的「司命」、「厲（人鬼）」，兼及人神。

第三節　研究現況回顧

根據筆者的調查，將「五祀」諸神祇視爲一個系統而完整進行論述的專門性研究並不多，遑論有結合出土材料者。不過許多論及民間信仰的專書或期刊論文，偶或言及五祀或其中單一神祇者。由於這類資料數量龐雜，且其論述多半不夠深入，是以粗淺介紹性質的文章，本節並不加以一一評介。以下僅針對與「五祀信仰」或「楚人信仰」直接有關的研究著作進行回顧與檢討。

一、與五祀信仰直接相關之研究著作

1968 年池田末利的〈五祀考〉：〔註78〕該文分爲四個部份：第一個部份主要討論的是社稷五祀；第二個部份在說明宮中五祀（即本論文之討論對象）；

〔註76〕 章太炎《章太炎全集（1）》（上海：上海人民出版社 1982 年），頁 284～287。
〔註77〕 釋文根據李零〈秦駟禱病玉版的研究〉，《國學研究》6 卷，1999 年 11 月，但李零認爲此處所提及之五祀應是五方地神或五色帝。而曾憲通、楊澤生、蕭毅〈秦駟玉版文字初探〉，《考古與文物》2001 年 1 期，頁 51 將玉版釋文對照《禮記・月令》內容，認爲五祀當即包山木主亦見之門、戶、室、灶、行五祀。按曾氏等人說較佳，姑從之。
〔註78〕 （昭和 36 年 8 月）日本《東方宗教》17 號所刊。

第三部份專在說明五祀神祇的由來；第四部份專在說明文獻所見門、行的祭祀和祭祀文化的由來。但限於篇幅與所見材料，該文的討論雖然觸及面廣，並不是很深入，僅對五祀進行粗淺的介紹而已。

　　1994 年楊哲宏的《五祀信仰研究》：〔註79〕該論文主要針對「系統化五祀的形成和發展」、「五祀在歷代發展的狀況」、「個別化五祀的發展」展開論述。但對五祀各個神祇的神性源頭並未做出交待，且該論文對西漢以前五祀的討論篇幅亦不多。

　　1999 年傅亞庶的《中國上古祭祀文化》：〔註80〕該書將五祀（七祀）獨立為一章，並逐一說明各個神祇的由來及祭祀之法，但該單元非該書撰著的重點，兼以受限於篇幅，討論的並不是很深入。

　　2004 年楊華的〈五祀祭禱與楚漢文化的繼承〉：〔註81〕該文利用出土材料，特別是楚簡中的材料，對後世禮書將五祀分屬不同社會階級專祀的情況做出反駁，並對章太炎所提出的看法：「《禮記・祭法》的七祀，係以五祀為基礎，吸收了楚地的司命和厲而成的」加以補證。該文將五祀由戰國至漢代的變化做了仔細的說明，並援引大量的出土材料佐證，立論完整，是本論文的重要參考文獻。惜限於篇幅，該文對五祀乃至七祀的神性來源及其受祀之因並未有完整的交待。

　　2005 年陳麗華的《五祀神祇故事研究》：〔註82〕該論文以五祀神祇故事為研究題材，並從民間文學角度分析五祀神祇故事，運用民間文學中情節單元及故事類型分析之方法對五祀神祇故事的起源和演變作深入研究，藉以了解五祀神祇故事在發展與流傳過程中，故事情節的變異及對後世民間文學中以其為題材之創作，包括寶卷、戲曲、小說、年畫造型及民俗祭儀等方面的影響。但其處理的材料時代更晚，且其研究重心放在五祀故事對俗文學的影響，對考察五祀在西漢以前的發展並無太大幫助。

　　另外，大陸著名民俗學學者楊堃曾提及他計畫寫作〈五祀考〉，但在辭世之前他只完成〈灶神考〉（詳下）。

〔註79〕臺北縣：淡江大學中文系碩士論文。
〔註80〕長春：東北師範大學出版社所出版。
〔註81〕《江漢論壇》2004 年 9 期所刊。
〔註82〕臺北：文化大學中文系在職碩士論文。

二、與五祀、七祀單一神祇直接相關之研究著作

（一）中霤神

　　針對單一中霤神進行研究的文章幾乎是沒有，只有少數文章在討論到先秦建築文化或地神信仰時會順帶提到祂。譬如 1997 年楊鴻勛的〈「周人明堂」的考古學研究：兼及宮室、覆穴、中霤、奧、屋漏、宦、窔以及「夏后氏世室」與「殷人重屋」〉：〔註 83〕該文結合先秦典籍與史前考古的遺址資料，認為中霤可能是源自先民半穴居建築特色的一個名詞：先民穴居，中央灶上開窗排煙通風，下雨則雨亦由此流入，故室中稱中霤。此類新解文章所揭示的方法論，對經典的重新詮釋與研究十分具有意義。〔註 84〕

　　另外 2007 年邱宜文的〈霜露風雨，以達天地之氣——試論社祭之原型〉：〔註 85〕該文主要在探索社祭的源頭，並論及大地信仰的起源。但文中特立一節，針對禮書所見「中霤」之名義做出解釋。其解釋綜合了考古界與禮學界的看法，對中霤神做出深入淺出的論述，指出中霤可能是源自黃土高原建築特色的一個名詞，其結論具有相當的參考價值。

（二）灶　神

　　學界很早就注意到灶神信仰。先驅性的成果有 1935 年狩野直喜的〈支那灶神に就いて〉。〔註 86〕另外這方面的力作還有 1944 年楊堃的〈灶神考〉、〔註 87〕、1948 年津田左右吉的〈ツナの民間信仰における灶神〉。〔註 88〕此外，1980 年袁珂的〈漫話灶神和祭灶〉、〔註 89〕1981 年池田末利的〈中國における灶神の本質〉、〔註 90〕1994 年楊福泉的《灶與灶神》等，〔註 91〕這些研究充份結合民

〔註 83〕　《城市與設計學報》1997 年 2、3 期所刊。
〔註 84〕　李淑惠〈釋「中霤」、「中庭」〉（《遼寧師專學報》社科版 1999 年 1 期）一文亦據考古遺址資料解釋中霤之所以與窗、煙囪有所關聯的原因。
〔註 85〕　《國文天地》22 卷 10 期所刊。
〔註 86〕　狩野直喜〈支那灶神に就いて〉，收入《支那學文藪》（東京：弘文堂，1926 年），頁 78～93。
〔註 87〕　《漢學》1 輯所刊。後收入氏著《楊堃民族研究文集》（北京：人民出版社，1991 年），頁 162～209。
〔註 88〕　《東洋學報》第 32 卷第 2 號所刊。
〔註 89〕　《散文》1980 年 2 期所刊。後收入氏著《神話論文集》（上海：上海古籍出版社，1982 年），頁 177～181。
〔註 90〕　收入池田末利《中國古代宗教史研究——制度思想》（東京：東海大學出版會，1981 年），頁 817。

俗學、考古學、民族學，將灶神的各種神性來源及其在各個民族當中的面貌和流變做了清楚的說明，有極高的學術價值。

1995 年劉錫誠的《灶王爺的傳說》：〔註92〕該書主要在收集並歸納灶神來源及相關的民間故事類型，對了解今日灶神傳說的故事原型很有幫助，但對討論灶神的來源及其在先秦的變化討論較少。

2003 年廖海波的《民間灶神信仰與傳說》：〔註93〕該論文總結楊堃、袁珂、楊福泉等人對灶神的研究成果，並再加以闡發。該論文首先對灶神的來歷做了仔細的爬梳；其次討論灶神在民間的演變及其和司命神的混淆；最後對灶神故事在俗文學及民間藝術的展現做了說明。是目前所見關於灶神信仰最為完整的一部著作，也是本論文重要的參考對象。

2005 年蔡伊達的《灶神民間故事類型與灶神形象研究》：〔註94〕該論文將以漢代以後經過「俗神化」過程的灶神故事為討論主體，重點放在灶神故事各個版本間的比較及灶神的家庭功能性討論。對灶神神性的來源、灶神信仰在西漢以前的變化著墨不多。

其他還有若干單篇論文述及灶神的，如 1999 年李玉潔的〈古代的臘祭——兼談臘八節　祭灶節的由來〉等，〔註95〕但這類文章性質上像是雜誌散文，討論的也不是很深入、很全面，在此不予贅述。

（三）門（戶）神

1998 年朱青生的《將軍門神起源研究——論誤解與成形》：〔註96〕該書雖然是從美術史的角度討論將軍門神形象及神力的來源，但對新石器以來和門祭、門崇拜的考古資料做了詳實的整理和討論，對本論文在追溯門神信仰起源時的幫助很大。

2006 年王子今的《門祭與門神崇拜》：〔註97〕該書對門神的來源及門神的祭祀儀節說明的非常清楚，並且專立一章討論門神與行神的關聯。這對向來貧瘠的行神研究而言是不可多得的參考資料。

〔註91〕楊福泉《灶與灶神》，北京：學苑出版社，1994 年。
〔註92〕北京：花山文藝出版社所出版。
〔註93〕上海：華東師範大學博士論文。
〔註94〕花蓮：花蓮師範學院民間文學所碩士論文。
〔註95〕《文史知識》1999 年 2 期所刊。
〔註96〕北京：北京大學出版社所出版。
〔註97〕西安：陝西人民出版社所出版。

此外還有一些單篇的期刊論文，如 1991 年劉竟濤的〈我國古代的門神文化〉、〔註98〕2000 年楊琳的〈門神的祭祀及演變〉、〔註99〕2000 年段塔麗的〈中國古代門神信仰的由來與嬗變〉、〔註100〕2002 年吳天明的〈門神文化研究〉、〔註101〕2002 年李見勇的〈門神探源〉、〔註102〕2005 年戴欣佚的〈中國民間門神崇拜源流初探〉等〔註103〕，這類對門戶之神進行探索的文章很多，但泰半不夠深入。另外還有一些通論性書籍，像 1993 年馬書田的《華夏諸神‧俗神卷》、〔註104〕1995 年劉曉路的《門神人物的傳說》、〔註105〕2001 年王樹村的《華夏諸神‧門與門神卷》等，〔註106〕這類作品對門神的討論通俗而簡略，於此不再一一介紹。

（四）行　神

1984 年許志剛的〈祖道考〉：〔註107〕該文主要在討論先人爲何祭祀行路之神。所處理者多爲神話材料，且重點放在說明先人如何重視交通、道路，對於行道之神如何成爲五祀之一並未做詳細說明。

1988 年工藤元男的〈埋もれいた行神——主として秦簡「日書」による——〉：〔註108〕該文從秦簡《日書》出發，認爲《日書》提及出行資料時，言及「禹步」、「禹符」，出行宜忌中有「禹須臾」、「禹之離日」等，又禹長年出行在外，因此他認爲典籍中的行神如共工之子脩或黃帝子累祖是後漢之後的行神，而先秦時的行神是禹，他是被埋沒的行神。

1998 年劉泰焰的〈「行神」纍祖是黃帝的妻子〉：〔註109〕該文重點在辨析神話中對行神來源之一——纍祖的誤解。該文對行神的其他來源及先民爲何祭祀行神並未有所交待。

〔註98〕《中國古代近代文學研究》1991 年 6 期所刊。
〔註99〕《民族藝術》2000 年 2 期所刊。
〔註100〕《陝西師範大學繼續教育學報》17 卷 3 期所刊。
〔註101〕《中南民族大學學報》人社版 22 卷 3 期所刊。
〔註102〕《貴州文史叢刊》2002 年 2 期所刊。
〔註103〕《金陵科技學院學報》社科版 19 卷 4 期所刊。
〔註104〕臺北：雲龍出版社所出版。
〔註105〕石家莊：花山文藝出版社所出版。
〔註106〕臺北：雲龍出版社所出版。
〔註107〕《世界宗教研究》1984 年 1 期所刊。
〔註108〕《東洋文化研究所紀要》106 期所刊。
〔註109〕《文教資料》1998 年 5 期所刊。

2001 年劉增貴的〈秦簡《日書》中的出行禮俗信仰〉：〔註110〕該文以睡虎地秦簡《日書》中的出行禮俗史料為線索，證以考古發現及傳世文獻，對秦漢以前出行的時日禁忌、方位信仰、出行儀式、禍祟防衛、行神崇拜諸問題加以疏釋，文末也花了一定的篇幅討論行神的由來，該文將行神分為二種：宮室內與宮室外。另外如 1994 年王子今的〈睡虎地秦《日書》所見行歸宜忌〉、〔註111〕1996 何潤坤的〈云夢秦簡《日書》「行」及有關秦人社會活動考〉，〔註 112〕亦根據睡虎地《日書》，討論行道之忌，兼及祠行之道，也都相當有參考價值。

2004 年王政的〈《詩經》與路神奉祭考〉：〔註 113〕該文以《詩經》為處理的標的，將《詩經》中所有與道路之神相關的祭祀文化做了詳細的整理，對理解先秦行道神的祭祀種類很有幫助。但該文重在討論行道之祭，並未完整說明西漢以前行道之神信仰的面貌，殊為可惜。

其他關於行神的討論，多半針對餞別祖道文化、餞別詩而為言，討論不夠深入，本論文於此略而不述。〔註 114〕

（五）司 命

目前文獻所見與司命神相關的研究，幾乎都是著眼於《楚辭・九歌・大司命》，〔註115〕鮮少有根據楚地簡帛或單純就傳世文獻來討論司命神信仰的。在沒有新的參考資料之下，楚辭界對司命神的討論，或以司命為星神，或以司命為掌管死人之山神（詳本論文第肆章第一節「司命神信仰研究」），泰半皆未脫窠臼。偶有標新立異者，如 1992 年東松青的〈少司命・螽斯・昆蟲崇拜——屈原《九歌・少司命》新解〉，以為〈少司命〉的內容正是在形容螽斯

〔註110〕《中央研究所歷史語言研究所集刊》72 本 3 分所刊。

〔註 111〕《江漢考古》1994 年 2 期。

〔註 112〕《江漢考古》1996 年 1 期。

〔註 113〕《世界宗教研究》2004 年 2 期所刊。

〔註 114〕另外還有研究保佑行業行為之「行神」者，譬如郭立誠《行神研究》（臺北：中華叢書編審委員會，1967 年），與本論文之主題無關，故不詳辨之。

〔註 115〕〈九歌〉襲用古曲的名稱。〈九歌〉名稱來源很古，兩見於〈離騷〉，一見於〈天問〉。《山海經・大荒西經》也提到它。據說是夏后啟乘龍上天，把本屬天樂的〈九歌〉、〈九辯〉記錄下來帶回人間，改編為〈九招〉，在大穆之野演奏。屈原借用古曲之名，自鑄新詞，即如王逸《楚辭章句》所言：「〈九歌〉者，屈原之所作也。昔楚國南郢之邑，沅湘之間，其俗信鬼而好祠。其祠，必作歌樂鼓舞以樂諸神。屈原放逐，竄伏其域，懷憂苦毒，愁思弗鬱。出見俗人祭祀之禮，其詞鄙陋。因為作〈九歌〉之曲。」詳蕭練武〈試論〈九歌〉的神話特徵〉，《理論界》2004 年 2 期。

這類昆蟲。〔註116〕全文牽強附會,立論可議,亦未足觀。

單獨討論司命神信仰的,本論文只收集到 2003 年賈豔紅的〈略論古代民間的司命神信仰〉:〔註117〕該文整理了秦漢六朝之際的司命神信仰資料,認爲司命神的地位因爲受到佛教盛起的打擊,加上其形象和灶神混淆,所以地位日漸下降。該文對司命神從上古到中古的變化做出一定程度的說明,十分有參考價值。但由於該文的寫作設定是「略論」,有些討論並未詳細說明即驟下結論,不甚妥當。

根據楚地簡帛資料來考證司命神的,本論文僅收集到二篇,分別是 2006 年楊華的〈楚簡中的諸「司」及其經學意義〉〔註118〕與 2006 年晏昌貴的〈楚簡所見諸司神考〉。〔註119〕楊文討論楚簡所見司命、司祿、司禍、司慎、司褫、司怪、司襐、司救等 8 種天神,認爲祂們通常並列出現,同時受祭,且居於天神「太」之後,可能大多爲天神。楊氏認爲解讀這些神祇有助於解決禮學研究中的某些問題,但楊文對其中司禍、司襐、司救之具體內涵採取保留態度。晏文同樣對楚簡所見司命、司禍、司錄、司折、司褫、司襐、司骴、司救等諸司神進行了考察,並各別詳述其神職。其對司命神的研究採取歷史研究法,羅列各種記載司命的文獻及其對司命神職的敘述,從中獲得司命神職的演變軌跡,對本論文的撰寫有很大的啓發。此二篇文章堪稱是目前爲止對楚簡所見諸司神最有系統的研究。但限於篇幅,這兩篇文章對單一司命神的考究還不是很深入。

此外還有 1999 年黃永堂的〈司命‧灶神與楚人族源〉、〔註120〕1999 年張軍的〈司命與灶神沿合考〉、〔註121〕1999 年許富宏的〈略論二司命的祭祀對象及命名來源〉,〔註122〕或從灶神信仰出發、或從《楚辭》大小司命之辨出發,對司命神的由來和演變多有詳細的論證,也是本論文重要的參考資料。

(六)厲

厲即作崇人鬼。討論鬼文化的文章很多,內容深淺不一,詳見本論文第肆章第二節「人神人鬼信仰研究」所引,於此不加贅述。以下僅舉與「厲」

〔註116〕《求索》1992 年 1 期所刊。
〔註117〕《三明高等專科學校學報》2003 年 1 期所刊。
〔註118〕《中國文化研究》2006 年 1 期所刊。
〔註119〕《江漢論壇》2006 年 9 期所刊。
〔註120〕《貴陽金築大學學報》綜合版 1999 年 1 期所刊。
〔註121〕《甘肅社會科學》1999 年論文輯刊所刊。
〔註122〕《南通師範學院學報》哲社版 15 卷 4 期所刊。

有關之研究一例如下：

　　2005 林素娟的〈先秦至漢代禮俗中有關厲鬼的觀念及其因應之道〉：〔註123〕
該文將先秦至兩漢的厲鬼文化做了綜合性回顧，並從中抽萃當時人們對待厲鬼
的態度和方法，是目前少見對厲文化做出專門研究的單篇論文。

　　此外，楚地簡帛當中有很多楚先公先祖及人鬼的禱祠記錄，對恢復楚王
世系和先秦楚國歷史、楚國祭禱儀俗甚有幫助，是以學界多有討論。譬如 1988
年《文物》8 期所刊李學勤〈論包山楚簡中一先祖名〉即是。李文將包山簡所
見娽酓釋為鬻熊，這篇文章對後來關於楚簡所見楚先公先祖的研究起了開頭
的作用。許學仁師〔註124〕、李家浩〔註125〕、季旭昇師〔註126〕、曾憲通〔註127〕、
董蓮池〔註128〕、賈連敏〔註129〕、魏宜輝、周言〔註130〕、黃德寬〔註131〕、劉
信芳〔註132〕黃錫全〔註133〕、宋華強〔註134〕、陳偉〔註135〕、邴尚白〔註136〕

〔註123〕《成大中文學報》2005 年 13 期所刊。
〔註124〕許學仁師〈包山楚簡所見之楚先公先王考〉，《魯實先先生學術討論會論文
　　　　集》，臺北：臺灣師範大學國文學系、中國文字學會，1993 年。
〔註125〕李家浩〈包山竹簡所見楚先祖名及其相關的問題〉，《文史》42 輯，北京：中
　　　　華書局，1997 年。
〔註126〕季旭昇師〈從新蔡葛陵簡說「熊」字及其相關問題〉，《第十五屆中國文字學
　　　　國際學術研討會論文集》（臺北：輔仁大學，2004 年 4 月），頁 125。
〔註127〕曾憲通〈再說「蚩」符〉，《古文字研究》25 輯，北京：中華書局，2004 年。
〔註128〕董蓮池〈釋戰國楚系文字中從宂的幾組字〉，《古文字研究》25 輯，北京：中
　　　　華書局，2004 年。
〔註129〕賈連敏〈新蔡竹簡中的楚先祖名〉，《華學》7 輯，廣州：中山大學出版社，
　　　　2004 年；賈連敏〈戰國文字中的「宂」〉，《楚文化研究論集（6）》，武漢：湖
　　　　北教育出版社，2005 年。
〔註130〕魏宜輝、周言〈再談新蔡楚簡中的「宂熊」〉，「簡帛研究網」，
　　　　http://www.jianbo.org/，2004/11/8。
〔註131〕黃德寬〈新蔡葛陵楚簡所見「宂熊」及相關問題〉，《古籍研究》2005‧卷下
　　　　（總 48 期），合肥：安徽大學出版社，2005 年。
〔註132〕劉信芳〈楚簡「三楚先」、「楚先」、「荊王」以及相關祀禮〉，《文史》4 輯（總
　　　　73 期），北京：中華書局，2005 年。
〔註133〕黃錫全〈楚簡中的娽酓、禓酓與穴酓空酓再議〉，《簡帛研究 2004》，桂林：
　　　　廣西師範大學出版社，2006 年 10 月。
〔註134〕宋華強〈《離騷》「三后」即新蔡簡「三楚先」說——兼論穴熊不屬於「三楚
　　　　先」〉，《雲夢學刊》2006 年 2 期。宋文發表時有誤字，本論文所引係依據陳
　　　　偉轉引時所改。
〔註135〕陳偉〈楚人禱祠記錄中的人鬼系統以及相關問題〉（「第一屆古文字與古代史
　　　　學術研討會」論文，臺北：中央研究院歷史語言研究所，2006 年 9 月 22～24
　　　　日），頁 6～7。

等人都陸續對其中的相關議題進行過討論，並取得重大的成果，詳本論文第肆章第二節「人神人鬼信仰研究」。

楚簡之外，也有根據睡虎地簡討論楚地鬼怪者，如 1996 年劉信芳的〈《日書》驅鬼術發微〉：〔註137〕該文將睡虎地簡所見驅鬼術做了總整理，是研究當時人對待鬼怪態度的重要參考。1997 年劉釗的〈談秦簡中的鬼怪〉：〔註138〕該文分項討論幾十種秦簡所見的鬼怪，相當於是睡虎地簡所見鬼怪的索引文章。而 1999 年徐富昌的〈睡虎地秦簡《日書》中的鬼神信仰〉，〔註139〕將出現於睡虎地簡中的眾多神祇鬼怪並予以分類並加以討論，亦具極高的參考價值。

三、與楚地簡帛所見信仰文化相關之研究著作

1988 年湯漳平的〈從江陸楚墓竹簡看《楚辭・九歌》〉：〔註140〕該文將卜筮簡中所見神祇與〈九歌〉之神祇做出對比連繫，雖然比對上或有錯誤，但卻影響了後來的 1993 年劉信芳的〈包山楚簡神名與〈九歌〉神祇〉〔註141〕及相關的一系列研究。

1996 年陳偉的《包山楚簡初探》：〔註142〕該書以望山及包山楚簡內容為其研究標的，廣泛的討論楚簡所見遣策、司法文書、卜筮祭禱文化，並論及楚簡所見神祇及相關祭祀禮儀，是不可多得的一部重要著作。此外，陳偉另有〈葛陵楚簡所見的卜筮與禱祠〉〔註143〕、〈楚人禱祠記錄中的人鬼系統以及相關問題〉，〔註144〕詳細介紹楚人的卜筮文化與信仰習慣，也是本論文的重要參考對象。

〔註136〕邴尚白《葛陵楚簡研究》（臺北：臺灣大學中文系博士論文，2007 年 1 月），頁 209～211。

〔註137〕《文博》1996 年 4 期所刊。

〔註138〕《文物季刊》1997 年 2 期所刊。

〔註139〕收入《張以仁先生七秩壽慶論文集》，臺北：學生書局。

〔註140〕濟南：齊魯書社《楚辭研究》所刊。又收入氏著《出土文獻與《楚辭・九歌》》，北京：中國社會科學出版社，2004 年 4 月。

〔註141〕《文學遺產》1993 年 5 期所刊。

〔註142〕武漢：武漢大學出版社所出版。

〔註143〕見《出土文獻研究》6 輯，上海：上海古籍出版社，2004 年 12 月。

〔註144〕「第一屆古文字與古代史學術討論會」論文，臺北：中央研究院歷史史語言研究所，2006 年 9 月 22～24 日。又收入陳昭容主編《古文字與古代史》，臺北：中央研究院歷史與語言研究所，2007 年。又見「武漢大學簡帛研究中心」，http://www.bsm.org.cn，2008/2/7。

　　1996 年黃人二的《戰國包山卜筮祝禱簡研究》：〔註145〕該論文主要在討論包山簡所見卜筮簡所見特別的楚人卜筮文化，旁及特殊的祭祀法。並花了很大的篇幅在做卜筮簡的集釋，可惜對包山簡所見神衹信仰並未論及。

　　1998 年邴尚白的《楚國卜筮祭禱簡研究》：〔註146〕該論文針對楚國卜筮簡所見占卜材料、貞人、祭祠、祭禱法及祭禱對象做了詳細的討論，論證詳實。論文第 4 章將簡文所見神衹做了爬梳，對本論文的研究而言具有極高的參考價值。

　　2003 年胡雅麗的《尊龍尙鳳——楚人的信仰禮俗》：〔註147〕該書將楚人的信仰體系、祭祀禮儀、禁忌思想、卜筮行爲、喪葬習俗作了粗淺但全面的說明，提供筆者設定論文寫作架構時極好的參考座標。

　　2005 年宋公文、張君的《楚國風俗志》：〔註148〕該書將楚國風俗依主題分成十三篇作討論，其中第十篇「巫覡」、第十一篇「占卜」、第十二篇「鳳龍」全面說明楚國的巫覡卜筮文化及其圖騰崇拜，是研究楚國民間信仰的重要參考資料。

　　2004 年于成龍的《楚禮新證——楚簡中的紀時、卜筮與祭禱》：〔註149〕該論文利用二重證據法，合證楚簡與傳世典籍中的禮俗，有系統的討論戰國楚人在紀時、卜筮及祭禱方面的問題，非常準確的結合出土與傳世文獻，發而爲言。可惜該論文未曾論及楚人的信仰問題。

　　2007 年邴尚白的《葛陵楚簡研究》：〔註150〕該論文主要沿續其碩士論文的研究方式和重心，但將處理材料縮小到葛陵楚簡。該論文在葛陵簡的編連方面下了很大的功夫，但相較其碩論卻未見新意。唯一可稱道者乃其第 4 章「葛陵楚簡的個人祭禱」，逐一探討了齋戒、禱名、祭禱用語、「三楚先」、祝辭等與祭禱相關的問題。

　　2007 年宋華強的《新蔡楚簡的初步研究》：〔註151〕該論文除了簡單介紹新蔡簡的發現整理與研究現況外，亦發表了新的拼連成果。並對新蔡墓墓主、

〔註145〕臺北：臺灣大學中文系碩士論文。
〔註146〕埔里：暨南大學中文系碩士論文。
〔註147〕武漢：武漢大學出版社所出版。
〔註148〕武漢：武漢大學出版社所出版。
〔註149〕北京：北京大學考古文博學院博士論文。
〔註150〕臺灣：臺灣大學中文系博士論文。
〔註151〕北京：北京大學中文系博士論文。

簡文所見貞人、卜具、數字卦作了深入的考察。最有意義之處，在於該論文針對新蔡簡祭禱人的身份、受祭神靈、祭禱習俗、祭禱詞語等作了深入的研究，立論切實，參考價值很高。

四、宗教、信仰、神話總論性質研究著作

1989 年丁山的《中國古代宗教與神話考》〔註 152〕、1992 年詹鄞鑫的《神靈與祭祀──中國傳統宗教綜論》〔註 153〕、1992 年何星亮的《中國自然神與自然崇拜》〔註 154〕、1986 年朱天順的《中國古代宗教初探》〔註 155〕等書，對中國古代神話、信仰與宗教的討論極爲深入、極有系統且內容詳盡，一直以來都是學界相關研究的重要參考對象，亦是本論文重要的參考資料。

綜觀考古、史學、民俗學、宗教學等領域的研究現況，可以清楚知道，「西漢以前五祀信仰的起源與發展」，甚至「家宅五祀信仰」，幾乎是學界鮮少注意且深入研究的領域，更遑論有同時結合民俗、考古資料進行研究者。由是可見本論文研究課題的獨特性與價值。

第四節　研究方法〔註 156〕

五祀信仰是一種民間信仰習俗，屬於民俗的範疇，研究五祀信仰必然要運用民俗學的有關理論和方法。〔註 157〕民俗是「一個國家或民族中廣大民眾所創造、享用和傳承的生活文化」，「是民間文化中帶有集體性、傳承性、模

〔註 152〕上海：上海文藝出版社所出版。該書運用了大量的神話材料及異國民族的民俗資料，試圖爲各種中國神話現象及人物做出新的解釋。大膽的推論往往提供很多新穎的見解，可惜其論證方式並不太嚴謹。

〔註 153〕上海：江蘇古籍出版社所出版。該書上編第一章專立「五祀神」一節，唯對家宅五祀只有概論性的介紹──篇幅不超過三頁，是以本論文不予仔細說明。

〔註 154〕上海：三聯書店所出版。

〔註 155〕臺北：谷風出版社所出版。

〔註 156〕本節參考吉成名《中國崇龍習俗》（天津：天津古籍出版社，2002 年）、鍾金貴《中國崇鳳習俗初探》（湘潭：湘潭大學史學碩士論文，2005 年 5 月）所提到的民間信仰研究法而擬出。

〔註 157〕楊堃〈民俗學與民族學〉，《民族團結》1983 年 3 期：「凡是各族人民民間生活、文化中具有傳承性的意識型態、習俗慣例，無不是民俗學研究的內容。」

式性的現象。」「民俗一旦形成，就成為規範人們的行為、語言和心理的一種基本力量，同時也是民眾習得、傳承和積累文化創造成果的一種重要方式。」〔註158〕

民俗學的基本研究方法有田野作業法〔註159〕、比較研究法、歷史研究法等。民間信仰既然屬於民俗學的領域，研究上自然也要採取民俗學的方法。因為本論文係根據楚地簡帛資料探討 2000 多年前的楚人民間信仰，筆者僅能透過故楚地的風俗志、歲時記、地方志進行間接的調查作業，因此，比較研究法、歷史研究法為本論文所採取的主要研究法。

比較研究法是指對有關民間信仰進行比較，找出它們之間的聯繫和區別的研究方法。漢族五祀信仰和少數民族的家神信仰有部份是重疊且相似的，二者既有聯繫又有區別。這就要求我們在研究時必須採用比較研究法；同時，本論文雖以西漢以前楚地家宅五祀信仰為研究焦點，但也旁及其他諸侯國的信仰活動，利用不同國族的信仰來推敲楚國的信仰狀況，亦需使用比較研究法。

歷史研究法是指對民間信仰的產生和演變過程進行全面、系統的研究。任何一種民間信仰從產生到現在，都有一個發展、演變的過程。研究民間信仰必然要追溯其縱向聯繫。研究五祀信仰，除了根基於現代民間五祀的認識外，本論文將從歷史上梳理史前時期到西漢之前五祀信仰的演變。

第五節　論文架構

王家鳳認為：

> 民間信仰不論對民間生活規範所產生的潛移默化之功，或是從祭拜中緬懷先民開拓草創的苦心，都有積極正面的社會意義，不能一概以迷信否定之。〔註160〕

近年來被整理而出版面世的楚地簡牘帛書，內容包羅萬象，無不與戰國楚地的歷史文化、風俗民情有關。透過這些資料，或多或少都可以幫助我們知道至少在楚國境內，楚人是依循著怎樣的禮制、怎樣的思想，在過他們的生活。楚人五祀等民間信仰固然有原始「泛靈崇拜」的成分，但民間對各種神靈的

〔註158〕鍾敬文《民俗學概論》（上海：上海文藝出版社，1998 年），頁 1～4。
〔註159〕民間信仰田野調查法實例可參鄒濬智〈宜蘭頭城搶孤儀式的意義及演變〉，《臺灣源流》31 期，2005 年 6 月。
〔註160〕王家鳳〈民間信仰〉，《光華雜誌》1982 年 9 月。

崇拜，自有其存在的價值和意義。是以本論文希望能以楚地簡帛資料爲基礎，冀能藉由系統性的整理與分析，於其中區隔出屬於楚人民間信仰文化、祭祀禮儀的這一個文化區塊，並以之爲基礎，上下求索，期能恢復部份西漢以前民間信仰習俗的原貌。

據此，本論文擬分六章進行討論：

第壹章　緒　論

本章針對本論文的研究動機、研究範圍、題目命題、研究現況、研究方法與論文架構做出說明。

第貳章　西漢以前家宅五祀信仰的發展條件

爲了解五祀在楚國的發展條件，必須先了解楚國的迷信思想背景；爲了解楚國迷信思想的發展條件，必須先了解春秋戰國時代的迷信思想狀況；爲了春秋戰國時代的迷信承何而來，對秦漢以降有何影響，必須利用本章略爲說明西漢以前信仰的發展的所有條件。本章將就楚國民間信仰的發展背景——包括楚人的宇宙觀念、鬼神觀念、宗教觀念，以及促成楚人崇巫尚祀的自然、社會與文化環境進行說明。

第一節　楚人宇宙觀念試說：在討論家宅五祀之前，本論文將依考古資料及傳世典籍如《周易》、《尚書》、《詩經》等，說明東周以前的宇宙觀念，再繼而討論在此一宇宙觀念背景下，《老子》、《莊子》、《山海經》、《楚辭》等傳世典籍與楚地簡帛記錄所呈現出來的東周楚人宇宙觀念的發展，幫助釐清楚人對人、神、鬼活動空間的理解。

第二節　楚人宗教觀念試說：在討論家宅五祀之前，將依《左傳》、《國語》等傳世典籍與出土文獻，說明西漢以前人們對鬼神的看法，再繼而探討在此一鬼神思想背景之下，楚國所發展出來的宗教觀念，最後再說明爲何楚國發展出此般宗教觀念的原因。

第三節　楚國崇巫尚祀的特殊環境：從自然、社會與文化環境三個方面，說明有利楚國發展迷信思想的特殊條件。

第參章　西漢以前家宅五祀信仰研究

由於五祀～七祀神祇信仰出現的時間並不相同，因而無法使用「同時性討論」、採比較研究法，針對同時代的五祀～七祀進行說明。又五祀～七祀各別神祇未必同時出現在相同時代的文獻或考古資料當中，這也造成採用「同時性討論」以比較五祀～七祀各神祇的困難。因此本論文在第三、四章中，

以單一神祇爲討論單位，逐節進行說明。本章主要在討論五祀神祇。討論順序係以家宅爲中心，由上到下、由內到外，依照中霤（中央）→灶→門戶→行（戶外）的順序分節進行論述。

第一節 中霤神信仰研究：確定楚地簡帛所見室、宮室、室中、宮地主、宮后土、內中土等即是文獻中的中霤神異名。進而從大地信仰中考察中霤神的由來，再說明楚人祀中霤的原因，最後根據楚地簡帛、傳世文獻與大地信仰推測可能的楚地中霤神祭禮，兼及後世中霤信仰的變化。

第二節 灶神信仰研究：從楚地簡帛所見灶的信仰講起，考察灶神信仰的起源、演變，並探討楚人祭灶的原因，最後根據楚地簡帛、傳世文獻推測可能的楚地灶神祭禮，兼及後世灶神信仰的變化。

第三節 門戶行道諸神信仰研究：從門、戶、行道三者間的密切關聯講起，進而考察門戶、行道神信仰的起源、演變，並探究楚人祭祀門戶、行道神的原因，最後根據楚地簡帛、傳世文獻推測可能的楚地祭門戶、行道之禮。

第肆章 先秦家宅五祀相關信仰研究

本章主要在討論與五祀相關之七祀司命與厲信仰。討論順序爲先天神（司命）後人神、人鬼（厲）。

第一節 司命神信仰研究：從司命神的由來講起，進而確定楚地簡帛所見司命神的神格神職、辨析大小司命之異、考察司命信仰的祭禮，並討論後世司命信仰的變化及其和灶神信仰混淆的原因。

第二節 人神人鬼（厲）信仰研究：先考察中國鬼（靈魂）觀念的由來和祖先崇拜的源流，再定義「厲」並整理與「厲」、「人神」、「人鬼」有關的楚地簡帛記錄，繼而建立楚人所信奉的先祖先公先王先人譜系和人鬼系統，並述及楚人祭祖之禮、禳祓厲鬼之儀與後世鬼魂信仰的變化。

第伍章 餘論——西漢以前楚人信仰譜系試構

將楚人所崇拜的對象譜系置於第二章進行討論、以之作爲整本論文的先導式說明，此種安排其實最爲理想。但很多傳世文獻與出土材料所見的楚地神祇鬼怪，其神格與由來尚需進一步討論和釐清。而這些神格與由來不確定的神祇鬼怪，有些和本論文所討論五祀～七祀神祇也有所關聯，若提前放到第二章進行辨析和說明，恐將耗去太多篇幅，模糊掉本論文的主題。故本論文先在第三、第四章討論五祀～七祀及與之相關的神祇鬼怪，先爲建構楚人信仰譜系做好工作，再於第五章裡將第三及四章未論及的其他神祇鬼怪補

入，如此方能在不模糊本論文焦點的情況下建構出較爲完整的楚人信仰譜系。

本章利用本論文之研究成果及《楚辭》、《山海經》等傳世典籍，延伸討論戰國楚人所崇拜的眾多神祇鬼怪。並依各別屬性予以分類，建構西漢以前楚人的信仰譜系。

第一節　天文氣象神類祭祀對象：說明楚人所信奉的太、大水、諸司神及其他天文氣象神。

第二節　大地季節神類祭祀對象：說明楚人所信奉的地神、山川神、二天子、四時月份諸神及其他大地季節神。

第三節　人神人鬼類祭祀對象：說明楚人所信奉的人神人鬼及其他可能爲楚人所信奉的神話、歷史人物。

第陸章　結　論

本章主要在總結本論文之研究成果。除利用本論文之研究成果說明五祀何以擴展成七祀外，並進一步探討五祀神祇神格之高低與彼此之間的地位變化。最後說明出土文獻對於新世紀中國學術的重要性，以呼應本論文題目之題旨。

第一節　濃郁巫風與西漢以前家宅五祀信仰：說明楚國巫風不衰的原因及在此氛圍下所發展出來的楚地家宅五祀信仰。同時利用本論文的研究成果說明五祀擴展成七祀的可能原因、五祀神祇神格的高低及其變化。

第二節　地上的中國與地下的中國：說明出土文獻對新世紀中國學術研究的重要性，以與本論文題目題旨相呼應。

第貳章　西漢以前家宅五祀信仰的發展條件

　　為了解五祀在楚國的發展條件，必先了解楚國的迷信思想背景；為了解楚國迷信思想的發展條件，必須先了解春秋戰國時代的迷信思想狀況；為了春秋戰國時代的迷信承何而來、對秦漢以降有何影響，必須全面說明西漢以前信仰發展的所有條件。以下將就楚國民間信仰的發展背景，如楚人的宇宙觀念、鬼神觀念、宗教觀念 —— 包括促成這些觀念的思想前身 —— 以及蘊釀這些思想觀念的自然、社會與文化環境進行說明。

第一節　楚人宇宙觀念試說

　　楚國原為祝融八姓之後，進入南方，與當地巴、蜀、苗、蠻等族交融，因而產生了獨特的巫鬼之風，並激盪出燦爛的楚文化。在與中原不同的文化氛圍裡，楚人眼中的宇宙（世界）是如何？楚人自身與其所信仰的神靈、祖先，又是活動在那個空間當中？

　　以下將先略述西周以前的宇宙觀念，裨便了解楚人宇宙觀念的可能來源，而後根據傳世《老子》、《莊子》、《山海經》、《楚辭》等典籍，並輔以出土文獻如《郭店楚墓竹簡》、《上海博物館藏戰國楚竹書》、長沙楚帛書、楚帛畫等，還原東周楚人對宇宙、對世界的看法，幫助理解楚人信仰對象的活動空間。

一、東周以前的宇宙觀念

　　東周以前之人的宇宙觀念，除少數見於文句簡單的甲骨文與詰屈聱牙的傳世典籍外，泰半表現在遺址的座落與文物圖象的設計上。像良渚文化（約

B.C.5300～4000 年）出土文物裡常見有玉琮。〔註 1〕馮漢
驥、童恩正以爲玉琮的形制設計是大地的表現；〔註 2〕張
光直以爲是宇宙觀和通天行爲的象徵；〔註 3〕沈衣食以爲
是疆界的表現；〔註 4〕孫慶偉在全面分析墓葬中的玉琮分
佈後，認爲西周時玉琮至少有二個明確的功能：象天、用
以盛「且」。〔註 5〕玉琮在祭祀活動裡扮演什麼功能，它又
象徵什麼，眾說紛云，莫衷一是。但學界普遍認爲玉琮係
祭祀禮器的一種。

在與良渚文化時代相當的凌家灘遺址（約 B.C.5000～3000 年）中所發現
的大批玉器裡有一塊玉版：

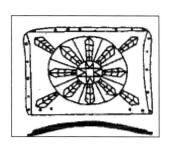

李學勤指出，它至少表現出天圓地方和八方的宇宙觀念。〔註 6〕李新偉進一步
說明它是當時蓋天宇宙觀的模型：玉版中心的兩重圓圈和側視微弧的形狀表
示天穹，長方形外輪廓表示遠離蒼穹的大地，天穹外層伸出的四支箭標位於
西北、東北、東南、西南，直指大地的四隅，應是表示維繫天地的四維。中

〔註 1〕 根據鄧淑蘋〈考古出土新石器時代玉石琮研究〉（《故宮學術季刊》6 卷 1 期，
1988 年）、楊建芳〈玉琮之研究〉（《考古與文物》1990 年 2 期）的研究，良
渚文化爲玉琮發現的高峰，商周玉琮式微，漢代成爲絕響。

〔註 2〕 馮漢驥、童恩正〈記廣漢出土的玉器〉，《文物》1979 年 2 期。

〔註 3〕 張光直〈談「琮」及其在中國古史上的意義〉，《文物與考古論集》，北京：文
物出版社，1986 年。

〔註 4〕 沈衣食〈論良渚文化琮璧〉，《東南文化》1991 年 6 期。

〔註 5〕 孫慶偉《西周墓葬出土玉器研究──兼論西周葬玉制度》（北京：北京大學
考古學系碩士論文，1996 年 5 月），頁 20。

〔註 6〕 李學勤《走出疑古時代》（瀋陽：遼寧大學出版社，1995 年），頁 113～124。筆
者以爲從玉版的上的紋路可以看出，玉版的製作者將一個四方平面分成四大
塊，四大塊再細分成八小塊，這顯示當時人已對空間作出初部的劃分。這個劃
分又用方形和圓形來規範，應即李學勤所言，是在表示天圓地方、八方的觀念。

心的八角星紋表示位於天頂的天極。〔註7〕

　　新石器時代晚期，黃河中游地區的仰韶文化半坡類型中（約 B.C.4800～2900 年），發現畫有漩渦紋樣的陶器：

 →紋樣放大→

到了馬家窯時期（B.C.3300～2900 年），漩渦紋樣已經十分成熟：

 →紋樣放大→

董錦、徐青青認爲在這些漩渦造型裡頭，先民有意識的加入Ｓ形，這Ｓ形象徵宇宙的根源，它表現出動與靜、生與死、陰與陽的二元論世界觀，是一種無限循環的運動形態。中國古代思想認爲圓形是宇宙的基本形，所以漩渦具有深刻的象徵意義，Ｓ形紋樣是對生死、天地、宇宙、陰陽、世界、神以及一切非自然的崇拜和直觀表現。〔註8〕

　　傳說中的堯，爲 B.C.2500 左右統治中國的帝王，〔註9〕傳世文獻《尚書·

〔註7〕李新偉〈中國史前玉器反映的宇宙觀──兼論中國東部史前複雜社會的上層交流網〉，《東南文化》2004 年 3 期，頁 67。筆者以爲李新偉推論係根據玉版之形制而爲言，尚稱合理，但他卻未說明何以天頂的天極要用八角星紋──中心爲方形、四方爲二個相對的直角三角形──來表示。這部份的看法恐怕還需要其他證據來證明。

〔註8〕董錦、徐青青〈淺析史前漩渦紋樣的藝術性〉，《廣西藝術學院學報》20 卷 2 期，2006 年 4 月，頁 73。筆者以爲新石器時代之陶器紋樣是否有如董錦、徐青青所說，反映出先民的二元世界觀，一時恐怕難以確認，但此種紋樣應是先民觀察到自然現象如旋風、漩渦、滾石等所加以模仿並抽象化的結果。筆者推測，他們在模仿的過程當中，應該已經體認到自然界的變化具有某種循環的規律。

〔註9〕據中國社會科學院歷史研究所編《中國歷史年表》（北京：中國社會科學出版社，2002 年 7 月）所推估。

堯典》〔註10〕裡有關於他的記錄：

> 曰若稽古帝堯，曰放勳。欽、明、文、思、安安，允恭克讓；光被四
> 表，格於上下。克明俊德，以親九族；九族既睦，平章百姓；百姓昭
> 明，協和萬邦。黎民於變時雍。乃命羲和，欽若昊天；歷象日月星辰，
> 敬授人時。分命羲仲，宅嵎夷，曰暘谷。寅賓出日，平秩東作；日中、
> 星鳥，以殷仲春。厥民析；鳥獸孳尾。申命羲叔，宅南交，平秩南訛；
> 敬致。日永、星火，以正仲夏。厥民因；鳥獸希革。分命和仲，宅西，
> 曰昧谷。寅餞納日，平秩西成；宵中、星虛，以殷仲秋。厥民夷；鳥
> 獸毛毨。申命和叔，宅朔方，曰幽都。平在朔易；日短、星昴，以正
> 仲冬。厥民隩；鳥獸氄毛。帝曰：「咨！汝羲暨和，期三百有六旬有
> 六日，以閏月定四時成歲。」允釐百工，庶績咸熙。〔註11〕

《尚書・堯典》紀錄堯指派臣下羲仲、羲叔、和仲、和叔四人，分別前去東南
西北遙遠的地方，觀察太陽的出沒和四時星宿的位置，從而制訂每歲 366 日之
曆，頒布給諸侯。堯「把某一社會共同體的信仰中的宇宙秩序和價值觀念用類
似法典的形式固定下來，以使後人尊奉不疑。」〔註12〕金景芳、呂紹綱認爲這
段記述以日月運行爲內容的新曆法的制定及其意義，影響至爲深遠，古代中國
人自然之天的概念由此萌發；〔註13〕李學勤認爲這反映出當時人們認爲作爲人
的代表的帝王，居住於天地的中心，日月星辰環繞這一中心旋轉，形成四時的
遞換交替。帝王及其臣屬的一項根本職能，是測定季節的變化，通過制曆，使
人的生產、生活等行爲得以上合天時，達到天、人的和諧一致。〔註14〕

　　成書時間可以推到夏商之間的連山、歸藏《易》，用簡單的符號說明複雜
的事物變化，其中充滿「循環」、「和諧」與「陰陽」觀念，〔註15〕亦反應出

〔註10〕 或有人視《尚書》爲「斷爛朝報」，然其史學價值及意義非凡，詳許錟輝師〈《尚
書》的經學要義與史學價值〉，《錢穆先生紀念館館刊》5 期，1997 年 12 月，
頁 47～70；許錟輝師〈古代帝王嘉言懿行的最早記錄——尚書〉，《國文天地》
14 卷 8 期，1999 年 1 月，頁 11～13。

〔註11〕 本論文所引《尚書》悉依屈萬里《尚書今註今譯》，臺北：臺灣商務印書館，
1969 年 9 月，下不另注。

〔註12〕 葉舒憲《中國神話哲學》（北京：中國社會科學出版社，1992 年），頁 15。

〔註13〕 金景芳、呂紹綱《尚書・虞夏書》新解》（瀋陽：遼寧古籍出版社，1996 年
6 月），頁 179～180。

〔註14〕 李學勤〈古代中國文明中的宇宙論與科學發展〉，《煙台大學學報》哲社版 1998
年 1 期，頁 81。

〔註15〕 羅勛章〈三《易》首卦與夏商周三代的文化精神〉，《周易研究》1999 年 1 期；

當時人對宇宙運行規律的體認。

　　十九世紀末，甲骨文的發現，讓我們對始於 B.C.1600 的商文明有更深一層的認識。中國社會科學院歷史研究所編《甲骨文合集》14294、14295 兩版甲骨，記載有四方及四方風。《合集》14294 刻辭作：「東方曰析，風曰劦；南方曰因，風曰凱；西方曰夷，風曰彝。北方曰𠂤，風曰役。」《合集》14295 部份刻辭作：「禘于北方曰𠂤，風曰役……禘于南方曰凱，風曰遲……禘于東方曰析，風曰劦……禘于西方曰彝，風曰𭂵……」〔註16〕專家們認為，四方論是五行說的前身。譬如羅振玉據以提出商代已有五行概念；〔註17〕胡厚宣提出商甲骨卜辭中的五方——四方和中心——是五行論的起源，他並用商甲骨卜辭與後期文獻資料間的聯繫證明了這一觀點；〔註18〕艾蘭搜集並依據大量的甲骨文、銅器銘文及古代文獻資料，通過對「四方」涵義的研究，指出殷商人心目中的土地之形為「亞」字形，在殷商至西周初期普遍存在於文字、器物與陵墓營造中的「亞」字形是商人心目中宇宙中心的形象，同時五行論也是由此發展而來；〔註19〕李學勤依四方風的記載推測，商人已有四方及四時的觀念，五行宇宙論的感應論應源於商代四季和季節性活動與四方的感應。〔註20〕關於五行，《尚書》中屬於商代的〈甘誓〉提到「五行」二字；屬於周初的〈洪範〉亦記有木、火、土、金、水，可見當時人對上下四方中央與天地萬物的構成物質已經開始試圖進行解釋。

　　此外，艾蘭還指出，龜有圓圈的穹形的背甲和寬平的腹甲，這與古代中國人認為天是圓穹拱形的、地是平的這個想像有所聯繫，這就是殷商人把龜

　　　　閔惠芬〈《連山》考〉，《東南文化》2002 年 11 期；徐道一〈從《歸藏》發展
　　　　到《周易》的啟示〉，《殷都學刊》2004 年 3 期；李佐棠〈《連山易》等古文獻
　　　　所體現的炎帝時代的和諧思想〉，《株洲師範高等專科學校學報》12 卷 6 期，
　　　　2007 年 12 月。

〔註16〕　本論文所引甲骨釋文據《甲骨文合集》（以下簡稱《合集》，北京：中華書局，
　　　　1978～1983 年）、姚孝遂主編、蕭丁副主編《殷墟甲骨刻辭類纂》（以下簡稱
　　　　《類纂》，北京：中華書局，1989 年）及最新研究成果調整，下不另注。為與
　　　　14294 刻辭內容相符應，14295 刻辭標點略有更動。

〔註17〕　羅振玉《殷墟書契考釋》，臺北：大通書局，1976 年。

〔註18〕　胡厚宣《甲骨學商史論叢初集（1）》，成都：齊魯大學，1994 年。

〔註19〕　艾蘭〈「亞」形與殷人的宇宙觀〉，《中國文化》1991 年 1 期。

〔註20〕　李學勤〈商代的四風與四時〉，《中州學刊》1985 年 5 期。江林昌進一步據以
　　　　解釋商人先言「東西」、後言「南北」，顯然是受到觀測太陽周期的影響，詳
　　　　氏著〈甲骨文四方風與古代宇宙觀〉，《殷都學刊》1997 年 3 期。

用於占卜的原因——龜是殷商人心目中的宇宙模型；〔註21〕鍾柏生師更據卜辭的內容，認為這一個空間裡還可以分成三個層次：最上層是天上，裡面上帝為主宰，星宿神等都住在這裡，殷王死後亦回到這裡佐事上帝；天地之間的人界除了分為統治者與被統治者的人類外，還滿佈自然神，這些自然神亦可上至天廷，參加上帝治理人世的事務；卜辭所見鬼的記載不多，但大體來說鬼都非善類，可能住在人間晦暗之處和陰間。〔註22〕

除了《尚書》，能夠反映東周以前宇宙觀念的傳世典籍還有《周易》和《詩經》。由伏犧氏所創、為周文王所演的《周易》（《史記·周本紀》），把天、地、人並列為宇宙的三項基本事物，其中人處於中心地位。王子耀認為《周易》視人類和萬物由天地產生，普遍具有天地的結構特點和主從關係。天地、萬物的結構是陰陽平衡的，這為發展總體上的陰陽平衡奠定了基礎，〔註23〕「《周易》宇宙觀的核心範疇是陰陽，而陰陽互動產生了天地萬物。」〔註24〕《詩經》全書雖然無某篇特別提出宇宙觀念，但從《詩經》全書可體會到當時之人十分注重觀察天象，並依照季節的不同去進行各種不同的活動。此種順應天時的觀念，馮紅認為隱含了「天人合一」的思想。〔註25〕

綜上，筆者認為從良渚玉版紋路可知，史前時代的先民對生存的空間已有天圓地方、八方向度的認識。玉琮的大量出土，證實當時已有頻繁的祭祀活動。從甲骨刻辭的內容來看，殷商之後已產生初步的天上、人間、陰界三層世界觀。在對大自然的觀察中，新石器時代的人們深刻體認到陰陽（泛指兩兩相對的各種事物觀念）調和、循環不息的萬物規律。從《尚書》、《周易》、《詩經》裡可以看到，當時人們試著對宇宙的構成成份提出木、火、土、金、水的說明，並認清自身是三才——天、地、人——之一，是宇宙的中心。人可以透過觀察

〔註21〕艾蘭《龜之謎——商代神話、祭祀、藝術和宇宙觀研究》，重慶：四川人民出版社，1992年。

〔註22〕鍾柏生師〈殷代卜辭所見殷人宇宙觀初探〉，《古文字與商周文明——第三屆國際漢學會議論文集》（臺北：中央研究院歷史語言研究所，2002年6月），頁35～106。

〔註23〕王子耀〈《周易》的宇宙觀簡論〉，《延安大學學報》社科版1993年1期。

〔註24〕楊慶中、張紫娟〈論《周易》宇宙觀的生成邏輯〉，《華北電力大學學報》社科版1997年3期，頁63。

〔註25〕馮紅〈論《詩經》中的「天人合一」思想〉，《學習與探索》2005年4期，頁115。

星象物數，讓自己的行爲配合天地的運行，以達到天人合一。總體看來，西周以前之人，已有類似蓋天說的宇宙觀念，但渾天說和宣夜說〔註26〕尙未出現，更遑論造物主創生說。〔註27〕

二、東周楚人的宇宙觀念

（一）傳世文獻所見東周楚人宇宙觀念

1. 《老子》的宇宙觀念

《老子》亦稱《道德經》，成書年代，大致在春秋晚期，其作者，或曰周守藏室史李耳，或曰老萊子，或曰周太史儋，竟不能確指。〔註28〕《史記・老子韓非列傳》言：「老子者，楚苦縣厲鄉曲仁里人也。」張揚明進一步考證出老子故里「即在今河南省鹿邑縣東，安徽省宿縣西北……古與沛地相接。蓋鹿邑一帶，春秋屬陳國，陳滅屬楚。」〔註29〕1993 年 10 月湖北省荊門市郭店一號楚墓出土了《老子》甲、乙、丙三種，可見《老子》在戰國楚地流行之廣。涂又光指出，《老子》一書的作者是楚國人，所論者爲代表楚人傳統思想的天人相因、順應自然的哲學命題是很明確的。〔註30〕

目前所見《老子》，既有傳世本，也有年代爲西漢初的長沙漢墓所出之帛書本，〔註31〕還有年代在戰國中晚期之前的荊門郭店楚墓所出的簡冊本。〔註32〕

〔註26〕「蓋天說」認爲地像棋盤一樣是方的，天像圓蓋一樣蓋在上面，天和地形成半球形。「渾天說」認爲天是圓的，形狀有如蛋殼，出現在天上的日月星辰則像鑲在蛋殼上的彈丸，而大地則是蛋黃。「宣夜說」認爲天上所有的星體都飄浮著，而不是固定在一個球殼上面，宇宙是無窮盡的，硬殼式的天穹並不存在。這些由觀測經驗得到的心得，將星球從蓋天說或渾天說中的「球殼天」的概念中脫離出來，對於星體的位置和宇宙大小的認知，頗符近代天文的深刻認識。更詳細的說明可參鄗新明《敬天的信仰》（北京：北京語言文化大學出版社，2001 年 8 月），頁 27～40。

〔註27〕造物創生說認爲天地萬物係由一至高無上的創生神所創造。譬如後世流傳的盤谷開天、女媧摶土造人神話即是。

〔註28〕何炳棣〈司馬談、遷與老子時代〉，《2001 蕭公權學術講座》（臺北：中央研究院近代史研究所，2002 年），頁 83。

〔註29〕張揚明《老子考證》（臺北：黎明文化，1985 年 5 月），頁 53。

〔註30〕涂又光〈論帛書本《老子》的社會學說・七〉，《楚史論叢》，武漢：湖北人民出版社，1984 年 10 月。

〔註31〕馬王堆漢墓帛書整理小組《馬王堆漢墓帛書・老子甲本、乙本》，北京：文物出版社，1976 年 3 月。

〔註32〕郭店楚簡有《老子》甲、乙、丙三種，涂宗流〈郭店《老子》與今本《老子》

三種版本雖在內容上互有刪加，字句上各有差異，其旨意卻是統一的。〔註33〕其中有關宇宙〔註34〕、天地、神明、萬物的論述，概括楚人有關宇宙生成論的精華。

老子的中心思想是「道」，〔註35〕其他的一切思想都是由「道」生發、衍變、演化而來的，認爲「道」的根本就是老子的宇宙觀。〔註36〕老子宇宙觀屬於進化型，集中體現在第四十二章：「道生一，一生二，二生三，三生萬物。萬物負陰而抱陽，沖氣以爲和。」老子認爲從道至萬物要經歷四個演化階段。他的「道」，既是物質，又不是一般物質，所以他用「無」來形容（《老子·廿一章》）。《老子·廿五章》又指出道是「有物混成，〔註37〕先天地生，寂兮寥兮，獨立而不改，周行而不殆，可以爲天下母」，即它是「天下萬物生於有，有生於無」（四十章）的「無」，也是帛書〈道原〉中的「恒無」，〔註38〕老子認爲這是所有物質的最原始狀態。

「道生一」是老子演化論觀的第一階段。《老子》並沒有明確說明「一」是什麼。但帛書〈道原〉裡有一段話似乎爲「一」做了補充解釋：「恒無之初，迥同太虛。虛同爲一，恒一而止。濕濕夢夢，未有明晦。神微周盈，精靜不熙。未有已，萬物莫已，故未有形，大迴無名。」「道生一」是太虛演化爲虛同、恒無演化爲恒一的過程，爲宇宙演化第一階段。此階段是沒有各種物體的混沌階段。

的比較研究〉（《荊門職業技術學院學報》18卷5期，2003年9月）認爲今本《老子》是戰國老子後學對春秋以來老子學說的整合，故本論文僅論及今本《老子》而不另文討論郭店、帛書《老子》。

〔註33〕傳世《老子》與出土《老子》的關係另可參鄒濬智、詹今慧、張淑萍〈馬王堆帛書《老子》甲本及卷後佚書抄錄時代上限考〉，「第一屆清華中文系全國研究生論文發表會」論文，新竹：清華大學中文系，2005年11月。

〔註34〕老子對「宇宙」的定義及看法可參姚遠、吳壽鍠、陽兆祥〈《老子》的宇宙空間學說〉，《華夏文化》1997年2期。

〔註35〕陳維榮〈老子宇宙本體「道」探源〉（《甘肅高師學報》7卷1期，2002年）認爲老子的「道」是由他養生的秘密經驗所發出的。

〔註36〕陳培禮〈獨步千古的絕唱——《老子》「道」宇宙觀與現代「萬物終極理論」比較論〉，《中州大學學報》23卷3期，2006年7月，頁46。

〔註37〕關於「有物混成」的詳細解釋可參孫進、江林昌〈「有物混成」與中國古代宇宙本體論〉，《尋根》，2006年2期。

〔註38〕馬王堆漢墓帛書整理小組編《馬王堆漢墓帛書·老子乙本卷前古佚書·道原》，北京：文物出版社，1976年3月。本論文所引〈道原〉釋文即據此書，下不另注。

「一生二」是老子演化論觀的第二階段。《老子》亦沒有明確說明「二」是什麼，但根據老子的「萬物負陰而抱陽，沖氣以爲和」（即任何物都存在陰和陽的矛盾，相互矛盾的陰陽兩氣又處於和諧統一狀態）的論述可以推測，「二」可能指的是宇宙發展的第二階段，即從混沌的第一階段演化爲陰陽兩儀的階段。〔註39〕

「二生三」是老子演化論觀的第三階段。「三」是什麼？《老子》也沒有明確答覆。不過《老子·第廿五章》曾提到：「道大，天大，地大，人亦大」、「人法地，地法天，天法道，道法自然」的「四才觀」和「四大觀」，孫關龍認爲這裡的「三」，可能指的就是除了道以外的天、地、人。「三生萬物」是老子演化論觀的第四階段。「萬物」的含義很清楚，不但包括各種生物，也包含一系列非生命物質，例如山脈、河流、湖泊、大海等。〔註40〕

道的運動方式，據今本《老子·廿五章》：「有物混成，……周行而不殆。遠曰反」、《老子·十六章》：「致虛極，守靜篤。萬物並作，是曰復命：復命曰常，知常曰明」、「字之曰道，強爲之名曰大。大曰逝，逝曰遠，吾以觀復。夫物芸芸，各復歸其根。歸根曰靜」、《老子·四十章》：「反者道之動。弱者道之用。天下萬物生於有，有生於無。」道到萬物的過程是不斷的反復。〔註41〕提出循環觀念是老子對中國哲學的重大貢獻。〔註42〕

2.《莊子》的宇宙觀念

相較於老子，莊子其人及其地望較無爭議。《史記·老莊申韓列傳》：「莊

〔註39〕方蘊華〈陰陽在宗教祭祀文化中的動態功能〉，《人文雜誌》2006年4期，頁118指出，發展到後世的陰陽思想體系中也蘊含尊卑之義，它在古代宗教祭祀文化中有明顯的體現。1.體現在祭祀對象與相應的祭法上。《禮記·祭義》：「祭日於壇，祭月於坎，以別幽明，以制上下。祭日於東，祭月於西，以別外內，以端其位。」日陽月陰，日、月本來區別在明暗亮度與東西方位上，但在祭法上卻轉換成壇、坎的上下差異表示，目的在於「以制上下」和「以端其位」。從此即可見出古老的陰陽觀念在祭祀文化發展過程中的倫理化痕跡。2.體現在祭祀主體的組合上。《禮記·祭統》：「君執圭瓚祼尸，大宗執璋瓚亞祼，及迎牲，君執紖，卿大夫從，士執芻。宗婦執盎從，夫人薦涗水。君執鸞刀羞嚌，夫人執薦豆。此謂夫婦親之。」

〔註40〕孫關龍〈老子宇宙觀新探〉，《太原師範學院學報》社科版5卷1期，2006年，頁7～8。

〔註41〕郭店楚墓竹簡《老子》甲組也有不同但相應的文字，作：「返也者，道動也。弱也者，道之用也。天下之物生於有，有生於無。」

〔註42〕郭沂〈老子的宇宙論與規律論新説〉，《哲學研究》1994年6期，頁65。

子者，蒙人也，名周。」漢・班固《漢書地理志》：「梁國領縣八，其三曰蒙。」漢・劉向《別錄》曰：「（莊子）宋之蒙人也。」劉宋・裴駰《史記集解》引地理曰：「蒙縣屬梁國。」唐・陸德明《經典釋文・莊子音義序錄》曰：「（莊子）梁國蒙縣人。」班固、高誘、陳振孫、林希逸皆以蒙屬宋地。蒙本屬宋，及宋滅，魏楚與齊爭宋地，或蒙入楚，楚置爲蒙縣，〔註43〕漢則屬於梁國。莊子雖是宋人，但因地理之故，他是深受楚國文化影響的。〔註44〕

　　莊子以其代表作《莊子》闡發了道家思想的精髓，發展了老子以來的道家學說，〔註45〕使之成爲對後世產生深遠影響的哲學流派。〔註46〕莊子的宇宙爲一自然的宇宙，莊子（特別是《莊子・外、雜篇》）以陰陽爲萬物生成之主軸，以「氣」爲其宇宙論的解釋模型。

　　《莊子・庚桑楚》說：「有實而無乎處者，宇也；有長而無本剽者，宙也。」有實體存在但並無固定處所的叫做「宇」；有長度存在但並無本末終極的叫做「宙」。在莊子眼裡，「宇」是上下四方之空間，空間實有而無定位，說明空間是無限的，是廣延性的；「宙」是往古來今之時間，時間不斷流逝而無本末之終極說明時間是無限的，是綿延性的。〔註47〕莊子從時間和空間的成長和運動去認識宇宙。宇宙被他看成是一個無始無終、永無休止的過程。〔註48〕

〔註43〕 孫以楷〈莊子楚人考〉（《安徽史學》1996 年 1 期）以爲即今安徽蒙縣，戰國屬楚。

〔註44〕 楊蔚〈莊子自由觀的楚文化印記〉，《荊州師專學報》社科版 1996 年 1 期；曹智頻〈文化親緣：楚文化與莊子思想〉，《商丘師範學院學報》16 卷 3 期，2000 年 6 月；文廣會〈論楚文化對莊子的影響〉，《江西省團校學報》2001 年 4 期。

〔註45〕 莊子和老子學說的關聯亦可參李存山〈莊子思想中的道、一、氣──比照郭店楚簡《老子》和〈太一生水〉〉，《中國哲學史》2001 年 4 期。

〔註46〕 除了傳世本《莊子》，郭店楚墓、阜陽雙古堆漢墓、江陵張家山漢墓皆見有《莊子》殘篇、殘簡，詳許學仁師〈戰國楚簡文字研究的幾個問題──讀戰國楚簡《語叢四》所錄《莊子》語暨漢墓出土《莊子》殘簡瑣記〉，《東華人文學報》3 期，2001 年 7 月。但漢墓所見殘篇、殘簡內容和今本《莊子》出入不大，故本論文申說莊子宇宙觀時以今傳本爲主。

〔註47〕 莊子的時空宇宙觀念未久即得到了很好的發展。像曾侯乙墓主棺擋板、周家台秦簡〈二十八宿占〉、〈五子占〉，王家台秦簡〈政事之常〉、荊門左塚出土漆栖、《長沙馬王堆漢墓帛書・禹藏圖、刑德、式法》裡，都可以看見以非或棻表示四仲、四鉤、四維的時空坐標系。詳劉國勝〈楚地出土數術文獻與古宇宙結構理論〉，「中國南方文明」學術研討會論文，臺北：中央研究院歷史語言研究所，2003 年 12 月 19～20 日。

〔註48〕 張京華〈莊子的宇宙定義及其現代意義〉（《中州學刊》2000 年 4 期），頁 86 認爲，莊子把時間和空間看成是兩個完全無關的獨立實體，時間和空間都獨

　　莊子哲學的一個基本觀點是「恢詭譎怪，道通爲一……凡物無成與毀，復通爲一。唯達者知通爲一。」（《莊子‧齊物論》）這個「一」，有幾個意思：第一、一是從本體論的意義上說，莊子和老子都稱道爲「一」，莊子所謂「通於一而萬事畢」（《莊子‧天地》），這個「一」，首先是指萬物相通於「道」；第二、「通天下者一氣也」（《莊子‧知北遊》），姚曼波指出，莊子認爲從自然現象到人的生命乃至人精神現象的存在變化，都同「氣」的存在變化密切相關，都是「氣」的存在形態。因此，宇宙統一於「氣」。〔註49〕「莊子極大地突出了宇宙整體性和統一性，但卻沒有把它看成是一種僵死不變的靜態和諧。宇宙在本質上是動態的統一。」〔註50〕

　　在莊子看來，「氣」是彌漫宇宙的普遍存在，又是構成宇宙萬物的基本元素。〔註51〕「氣」在演化過程中，形成性質不同的陰氣和陽氣：「陰陽者，氣之大者也。」（《莊子‧則陽》）陰氣和陽氣互相作用，產生萬物：「至陰肅肅，至陽赫赫……兩者交通成和而物生焉。」（《莊子‧田子方》）黃毓任指出，「陰陽」在莊子宇宙圖式中是與「道」二而一的概念，有了這個「陰陽」或「陰陽之氣」，「道」才能夠生生不息地運轉、活動，獲得永恆的生命，才能使天地、時空、虛實、動靜等和諧地統一於莊子建構的宇宙系統之中。〔註52〕

　　在莊子看來，宇宙中存在的一個最普遍的現象就是「萬物皆化」（《莊子‧至樂》）、「天地雖大，其化均也」（《莊子‧天地》）。這種物與物、物與人之間無條件的自由轉化，莊子稱之爲「物化」（《莊子‧齊物論》）。〔註53〕而宇宙萬物運動變化的動因並不在其他，在其自身，莊子稱之爲「自化」：「汝徒處

　　　　立於宇宙物質本質而永恆地、均勻地存在，與物質的存在和運動無關，而且
　　　　時間和空間二者之間也沒有內在聯繫。
〔註49〕姚曼波〈打開人類靈性與智慧的大門——莊子小宇宙哲學精髓解讀〉，《鄂州大學學報》13卷5期，2006年9月，頁17。
〔註50〕黃毓任《莊子》陰陽宇宙觀及其美學特徵〉，《江海學刊》1994年4期，頁147。
〔註51〕「『氣』是莊子哲學中的一個重要概念，它的意思也非常廣泛。就作爲一切物類與現象的本根而言，它有本體論的意味。就作爲物類與現象的生起與變化的基礎而言，它有宇宙論的意味。另外，它又是工夫論的一個重要的概念。」詳吳汝鈞《老莊哲學的現代析論》（臺北：文津出版社，1998年），頁121。
〔註52〕黃毓任〈莊子陰陽宇宙觀考原〉，《學海》2005年6期，頁34。
〔註53〕關於莊子「物化」的詳細討論可參弓生虎〈莊子物化「三論」及其相互關係〉，《學術探索》2004年8期。人作爲「號物之數謂之萬，人處一焉」（《莊子‧秋水》）的自然萬物的一分子，也是始終處於「萬化而未始有極也」（《莊子‧大宗師》）的「始卒若環，莫得其倫」（《莊子‧寓言》）的「物化」鏈條之中的。

無爲，而物自化……物固自生。」（《莊子‧在宥》）〔註54〕莊子認爲事物生生不已，沒有一刻不在變化。〔註55〕

3. 《山海經》的宇宙觀念

《山海經》是一部楚文化色彩非常鮮明的著作。《山海經》的作者以爲四海之內爲「海內」，「海內」之中有五山，而中國就在這裡面。四海之外爲「海外」，「海外」之外叫作「大荒」，「大荒」是日月出入的地方，且在「海外」與「大荒」之間，尚有許多國家及山岳存在。海內海外，《山海經》作者合併稱作「天下」。

《山海經》的內容可以大分爲《山經》和《海經》兩部份。《山經》分東、西、南、北、中五個方位，依次分爲南、西、北、東、中五經，敘述數百座山的方位、里程、物產、水文，系統的反映了當時人的博物知識。在五山經當中，處於軸心位置的則是《中山經》。以位於中央的《中山經》爲軸心向外逐層拓展的同心方區域劃分，葉舒憲認爲此種秩序不是客觀的現實世界的反映，而是一種既成的想像世界的結構模式向現實世界的投射結果。《山海經》一書的同心方環繞結構是以《山經》爲內環的。它給人們最直接的影響就是認爲世界是規則的方形平面，這個方形有一個永恆不變的中心。東、西、南、北、中五方之山就是方形世界的天然坐標。居於中心的國族既是文明程度最高的代表，又是文明向四周蠻荒的邊緣區域播散的唯一源頭。〔註56〕

《海經》則分爲《海外經》五篇與《大荒經》五篇，這十篇勾勒出一幅古地圖：《海外經》古圖由東而南而西而北，按照春、夏、秋、冬的順序描繪一年十二個月的歲時儀式、農事活動和物候現象，相當是一幅圖畫月令；《大荒經》除了和《海外經》有著相同的月令內容外，還描繪了四方群山，劉宗迪的研究指出，《海外經》圖繪群山，不在俯察地理，而是爲了仰觀天文——根據四方山峰觀察日月出入方位以確定季節和月份，這些山系構成天然的天文座標系。〔註57〕

〔註54〕時曉麗、趙岩〈莊子審美化的宇宙觀〉，《西北大學學報》哲社版 35 卷 3 期，2005 年 5 月，頁 61 認爲莊子提出的「自化」，就是在主張道派生萬物是自然而然的過程，道讓事物按照自己的本性發展，道與萬物的關係，不是主與僕的奴役關係，也不是決定與服從的關係，而是創生與體道的關係。

〔註55〕刁生虎〈莊子的宇宙意識〉，《河南教育學院學報》哲社版 2001 年 2 期。

〔註56〕葉舒憲〈《山海經》神話政治地理觀〉，《民族藝術》1999 年 3 期，頁 60～75。

〔註57〕劉宗迪《失落的天書：山海經與古代華夏世界觀》，北京：北京商務印書館，

　　《山海經》一書給人最深刻的印象就是五方空間秩序井然的世界結構。其實這種按照南、西、北、東、中的順序展開的空間秩序應該不是從現實的地理勘察活動中總結歸納出來的，而應該是某種理想化的秩序理念的呈現。

4.《楚辭》的宇宙觀念

　　《楚辭》為漢人所輯，書中收有戰國屈原以降至漢初的騷體作品。其中對宇宙觀念著墨最多者，當屬屈原的〈天問〉。江林昌指出，〈天問〉的宇宙理論裡，有一個基本的觀點，就是認為宇宙萬物的本原，是充塞宇宙之間的混沌元氣。根據這觀點，屈原在〈天問〉的開頭，就提出了天地開闢這個宇宙本原的中心問題。他說：「遂古之初，誰傳道之？上下未形，何由考之？冥昭瞢暗，誰能極之？馮翼惟象，何以識之？明明暗暗，惟時何為？陰陽三合，何本何化？」天地未形成以前，宇宙間充滿了混沌的元氣，宇宙之前是混沌狀態，這大約是初民們的普遍認識。〔註 58〕蕭兵認為這講的就是「初始的宇宙充斥著『類星際瀰漫性物質。』」〔註 59〕其中陰陽二氣的相互運動，就是宇宙萬物的本原，因此，〈天問〉在談到天的問題時，首先否定人或神創造天的說法：「圜則九重，孰營度之？惟茲何功，孰初作之？」同樣的，在談到地的問題時，〈天問〉也是首先否定人或神創造地的說法：「九州安錯？川谷何洿？東流不溢，孰知其故？」屈原就是通過上述幾組問題來解釋天地開闢、宇宙萬物起源的問題。

　　〈天問〉又說：「明明暗暗，惟時何為？陰陽參合，何本何化？」這兩句講說白天黑夜交替變化，為什麼會這樣？陰陽二氣參錯滲合，它的根源是什麼，為什麼能夠變化？初民一般認為，是太陽的運行，造成了黑夜和白天的不同。太陽既能分開天地陰陽，就和陰陽產生萬物的運作有關聯。

　　在認識太陽與陰陽之間的關係後，屈原又注意到天文地理的問題。〈天問〉說：「圜則九重，孰營度之？惟茲何功，孰初作之幹維焉繫，天極焉加？八柱何當？東南何虧？九天之際，安放安屬？隅隈多有，誰知其數？」天圓地方都以九來形容，這是因為先民的觀念當中，九是極數。以九形容天地，以強調其範圍廣大而無所知。中國地形的特徵是西北高而東南低，天上的日月星

2006 年 12 月。

〔註 58〕江林昌〈〈天問〉宇宙神話的考古印證和文化闡釋〉，《文學遺產》1996 年 5 期，頁 22。

〔註 59〕蕭兵〈〈天問〉的宇宙觀念——《天問新解》引論之一〉，《湖南師範大學社會科學學報》1979 年 1 期，頁 26。

辰則是由東往西運行。於是〈天問〉有「八柱何當，東南何虧？九天之際，安放安屬？」的疑問。〈天問〉提到：「天何所沓？十二焉分？日月安屬？列星安陳？」當先民觀測到日月星辰自東向西繞地而行後，便出現時間的觀念。

　　〈天問〉的宇宙理論，在天體結構上，雖然是以地球爲中心，但是和一般戰國時期的天圓地方觀念（蓋天論）並不一樣，屈原把天和地都看成是橢圓的球體。他說：「東西南北，其脩孰多？南北順橢，其衍幾何？」這就是說，地是東西短，南北長的橢圓形的球體。同時，屈原認爲天也是橢圓形的。聶恩彥認爲只要看〈天問〉所提到的太陽行程，就可以清楚：「出自湯谷，次於蒙汜。自明及晦，所行幾里？何闔而晦？何開而明？角宿未旦，耀靈安藏？日安不到，燭龍何照？羲和之未揚，若華何光？」〔註60〕另外屈原在《楚辭‧九歌‧東君》中所描繪的太陽行程也可作爲佐證：

> 暾將出兮東方，照吾檻兮扶桑。撫余馬兮安驅，夜皎皎兮既明。駕龍輈兮乘雷，載雲旗兮委蛇。長太息兮將上，心低徊兮顧懷。……青雲衣兮白霓裳，舉長矢兮射天狼。操余弧兮反淪降，援北斗兮酌桂漿。撰余轡兮高馳翔，杳冥冥兮以東行。〔註61〕

從〈東君〉對太陽的敘述可以知道，屈原顯然是不支持蓋天論的，因爲〈東君〉文中說明太陽在晚上並未停止運行，而是繞地而行，天明時又到了東方。

（二）出土文獻所見東周楚人宇宙觀念

1.《郭店楚墓竹簡‧太一生水》的宇宙觀

　　《郭店楚墓竹簡‧太一生水》面世以來，相關研究至少有七十餘篇。〔註62〕學界一般認爲〈太一生水〉和老子的關係十分密切。〔註63〕郭店〈太一生水〉

〔註60〕聶恩彥〈〈天問〉的宇宙理論〉，《山西師大學報》社科版 1979 年 3 期，頁 39～42。

〔註61〕江林昌《楚辭與上古歷史文化研究——中國古代太陽循環文化揭秘》（濟南：齊魯書社，1998 年 5 月），頁 22 指出《楚辭》當中還可以找到許多太陽循環觀念的遺存。

〔註62〕陳麗桂師〈〈太一生水〉研究綜述及其與《老子》丙的相關問題〉，《漢學研究》23 卷 2 期，2005 年 12 月，頁 413～414。

〔註63〕郭沂〈試談楚簡〈太一生水〉及其與簡本《老子》的關係〉，《中國哲學史》1998 年 4 月；韓東育〈《郭店楚墓竹簡‧太一生水》與《老子》的幾個問題〉，《社會科學》1999 年 2 期；葉海煙〈〈太一生水〉與莊子的宇宙觀〉，《哲學與文化》26 卷 4 期，1999 年 4 月，又見《本世紀出土思想文獻與中國古典哲學研究論文集》，臺北縣：輔仁大學出版社，1999 年 4 月；陳忠信〈〈太一生水〉

的宇宙論主要見於簡文第一章：

> 太一生水，水反輔太一，是以成天。天反輔太一，是以成地。天地
> 復相輔也，是以成神明。神明復相輔也，是以成陰陽。陰陽復相輔
> 也，是以成四時。四時復相輔也，是以成滄熱。滄熱復相輔也，是
> 以成濕燥。濕燥復相輔也，成歲而止。故歲者，濕燥之所生也。濕
> 燥者，冷熱之所生也。冷熱者，四時之所生也。四時者，陰陽之所
> 生也。陰陽者，神明之所生也。神明者，天地之所生也。天地者，
> 太一之所生也。是故太一藏於水，行於時，周而或始，以己為萬物
> 母。（簡 1～7）〔註64〕

〈大一生水〉開篇講宇宙的生成，如果去掉其神明色彩，它的某些方面幾乎
與現代科學對太陽系形成的解釋有某些相近處。〔註65〕〈大一生水〉提及的
宇宙生成過程可以簡單表述為：太一 → 水 → 天 → 地 → 神明〔註66〕→ 陰陽 →
四時 → 寒熱 → 燥濕 → 歲。這一過程「成歲而止」，沒有直接談及萬物，不過
簡文談及「太一藏於水，行於時，周而又始，以己為萬物母；一缺一盈，以
己為萬物經。」〔註67〕定州漢簡《文子》0507 號提到「文子曰：『萬物者，天
地之謂也。』」向秀、郭象《莊子注》也說：「天地者，萬物之總名也。」李
銳認為從這裡看來，生天地就應當包括了萬物。〔註68〕而那個生成了天地萬

　　　渾沌創世初探〉，《鵝湖月刊》26 卷 10 期，2001 年 4 月，頁 47～53；李小光
　　　〈郭店楚簡〈太一生水〉的宇宙生成圖式論略〉，《哲學與文化》34 卷 1 期，
　　　2007 年 1 月，頁 151～163。

〔註64〕〈太一生水〉釋文據李零〈郭店楚墓竹簡校讀記〉，《道家文化研究》17 輯（北
　　　京：三聯書店，1999 年），頁 476。又見李零《郭店楚簡校讀記（增訂本）》（北
　　　京：北京大學出版社，2002 年 9 月），頁 32。□內為缺文，李零據上下文義補。

〔註65〕馮時〈天文與人文〉，臺北：臺灣師範大學國文系演講，2006 年 4 月 1 日。

〔註66〕〈太一生水〉第一章從「神明」開始，指的就是像天地等等的實體存在。「神
　　　明」不是一詞而是一組相反的觀念。詳趙衛東〈〈太一生水〉「神明」新釋〉，
　　　《周易研究》2002 年 5 期。

〔註67〕姚治華〈〈太一生水〉與太乙九宮占〉（收入龐樸等編《古墓新知》，臺北：臺
　　　灣古籍出版社，2002 年 5 月）、李二民〈讀〈太一生水〉札記〉（《簡帛研究二
　　　〇〇一（上）》，桂林：廣西師範大學出版社，2001 年 9 月）皆引有北宋・劉
　　　溫舒《素問運氣論奧》引《靈樞經》佚文曰：「太一者，水尊號，先天地之母，
　　　後萬物之源。」二人皆指出其與〈太一生水〉：「是故太一藏於水，行於時，
　　　周而又始，以己為萬物母；一缺一盈，以己為萬物經」意義類似。

〔註68〕李銳〈氣是自生——〈恒先〉獨特的宇宙論〉，《中國哲學史》2004 年 3 期，
　　　頁 95。

物而爲天下之母，卻又無形無物無名的混沌之氣，〈太一生水〉號之爲「太一」。

《郭店楚墓竹簡・太一生水》首句提到：「太一生水，水反輔（哺）太一」，爲何太一生水而不生其他？學界多有爭論，譬如葉海煙指出〈太一生水〉的水，爲含藏諸多潛能之場域，似乎是一種較爲素樸的自然主義，其揭示出來的是介於神話、常識與哲學之間的古代存有論；〔註69〕蔡運章、戴霖從全地球表面有 70%是水的這個想法出發，以爲〈太一生水〉的水講的是地球上的所有水份。〔註70〕筆者以爲〈太一生水〉將水和太一緊扣，應當還有其他原因。以下將花一點篇幅，試著提出幾種水和太一之間可能存在的關係：

第一、蕭漢明指出，在蓋天說中，太一爲北方最高星，亦天蓋之最高點，而北方屬水；在渾天說中，水是天體的構成要素。〔註71〕太一原爲北方星宿〔註72〕，北方在戰國迷信思想中屬五行之水，所以太一處於「水」，故水與太一相輔相成。

第二、中國如彝族、傣族、白族，流行著大水型的創世神話；〔註73〕原始薩滿神話中重要的一類宇宙神，也多半是產生於宇宙海中的。孟惠英認爲許多民族的天神都源出於水或生養在水中（如水鳥、洗浴的仙女等），水作爲宇宙生力總源，成了與神靈相伴的必要背景。〔註74〕太一日後做爲至高神祇的一種，先民自然也將之與生命之泉源 —— 水做出聯繫。

第三、水除了有生命泉源的意思外，〔註75〕在少數民族的傳說當中也指女性的月經和男性的精液。譬如壯族除了以水象徵女性信水外，還以水來象

〔註69〕 葉海煙〈〈太一生水〉與莊子的宇宙觀〉，《哲學與文化》26 卷 4 期，1999 年 4 月，頁 336～343。又見《本世紀出土思想文獻與中國古典哲學研究論文集》，臺北縣：輔仁大學出版社，1999 年 4 月。

〔註70〕 蔡運章、戴霖〈論楚簡〈太一生水〉的宇宙生成模式〉，《四川文物》2004 年 2 期。

〔註71〕 蕭漢明〈〈太一生水〉的宇宙論與學派屬性〉，《學術月刊》2001 年 12 期，頁 35。

〔註72〕 李學勤〈《太一生水》的數術解釋〉，《李學勤文集》（上海：上海辭書出版社，2005 年），頁 450 認爲：「『太一藏於水，行於時』只意味著太一常居北極，始於北方，周行四時……。」

〔註73〕 劉文英《漫長的歷史源頭 —— 原始思維與原始文化新探》（北京：中國社會科學出版社，1996 年），頁 643～646。

〔註74〕 孟惠英〈鹿神與鹿神信仰〉，《內蒙古社會科學》1998 年 4 期，頁 90。

〔註75〕 莊萬壽師〈太一與水之思想探究 ——《太一生水》楚簡之初探〉，《本世紀出土思想文獻與中國古典哲學研究論文集》（臺北縣：輔仁大學出版社，1999 年 4 月），頁 303：「水是人類生命所賴，亦是老莊的第一性。」

徵男性的精液。在壯族《布洛陀》神話傳說中，姆六甲之所以懷孕，乃是因爲布洛陀朝她噴了一口水，變成彩虹將二人連爲一起。在廣西宜州一帶的壯鄉，人們至今還視彩虹爲人類交配行爲的象徵。因此，所謂彩虹繫住了布洛陀和姆六甲，乃寓意著二人的交配，而化作彩虹的來自布洛陀口中的水，則顯然是男性精液的象徵了。〔註76〕水是繁殖力的代表，或許因爲這樣，在先民心中，水才能反輔（哺）太一。

2.《上海博物館藏戰國楚竹書（三）‧恆先〔註77〕》的宇宙觀

《上海博物館戰國楚竹書（三）》收有〈恆先〉篇，是首尾完具的道家著作，〔註78〕「對於宇宙生成的思考已經相當成熟，相當完整」。〔註79〕〈恆先〉和〈太一生水〉的形式相當，這多少反應出戰國時期楚地道教某些學群的焦點議題與流行的表達形式。〔註80〕自〈恆先〉面世，先後有不少專家學者投入研究。〔註81〕學者們或對簡序作了很好的調整，或對簡文作了深入的釋讀，但尚有可以進一步討論的地方。

筆者曾在前人的基礎上，以季旭昇師〈談《上博三‧恆先》的論釋方法〉

〔註76〕 廖明君〈動物崇拜與生殖崇拜──壯族生殖崇拜文化研究（下）〉，《廣西民族學院學報》哲社版1995年3期，頁25。

〔註77〕 裘錫圭〈是「恆先」還是「極」先〉（「2007中國簡帛學國際論壇」演講，臺北：臺灣大學中文系，2007年11月10～11日）以爲從楚簡用字習慣和〈恆先〉文義看來，文中的「恆先」可以讀爲「極先」，「恆氣」可讀爲「極氣」；前者指宇宙本原，後者意近「元氣」。

〔註78〕 「恆先」一詞也見於《馬王堆漢墓帛書‧道原》，詳李零〈恆先釋文考釋〉，收入馬承源主編《上海博物館戰國楚竹書（三）》，上海：上海古籍出版社，2003年11月。

〔註79〕 陳靜〈〈恒先〉：宇宙生成理論背景下的一種解讀〉，「簡帛研究網」，http://www.jianbo.org/，2008/5/15。

〔註80〕 陳麗桂師〈從出土簡帛文獻看戰國楚道家的道論及其相關問題──以帛書〈道原〉、〈太一生水〉與〈互先〉爲核心〉，《中國文哲研究集刊》29期，2006年9月，頁139。

〔註81〕 短短一二個月的時間，簡帛研究網上就出現了很多相關的文章，如廖名春〈上博藏楚竹書〈恆先〉簡釋〉，「簡帛研究網」，http://www.jianboo.org/，2004/4/19；李銳〈〈恆先〉淺釋〉，「簡帛研究網」，http://www.jianboo.org/，2004/4/23；龐樸〈〈恆先〉試讀〉，「簡帛研究網」，http://www.jianboo.org/，2004/4/26；丁四新〈楚簡〈恆先〉章句釋義〉，「簡帛研究網」，http://www.jianbo.org/（後撤稿）；董珊〈楚簡〈恆先〉初探〉，「簡帛研究網」，http://www.jianbo.org/，2004/5/12；劉信芳〈上博藏竹書〈恆先〉試解〉，「簡帛研究網」，http://www.jianboo.org/，2004/5/16。另可參曹峰〈〈恆先〉已發表著作一覽（增補）〉，「簡帛研究網」，http://www.jianbo.org/，2008/5/15。

對〈恆先〉的分章爲基礎，〔註82〕討論過〈恆先〉的簡文內容及其思想要義。〔註83〕筆者以爲〈恆先〉第一～四章主要在講宇宙生成。第一章簡文：「恆先無有，質、靜、虛。質，大質；靜，大靜；虛，大虛。自厭不忍，或作。有或焉有氣，有氣焉有有，有有焉有始，有始焉有往者。」（簡1～2）旨在說明：在「恆」之先，什麼都沒有，「恆」之先的特徵是「質」、「靜」、「虛」。「質」，指的是不受限定的「大質」；「靜」，指的是不受限定的「大靜」；「虛」，指的是不受限定的「大虛」。「恆」之先雖自我收斂，卻也不會自我壓抑，「或（偶然）」也會振作。有了「或（偶然）」就有「氣」，有了「氣」就有萬有，有了萬有就有起始，有了起始就有往復。

第二章簡文：「未有天地，未有作行、出生，虛靜爲一若，寂寂、夢夢、靜同，而未或明，未或滋生。氣是自生，恆莫生氣——氣是自生自作。恆、氣之生，不獨，有與也。或，恆焉；生或者同焉。」（簡2～4）旨在說明：在沒有天地、沒有任何動態與生息之前的境界，虛靜如一體，既寂靜、又虛幻、且玄同，將明未明、將生未生。「氣」，自本自根，並不是「恆」所生——「氣」是自生自作。但「恆」與「氣」並非單獨出現，是同時俱存的。「或（偶然）」，是「恆」的形態；造成「或（偶然）」的，也同樣是「恆」。

第三章簡文：「昏昏不寧，求其所生：異生異、歸生歸、違生非、非生違、襲生襲。求欲自復——生之生行。」（簡4+8+9+5）旨在說明：境界混混不安後，便尋求自我化生：相異的質性化生出相異的形態、相歸屬的質性化生出相歸屬的形態、相對立的質性化生出相反的形態、相反的質性化生出相對立的形態、相依存的質性化生出相依存的形態。自我化生的追求正是自體復始——這是所有化生的化生模式。

第四章簡文：「濁氣生地，清氣生天，氣信神哉！芸芸相生，信盈天地。同出而異性，因生其所欲。業業天地，紛紛而多綵物，先者有善，有治無亂。有人焉有不善，亂出於人。」（簡5～7）旨在說明：濁氣化生地，清氣化生天，實在是太神奇了！芸芸萬物相恃相生，充塞在天地之中。各自化生的來源相同，卻具有不同的性質，這是因爲他們各自都是爲了追求自我化生（自體復

〔註82〕季旭昇師〈談《上博三‧恆先》的論釋方法〉，「古典文獻的現代詮釋學術研討會」論文，臺中：東海大學中文系，2005年3月6日。

〔註83〕鄔澐智〈上博楚竹書〈恆先〉思想體系試構〉，《孔孟月刊》44卷9及10期，2006年6月，頁19～22。

始）而生的關係。浩浩天地，紛然而多有萬物，比人類早存在的，本質良善，皆依天道而不悖亂。等人類出現了就產生不善，人是天道的亂源。

從〈恆先〉第一到第四章的敘述可以知道，〈恆先〉以質、靜、虛的「恆」之先爲最高層次；次一層次爲無形的「恆」和有形的「氣」，〔註84〕「氣」非自「恆」出，而是自己產生的；第三層爲氣之清所偶然生出的天、氣之濁所偶然生出的地，有了天地之後，芸芸萬物便出現，當中包括人類文明。

3. 長沙子彈庫楚帛書〔註85〕的宇宙觀

「楚帛書」又稱「楚繒書」、「楚絹書」，帛書四周有文字十二段，各附有一個神的圖形。中部有兩大段文字，其四角還分別標有青、赤、白、黑四色樹枝圖象。研究者依據文字的書寫位置與書寫內容，將帛書分作三篇。湖南省博物館對被盜出土帛書的墓葬進行了科學的發掘清理，通過對出土器物的研究，確知帛書出土於戰國中、晚期之際的楚人墓葬之中。〔註86〕帛書中有關於炎帝、祝融、共工的連續記載。一般認爲，祝融出自炎帝，共工是爲祝融所出，〔註87〕芈姓之楚則爲祝融之後。〔註88〕據此，帛書的作者是楚國人，帛書所論代表了楚人在陰陽數術方面的學術思想，〔註89〕似乎是沒有問題的。

楚帛書作者已難以詳考，郭沫若推測：「抄錄和作畫的人，無疑是當時民間的巫覡。」〔註90〕帛書既有文字，也有圖畫。李學勤根據楚地出土古圖的傳統，認爲帛書的擺法應以南方爲上，並將三篇次第命名爲：〈四時〉、〈天象〉、

〔註84〕　對〈恆先〉「氣」的討論亦可參谷中信一〈〈恆先〉宇宙論析義〉，「簡帛研究網」，http://www.jianbo.org/，2008/5/23。

〔註85〕　楚人入湘前，湖南爲越人和「蠻」、「濮」等民族棲息繁衍之地。到了春秋戰國時期，楚人南下征服了湖南，逐步成爲湖南的主體民族。楚人入湘後，不僅給湖南帶來了先進的生產經驗和技術，也傳播了北方的思想文化。春秋戰國前，湖湘地區的土著蠻越民族，大都信奉原始宗教，崇拜各種祖先之神和自然之神。楚人南下後，帶來了楚人的宗教信仰、神話傳說。這兩種原始宗教、神話互相影響，融合在一起，構成了春秋戰國時期湖南具有特色的宗教和神話，在長沙子彈庫出土的楚帛書中得到了充份印證。詳李零《長沙子彈庫戰國楚帛書研究》，北京：中華書局，1985年7月；伍新福主編《湖南通史‧古代卷》，長沙：湖南出版社，1994年12月。

〔註86〕　湖南省博物館〈長沙子彈庫戰國木槨墓〉，《文物》1974年2期。

〔註87〕　袁珂《山海經校注》，上海：上海古籍出版社，1983年7月。

〔註88〕　李學勤〈談祝融八姓〉，《江漢論壇》1980年2期。

〔註89〕　陳茂仁《楚帛書研究》，嘉義：中正大學中文系碩士論文，1996年。

〔註90〕　郭沫若〈古代文學之辨證的發展〉，《考古》1972年3期，頁8。

〈月忌〉。〔註91〕

〈四時〉篇敍述的是有關包犧、炎帝、祝融、共工的傳說：〔註92〕

曰故又大熊伏犧，出自顓頊，處於雷夏。厥佃漁漁，□□□女，夢夢墨墨，亡章弼弼，□每水□，風雨是於。乃娶戲遅□子之子，曰女希。〔註93〕是生子四。□□襄天，而殘是格。參化法兆，爲禹爲离，以司土壤，咎天步數，乃上下騰傳，山陵不疏。乃命山川四海，

〔註91〕 李學勤〈論楚帛書中的天象〉，《湖南考古輯刊》1 輯，長沙：岳麓書社，1982 年 11 月。

〔註92〕 本論文引用之帛書釋文，參考李零《長沙子彈庫戰國楚帛書研究》（北京：中華書局，1985 年 7 月）及劉信芳《子彈庫楚墓出土文獻研究》（臺北：藝文印書館，2002 年 1 月）而略爲調整。

〔註93〕 「女🜨」，舊說以爲即神話中伏犧的配偶神女媧，但裘錫圭〈先秦宇宙生成論的演變〉（臺北：中央研究院歷史語言研究所演講，2007 年 11 月 7 日）以爲未必。高莉芬〈神聖的秩序——《楚帛書‧甲篇》中的創世神話及其宇宙觀〉（《中國文哲研究季刊》30 期，2007 年 3 月），頁 15 也指出：「可以『化萬物』的女媧，在《山海經》中僅見單獨記述，未見與伏義相配的敍事，更未見二者爲夫妻關係的記載，女媧無疑爲獨立的創始始母神。故伏義、女媧在上古時期應原本各自分屬獨立的神話系統。」不過從字形上來看，白於藍《簡牘帛書通假字字典》（廈門：福建人民出版社，2008 年 1 月）認爲「🜨」上部：「與上博簡《周易》之『🜨』（簡 24）、『🜨』（簡 25）二字右上所從應是一字。上博簡《周易》此二字，陳劍（〈上博竹書《周易》異文選釋（六則）〉，《出土簡帛文獻與古代學術國際研討會會議論文集》，臺北市國立政治大學，2005 年）認爲右上所從與郭店簡《老子》乙之『🜨』（簡 12）爲一字。郭店簡《老子》乙此『🜨』字，裘按（《郭店楚墓竹簡‧老子乙》篇注〔一五〕）指出『疑是作兩「亗」相抵形的「祇」字古文的訛形……今本此字作「希」，「祇」「希」音近。據此，『🜨』字可隸定作『垔』，讀作『希』。據《藝文類聚》卷十一、《初學記》卷九引《帝王世紀》說『女媧』『一曰女希，是爲女皇』。與此正合。」陳斯鵬〈楚帛書甲篇的神話構成、性質及其神話學意義〉（《文史哲》2006 年第 6 期。又見《學燈》2007 年 2 期、「簡帛研究網」，http://www.jianbo.org/，2007/4/7、氏著《簡帛文獻與文學考論》，廣州：中山大學出版社，2007 年 12 月）曾經分析過楚帛書中的神話人物，他認爲禹爲夏族之祖神，离和相土是商族的祖神，本來都不屬於南方神話系統。帝俊也很難說與南方有直接關係。所以，楚帛書的創世神話應該是一個經過加工整合的系統，而這一加工整合大概是出自南方楚人之手。筆者以爲從人類的信仰思維演進來看，任何崇拜的對象最先應是單一神祇，待人類社會出現婚姻關係後，才會將夫妻關係投射到神祇身上，譬如地神後來變成土地公和土地婆、灶神後來變成灶王爺爺和灶王奶奶（詳後）等即是。創世神話裡的至上神應該也是這樣。所以在早期的神話裡，誠如高莉芬言，只看得到獨立的創世神。但在楚帛書所見晚期的創世神話中，加工整合的痕跡非常明顯，伏犧和女媧配對也就不是什麼奇怪的事了。故筆者以爲楚帛書中的「女🜨」應如白於藍所言即「女希」，女皇「女媧」是也。

熱氣寒氣，以爲其疏，以涉山陵、瀧汩、淵漫，未有日月，四神相
代，乃步以爲歲。是惟四時。

長曰青□榦，二曰朱四單，三曰翏黃難，四曰□墨榦。千又百歲，
日月夋生，九州不平。山陵備矢，四神乃作，至於覆。天方動，扞
蔽之青木、黃木、白木、墨木之精。炎帝乃命祝融以四神降，奠三
天：維思縛，奠四極。曰：「非九天則大矢，則母敢蔑天靈。」帝夋
乃爲日月之行。

共工跨步十日，四時□□，□神則閏，四□母思；百神風雨，晨緯
亂作。乃逆日月，以傳相□土，使有宵有朝，有晝有夕。

李學勤認爲篇文敘述伏羲處在一個昏蒙未化的時代，他規天步地，見山陵
不通，就命山川四海（之神）進行疏通。他登陟山陵，見四海浩漫，日月出入，
四神相代（四神均有名字並配以青、朱、黃、墨四色），以爲一歲，也就是四時。
伏犧之後又過了 1000 多年，由於九州不平，山陵傾側，致使四神即四時的運轉
遇到了困難。天以青、赤、黃、白、黑五木之精賜予炎帝，炎帝於是命祝融率
四神降世，奠立了三天、四極，從而恢復了日月的正常運行。共工不僅推步出
十日（即甲、乙、丙、丁、戊、己、庚、辛、壬、癸十干），確定了置閏，還區
分了晝、夜、晨、昏，由此避免了因四時紊亂所造成的災異。〔註94〕

〈天象〉篇所講的是曆日有誤所造成的異象，也就是彗星與側匿（朔而
月見東方），以及其出現時的種種災變。並說彗星與側匿都有神司，它們出自
黃泉，出入相伴，「作其下凶」，人民必須瞭解避災的方法，即惟「天象是則」。
告誡人民應當敬祀百神，否則，帝將降以災禍：

惟十又□，月則贏絀，不得其當，春夏秋冬，□有□常，日月星辰，
亂逆其行。贏絀逆亂，卉木亡常，是謂妖。天地作殃，天梧將作傷，
降於其方，山陵其廢，有淵厥潰，是謂悖歲。朓肭，月吉。〔註95〕
⊘□有電、芒、雨土，不得其參職。天雨喜喜是逆，月閏之勿行。
一月、二月、三月，是謂逆終，亡奉□□其邦；四月、五月，是謂
亂紀，亡砅。□□□歲，西國有咎，如日月既亂，乃有爽惠；東國

〔註94〕李學勤〈長沙楚帛書通論〉，《楚文化研究論集（1）》，長沙：荊楚書社，1987
年 1 月。

〔註95〕「是謂悖歲。朓肭，月吉」句係據陳久金《帛書及古典天文史料注析與研究‧
子彈庫《楚帛書》注譯》（臺北：萬卷樓，2001 年 5 月）改。

有咎，天下乃兵，害於其王。

凡歲悳匿焉，日埈惟邦所，五妖之行，卉木民人，以□四殘之尚，□□上妖，三時是行。惟悳匿之歲，三時□暑，繄之霝降。是月以數，擬爲之正。惟十有二月，惟悖悳匿，出自黃淵，土身亡□；出入空同，作其下凶。日月皆亂，星辰不炯。日月既亂，歲季乃□，時雨進退，亡有常恒。恐民未知，擬以爲則。母動群民以□，三恒廢，四興爽，以亂天常。群神、五正、四晨失祥。建恒擾民，五正乃明，百神是昌，是謂悳匿，群神乃惠。帝曰：「繇，敬之哉？母弗或敬。惟天作福，神則格之；惟天作妖，神則惠之。欽敬惟備，天像是則，成惟天□，下民之戒，敬之母忒！」

民勿用□□百神，山川滿谷，不欽敬行。民祀不莊，帝將繇以亂逆之行。民則有穀，亡有相擾，不見陵西。是則爽至，民人弗知，歲則無攸，祭齊則返，民少有□，土事勿從，凶。

〈月忌〉篇內容分爲 12 章，並各附一幅彩繪神像（圖見本論文第伍章「餘論」）及三個字的題記：

取於下　　曰：「取，氾則至，不可以□殺。壬子、丙子凶，作□北征，率有咎，武□其毀。」

女比武　　曰：「女，可以出師、築邑，不可以嫁女、取妾，不亦得，不成。」

秉司春　　曰：「秉□□……妻畜生分女□。」

余娶女　　曰：「余，不可以作大事。少旱其□，□龍其□，娶女，爲邦笑。」

欨出睹　　曰：「欨，蟋蟀□得，以匿不見，月在□□，不可以享祀，凶。取□□爲臣妾。」

虘司夏　　曰：「虘，不可出師。水師不復，其敗其復，至於其□□，不可以享。」

倉莫得　　曰：「倉，不可以川□，大不順於邦，有梟入於上下。」

臧□□　　曰：「臧，□可以築室，不可□□，□庶不復，其邦有大亂。娶女，凶。」

玄司秋　　曰：「玄，□可以築室……吁□□徒乃□……」

易□兼　　曰：「易，不□燬事，可以□折，敘去不義於四□……」

　　姑分長　　　曰：「姑，利侵伐，可以攻城，可以聚眾，會諸侯，刑首
　　事，戮不義。」
　　塗司冬　　　曰：「……塗不可以攻城……」

十二章即十二個月，神像則爲當月之神，題記的第一字是月名，後二字是神
名。各章開頭是月名，然後敍述當月宜忌，而以忌爲主。

　　通過這三篇帛書的內容可以知道，楚人認爲天以五木之精奠三天〔註96〕、
立四極、平九州，從而構建了一個包括天、地、四方在內的多維宇宙空間，在
這樣一個空間範圍內，日、月由山陵生成，出沒於四海之間，春、夏、秋、冬
四時（即四神），則隨著日、月的出沒運動產生循環更替，其他如十二月、每一
天以及晝、夜、晨、昏等，亦緊隨其節律進行著各自的運行。這個運行的規律
是由帝來操縱的，因爲萬物的運行，各有其神，帝則是眾神之長。如果違背了
自然的規律，就是違背了天意，帝就要降其罪，就會發生自然乃至人事的災變。

　　「遠古時代的傳說有它歷史方面的素質、核心，並不是向壁虛造，所以
對傳說不能單純看成是神話故事而否定其中的歷史素質、核心。」〔註97〕「古
人在未有文字前，僅僅靠記憶來背誦家族、本氏族的歷史，經過歷代口耳相
傳，保留下來基本可靠的世系。」〔註98〕我們習慣了伏羲、女蝸及四子、禹、
契、炎帝、祝融、共工、帝俊等共同創造世界的神話故事，楚帛書所提出來
的神話卻認爲先有土地四方，然後有四季觀念，帝俊生十日後才有時間觀
念。這是把古史傳說的人物與天地開闢、宇宙產生結合在一起的創世神話故
事，「古文獻資料中沒有如此完整的創世神話，這在中國古代神話中是值得
重視的。」〔註99〕這一創世神話體系是極珍貴的神話學研究資料。〔註100〕

〔註96〕楊寬指出「三天」是指三重的天的結構，和古神話中所說「九天」不同的。「九
　　　　天」是指天有九個方面的區分，〈天問〉所謂「九天之際，安放安屬」。古神
　　　　話以昆侖山原與上天相連接，可以從此登天的。《淮南子·墜形》說：「昆侖
　　　　之丘或上倍之，是謂涼風之山，登之而不死；或上倍之，是謂懸圃，登之乃
　　　　靈，能使風雨；或上倍之，乃維上天，登之乃神，是謂太帝之居。」這就是
　　　　「三天」的結構。詳氏著〈楚帛書的四季神像及其創世神話〉，《文學遺產》
　　　　1997 年 4 期，頁 9。
〔註97〕李學勤《走出疑古時代》（瀋陽：遼寧大學出版社，1997 年），頁 40。
〔註98〕詹子慶《先秦史》（瀋陽：遼寧人民出版社，1984 年），頁 64～65。
〔註99〕王暉、王建科〈出土文字資料與古代神話原型新探〉，《北京師範大學學報》
　　　　社科版 2005 年 1 期，頁 113。
〔註100〕院文清〈楚帛書與中國創世紀神話〉，《楚文化研究論集（4）》（鄭州：河南人
　　　　民出版社，1994 年 6 月），頁 606。

4. 長沙楚帛畫

　　楚人認爲人死之後，魂氣有升天成爲神靈的可能，因而每一個人都會希望自己的祖先死後的魂氣能升天爲神，這樣才能在祖先神靈的庇蔭下永受福佑；同時每一個人也希望自己死後可以升天爲神，以便死後仍能保持自己生活上享受。因此就產生了借用外力（巫術）幫助祖先或自己靈魂升天的想法，並由此創造出一些導魂升天的辦法。而用來導魂升天的載體，當然就是那些具有溝通天地鬼神之能的靈物如龍、鳳了。〔註101〕張光直指出，利用龍、鳳作通神媒介，商代已然；〔註102〕《楚辭》諸篇章中亦多見乘龍駕虬遨遊天宮，利用鳳凰招魂歸來的詞句。〔註103〕

　　近幾十年來的田野發掘工作爲楚人利用龍、鳳導魂升天的信仰現象提供了大量的實物見證。像信陽長台關出土樂器上有巫師乘龍升天圖案、曾侯乙墓出土五弦樂器上也有以人、龍爲主的圖案，時間晚一點的江陵鳳凰山漢墓出土龜盾上，亦見人乘鳳升天漆畫。〔註104〕而最爲著名的，要數長沙陳家大山楚墓出土的戰國中晚期「人物龍鳳帛畫」與長沙子彈庫楚墓出土的「人物御龍帛畫」：

人物龍鳳帛畫　　　　　　　　　　　人物御龍帛畫

　　「人物龍鳳帛畫」，是世界上現存最古老的帛畫之一，距今 3000 年左右。帛畫長 31.2 公分，寬 23.2 公分。帛畫中央是一個側身而立的中年婦女，身著

〔註101〕另可參胡雅麗《尊龍尚鳳──楚人的信仰禮俗・楚人的崇拜體系》，武漢：湖北教育出版社，2003 年 1 月。

〔註102〕張光直《美術・神話與祭祀》，瀋陽：遼寧教育出版社，1988 年。

〔註103〕《楚辭》之〈遠遊〉、〈離騷〉、〈九歌〉等篇章。

〔註104〕見徐文武〈楚國巫覡的憑靈與脫魂現象〉，《荊州師專學報》社科版 1992 年 3 期，頁 60〜61 的討論。

繡有鳳紋的細腰寬袖長袍。髮髻後垂，雙手合掌於胸前。畫的上部有龍和鳳，作飛翔之勢。人物腳下，有一月牙狀物，可能是龍舟。帛畫出土於戰國楚墓，墓主是女性，畫上細腰廣袖長裙的墓主人，與楚王好細腰的歷史記載剛好吻合。帛畫以線條墨繪爲主，僅在口唇塗朱，突出人物恬靜而飄逸的風度，表現出了古代楚國女性之美。〔註105〕

「人物御龍帛畫」，爲我國目前發現最早之帛畫。於 1973 年 5 月，由湖南省博物館對曾於 1938 年盜掘出土楚帛書之墓葬進行發掘時所得。〔註106〕依發掘報告，帛畫之存放及形制爲：

> 平放在槨蓋板下面的隔板上面，畫面向上。它以絲織的絹爲地，呈長方形，長 37.5、寬 28 厘米。畫上端橫邊有一根很細的竹條，竹條長 30 厘米，近中部繫有一棕色絲繩，用於懸掛。畫的左邊和下邊爲虛邊。整個畫幅因年久而呈棕色，但質地仍然保存較好。〔註107〕

將帛畫放於槨蓋板下面之隔板上，畫面向上，當有其特殊用意。今於帛畫上端橫邊有一細竹條，於中部繫有絲繩，此帛畫可能在埋葬前是懸掛使用，及至入墓隨葬，方置於槨蓋板下方。又或者在引柩入墓前，將之懸掛，由人手執前導（類於今之引路幡），及至墓壙，則待棺柩入墓後，再將之存置槨蓋板下方（畫面朝上）。今考帛畫之內容，《長沙楚墓帛畫》云：

> 畫的正中爲一有鬚髯的男子，側身直立，手執韁繩，駕馭著一條巨龍。龍頭高昂，龍尾翹起，龍身平伏，略呈舟形。在龍尾上部站著一鶴，圓目長喙，昂首仰天。人頭上方爲輿蓋，三條飄帶隨風拂動，畫幅左頭角爲一鯉魚。畫幅中輿蓋飄帶、人物衣著飄帶和龍頸所繫韁繩飄帶拂動方向一致，都是由左向右，表現了風動的方向，反映了畫家狀物的細緻精確，而所繪圖象，除鶴首向右上方外，其餘人、龍、魚都是朝向左方，表現了行進的方向。整個帛畫應是乘龍升天的形象。〔註108〕

上述二幅帛畫均以絲帛作底繪畫，基本構圖爲一人一龍一鳳。前者人物爲一

〔註105〕以上見傅舉有〈人物龍鳳帛畫〉，《學習導報》2005 年 12 期，頁 63 對帛畫的敘述。
〔註106〕熊傳新〈對照新舊摹本談楚國人物龍鳳帛畫〉，《江漢論壇》1981 年 1 期；湖南省博物館〈長沙子彈庫戰國木槨墓〉，《文物》1974 年 2 期。
〔註107〕湖南省博物館〈長沙子彈庫戰國木槨墓〉，《文物》1974 年 2 期，頁 38。
〔註108〕文物出版社編《長沙楚墓帛畫》，北京：文物出版社，1973 年。

拱手側身的女子，一龍一鳳位於女子左上方，作升騰飛舞狀；後者人物是一雙手執韁，佩劍側立的男子下有一龍，龍則昂首長身捲尾作舟狀，正載負男子飛馳向上，一鳳立於龍尾呈守望狀。二幅畫面除了人物性別不同，物像細部有異（後者多一魚、一華蓋）外，其構圖、造型、立意、主旨則相當一致。很顯然，這類畫在格式上有可能是固定的，它們所表達的主題也應該是同一的，那就是「引魂升天」。〔註109〕帛畫與楚國出土文物中的龍、鳳圖案都是引魂升天的神物。〔註110〕這二幅帛畫應該是在墓主死後分別舉行「導魂」

〔註109〕 或以爲帛畫的功能應是招魂或引魂入壙，並非引魂升天。鄭曙斌〈楚墓帛畫、鎮墓獸的魂魄觀念〉（《江漢考古》1996 年 1 期）提出非常詳實的反駁意見，可以參照：「其一，《楚辭》所見〈招魂〉：『魂兮歸來』，是因爲帝告巫陽有人『魂魄離散』，巫陽雖能溝通人與鬼神，但仍『恐後之，謝，不能復用』。若魂已散失，則無法將其招回。雖然如此，仍作招魂的努力。巫陽招魂之辭，外陳四方之惡，以阻勸魂的遠離；內崇故居之美，以誘魂歸來。之所以極力呼喚魂歸來，是希望能魂魄合體，死而復生，而非『不能復用』。王逸爲〈招魂〉作敘文曰：『魂魄放佚，厥命將落，故作〈招魂〉，欲以復其精神，延其年壽。』招魂，雖『招具該備』，但未見如帛畫中的龍鳳、龍舟之辭語，且帛畫也並不具有『魂兮歸來』的意境。其二，我國古代喪禮中是以衣招魂，招魂之衣不得入葬。王逸爲〈招魂〉所作敘文：『招者，召也，以手曰招，以言曰召』。『復』即招魂復魄，升到屋的最高處（屋棟）進行招魂，『及其死也，升屋而號，告曰：「皋某復。」然後飯腥而苴孰』（《禮記。禮運》）。《禮記·喪大禮》曰：『復衣不以衣尸，不以斂』。可見招魂之衣不准入斂。若爲招魂圖，該是描畫『升屋而號』的情景才對。其三，魂魄觀念中，魂歸天爲神。但魂若不加引導，就有可能淹沒於天地四方的險惡中。人死之後，魂悠悠飄離形骸而無所不之，天地四方如同人生在世一般充滿恐怖與艱險。東方『惟魂是索，魂往必釋』；南方『雄虺九首』，『吞人以益其心』；西方『流沙千里』，『其土爛人』；北方『增冰峨峨』，『飛雪千里』。上天有『虎豹九關，啄害下人』，『懸人以嬉，投之深淵』，地下有『土伯九約』，『逐人駓駓』（《楚辭·招魂》）。天地四方雖險象環生，但若有龍鳳的導引，龍舟的運載，亡魂則可以逃過劫數，歸天爲神。巫的怪想幫助楚人實現了魂歸天爲神的願望。《人物龍鳳帛畫》和《人物御龍帛畫》，古拙而含蓄，意簡而境遠，畫面僅一龍、一鳳、一人、一舟形物或一荷蓋、一龍舟、一人、一鶯、一魚而已，卻虛虛實實地表現了飄飄悠悠的氣界，仿佛死者亡魂隨著巫師的魔法，帛畫的導引，悠悠飄離形骸，冥冥之中順利地歸天爲神。」蕭兵〈引魂之舟──楚帛畫新解〉（《湖南考古輯刊》2 期，1984 年 9 月）、黃宏信〈楚帛畫瑣考〉（《江漢考古》1991 年 2 期）等人據熊傳新〈對照新舊摹本談楚國人物龍鳳帛畫〉（《江漢論壇》1981 年 1 期），從各個角度考證，亦認爲這二幅帛畫是祈禱死者靈魂升天的導引圖。

〔註110〕 張正明《楚文化史》（上海：上海人民出版社，1986 年）明確指出在楚人觀念中，鳳具有「引魂升天」的神秘功能。

儀式時，巫師藉以施法的重要工具，畫上的龍、鳳則是因爲此類神獸是天地之精，具有的溝通大地的靈異，因而被用作了引導死者魂氣升天的載體。

龍鳳圖騰在中國流傳了幾千年，人們認爲這也是楚文化的特點。熊瑛子指出，龍，在神仙思想盛行的楚地被認爲是引導墓主人靈魂登升仙境的載體。戰國帛畫「人物御龍帛畫」中，龍被描繪成頭仰尾翹，身體平伏的舟形，墓主人瀟灑自若地乘在龍舟之上。古代傳說中，人死後，只有以龍爲舟方能完成升天成仙的重任。鳳，在楚人看來是至眞、至善、至美的化身，他們對鳳的景仰，淋漓盡致地表現在楚地出土的數不勝數的鳳雕像與鳳圖案上。人物龍鳳帛畫中，細腰長袍的女者正是墓主人。一條矯健的龍，勢若扶搖直上；頭頂飛翔著的鳳鳥，兩翅上揚，似在振翼奮起，可能因爲死者是女性，這「鳳」正是她靈魂的象徵。此畫的主題也是乞求飛騰的龍鳳引導墓主人的靈魂登天成仙。〔註111〕

綜觀上引文獻，充滿了楚人對人界的解釋、對天界的嚮往，但這並不表示楚人眼中只有天上人間，卻沒有地獄。《楚辭・招魂》提到：「君無下此幽都些。土伯九約，其角觺觺些。敦脄血拇，逐人駓駓些。」從屈原對「幽都」的敘述可知，屈原將「幽都」看作地府。除了天上人間，楚人眼中的世界還存在有幽都，幽都裡還有使者土伯（后土）。另外在楚青銅器曾姬無卹壺銘文裡有「蒿間」一詞，劉信芳以爲即「蒿里」、「墓區」一類的意思。〔註112〕連劭名認爲蒿里（位在泰山附近）主收人魂魄的觀念與齊國神仙思想有關，楚國可能受到齊國的影響。〔註113〕鄒芙都認爲此時的蒿里在人們心目中是個虛幻的概念，或許即指地下的幽都。〔註114〕

如果《禮記・郊特牲》：「魂氣歸於天，形魄歸於地，故祭，求諸陰陽之義也。……」、《禮運》：「故天望而地藏也，體魄則降，知氣在上」、《淮南子・五術》：「天氣爲魂，地氣爲魄」的看法和楚人無異，〔註115〕引魂成功，魂雖可升天爲神，不過魄仍是要入地爲鬼的。

〔註111〕熊瑛子〈帛畫與楚文化〉，《湘潭師範學院學報》社科版28卷4期，2006年7月，頁195。

〔註112〕劉信芳〈蒿宮、蒿間與蒿里〉，《中國文字》新24期，1998年12月。

〔註113〕連劭名〈曾姬壺銘文所見楚地觀念中的地下世界〉，《南方文物》1996年1期。

〔註114〕鄒芙都《楚系銘文綜合研究》（成都：巴蜀書社，2007年11月），頁164。

〔註115〕本論文所引《淮南子》依上海：上海商務印書館，1936年版，下不另注。

　　爲使各家之宇宙觀念易了解與整合比較，以下將各家宇宙觀念繪成概圖。老子的宇宙生成論，可以簡單圖示如下：

道 ──────→ 一 ──────→ 二 → ──────────→ 萬物 ← 陰　　／陽
（大、逝、遠、返）

莊子的宇宙生成論，可以簡單圖示如下：〔註116〕

道 ──────→ 宇宙 ──────→ 陰氣　陽氣 ──────→ 天地、太極、神鬼神帝等
（泰初）　（未形）　（有形）　　（物化）　　　　（神明）　　　（自化）

《山海經》的宇宙空間觀，可以簡單圖示如下：

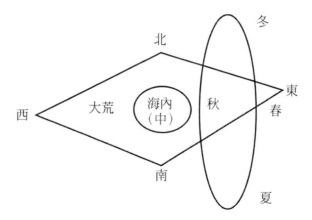

《楚辭·天問》的宇宙空間觀，可以簡單圖示如下：

────────────────

〔註116〕泰初到未形到有形，可參《莊子·天地》。老子、莊子宇宙觀念圖示引自鄔滄智〈傳世典籍與出土文獻所見東周楚人宇宙觀念試構〉，《通識教育學報》13期，2008年6月。

〈太一生水〉的宇宙生成論，可以簡單圖示如下：〔註117〕

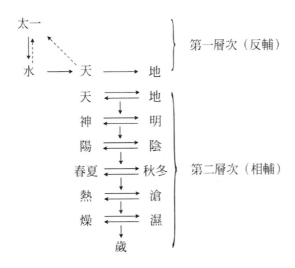

〈恆先〉的宇宙生成論，可以簡單圖示如下：〔註118〕

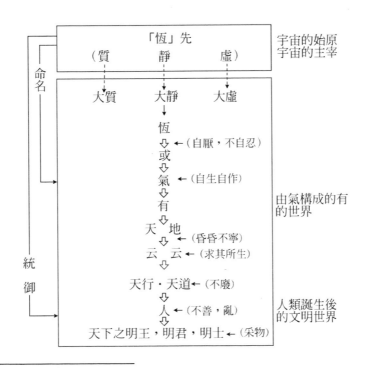

〔註117〕圖示依趙東栓〈〈太一生水〉篇的宇宙圖式及其文化哲學闡釋〉，《齊魯學刊》
　　　　2001 年 4 期，頁 73 改繪。
〔註118〕圖示依淺野裕一〈上博楚簡〈恆先〉的道家特色〉，《清華大學學報》哲社版
　　　　2005 年 3 期，頁 61 改繪。

楚帛書與帛畫雖未見宇宙生成論，但有楚人對世界形成的描述，可約略排序如下：

伏戲開天闢地，擬日月、定四季

↓

炎帝受五木，使祝融三天、立四極

↓

共工明天干、設曆算與計時方式（〈四時〉）

十二月各有主神，眾神靈與人類存在天地之間（〈月忌〉）

人必須明神以避災禍（〈天象〉）

雖然諸家對宇宙生成的敘述，有動態靜態之分、具象與抽象之別，且彼此之間容或有所出入，但透過綜合整理，還是可以約略歸納出楚人對宇宙及世界生成的看法：

第一、道（恆、太一）是宇宙萬物之母及運作的準則，它是無形的抽象存在。但在道之前還有一種「恆先」狀態，在那種狀態之下，連「道」都沒有。道的具體存在是氣（三），氣是有形的，可分成陰陽之氣（或清濁之氣、二），氣相沖相和，或／偶然成爲芸芸萬物和各種成對的概念（天地人／三、神明、陰陽、春夏秋冬／歲、熱滄、燥濕）。人亦是芸芸萬物之一，與眾多受尊敬的神靈（包括神鬼神帝、十二月神、日月星辰等等）存在天地之間。

第二、但將相沖和之氣分成天地（空間）、四時（時間）的，也可以是創世者兼造物者伏犧（聞一多的研究指出東皇太一和伏犧可能是一人，[註119]若聞說無誤，則伏犧在帛書裡的創生神形象，和楚人心目中至高的東皇太一是相符合的）。在伏犧立下的秩序發生混亂時出面奠三天、立四極（東南西北）的是炎帝及祝融；爲人類社會更精準的時間計算做出貢獻的是共工。

第三、「人之生，氣之聚也。聚則爲生，散則爲死。」（《莊子·知北遊》）一般人在人間死亡，魂將逸散四方[註120]、魄則歸於幽都，但若有導引升天的器具，如引魂升天帛畫等，人死後則其魂有升天成神的可能。所以在楚人心目中，至少有人間、天上與幽都三個世界。

東周楚人的主流文化是「道」和「巫」。「道」指的是道家學說；「巫」指

〔註119〕聞一多〈東皇太一考〉，《文學遺產》1980 年 1 期。

〔註120〕若依《莊子·齊物論》，則「物化」爲包括人在內的其他事物。

的是先秦楚國的巫文化。楚國的道家思想，對宇宙的描述較爲寬泛而平面，上引除〈恆先〉之外的楚地簡帛文獻，其對宇宙的描述則是較爲具象而立體的。二者雖然有可能分屬不同的學術門派（簡帛文獻可能歸屬於陰陽家），二者的學術思想也各有不同，但它們對宇宙的認知及因此給出的解說和由此產生的神靈崇拜，則具有互補作用。上引陰陽家性質的楚地簡帛文獻，加上《山海經》、〈天問〉，它們所體現的具體宇宙間架，補充了老、莊有關宇宙生成論的形而下部份。這些文獻中的宇宙觀念稱得上是楚人留存下來的有關宇宙思考的集大成者。正是基於這種思考，楚人才形成了一套較爲完整且頗具特色的諸神體系。

楚人體系完整的宇宙觀還深深影響了西漢以後哲人對宇宙生成的看法，像西漢・劉安等《淮南子・精神》言：「古未有天地之時，惟象無形，窈窈冥冥，芒芠漠閔，澒濛鴻洞，莫知其門。」而《淮南子・天文》云：

> 天墜未形，馮馮翼翼，洞洞灟灟，故曰太昭。道始生虛廓，虛廓生宇宙，宇宙生氣。氣有涯垠，清陽者薄靡而爲天，重濁者凝滯而爲地。清妙之合專易，重濁之凝竭難，故天先成而地後定。天地之襲精爲陰陽，陰陽之專精爲四時，四時之散精爲萬物。積陽之熱氣生火，火氣之精者爲日；積陰之寒氣爲水，水氣之精者爲月；日月之淫爲精者爲星辰，天受日月星辰，地受水潦塵埃。

東漢・王符《潛夫論・本訓》提到：

> 上古之世，太素之時，元氣窈冥，未有形兆，萬精合并，混而爲一，莫制莫御，若斯久之，翻然自化，清濁分別，變成陰陽。陰陽有休，實生兩儀，天地壹鬱（氤氳），萬物化淳，和氣生人，以統理之。

東漢・王充《論衡・自然》也說：「天地合氣，萬物自生，猶夫婦合氣，子自生矣。」〔註121〕由無形到有形，由有形到氣化宇宙萬物，這些言論和看法很明顯的都是受到老、莊以來楚人宇宙生成觀念的影響。

巫以楚爲盛，道家學說則是楚文化的特色內容。這二者在中國哲學和宗教的發展過程中都發生過深刻的影響。〔註122〕楚國的巫風出現得道升天的觀

〔註121〕漢代諸家宇宙觀之大要可參周桂鈿〈略論漢代宇宙觀種種——兼與馮憬遠、呂鴻儒二同志商榷〉，《鄭州大學學報》哲社版 1982 年 1 期、金春峰《漢代思想史》，北京：中國社會科學出版社，1997 年。

〔註122〕羅運環〈楚文化在中華文化發展過程中的地位和影響〉，「光明日報」，http://www.gmd.com.cn。

念，此種觀念又與道家學說中的至人、神人、聖人觀念結合，變成漢代以後道教神仙觀和道教法術的重要來源。「楚巫文化」中的多神崇拜、招魂習俗、飛升成仙等內容，傳說中補天的女媧、確定歲時的伏羲、中華先祖炎帝、黃帝和楚國始祖之神祝融等等，都成爲受到敬奉的神祇，世世代代受到後人的摹拜。〔註123〕「楚巫文化」不僅滲透到楚國文學藝術等諸多層面，而且深深的影響漢代以後的宗教、文化發展。

第二節　楚人宗教觀念試說

楚人事鬼敬神而近之，遇事習慣於求教鬼神，希冀而且相信能夠得到鬼神的襄助。終楚之世，楚人乞神致福、謝神求佑、察功告績的祭祀行爲風行朝野，歷久不衰，以至於《漢書·地理志下》說，楚人「信巫鬼，重淫祀」。楚人的祭祀禮俗，散發出獨具特色的南國風味和民族氣息。楚巫的地位在同個時期的各個諸侯國中罕有與其匹者。楚人祭祀的禮儀規則與中原諸夏和南方巴蜀、吳越也不完全相同；楚人的祭祀情結是既相信鬼神，又不乏自信，這與陳、宋等國唯鬼神之命是從是同中有異的。以下將先略約介紹秦漢以前的鬼神觀念，再繼而探討在這樣的一個鬼神思想背景之下，楚國所發展出來的宗教觀念，最後再說明爲何楚國發展出此般宗教觀念的原因。

一、秦漢以前的鬼神觀念

（一）三代以前的鬼神觀念

三代以前之人，其鬼神觀念，文獻難徵，但我們仍可透過考古發現來推斷史前之人的原始宗教觀念：

約 B.C. 50000～25000 年北京山頂洞舊石器時代晚期的墓地內，已可見到死者隨葬的裝飾品如骨珠、骨管等，同時在屍骨上亦撒有象徵生命力的赤鐵礦石粉末。埋葬先人附有隨葬品，並進行撒赤鐵礦石粉的舉動，魏女認爲這說明舊石器時代晚期，靈魂信仰和祖先崇拜已經出現。〔註124〕

〔註123〕熊瑛子〈帛畫與楚文化〉，《湘潭師範學院學報》社科版 28 卷 4 期，2006 年 7 月，頁 195。

〔註124〕魏女〈從考古資料看史前原始宗教的產生和初步發展〉，《東南文化》2002 年 5 期，頁 29。另外在齊家文化（B.C.2500～1500 年）墓地也發現一些石圈圈所圈成的拜祭場所。

　　約 B.C.5300～4000 年江浙良渚文化，其中瑤山地區發現祭壇遺址，裡頭排列著 12 座墓葬，出土了極為豐富的隨葬品，在總共出土的 707 件（組）隨葬品中，玉器就有 635 件（組），器型有琮、鉞、璜、冠狀飾、三叉形飾、錐形飾、牌飾、鐲、帶鉤、管狀飾等，〔註125〕其中大量精製的玉質禮器反映了良渚文化發達的原始宗教意識，「當時原始宗教已達到極盛期和至高點」。〔註126〕

　　約 B.C.4800～2900 年西安半坡仰韶文化遺址中，出現目前所知最早的人祭。〔註127〕在其一號房址的居住面下，埋有一個被砍下的人頭和一件粗陶罐。一號房址是半坡遺址中面積最大的一座長方形房子，位於居住區的中心，可能是整個氏族舉行集體活動的場所。為了使這座房子能夠得到神靈的保護而免受災害，人們在房內埋上人頭和陶罐，以表示對神靈的尊敬。〔註128〕

　　約 B.C.4300～2500 年山東和蘇北地區的大汶口文化中，十分流行死者手握獐牙的習俗，這種現象一直延續到後來的龍山文化中。墓主手握獐牙的習俗，遍及大汶口文化分佈區。李春華認為大汶口文化墓葬區會隨葬如此大量的隨葬獐牙，是因為先民們認為雄性動物獐生性迅猛剽悍，它的牙齒質地堅硬，且表面顏色溫潤玉潔，自然可以作為驅惡辟邪的瑞符，來保佑自己的靈魂。〔註129〕

　　約 B.C.4400～3300 年三峽地區大溪文化的墓葬中，普遍見有用「魚」來作隨葬品的現象。楊華認為這表示當時捕魚在三峽地區原始居民的生活中應佔有一定的位置。這種特殊的葬魚習俗說明：即使是死者到陰間去了仍可以繼續食魚。這種葬魚的習俗說明了三峽地區的遠古先民們早在新石器時代中期就有崇拜「魚」的宗教意識。〔註130〕

　　約 B.C.3500 年紅山文化，其中遼寧牛河梁遺址發現女神廟基址，同時還出土了 5 到 6 個女性神像個體，這一類的神像在喀左東山嘴也有出土。上述神像

〔註125〕浙江省文物考古研究所〈餘杭瑤山良渚文化祭壇遺址發掘簡報〉，《文物》1988
　　　　年 1 期。此外，龍山、齊家、紅山文化等都發現有祭壇
〔註126〕楊伯達〈巫——玉——神泛論〉，《中原文物》2005 年 4 期，頁 69。
〔註127〕中國社會科學院考古研究所、西安半坡博物館《西安半坡——原始氏族公社
　　　　聚落遺址》，北京：文物出版社，1963 年。
〔註128〕魏女〈從考古資料看中國史前原始宗教向階級宗教的轉變〉，《西北大學學報》
　　　　哲社版 32 卷 4 期，2002 年 10 月，頁 172。
〔註129〕李春華〈大汶口文化時期的宗教習俗〉，《華夏文化》2006 年 2 期，頁 24。
〔註130〕楊華〈三峽新石器時代埋葬習俗考古與同時期人類社會發展社會〉，《四川三
　　　　峽學院學報》1999 年 2 期，頁 17。

與祖先崇拜可能有關，但它遠遠超出了氏族祭祀的範圍，可能是部落對始祖母——女祖先的崇拜。〔註131〕紅山文化還出土過紋身的陶人像，紋身是爲了使肌體有避邪功能。當時人對死亡也有一系列避邪巫術，如對凶死者採取俯身葬、割肢葬等，即以變動屍體形狀使凶死者的靈魂不再重返家園。〔註132〕

　　約 B.C.2600～2000 年河南龍山文化出土有玉琮。在龍山文化中也發現較多奠基儀式，如安陽後崗、邯鄲澗溝、湯陰白營等遺址的一些房址內或者周圍都發現有奠基坑。後崗遺址的 15 座房址中共有 28 座奠基坑，除一個動物坑外，其他全埋的是兒童。〔註133〕有奠基坑的房子規模都比較大，而且也比較講究。這時期的奠基儀式是建立在某一種社會不平等階級上的自然崇拜。〔註134〕

　　按：山頂洞舊石器時代的先民已有初步的靈魂觀念、祖先崇拜，新石器時代則發展出崇拜祖先和自然神的祭祀與奠基儀式。此時萬物有靈觀念〔註135〕應該已經很成熟。「萬物有靈形成多神崇拜，使人們的祭祀對象繁多。」〔註136〕爲了驅吉避凶，原始巫術和禁忌思想也開始萌芽。

（二）夏至西周的鬼神觀念

　　至遲在氏族公社階段，中原地區已出現了「民神雜揉，不可方物，夫人

〔註131〕遼寧省考古文物研究所〈遼寧牛河梁紅山文化「女神廟」與積石塚群發掘簡報〉，《文物》1986 年 8 期。

〔註132〕宋兆麟《巫覡——人與鬼神之間》（北京：學苑出版社，2001 年 12 月），頁1～22。

〔註133〕中國社會科學院考古研究所安陽工作隊〈1979 年安陽後崗遺址發掘報告〉，《考古學報》1985 年 1 期。

〔註134〕另外，王磊〈試論龍山文化時代的人殉和人祭〉（《東南文化》1999 年 4 期，頁 27）研究龍山文化的陪葬規格時指出：「私有觀念的確立，經濟上的不平等必然導致社會分層的加劇，這可以從殉葬人的不同地位得以表現。」

〔註135〕根據民俗學的調查（C.A.托卡列夫等編《澳大利亞和大洋洲各族人民》上冊，上海：三聯書店，1980 年），萬物有靈的觀念出現在舊石器時代晚期，自然神觀念則出現在新石器時代。艾斯翠〈西部苗族的創世記與《聖經》、〈創世記〉之比較〉，（臺北：政治大學民族系 94 學年第 2 學期博碩士班論文部份章節暨大綱發表會，2006 年 5 月 6 日）也說：「新石器時代的其他考古資料也已經證明遠古祖先有成熟的萬物有靈信仰。」但在萬物有靈觀念出現前，還有一個「前萬物有靈」階段——當時人們認爲有一股能滲透萬物的本原，能賦予萬物靈性，這個階段比將萬物人格化的「萬物有靈」階段還早。詳袁珂〈前萬物有靈論時期的神話〉，《袁珂神話論集》（成都：四川大學出版社，1996 年 9 月），頁 86～88 的說明。

〔註136〕陳景源〈傯人的原始宗教〉，《中央民族大學學報》1994 年 4 期，頁 45。

作享，家爲巫史」(《國語・楚語下》)的原始巫風。夏代中原地區的巫風更日
益盛行，夏啓就曾經親自主持過大規模的祭祀活動：「上三嬪於天，得〈九辨〉
與〈九歌〉以下」(《山海經・大荒西經》)，以至「萬舞翼翼，章聞於天。」(《墨
子・非樂上》)逐夏而立的殷人，在信巫重祀方面，比起夏人有過之而無不及，
「殷人尊神，率民以事神，先鬼而後禮。」(《禮記・表記》)這也可以從出土
殷商甲骨文字大半是求神貞問的卜辭中看出端倪。

　　孔子曾論及夏、商、周三代對於鬼神的不同態度，謂：

　　　　夏道尊命，事鬼敬神而遠之，近人而忠焉。……殷人尊神，率民以

　　　　事神，先鬼而後禮，先罰而後賞，尊而不親。……周人尊禮尚施，

　　　　事鬼敬神而遠之，近人而忠焉。(《禮記・表記》)

夏朝尊命，據《尚書・召誥》：「有夏服天命」田兆元指出，這是因爲夏代統治
者利用天命神權來論證王權合理性。〔註137〕殷代的情況是「先鬼而後禮」，從
殷墟考古發掘和甲骨卜辭所載商代祖先崇拜的情況看來，這個說法是可信的。

　　周朝代商而立之後，鑒於商王愚昧迷信天命，以致絕祀亡國的教訓，加
上當時農業文明的高度發展，人類的力量已可以克服天所降下的災饉，這直
接動搖了當時巫教的迷信基礎（人之存亡取決於天）。於是周朝統治者乃一變
殷人「先鬼而後禮」的慣例，易之以一整套旨在「尊禮尚施，事鬼神而遠之，
近人而忠焉」(《禮記・表記》)的禮樂制度。這套制度將迷信收納入禮樂當中，
在一定程度上抑制了巫風的蔓延。

　　西周後期，周禮的廢弛進一步加劇了神文政治的危機。〔註138〕朱天順指
出，由於人們對於自然界和社會的知識有很大的進步，加上社會上出現了許多
新的、迷信所不能解釋或解決問題，這必然影響到宗教迷信的發展。例如，隨
著人們知識的進步，原來構成迷信的簡單神秘說教便受到嚴峻的挑戰，如果不
能提出更讓人相信的說教，原始宗教就不再那麼迷人。〔註139〕隨著人們知識的

〔註137〕田兆元〈中國先秦鬼神崇拜的演進大勢〉，《華東師範大學學報》哲社版1993
　　　　年5期，頁19。

〔註138〕張榮民《殷周政治與宗教關係研究》（天津：南開大學博士論文，1995 年 4
　　　　月），頁55～56。

〔註139〕朱天順《中國古代宗教初探》（臺北：谷風出版社，1986 年 10 月），頁288。
　　　　朱天順又云：「東周……有些學者，實際上是搬演了宗教家的角色。爲了維護
　　　　當時的統治制度，他們把社會制度的種種規定都說成『本於天』，『本於鬼神
　　　　之所欲』。他們從鬼神迷信中引伸出禮樂制度，使禮樂制度具有神聖不可改變
　　　　的性質，以利其推行。《禮記・禮運》裡，就有一段以孔子名義出現的這類說

進步的同時，反對宗教迷信的無神論和鄙視巫覡的情況慢慢出現。《左傳・昭公廿年》曾記齊侯患病，大臣以爲齊國對神靈獻祭一向豐厚，國君卻得病，應是祝史之過，故主張殺祝史。齊侯本來贊成，後來爲晏子所阻。〔註140〕古代祝史地位本來很高，是君主統治時特別依賴的重要官員。但在《左傳・昭公廿年》的記載中，君王可以隨意誅祝史以謝鬼神，可見當時祝史地位可能已經低落到朝不保夕的地步。西周慢慢衰微的鬼神勢力，在東周發生質變與量變。

（三）春秋時期的鬼神觀念

晁福林曾撰寫過二篇以春秋、戰國時人鬼神觀念爲題的文章，〔註141〕可惜文章系統性並不強。以下將以晁文所收集的文獻資料爲基礎，並結合其他既有的研究成果，系統整理春秋戰國時期的迷信背景及當時人們對待鬼神的態度。

1. 春秋時期的「鬼神」涵義

封建制度的解體、各諸侯國力量的增強、生產方式改變、教育普及、經濟活動暢旺、國際交通便利，種種的原因使春秋時期社會的結構發生重大變化，因此這個時期的信仰和神靈崇拜也與之前略有不同。春秋時人迷信鬼神的情況繼承前代而來，但有所變質，這種變化影響當時的社會。

春秋文獻常將鬼神兩字連用，這說明在當時人們心裡是認爲鬼神兩字的意義可能存在內部的聯繫。「鬼神」連用在當時泛指：

第一、祖先神：如魯昭公七年，楚使臣強逼魯君前往楚國祝賀章華台落成。楚臣謂魯君若往楚，則楚國的「先君鬼神實嘉賴之」（《左傳・昭公七年》）。所謂「先君鬼神」，實即楚王祖先神靈。

第二、山川鬼神：如魯定公元年，宋國使臣仲幾與晉爭執出力服役爲成周築城之事，提出以前的盟約可證，晉使臣推託，仲幾謂「縱子忘之，山川鬼神其忘諸。」（《左傳・定公元年》）「山川，所以濱鬼神也」（《禮記・禮運》），

教。『孔子曰：「夫禮，先王以承天之道，以治人之情，故失之者死，得之者生。」是故夫禮，必本於天，殽（效）於地，列於鬼神，達於喪祭射御昏（婚）朝聘，故聖人以禮示之。故天下國家可得而正也。』」

〔註140〕 此事亦見《上海博物館藏戰國楚竹書（六）・競公瘧》。〈競公瘧〉記競公（齊景公）病甚，寵臣割、黎爲了推卸責任，把矛頭直指祝、史，並求援於高子、國子、晏子，呼籲殺祝、史。詳濮茅左《〈上海博物館藏戰國楚竹書（六）〉將出版》，「簡帛研究網」，http://www.jianbo.org/，2007/4/7。

〔註141〕 晁福林〈春秋時期的鬼神觀念及其社會影響〉，《歷史研究》1995年5期；晁福林〈戰國時期的鬼神觀念及其社會影響〉，《中國史研究》1998年2期。

意指祭祀山川就是爲了敬重鬼神。由此可知當時有謂山川之靈即鬼神者。

第三、天神地神：如《禮記・中庸》即謂「質諸鬼神而無疑，知天也」，《禮記・哀公問》亦謂「郊社之義，所以仁鬼神也」，郊社爲祭天祭地之禮，以鬼神統稱之，可見鬼神指天神和地神。

儘管春秋時期，「鬼神」一詞所包括的範圍比較寬泛，但晁福林認爲，在春秋時期，比例上來看，「鬼」、「神」連用，大多指的還是祖先神靈，或者說是以祖先神靈爲主。〔註142〕由於鬼神概念在春秋時期所具有「祖先神靈」的特定含義，因此當時人們相信「神不歆非類，民不祀非族」（《左傳・僖公十年》），人們只能祭祀本族的祖先，祖先神也只保佑本族人（《論語・爲政》），這表現出中國宗教重視血緣觀念的傾向，重視祖先神，甚至將祖先神和天神合而爲一。這樣，對於統治者來說，敬重和祭祀鬼神，不僅可以作爲感情的寄託，也是作爲鞏固自己政治地位的重要手段。

不過，春秋時期「鬼」、「神」雖然常常連用以指「祖先神靈」，但是在某些情況下，兩者還是存在著一定差別。鬼與神的差別，大而言之，鬼多指先祖，神則多指天神，亦包括山川神靈在內。另外，與神的地位相比，則是神高而鬼稍低。就品格看，神只是主持公道、賞善罰惡的正義的化身，但鬼則有好有壞，有良善之鬼，亦有惡厲之鬼。

（1）春秋時期的鬼

春秋時期的鬼大致分爲兩類，即人死後所變成的鬼和自然之鬼。人死之鬼依其是否有後嗣香火分爲先祖與厲鬼二種；〔註143〕自然之鬼即精靈物魅之流。

a. 先　祖

春秋時人習用「鬼」指先祖。如魯文公二年，魯國祫祭先祖的時候，宗伯夏父弗忌將僖公的次序移至閔公之前，謂：「吾見新鬼大，故鬼小。先大後小，順也；躋聖賢，明也。」（《左傳・文公二年》）所謂「新鬼」，即新死之鬼，指魯僖公；「故鬼」，即死了以後很久的鬼，指魯閔公。

b. 厲　鬼

春秋時人稱惡鬼爲「厲鬼」，或逕稱爲「厲」。如魯昭公七年，晉平公有病，適逢鄭國子產聘晉，晉執政大臣韓宣子問子產說：「今夢黃熊入於寢門，

〔註142〕晁福林〈春秋時期的鬼神觀念及其社會影響〉，《歷史研究》1995年5期。
〔註143〕此處「先祖」泛指祖先而言，非本論文第肆章第二節稱呼楚人三種祖先──「先祖（楚先）」、「先公」、「先王」──中之一。

其何厲鬼也？」（《左傳・昭公七年》）認爲是黃熊入夢即是「厲鬼」爲祟的徵兆。子產曾說：「匹夫匹婦強死，其魂魄猶能馮依於人，以爲淫厲。」（《左傳・昭公七年》）蓋當時已經有了橫死者變爲厲鬼的觀念。

c. 精靈物魅

物魅指某些動植物以及一部份山川的精靈。魯宣公三年，楚莊王間鼎中原的時候，周大夫王孫滿告訴他夏鑄九鼎的情況，謂：「鑄鼎象物，百物而爲之備，使民知神奸，故民入川澤、山林，不逢不若，螭魅罔兩，莫能逢之。」（《左傳・宣公三年》）春秋時人謂舜的時代曾將四凶族流放到蠻荒之地，「以禦螭魅」（《左傳・文公十八年》），意指若螭魅害人，則首先以四凶族當其災。「螭魅罔兩」的存在，早在虞夏之前，春秋時人依然厭懼之。

（2）春秋時期的神

春秋時期「神」的範圍很廣，以下分成天神、自然神和人神三類進行說明：

a. 天　神

魯昭公十八年，宋、衛、陳、鄭四國發生火災。火災發生前，有人對子產預言說某日有災，子產即謂「天者神，子惡知之」（《穀梁傳・昭公十八年》），認爲發生災難與否是天神的意志，人豈能掌握神意。

b. 自然神

魯昭公元年，晉平公有病，卜人說是實沈、台駘爲祟。晉臣叔向便詢問聘晉的子產「敢問此何神也」，子產指出，「實沈，參神也」，是主管參星之神；「台駘，汾神也」，是主管汾水之神。子產還指出，「山川之神，則水旱癘疫之災，於是乎禜之；日月星辰之神，則雪霜風雨之不時，於是乎禜之。」（《左傳・昭公元年》）此外，和人們日常生活密切相關的某些物品也被視爲神。像本論文所討論的「門神」「戶神」即是。

c. 人　神

有些遠古時代的人物，或有英雄事蹟、或具著名品行、或居高貴的政治地位，這些人在死後都有可能被後人神格化。按照子產的說法，夏族的首領鯀因治水失敗被堯所殺，「其神化爲黃熊，以入於羽淵，實爲夏郊，三代祀之。」（《左傳・昭公七年》）

2. 當時一般人對鬼神的認識

（1）鬼神重人之德

按照春秋時人的觀點，鬼神既是人的保護者，又需要人的事奉。鬼神對於人的事奉，固然看人所貢獻的祭品是否豐盛，但祂們更看重人的虔誠之心。《左傳・成公十六年》記楚國的申叔提醒君主應當注意德、刑、詳、義、禮、信六事，如果做得好，則「神降之福」。

（2）鬼神重人之禮

《上海博物館藏戰國楚竹書（四）》收有一篇〈簡大王泊旱〉，記春秋時楚國簡王事。簡王因旱致燥症，卜得作祟對象後希望釐尹速祭，但釐尹不肯：「楚邦有常故，爲楚邦之鬼神主，不敢以君王之身，變亂鬼神之常，故夫上帝鬼神高明，爲敢殺祭？以君王之身殺祭，未嘗有。」〔註144〕太宰以爲天降大旱是對國君的處罰，希望簡王不要堅持速祭，好好遵守禮制，如此上帝鬼神才會降福。〔註145〕涉及鬼神之祀，一定要守禮，這是當時普遍的看法。〔註146〕

（3）鬼神監人之盟誓

春秋時人之所以要會盟，一是因爲不協而盟，二是因爲同仇或同聲而盟。誓與盟的差別在於：誓是一種單向交往，由一方向另一方傳遞資訊，而盟是雙向或者多向交往，結盟的各方互爲資訊的傳遞者和接受者；誓的儀式較盟簡單。〔註147〕

會盟時，與盟者要在鬼神之前保證遵守盟約。譬如魯襄公十一年，晉國召集 12 個諸侯國進行盟誓的盟約可以作爲一個典型。〔註148〕盟約的內容提到

〔註144〕關於〈東大王泊旱〉簡文的討論，可參張繼凌《《上海博物館藏戰國楚竹書（四）・昭王毀室　昭王與龔之脽　東大王泊旱》研究》，臺北：臺灣師範大學國文系碩士論文，2007 年 6 月。

〔註145〕陳雋〈試論《左傳》鬼神觀〉，《玉溪師專學報》社科版 12 卷 1 期，1996 年，頁 62 提到，貴族們必恭必敬地對待宗教儀式，如果態度輕乎或不按照既定的程序進行，就會被指責爲「非禮」，甚至被斷言會有災難。

〔註146〕郗濬智〈從「敬天保民」到「重人輕鬼」—— 東周鬼神思想研究〉，《南開學報》4 卷 4 期，2008 年。

〔註147〕陳筱芳《春秋宗教習俗》（成都：四川大學博士論文，2004 年 3 月），頁 145、149。

〔註148〕田兆元〈試論春秋時期鬼神祭祀規則的變化及其原因〉（「海上風民族民間文化論壇」，http://www.blogcn.com/user43/windfromsea/blog/35448448.html，2006 年 6 月 11 日）提到春秋時期的鬼神祭祀，在部份沿襲了夏商周三代所奠定的祭祀規則的基礎上，還發生了一些以重新分配群體利益爲最終目的變化。祭祀的範圍和等級已經超越了三代形成的傳統規則。爲了獲得盡可能多的利益，不同的群體還採用了在群神面前結盟的方式，完全突破了「祭不越望」和「神不歆非類，民不祀非族」的基本規則。

對於違者可以採取誅殺處置，並敗亡其國（《左傳・襄公十一年》），神的權威於此可見。

（4）鬼神獎人之善、罰人之惡

《上海博物館藏戰國楚竹書（六）・景公瘧》記春秋時齊景公事，簡 9 有「……明德觀行。物而祟者也，非爲美玉肴牲也。」是說鬼神作祟，不是爲了索取祭品，而是在顯示上天的譴戒。〔註 149〕鬼神的這種態度，就表明它是公正而無私的，不會因爲有祭品的賄賂就喪失原則。

鬼神既然公正無私，那麼它就會獎善罰惡。《左傳・隱公十一年》記鄭莊公滅許國，其宣稱的理由便是「天禍許國，鬼神實不逞於許君。」但當時並不是所有的鬼神都會執行正義，陳騫就指出，像齊晉鞍之戰，晉大夫韓厥夢見其父子輿告誡自己「且辟左右」，韓厥聽勸而在第二天的戰鬥中免於陣亡（《左傳・成公二年》）。這表明祖先鬼自私的充當後代的「顧問」，用種種手段護佑子孫。〔註 150〕

3. 春秋諸子對鬼神的態度

春秋時人迷信鬼神的情況係繼承前朝而來，但當時的知識份子，對鬼神的態度已經出現不同的聲音。以下將逐一探究春秋諸子對鬼神的看法，增進對春秋時人鬼神觀念的完整認識。

（1）道　家

《老子》中唯一提到鬼神的篇章見《老子・六十章》：「治大國，若烹小鮮，以道蒞天下，其鬼不神。非其鬼不神，其神不傷人。非其神不傷人，聖人亦不傷人。夫兩不相傷，故德交歸焉。」用「道」治理天下，鬼神起不了作用，不僅鬼不起作用，而是鬼怪的作用傷不了人。不但鬼的作用傷害不了人，聖人有道也不會傷害人。這樣，鬼神和有道的聖人都不傷害人，所以，就可以讓人民享受到德的恩澤。

根據此章的思想可以推知，老子眼中的鬼和神都是會作祟的、都是人的災禍來源。相較於儒、墨用祭祀和尊敬來對待鬼神（詳下），老子相信只要人的行爲合於道，就可以避禍於鬼神。其中道理其實很簡單，因爲鬼神亦是由

〔註 149〕陳偉〈《景公瘧》9 號簡中的「物」應指鬼神〉，「武漢大學簡帛研究中心」，http://www.bsm.org.cn，2007/7/30。

〔註 150〕陳騫〈試論《左傳》鬼神觀〉，《玉溪師專學報》社科版 12 卷 1 期，1996 年，頁 64。

宇宙本源所生的萬物之一，人知「道」，亦能知鬼神，知則不懼，不懼則不受其傷。所以人若能合「道」，便可以遠鬼神、避災禍。

（2）儒　家

或許有人引《論語》中的「子不語：『怪、力、亂、神』」、「敬鬼神而遠之」和「夫子之言性與天道，不可得而聞也」來主張孔子否定天命、鬼神，但「子不語怪力亂神」應該只是弟子對孔子言行的一種追求，從中並不能得出孔子否定鬼神的必然結論，郗文倩就指出《論語》中還出現有其他相類似的句式：「子罕言利與命與仁」（《論語・子罕》），從此句並不能推斷孔子對利、命、仁採取和對鬼神一樣的否定態度。〔註151〕相反的，孔子常談及「命」、「鬼神」等怪異之事，諸葛憶兵指出從《論語》裡的：

> 伯牛有疾。子問之，自牖執其手，曰：「亡之。命矣乎！斯人也，而有斯疾也！斯人也，而有斯疾也！」（《論語・雍也》）
>
> （儀封人）出曰：「二三子何患於喪乎？天下之無道也，久矣！天將以夫子爲木鐸。」（《論語・八佾》）
>
> 子曰：「禹，吾無間然矣！菲飲食，而致孝乎鬼神……禹，吾無間然矣！」（《論語・泰伯》）

和《國語》裡的：

> 季桓子穿井，獲如土缶，其中有羊焉。使問之仲尼曰：「吾穿井而獲狗，何也？」時曰：「以丘之所聞，羊也。」丘聞之：「木石之怪曰夔、蝄蜽，水之怪曰龍、罔象，土之怪曰羵羊。」（《國語・晉語下》）

都可以看出，孔子只是在心理上疏遠鬼神，鬼神崇拜涉及祖先，與孔子再三強調的「孝」直接相關，所以孔子對鬼神的態度是極其莊重的，〔註152〕推行孝道的時候，他肯定神的存在（《論語・先進》）。〔註153〕儒家以「人」爲主，所究明的是人倫的關係、國家的興亡。〔註154〕孔子比較重視現實人生，相形

〔註151〕郗文倩〈由春秋鬼神概念看孔子的鬼神觀〉，《承德民族師專學報》25卷3期，2005年8月，頁55。

〔註152〕諸葛憶兵〈畏天命、敬鬼神——論孔子的「天命」觀和鬼神觀〉，《雲南社會科學》1995年1期。

〔註153〕周人祭祀祖先的習俗行爲，除了基於恐懼祖先降禍外，他們也把祖先祭祀融入政教之中，並表現出相當濃厚的追慕孝敬的感情。詳章景明《周代祖先祭祀制度》（臺北：臺灣師範大學國文系博士論文，1973年5月），頁6。

〔註154〕蕭登福《先秦兩漢冥界及神仙思想探原》（臺北：文史哲出版社，1990年8

之下，鬼神之事對他來說就較不重要。

（3）墨　家

墨子是先秦諸子中，少數在其言論裡大倡鬼神觀念的人。「鬼神之明，不可爲幽間廣澤，山林深谷，鬼神之明必知之。鬼神之罰，不可爲富貴眾強，勇力強武，堅甲利兵，鬼神之罰必勝之。」（《墨子・明鬼》）墨子之所以力辨鬼神之存在，是因爲墨子將鬼神作爲下層民眾和弱小無助者的依靠及正義的化身。

《墨子》有關鬼神的言論，集中在《墨子・明鬼》。〈明鬼〉篇將鬼分爲三類：「天鬼」，「山水鬼」和「人死而爲鬼」，其實他在這裡所說的「天鬼」實即天神，與一般的「鬼」並不同。《墨子》書中有關天、鬼神的言論很多，鬼和神二者表面上混淆不清、沒有明顯的區別，但鬼神和天的含義並不完全相同。天的含義在墨家的眼中，有時指上帝，有時與一般的鬼神意義相同，但相較而言，天的神鬼的涵義少些。不過在文中鬼神的權力，有時也近似於天，所以《墨子》書中往往是天、鬼神並用。

墨子不但尊天以倡天志，而且還明確肯定鬼神存在的眞實性，從而把天和鬼神緊密結合在一起，「共同組成一個尺度、標準設定和監督現實世界的系統。」〔註155〕饒龍隼曾用圖示來表示這個系統：〔註156〕

人（天子、聖人）並非命定，人之行爲以天之意志爲標準。行善則天命上帝鬼神佑助，爲惡則天命上帝鬼神降懲。

按：綜上可知，老子著眼於大道，鬼神是大道的一部份，若能知道，則可知鬼神，是以鬼神可敬但並不可畏；孔子著眼於仁義，雖然心理上迴避鬼神，但在推動倫理孝道上也不由得尊崇鬼神；墨子著眼於人民之大利，而鬼神正是迫使統治階級重視民利、規範人們遵守大義的天志執行者。

月），頁3。

〔註155〕劉成榮、田小中〈墨家的天鬼神觀念淺析〉，《渝西學院學報》21卷2期，2002年6月。

〔註156〕饒龍隼〈先秦諸子神怪思想述略〉，《重慶教育學院學報》15卷1期，2002年1月，頁20。

（四）戰國時期的鬼神觀念

隨著民眾社會的地位的提高，春秋時人的觀念裡，鬼神、人的位置關係開始發生微妙的變化，開始出現「夫民，神之主也。是以聖王先成民而後致力於神」（《左傳·桓公六年》）、「國將興，聽於民；將亡，聽於神。神，聰明正直而一者也，依人而行」（《左傳·莊公卅二年》）、「民，神之主也」（《左傳·僖公十九年》）這類把人民放在主導的地位，神則處於從屬地位的言論。人們對於鬼神與人之間的關係，開始堅持：把民眾擺在重要位置，以「聖王先成民而後致力於神」為理由，勸說統治者注重民事；把鬼神塑造成「聰明正直而一者」的形象，告訴統治者，不能欺騙鬼神；盡力宣揚鬼神的高尚品德，指出鬼神重德不重物。

戰國時期，社會結構和社會思想發生巨大變革，社會上的鬼神觀念也出現了前所未有的局面。如果說春秋時期較多地保留了西周以前的宗教信仰的話，那麼，戰國時人對鬼神的態度則充斥著較多理智的成分。

1. 戰國時期的「鬼神」涵義

（1）戰國時期的神

和春秋以前一樣，神在戰國代依然是各個階層的人們所崇敬、祈求的對象，可是戰國時期的鬼已經具有了較多的時代特色。神的種類在戰國時期十分複雜，大致有自然神、祖先神、庶物神等幾類。於其上還有最至高無上的「帝」。其他神靈在戰國時期的神職和春秋時期相去不遠，但「帝」的地位被不斷突顯，是此時期最值得注意的事。

雖然戰國時人有「莫神於天」（《莊子·天道》）的說法。然而他們卻更多地注目於「帝」。天國的神靈在戰國時期有系統化的趨勢。過去的「帝」若「上帝」，其隨從和輔佐並不多，但是在戰國時期，「帝」居於天國核心和領導地位，其下已經組成了龐大的神靈集團來輔佐祂。「帝」變成所有神靈的領導者、總代表。

春秋時期，上帝還只是天庭的重要成員，還不足以成為天庭的代表（《墨子·天志上》）。然而，到了戰國時期，人們則常常強調帝的神威，不再把天擺在壓倒一切的地位。帝與天的關係，在戰國時期已經有了比較明確的觀念，即帝為天庭的主宰。楚帛書謂：「帝曰：『繇，敬之哉！毋弗或敬。惟天作福，神則格之；惟天作妖，神則惠之。欽敬惟備，天象是則，成惟天□，下民之戒，敬之毋忒！』」這些是帝告誡下民的言辭，讓下民敬奉神靈，不要有不敬

重者。帛書裡的「帝」具有居高臨下以告誡下民的形象。

另外《上海博物館藏戰國楚竹書（五）》中的〈三德〉簡 8～9 記有：「宮室過度，皇天之所惡，雖成弗居。衣服過制，失於美，是謂違章，上帝弗諒。鬼神禋祀，上帝乃怡，邦家保，乃無凶災。」裡頭也提到上位者若沈迷於物質享受，上帝不會原諒他，但若捨棄浮華，虔誠信仰並祭祀鬼神，上帝高興之餘會保佑國家沒有災禍。

（2）戰國時期的鬼

戰國時期的人們以爲鬼是作祟的源頭，這從卜筮類楚簡裡頭被攻解的對象很多是厲鬼——不辜、不壯死、兵死、害、水上、溺人等——可以看得出來（詳本論文第肆章第二節「人神人鬼信仰研究」）。

戰國時人也認爲鬼和人一樣有許多方面的需求。睡虎地秦簡《日書·詰咎》謂「鬼恒裸入人宮，是幼殤死不葬」，〔註157〕這種鬼裸體而入於人的居室鬧事，可能是要衣服穿。還有的鬼到居室裡面喊叫「餽我食」，這當是「餓鬼」在索討食物的。鬼還會「藉其宮」，霸佔人的住所，這當是遊鬼無處可依，想要要住處。鬼「恒召人出宮，是遴鬼無所居」，這也是鬼在尋找住處。鬼還常常「從人遊」，「從男女」，這反應出鬼和人一樣，有友情及社交的需求。「人妻妾若朋友死，其鬼歸」，說明鬼不忘舊情。鬼夜人居室，「執丈夫，戲女子」，這可能是鬼如生前一樣，對於性生活仍有需要。鬼夜間敲門，「以歌若哭」，這種鬼很有表演欲，但歌藝卻不太行。鬼「恒攘人之畜」，這是鬼搶人的牲畜，可見其仍保留生前強佔人財的惡劣行徑。「人行而鬼當道以立」，這種鬼與窮徑的強盜也沒有多少區別。總的來說，在戰國時人看來，鬼也有衣食住行之事，也有七情六欲、常與生人搗蛋——戰國時人開始以自己對於現實生活的理解來投射出鬼的世界和鬼的形象——戰國時人對鬼的印象普遍是不好的。

2. 當時一般人對鬼神的認識

（1）帝是諸天神的中心、最高者

早在殷商，即有帝崇拜的出現。帝支配自然界，可爲害人間也能降福人間。商代的帝不止一個，東西南北中各有一帝，而以中央帝的地位最高。〔註

〔註157〕見睡虎地秦墓竹簡整理小組編《睡虎地秦墓竹簡》，北京：文物出版社，1978年 11 月，下不另注。

〔註158〕趙誠《甲骨文與商代文化》（瀋陽：遼寧人民出版社，2000 年 1 月），頁 42～45。

158）《呂氏春秋・仲秋紀》提到仲秋之月祭祀的情況謂「是月也，乃命宰祝，巡行犧牲：視全具；案芻豢；瞻肥瘠，察物色，必比類；量小大，視長短，皆中度。五者備當，上帝其享。」可見戰國時人對於帝的祭祀是相當重視的。帝，在戰國時期又稱爲「皇天上帝」，受到最隆重的祭祀，戰國中期〈詛楚文〉指責楚王「不畏皇天上帝及大沈久湫之光烈威神」，並謂秦國自己「應受皇天上帝及大沈久湫之幾靈德賜。」〔註159〕可見「皇天上帝」乃是秦人心目中地位最高的神靈。〔註160〕《呂氏春秋・季夏紀》載季夏之月，「是月也，令四監大夫合百縣之秩芻，以養犧牲，令民無不咸出其力，以供皇天上帝、名山大川、四方之神。」《呂氏春秋・季冬紀》載季冬之月「乃命太史，次諸侯之列，賦之犧牲，以供皇天上帝、社稷之享，……凡在天下九州之民者，無不咸獻其力，以供皇天上帝社稷寢廟山林名川之祀。」所謂「皇天上帝」，即天廷的上帝，其稱所強調的是「上帝」而不是「天」。〔註161〕

除了最至高無上的上帝之外，由神話人物化身而成的人帝，在天廷裡，也能和上帝平起平坐，接受人民高規格的祭祀與尊崇。戰國前期，「秦靈公作吳陽上畤祭黃帝，作下畤祭炎帝。」（《史記・封禪書》）黃帝、炎帝原是神話時期的英雄人物，後來被神化成帝而受人祭祀；秦獻公的時候，「自以爲得金瑞，故作畦畤櫟陽而祀白帝」（《史記・封禪書》）；秦人作畤有六，其中三個祭白帝，是爲秦人最爲重視之帝，西方白帝爲少昊。剩下三個分別祭祀青帝、黃帝和炎帝。青帝亦見望山楚簡〔註162〕，《楚辭・離騷》「春宮」，王逸《章句》：「東方青帝舍。」青帝即太昊，亦原是神話時代的賢君，其他二帝分別爲：中央黃帝軒轅，南方赤帝炎帝。〔註163〕

<hr>

〔註159〕秦王詛楚之事，史書未見，詛文所述，史書亦厥如，故疑其爲僞者代有其人。但陳昭容師從〈詛楚文〉出土情況、時代背景、字體、秦系文字的演變與所使用的詞語等方面考證，認爲〈詛楚文〉非僞，當係戰國中晚期的作品。陳文論證周詳確實可參，詳氏著《秦系文字研究——從漢字史的度考察》（臺北：中央研究院歷史語言研究所，2003年），頁213～246。

〔註160〕戰國時期各諸侯國君主雖然有僭禮而郊祭「天」之事，但卻爲偶見者，並不爲常例。

〔註161〕商代到周代「上帝」、「天」的地位及内涵的變化，可參朱鳳瀚〈商周時期的天神崇拜〉，《中國社會科學》1993年4期。

〔註162〕袁國華師〈江陵望山楚簡「青帝」考釋〉，《華學》5輯，2001年12月，頁140～142。

〔註163〕上述四帝加上北方玄帝顓頊爲五帝。後世五帝神祇與傳說英雄人物脫鉤而有自己的形象和名字。《周禮・天官・大宰》「祀五帝」，唐・賈公彥疏：「五帝

（2）人可以驅避作惡的鬼魅

戰國時期鬼魅的地位和春秋時期相比，可以說是一落千丈。從專講驅鬼、避鬼之術的睡虎地秦簡《日書・詰咎》中可以看到，戰國時人驅鬼的器具有多種質地和樣式。首先，桃木、牡棘所製的弓、矢、杖、槌、刀等物有很大的驅鬼威力；〔註 164〕其次，用土做成的小人、小犬可以避鬼；第三，桑木、桐木有避鬼的作用。桑木做成的棍杖，可以用於專門對付那種迷惑人的鬼；第四，人的日常用具和樂器，如鞋、箆子、衣服、鼓、傘、鞭子等，可以用來驅鬼；第五，豕屎、犬屎、臭泔水可以驅鬼；〔註 165〕第六，灰〔註 166〕、沙、黃土、白茅草、蘆葦、米糠、白石、水等可以驅鬼。除了採用各種器具以外，人的活動也可以直接驅鬼，例如上述「揚灰擊箕以譟之」來驅除「丘鬼」就很典型。王子今研究雲夢秦簡《日書》的記載後，發現因爲鬼厭惡窆臥，所以秦人墓葬盛行屈肢葬。〔註 167〕這也是一種驅鬼、避鬼之術。

3. 戰國諸子對鬼神的態度

戰國諸子雖有著不同的政治主張和人生理想，但也有一些共同的趨向，這就是愈來愈忽略或輕視鬼神，而具有較重的人本思想色彩。因此，諸子對鬼神迷信之事或者給與人本思想的解釋，或者直接予以否定。以下將逐一探究戰國諸子對鬼神的看法，希望增進對當時鬼神觀念的進一步認識。

（1）道　家

在莊子的眼裡，鬼神往往服從於某種規律的支配。《莊子・天地》說：「古之畜天下者，無欲而天下足，無爲而萬物化，淵靜而百姓定，《記》曰：『通於一而萬事畢，無心得而鬼神服。』」〔註 168〕他所謂的「一」，就是「道」。莊子認爲君主應當無爲、無欲、淵靜，只有融會貫通了「道」，那麼萬物就會自然成長，心中空無一物就使鬼神服從。

者，東方青帝靈威仰，南方赤帝赤熛怒，中央黃帝含樞紐，西方白帝白招拒，北方黑帝汁光紀。」
〔註 164〕《左傳・昭公四年》載魯國申豐論藏冰之事謂：「其藏之也，黑牡、秬黍以享司寒；其出之也，桃弧棘矢，以除其災。」春秋時用以除災，戰國時用以驅鬼。
〔註 165〕《韓非子・內儲說下》有與之相關的記載。
〔註 166〕根據劉樂賢〈睡處地秦簡日書〈詰咎篇〉研究〉（《考古學報》1993 年 4 期）的說法，灰可能是桃木之灰。
〔註 167〕王子今〈秦人屈肢葬仿象「窆臥」說〉，《考古》1987 年 12 期。
〔註 168〕這裡所引的《記》，《經典釋文》謂「書名也，云老子所作。」

說到鬼，《莊子・寓言》謂：「有以相應也，若之何其無鬼邪？無以相應也，若之何其有鬼邪？」和道相比，鬼便變得不那麼重要。不過莊子還是肯定鬼的存在。《莊子・達生》曾經討論「有鬼」之事：「沈有履，竈有髻。戶內之煩壤，雷霆處之；東北方之下者倍阿，鮭蠪躍之；西北方之下者，則泆陽處之。水有罔象，丘有峷，山有夔，野有彷徨，澤有委蛇。」從莊子對這些鬼怪的說明可知，莊子雖然輕鬼，但並非不信鬼。

說到神，莊子認爲許多神靈都是得了「道」的結果（《莊子・大宗師》）。《莊子》裡所提到的神靈，雖然威力也很大，但若離開了道，便會神力全無。在莊子的觀念裡，神的力量已有許多被道所接收，神的地位已經今非昔比。

除了鬼神，《莊子》書中也曾提及鬼魂觀念，《莊子・庚桑楚》謂「出而不反，現其鬼」，「滅而有實，鬼之一也」，認爲精神與形體分離，外馳而不返歸，那麼這個人就呈現爲鬼；心神滅亡而只留形體，也是鬼的一類。總之，精神與形體的分離，就是鬼觀念出現的前提。結合〈庚桑楚〉和〈養生主〉：「指窮於爲薪，火傳也，不知其盡也」的內容來看，莊子認爲人的精神可以離開形體而傳播下去，這對於先秦時代鬼神觀念的發展來說是一大進步。

（2）儒　家

a. 荀　子

諸子百家中，有些學派並不怎麼相信鬼神的存在，荀子就是一個典型。在荀子看來，精怪不足爲怪。《荀子・天論》說：「星墜，木鳴，國人皆恐。曰：『是何也？』曰：『無何也，是天地之變，陰陽之化，物之罕至者也。怪之，可也，而畏之，非也。』」荀子認爲天地之間的怪異之事都是陰陽變化的自然結果，自然界的怪異現象與人事活動沒有聯繫。對於這樣的現象，因爲罕見而感到奇怪是可以理解的，但是感到畏懼則大可不必。因此諸如「星墜、木鳴」等等看起來好像鬼神作怪之事，由主張自然樸素思想的荀子看來，都是不應當畏懼的。

雖然荀子反對迷信，但他並不反對進行祭祀，事實上，祭祀做爲禮的重要內容，對尊師重禮的他別有一番意義：「雩而雨，何也？曰：『無何也，猶不雩而雨也。』日月食而救之，天旱而雩，卜筮然後決大事，非以爲得求也，以文之也。故君子以爲文，而百姓以爲神。以爲文則吉，以爲神則凶也。』」（《荀子・天論》）此外，荀子將祭祀祈禱和卜筮禱祠歸結爲禮義文飾，並認爲這是儒家神道設教主張的體現：「祭者，志意思慕之情也，忠信愛敬之至矣，禮節文貌之盛

矣，苟非聖人，莫之能知也。」（《荀子・禮論》）劉曉虹指出，荀子以爲祭禮體現人們對死者思慕之情，是對祖先忠信愛敬所致，能體現禮節文貌之盛，其中並無鬼神，只有聖人才能知道。聖人神道設教以化天下，並非主張眞有鬼神，而是借祭祀以明教化厚風俗，突出祭禮的重要意義。〔註169〕

　　b. 《易傳》

　　成書戰國末年儒者之手的《易傳》從理論形態上將殷周以來人格神的鬼神觀化解爲人本思想的鬼神觀，《易傳》把鬼神詮釋爲天道自然的神妙變化。《周易》「觀卦」的《彖傳》說：「觀天之神道，而四時不忒，聖人以神道設教，而天下服矣。」《周易正義》對「神道」的解釋是：「神道者，微妙無方，理不可知，目不可見，不知所以然而然，謂之神道。」這種神道觀已與宗教有神論相去甚遠。原本「神道設教」與鬼神觀念的興起，關係密切，〔註170〕但《易傳》中的「以神道設教」與鬼神觀念漸行漸遠，它指的是效法神妙的天道規律去教化天下，這觀念對後世影響深遠。

　　《周易・繫辭上》曾對「鬼神」的情狀作了具體描述：「精氣爲物，遊魂爲變，是故知鬼神之情狀，與天地相似，故不違。」這裡在闡明鬼神情狀時雖然和「靈魂不滅」產生關聯，但是它旨在天道自然的範圍內解釋鬼神。《周易・繫辭上》還提出另一重要論點：一切天地幻化之神妙，人（透過「聖人」）皆可模擬之，所謂「是故天生神物，聖人則之；天地變化，聖人效之；天垂象，見吉凶，聖人象之；河出圖，洛出書，聖人則之。」這在天道原創的前提下，肯定人仿效、發揮天道的能動作用，從而可以忽略鬼神的作用。〔註171〕

　　記錄春秋儒家禮學筆記而雛型成於戰國末年之後的《禮記》，也堅守著《論》、《孟》、《左傳》、《易傳》由「人」升華爲「神」的路線。《禮記・中庸》說：

> 子曰：「鬼神之爲德，其盛矣乎！視之而弗見，聽之而弗聞，體物而不可遺。使天下之人齊明盛服，以承祭祀，洋洋乎如在其上，如在其左右。《詩》曰：『神之格思，不可度思，矧可射思？』夫微之顯，

〔註169〕劉曉虹〈《荀子》的神話因素與鬼神觀念〉，《徐州師範大學學報》哲社版 31卷 6 期，2005 年 11 月，頁 86～87。

〔註170〕晁福林〈試論先秦時期的「神道設教」〉，《江漢論壇》2006 年 2 期，頁 94。

〔註171〕在中國人看來，「天人合一」是最高理想，而人類和宇宙萬物共處時的「和諧」、「均衡」，就是最高的價值判斷標準。詳李亦園口述、李光眞整理〈李亦園談中國傳統信仰〉，《光華雜誌》1989 年 12 月。

誠之不可掩，如此夫。」

這裡所說的鬼神是天道自然本身的微妙屬性，與作祟降福的鬼神不同。《禮記・祭義》又說：「因物之精，制爲之極，明命鬼神，以爲黔首，則百眾以畏，萬民以服。」〔註172〕這裡所說的鬼神仍然是指萬物之精華、造化之極品，它們之所以被命名爲「鬼神」，是爲了使一般平民百姓畏服。這顯然是「聖人神道設教」的另一說法。馮天瑜指出，《禮記》將鬼神歸之於天道自然的微妙幻化，而認爲人才是眞正與「道」同在。「道」的運行起具體作用的因素和《論語》、《孟子》、《易傳》觀念一脈相通，其主旨都在強調以人爲本位。〔註173〕

（3）墨　家

戰國時期墨家末流雖然將其注意力放在力學、光學及名學上，但仍舊繼續倡導「明鬼」觀念。《上海博物館藏戰國楚竹書（五）》中就收有一篇〈鬼神之明〉，曹錦炎從其內容上分析，認爲它應該是《墨子》的佚文。文中舉三代聖王因能仁、義、聖、智而受到天下人效法，「貴爲天子，富有天下，後世遂之」；而三代之暴王由於「焚聖人、殺訐者、賊百姓、亂邦家」，結果「桀折鬲山，而受首岐社，身不沒爲天下笑。」強調鬼神明察入微，愛憎分明，能夠「賞善罰暴」。〔註174〕但文末舉出伍子胥這類聖人受害，而榮夷公等亂人卻能長壽以終，似乎是「善者或不賞，暴者或不罰」。但作者認爲這並非鬼神不明，而是另有其故，至於其原因，作者自己也不知道。由是可見，以鬼神之明作爲號召的墨家，在戰國理智思想抬頭之後面臨了很多質疑。這些質疑在墨學的學問系統裡找不到答案，以迷信做爲基礎的學說也開始搖搖欲墜。

（4）其　他

a. 法　家

韓非子受學於荀子，受到儒家人文主義的影響，他處處以「富國強兵」爲唯一是非標準的極其功利化的思想，使他能夠看到迷信鬼神所帶來的危害。在他看來，迷信鬼神，把勝敗吉凶決定權交給龜策是非常愚蠢的。在《韓非子・亡徵》裡，韓非子把「信卜筮」作爲亡國之徵之一。在韓非子看來，「明

〔註172〕朱注：「鬼者陰之靈，神者陽之靈。」
〔註173〕馮天瑜〈中國人文傳統論略〉，「中國傳統文化研究中心」，
　　　　http://www.ricric.org/list.asp?id=398，2004/5/1。
〔註174〕曹錦炎〈鬼神之明　融師有成氏〉譯文，收入馬承源主編《上海博物館藏戰國楚竹書（五）》，上海：上海古籍出版社，2005 年 12 月。

法親君」是治國之要，而迷信鬼神只會導致失敗乃至亡國的命運。

b. 兵 家

記載春秋魯莊公之事的《上海博物館藏戰國楚竹書（五）・曹沫之陣》簡
63 早就提到：「盟盅鬼神，忽武，非所以教民」，簡文指出務實操兵好過祈求
鬼神打勝仗。可見兵家務實、不求鬼神的思想來源很早。《戰國策・中山策》
載秦將白起說到自己率兵打了勝仗，「皆計利形勢，自然之理，何神之有哉」，
並不相信鬼神起了什麼作用。雖然東周各國兵戎之事仍盛行卜筮稽疑，但時
代愈晚，兵家對軍事調度和戰爭勝負也愈加理智看待。

c. 雜 家

《呂氏春秋・博志》謂「蓋聞孔丘、墨翟日諷誦習業，夜親見文王、周
公旦而問焉。用志如此其精也，何事而不達？何爲而不成？故日精而熟之，
鬼將告之。非鬼告之也，精而熟之也。」在雜家眼中，孔丘、墨翟之所以取
得一定程度的成功，靠的是他們熟練精通己業，並非鬼神對他們有什麼幫助。
《呂氏春秋・盡數》也表示出對卜筮迷信的懷疑與否定，該篇說：「今世上卜
筮禱祠，故疾病直來。譬之若射者射而不中，反修於招，何益於中」，《呂氏
春秋・盡數》批評當時那些不知養生之道，病至則求諸卜筮禱祠的迷信做法，
認爲這樣做就像射不中而怪罪靶子一樣不明智。

d. 陰陽家

《漢書・藝文志》謂「陰陽家者流，蓋出於羲和之官，敬順昊天、歷象、
日月星辰，敬授民時，此其所長也。及拘者爲之，則牽於禁忌，泥於小數，
捨人事而任鬼神。」這說明陰陽家本不信鬼神，而是重視人事的，後世末流
的陰陽家拘泥於禁忌之事者，才「捨人事而任鬼神」。戰國時期，作爲陰陽家
的分支，有所謂「形法家」。班固認爲，「形法者，大舉九州之勢以立城郭室
舍，形人及六畜骨法之度數，器物之形容，以求其聲氣、貴賤、吉凶，猶律
有長短而徵其聲，非有鬼神，數自然也。」（《漢書・藝文志》）由此看來，形
法家也不講鬼神，其鬼神觀念是很淡薄的。

按：綜上可知，莊子繼承老子的想法，以爲鬼神都是道的一部份，都要
順從道，而鬼神的力量也都來自知「道」，在莊子的論述中，鬼神的力量已有
很大一部份被「道」所接收，若能知「道」，人亦能成爲神人；荀子則積極反
對迷信，認爲所有光怪陸離之事，大部份都是自然現象，不必過度驚慌，只
要重視人事，都可以逢凶化吉，不過雖然荀子較不重視鬼神，但他從「尊君

隆禮」出發，以為鬼神的信仰對「神道設教（禮教、政教）」還是有幫助的；成書於戰國末期的《易傳》在天人關係當中呼應了孔、孟的重人思想，稀釋了鬼神的成分，加強了天人合一、天人合德的論述；法家如韓非重功利輕鬼神，認為所有的迷信行為對富國強兵毫無助益，反而有害；部份兵家雜家開始認為鬼神虛無飄渺、並無用處，對他們的建功立業一點幫助也沒有；陰陽家認為可以透過術數去了解並預知自然的變化，他們的重心放在曆算、星占、五行，並以為鬼神是可以掌握的東西。

　　上天鬼神等宗教信仰的產生源自於人對自身和世界的認識的缺乏，隨著這種認識的逐漸豐富，人對宗教信仰的態度也在發生著變化。從虔誠的信仰至徹底的懷疑只是信仰態度轉變的一種可能。由信仰而終歸信仰，或由信仰而終致徹底的懷疑，都是人類面對信仰所可能經歷的精神歷程，這兩條途徑雖然結果不同，卻在道路的前半段呈現出相同的態勢。這個歷程，郗文倩將之大致分為兩個階段：第一個階段，虔誠而卑伏，人在鬼神面前戰戰兢兢，唯鬼神之命是從，在中國歷史上以商代最為典型，這種狀態亦普遍見於世界其他民族的早期宗教信仰當中。第二個階段，虔信而崇敬。在中國，以西周至春秋時期為最典型。這個時候，人的理性意識逐漸覺醒，人們意識到自身的行為也能影響上天鬼神對人世的態度，只要人有虔誠之心，儀禮周全，且修養德行，神自會福佑生靈的。〔註175〕

　　周朝代商而起，他們從商朝的的滅亡中體認到天命靡常的道理。受祿於天的必要前提，並不在祭品如何豐厚、禮拜如何虔誠，而在於統治者是否於施惠於民。因此，周人提出「德」的概念。「敬德」的標準是當時的禮樂制度，其最終目的是保王，保社稷，這種思想開啟了春秋時期的民本思想先河。「藉由鬼神信仰推出敬德思想，是周人對中國文化的一大貢獻。」〔註176〕「德」的出現是中國文化史上里程碑式的事件，它對於中華民族文化心理的建構，文化形象的塑造，都起到基礎和骨架的作用。徐復觀認為敬德思想是中國古代人文精神產生的動力，它體現了一種與殷人的宗教虔敬截然不同的「憂患意識」，這種憂患意識「乃人類精神開始直接對事物發生責任感的表現，也即是精神上開始有了

〔註175〕郗文倩〈由春秋鬼神概念看孔子的鬼神觀〉，《承德民族師專學報》25卷3期，2005年8月，頁55。

〔註176〕趙林〈論中國古代文化從鬼神崇拜向人文精神的轉化〉，《中州學刊》1995年4期，頁116。

人地自覺的表現。」周人的敬德思想「是直承憂患意識的警惕性而來的精神斂抑、集中，及對事的謹慎、認眞的心理狀態。這是人在時時反省自己的行爲，規整自己的行爲的心理狀態。」〔註177〕西周建立後，由於重人、重人事因素的出現，倫理思想逐漸滲透到龐大的神學思想體系內部並逐漸成爲一股在強大的神力面前敢於提出一點自我要求的思想傾向。〔註178〕

春秋時期，固有的天命價值已發生了質變，隨著人的理性能力的進一步增強及對自然外界認識的進一步深入，天命鬼神從至高無上的地位慢慢下降到人間，成爲人們可怨可恨、可評、可說、可懷疑的對象。楊瑞玲指出，春秋時期疑神、無神論思想的萌生，直接導致了神的地位逐步下降和人的地位的逐步上升。〔註179〕春秋時期，社會的大變動直接造成的是思想領域的巨大變化，周天子的衰落標誌著「天」的權威的動搖，這是「神」、「天」地位的沈淪的開始。人被重新認識的時期，現實動搖了人們對神聖天道的崇拜。《左傳‧昭公十八年》載子產之言：「天道遠，人道邇，非所及也」，慢慢的在一些人的心目中，天神已遠非凌駕一切之上的神靈，而是處於人的附屬地位。「先成民而後致力於神」（《左傳‧莊公卅二年》），神必須按照人的意志行事的思想，正是重民思想的反映。至於鬼、物魅，戰國時期，人們已經逐漸傾向視之爲不祥之物，人們還想出了多種方法來迴避或驅逐祂們。這種人神主從關係的顛倒，是人類歷史的一大進步。

和夏商的「重天敬鬼」、西周的「敬天保民」不同，春秋戰國的鬼神思想有一個明顯的階段性特徵——「重人輕鬼」。王俊認爲，從鬼神思想的產生和發展情況來看，生產力的發展、科技的進步、人的認識能力的提高是東周鬼神思想呈現如此階段性特徵的根本原因；〔註180〕王杰進一步指出，天、人、神關係在這麼一個變化當中，經歷了一個從「神性至尊」到「民爲神之主」的根本性的變革：殷商時期爲「神性至尊」階段；西周時期爲「神人互補」階段；春秋中晚期之後爲「人的突顯」階段。〔註181〕神的地位下降和人的地

〔註177〕徐復觀《中國人性論史》（臺北：臺灣商務印書館，1984 年），頁 21～22。
〔註178〕楊瑞玲〈論先秦天、神、人地位及關係的演變〉，《遼寧師專學報》社科版 2001 年 6 期，頁 11。
〔註179〕楊瑞玲〈論先秦天、神、人地位及關係的演變〉，《遼寧師專學報》社科版 2001 年 6 期，頁 11～12。
〔註180〕王俊〈略論先秦鬼神思想的演變及歷史地位〉，《文化研究》2006 年 10 期，頁 192。
〔註181〕王杰〈殷周至春秋時期神人關係之演進〉，《中共中央黨校學報》4 卷 3 期，

位突顯，爲後世相關思想的形成和發展提供了深厚的思想資源和理論基礎。

　　不過需要注意的是，從西周至春秋戰國，部份受過教育的貴族和知識份子，對鬼神的崇拜與信仰雖有一個從「敬天保民」到「重人輕鬼」的變化過程，但不可否認的是當時社會上一般人的鬼神迷信氣氛仍然十分濃郁，尤其是楚國。在春秋戰國時代諸個文化圈中，楚文化圈裡崇巫尙鬼特別盛行（詳下）。這種與中原漸漸發酵的重人輕鬼思潮迥異的崇巫尙鬼之風，作爲特色鮮明的楚文化遺產被繼承下來，到秦、漢兩代，「幾乎成爲全社會的信仰」。〔註182〕

二、楚國貴族的宗教觀念

　　《國語》以記述西周末年至春秋時期各國貴族言論爲主。其中〈楚語下〉載有楚昭王與觀射父的問答〔註183〕，充份的展現出先秦楚人上層階級的宗教觀念，是研究先秦宗教的重要參考資料，以下將根據楚昭王與觀射父的對話，析論楚國貴族的宗教觀念。

（一）對話的提出和對話的重點

　　春秋時期，楚國一方面是鬼巫之風長盛不衰，另一方面是理性精神與樸素思想的發展。雖然楚國巫風日熾，但在春秋戰國各國理性思想抬頭的情況下，楚國的迷信思想也不得不受到影響。楚人對信仰及宗教也慢慢出現二極化的態度：〔註184〕

肯定宗教信仰		否定宗教信仰	
B.C.	事　　實	B.C.	事　　實
		703	鬬廉認爲卜只是決疑而已
635	夔芈失楚，相信是神的意旨	633	榮黃說，子玉不是敗於不祀河神
576	共王失敗，歸之於天意		
530	追記共王立嗣事，以爲乃神所立		

　　　2000 年 8 月，頁 76。
〔註182〕王俊〈春秋戰國時期的鬼神思想〉，《重慶科技學院學報》2006 年 6 期，頁 131。
〔註183〕楚昭王爲楚國歷史上的明君之一，重賢納諫，「楚國無以爲寶，惟善以爲寶」爲其名言。詳郁濬智〈《上海博物館藏戰國楚竹書（四）昭王毀室》校注 —— 兼談楚昭王的歷史形象〉，《東方人文學誌》4 卷 3 期，2005 年 9 月，頁 44～55。
〔註184〕改繪自文崇一《楚文化研究》（臺北：中央研究院民族所，1967 年），頁 138。

526	平王卜戰		
515～489	觀射父答昭王問，強調祀神的功用和巫覡的重要	515～489	昭王病，不肯以令尹爲禱，不肯祭河
479	惠王卜令尹		
478	惠王卜帥	478	惠王又否定巫卜的價值
戰國	楚帛書中的神力是肯定的	戰國	〈天問〉中的天命被懷疑

在這一歷史背景下，春秋末，楚國出現了一位傑出的宗教思想理論家觀射父。觀射父，祖籍鄀，〔註185〕楚昭王時大夫，同時是楚國朝廷之中地位顯赫的大巫。楚康王時，觀氏後人觀起被車裂，其子觀從逃居蔡國，幫助楚平王奪取了政權，博得了楚平王的信任，被任爲卜尹。觀射父可能是觀從的後裔，繼承了觀從的事業，掌握了豐富的宗教資料。〔註186〕楚平王十三年，晉助周敬王伐王子朝，王子朝等奉周之典籍奔楚，故觀射父有可能直接閱讀到周之典籍，加深了對周禮的瞭解，進一步把楚國的宗教思想與周禮聯繫起來，形成了比較完備的宗教思想理論。研究觀射父的宗教思想，對瞭解和研究楚國乃至中國古代的宗教發展，均具有重要的價值。

觀射父既參與國事，又通曉宗教禮儀，楚昭王有不明瞭的天地之事，都要向觀射父請教。所以他的宗教思想理論，集中地保存在《國語・楚語下》所記觀射父與楚昭王的對話當中：

> 昭王問於觀射父，曰：「周書所謂重、黎實使天地不通者，何也？若無然，民將能登天乎？」對曰：「非此之謂也。古者民神不雜。民之精爽不攜貳者，而又能齊肅衷正，其智能上下比義，其聖能光遠宣朗，其明能光照之，其聰能聽徹之，如是則明神降之，在男曰覡，在女曰巫。是使制神之處位次主，而爲之牲器時服，而後使先聖之後之有光烈，而能知山川之號、高祖之主、宗廟之事、昭穆之世、齊敬之勤、禮節之宜、威儀之則、容貌之崇、忠信之質、禋絜之服，而敬恭明神者，以爲之祝。使名姓之後，能知四時之生、犧牲之物、玉帛之類、采服之儀、彝器之量、次主之度、屏攝之位、壇場之所、

〔註185〕《左傳・哀公十七年》說：「觀丁父，鄀俘也，武王以爲軍率，是以克州、蓼，服隨、唐，大啓群蠻。」

〔註186〕觀射父之詳細生平可參魏昌〈崇尚巫鬼之風與觀射父的宗教思想〉，「荊楚文化」，http://chu.yangtzeu.edu.cn/chuguoshi/chu9-4.html。

上下之神、氏姓之出，而心率舊典者爲之宗。於是乎有天地神民類物之官，是謂五官，各司其序，不相亂也。民是以能有忠信，神是以能有明德，民神異業，敬而不瀆，故神降之嘉生，民以物享，禍災不至，求用不匱。及少皥之衰也，九黎亂德，民神雜糅，不可方物。夫人作享，家爲巫史，無有要質。民匱於祀，而不知其福。烝享無度，民神同位。民瀆齊盟，無有嚴威。神狎民則，不蠲其爲。嘉生不降，無物以享。禍災薦臻，莫盡其氣。顓頊受之，乃命南正重司天以屬神，命北正黎司地以屬民，使復舊常，無相侵瀆，是謂絕地天通。〔註187〕其後，三苗復九黎之德，堯復育重、黎之後，不忘舊者，使復典之。以至於夏、商，故重、黎氏世敘天地，而別其分主者也。其在周，程伯休父其後也，當宣王時，失其官守，而爲司馬氏。寵神其祖，以取威於民，曰：『重寔上天，黎寔下地。』遭世之亂，而莫之能禦也。不然，夫天地成而不變，何比之有？」

觀射父認爲宗教對國家政治、生產、民心都具有重大的作用，它關係到臣民是否忠信、有無禮儀、國家貧富、人命夭壽的重大事情，因此主張要重用巫覡宗祝，發揮其在神事方面的作用。陳來認爲觀射父的主張，反映出政教逐漸分離以後，巫覡宗祝的勢力逐漸衰落的情況。觀射父的這段話，可以肯定的是它明確指出中國上古曾有一個家爲巫史的巫覡時代、上古巫覡職能是促使天地交通、中國歷史上的巫覡曾經歷過一個專業分工的過程。〔註188〕同時這段話也揭示出他所認爲的人類歷史發展階段。這個人類歷史發展階段，根據黃玉順的整理，分別是：〔註189〕

第一個階段：治世——民神不雜——古者
第二個階段：亂世——民神雜糅——蚩尤、九黎
第三個階段：治世——絕地天通——顓頊

〔註187〕「絕地天通」這個說法，最初見於《今文尚書‧周書‧呂刑》所載的西周前期周穆王所追溯的帝舜事蹟。朱丁〈殷周的宗教信仰變遷與上古神話的走向〉，《人文雜誌》2001年5期，頁137指出：「重黎絕地天通的神話暗示著的乃是一場巨人的宗教神話變革。從此，祖先與神的交通方式被隔斷了。凡人與神界的交通方式只能通過巫覡的力量。它進一步說明這樣一種信仰，人們似乎不用誠惶誠恐地祭拜祖先，督請祖先去溝通神靈，因爲神靈的世界是凡人與祖先的亡靈都難以到達的，神的世界是如此渺茫與遙不可及。」
〔註188〕陳來《古代宗教與倫理》（北京：三聯書店，1996年3月），頁26。
〔註189〕黃玉順〈絕地天通——從生活感悟到形上建構〉，《哲學動態》2005年5期。

第四個階段：亂世——民神再雜——三苗

第五個階段：治世——天地復絕——帝堯、帝舜、夏、商

除了對「巫覡宗祝」發表他個人的意見外，在《國語‧楚語下》中，觀射父還提到他對「祭祀」的看法：

> 子期祀平王，祭以牛俎於王，王問於觀射父，曰：「祀牲何及？」對曰：「祀加於舉。天子舉以大牢，祀以會；諸侯舉以特牛，祀以太牢；卿舉以少牢，祀以特牛；大夫舉以特牲，祀以少牢；士食魚炙，祀以特牲；庶人食菜，祀以魚。上下有序，則民不慢。」王曰：「其小大何如？」對曰：「郊禘不過繭栗，烝嘗不過把握。」王曰：「何其小也？」對曰：「夫神以精明臨民者也，故求備物，〔註190〕不求豐大。是以先王之祀也，以一純、二精、三牲、四時、五色、六律、七事、八種、九祭、十日、十二辰以致之，百姓、千品、萬官、億醜，兆民經入畡數以奉之，明德以昭之，和聲以聽之，以告遍至，則無不受休。毛以示物，血以告殺，接誠拔取以獻具，爲齊敬也。敬不可久，民力不堪，故齊肅以承之。」王曰：「芻豢幾何？」對曰：「遠不過三月，近不過浹日。」王曰：「祀不可以已乎？」對曰：「祀所以昭孝息民、撫國家、定百姓也，不可以已。夫民氣縱則底，底則滯，滯久而不振，生乃不殖。其用不從，其生不殖，不可以封。是以古者先王日祭、月享、時類、歲祀。諸侯舍日，卿、大夫舍月，士、庶人舍時。天子遍祀群神品物，諸侯祀天地、三辰及其土之山川，卿、大夫祀其禮，士、庶人不過其祖。日月會於龍尾，土氣含收，天明昌作，百嘉備舍，群神頻行。國於是乎烝嘗，家於是乎嘗祀，百姓夫婦擇其令辰，奉其犧牲，敬其粢盛，絜其糞除，慎其采服，禋其酒醴，帥其子姓，從其時享，虔其宗祝，道其順辭，以昭祀其先祖，肅肅濟濟，如或臨之。於是乎合其州鄉朋友婚姻，比爾兄弟親戚。於是乎弭其百苛，殄其讒慝，合其嘉好，結其親暱，億其上下，以申固其姓。上所以教民虔也，下所以昭事上也。天子禘郊之事，必自射其牲，王后必自舂其粢；諸侯宗廟之事，必自射牛、刲羊、擊豕，夫人必自舂其盛。況其下之人，其誰敢不戰戰兢兢，以事百神！天子親舂禘郊之盛，王后親繰其服，自公以下至於庶人，

〔註190〕韋昭注：「備物，體具而清潔者。」

其誰敢不齊肅恭敬致力於神！民所以攝固者也，若之何其舍之也！」
王曰：「所謂一純、二精、七事者，何也？」對曰：「聖王正端冕，
以其不違心，帥其群臣精物以臨監享祀，無有苛慝於神者，謂之一
純。玉、帛爲二精。天、地、民及四時之務爲七事。」王曰：「三事
者，何也？」對曰：「天事武，地事文，民事忠信。」王曰：「所謂
百姓、千品、萬官、億醜、兆民經入畡數者，何也？」對曰：「民之
徹官百。王公之子弟之質能言能聽徹其官者，而物賜之姓，以監其
官，是爲百姓。姓有徹品，十於王謂之千品。五物之官，陪屬萬爲
萬官。官有十醜，爲億醜。天子之田九畡，以食兆民，王取經入焉，
以食萬官。」

「觀射父站在統治階級的立場發聲，他認爲鼓勵祭祀不但可以安撫國家，也
可以消除貴族內部的矛盾和一般平民的不滿。」〔註191〕楚人祭祀貢獻祭品，
除了餽鬼神外，還有社會教化的目的。觀射父這段話從「昭孝息民、撫國家、
定百姓」一直談到「合其朋友婚姻、比其兄弟親戚」、「弭其百苛，殄去讒慝」，
都是突出祭祀對於社會的安定團結功能。再者，他也認爲人民敬神並非出於
強烈信仰，而是天子王后代表的政權讓他們不敢不戰戰兢兢。所以「祭祀還
有政治功能，祭祀使得統治者教會群眾學得敬畏和對統治者的服從。」〔註192〕

（二）觀射父的宗教立場

徐文武曾撰文討論過觀射父宗教思想。根據《國語‧楚語》觀射父回答
楚昭王的言談內容和徐文武的相關研究，我們可以歸納出觀射父的宗教立場
如下：〔註193〕

1. 人與神的關係必須是「對立」到「調和」

觀射父眼中人與神的關係包括兩個方面：其一是「民神異業」的思想，

〔註191〕文崇一《楚文化研究》（臺北：中央研究院民族研究所，1967年），頁136。
〔註192〕陳來《古代思想文化的世界》（北京：三聯書店，2002年12月），頁93。
〔註193〕深入對觀射父的思想作出詳細討論的專文並不是很多，像《張以仁先生七秩
壽慶論文集》（臺灣：學生書局，1999年1月），頁451～478所收張素卿〈〈觀
射父絕地天通〉要義〉一文，僅重在《國語》文學性的討論，對觀射父的宗
教、祭祀觀念說明並不深入。能集中焦點進行探討的，筆者只收集到徐文武
〈觀射父的宗教思想〉（《荊州師專學報》社科版1994年3期）一文，本論文
即據徐文之立論增補資料。餘詳鄔濬智〈從《國語‧楚語下》看觀射父的宗
教觀〉，《興國學報》7卷，2008年1月，頁247～255。

其二是天人感應思想。「民神不雜」其原意是從民神分治到民神不分再到民神分治的過程。〔註194〕觀射父認識到了人與神的對立關係是一切人爲宗教存在的基礎，他站在人爲宗教角度，不主張「民神同位」的人神關係──「民神同位」，人們的宗教權利也是平等的，每個人都可以與眾神交通，即龔自珍所說：「人之初，天下通，人上通；且上天，夕上天。天與人，且有語，夕有語。」〔註195〕這時的宗教相當於弗雷澤所說的「個體巫術」階段。〔註196〕

觀射父極力倡導建立與「民神同位」的人神關係相對立的「民神異業」的人神關係。「民神異業」意味著人與神處於隔離的狀態，這種人爲隔離的最根本的意義在於使神成爲人所不能感知的神秘力量，從而使神在人的心中保持崇高而神聖的位置。而「民神同位」的人神關係使人與神頻繁接觸，人們頻繁的敬事神靈，神的存在就會被人們所懷疑。〔註197〕

在觀射父看來，調和人與神這種對立的關係是必要的，最具體方法就是人神感應。神和人雖然處在對立的兩極，卻又保持著神秘的聯繫，這種聯繫就是人和神的相互感應，即人對神的態度影響著神對人的行爲。觀射父說：「民神異業，敬而不瀆，故神降之嘉生，民以物享，禍災不至，求用不匱。」這是人神感應的一面。人神感應相反的一面則是：「民神同位，民瀆齊盟，無有威嚴，神狎民則，不嗣其爲，嘉生不降，無以物享，禍災荐臻，莫盡其氣。」

2. 巫覡身份卓然，因為他們能憑靈溝通人神

歷史上最早給宗教從業者「巫覡」作出其職能的界定的人是觀射父。從觀射父給巫覡所作的界說中，徐文武分析出如下幾個基本觀念：

其一、巫覡是在人與神處於隔離狀態下，作爲人與神之間的仲介和媒體出現的。「民」是現實世界的主體，「神」是超現實世界的主體，這兩個世界之間的溝通是由巫覡來進行。

〔註194〕張京華在「天臺山暨浙江區域道教國際學術研討會」(2005 年 5 月 21～23 日)上的發言，詳韓松濤〈天臺山暨浙江區域道教國際學術研討會綜述〉，《宗教學研究》2005 年 2 期。

〔註195〕龔自珍《龔自珍全集》(上海：上海人民出版社，1975 年)，頁 13。

〔註196〕吳銳〈神守、社稷守與「儒」及儒家的產生〉，「華夏復興網」，http://www.hxfx.net。

〔註197〕李飛〈從禘郊到禘祫──試論春戰時期的禘禮〉，「知識學術網」，http://www.zisi.net/。

其二、巫覡來自於「民」但高於「民」。觀射父認為巫覡首先是作為現實的「民」存在的。但是巫覡的品格、天資、智慧等部份高於普通的「民」，才有能力進行一般的「民」所不能的溝通人神工作。作為巫覡，至少要具備「精爽不貳」、「齊肅衷正」的品格，和「智」、「聖」、「明」、「聰」等方面的卓越天賦才可以。

其三、正因巫覡具有上述超出常人的品格和智慧，所以，巫覡成為了神的恩寵對象。「明神降之在男」「在女」的「降」除了具有通常所說的「下降」「降臨」外，還有「依附、附著」的意思。巫覡能具有使神靈附著於自己身體的能力。觀射父也是中國古代第一位明確指出巫覡具有「憑靈」特徵的宗教家。

這裡需要特別指出的是，觀射父並沒有把巫覡神化，這說明觀射父儘管是一個虔誠的有神論者，但他的思想還是理性的。觀射父大加讚頌和美化巫覡宗祝，認為正因為有了巫覡宗祝這類「各司其序，不相亂也」的神職人員，才使得「民是以能有忠信，神是以能有明德」，使得對立的人神關係達到調和的境界。

3. 祭祀的等級決定社會的秩序

觀射父之所以重視祭祀的等級，這是因為若等級被打亂，生活的秩序也會跟著打亂。因為人們皆可以自行隨意地舉行與神鬼交互的往來活動，每個人都可以扮演不具備正統訓練的上古知識階層，彼此之間不再存在著秩序上的信念與誠敬的內涵和意識狀態。而一切的祭祀活動缺乏應有的祭品以作為媒介，因此亦無法獲得應有的互動而得到賜福。同時，祭祀在缺乏規範的狀態中，逐漸衍成沒有任何法度，最後還出現人神可同位而祭的狀態，百姓對祭祀的態度很自然地變得極為輕慢，一切的祭典、盟誓活動都失去了其精神性與莊嚴性，如此乃導致整個存有世界失去了活潑的精神力量，災禍即會出現。〔註198〕因此觀射父特別重視祭祀中的封建等級，其等級制度表現在兩個方面：即祭祀對象和祭品數量上。不同身份的人祭祀的對象不同，就存在等級差別；不同等級的人在使祭品上，數量也存在等級差別。

針對春秋末年祭祀規模不斷升級、無止境加碼的現象，觀射父提出了祭祀只「求備物，不求豐大」的主張。觀射父認為神靈憑藉其超自然的精神和智慧統領人民，故而神靈向百姓索求的不是肥厚豐大的犧牲，祭祀的要義在

〔註198〕歐崇敬〈絕地天通時代的科學認知典範之轉變〉，「臺北中國哲學研究室」，http://ephilosophy.grow.com.tw/。

於向神靈奉獻出對神靈「齊肅」「齊敬」的忠心。觀射父之所以能在祭祀之
風日益升級的春秋末期提出祭祀「不求豐大」的主張，一方面是觀射父明白
祭祀的要義在於「齊肅」事神；另一方面與觀射父心中民本思想的萌生有密
切關係。他提出祭祀「不求豐大」的主張，能使百姓節省大量的人力物力，
讓百姓不再排斥禮神，其進步意義不可低估。觀射父對祭祀的態度上能基於
「民力」考慮提出「敬不可久」的觀點，與當日時中原北方各國主張人本思
想的思想家比較起來是比較保守的，但在鬼神思想占主流地位的楚國，觀射
父的主張有正面的意義。

4. 宗教之要務在神道設教

從觀射父的談話可以知道，春秋時期楚國的貴族已經很懂得神權的作
用。他們認為隆祭祀、敬鬼神，可以「昭孝息民，撫國家，定百姓」、「上所
以教民虔也，下所以昭事上也」、「上下有序，則民不慢」、「民是以能有忠信。」
他們認為這對於安定統治秩序、鞏固政權具有重大的作用。祭祀一旦放鬆、
精神桎梏一旦解除，人民就會無所畏懼，起而反抗，這便會危及貴族的統治。
故認為「祀不可以已」，不可放鬆和廢弛的。〔註199〕「上下有序」的祭祀等級
使百姓時時對統治者保持順從的、毫無怠慢的忠心。

當楚昭王問及：「祀不可以已乎？」時，觀射父更是直截了當地指出祭祀
的基本意義：「昭孝」，即使人們格守孝道；「息民」，即使人民生衍蕃息；「撫
國家」，即使國家得到治理和撫正；「定百姓」，即可威懾名姓大族。觀射父從
反面指出了不用祭祀的社會危害性，他認為若「無祭祀，則民無所畏忌；無
所畏忌，則志放縱；志放縱，則遂廢滯難復恐懼」，最後以至於「生物不長，
神不降以福也」，而對統治者的直接危害就是民「不從上令」。

觀射父認為祖先崇拜對維護封建宗法制度具有重大意義，這也是他「神
道設教」思想的一個重點。通過對先祖的祭祀活動，可以使社會變得安定，
人際關係得以改善，更可以加強親族之間的團結。這些宣傳祖先祭祀效果的
說教，其目的只有一個，就是通過宗教活動消弭人民對統治者權力來源的質
疑，同時達到維護統治秩序的目的。

值得一提的是，觀射父還強調設立「神道」的目的雖然旨在教化百姓，
但統治階級本身也要身體力行，作為人民的表率。他認為如此方能起到「上

〔註199〕何崇恩〈楚巫散論〉，《湘潭大學學報》社科版 1987 年 1 期，頁 92。

所以教民虔，下所以昭事上」的作用。觀射父把「神道設教」的教化對象由普通百姓擴大到了整個統治階級，對統治階級的言行多少有一些約束，這是一個很大的進步。

　　觀射父對原始宗教的發展作了系統的考察，爲後世對原始宗教的了解與研究提供了可貴的依據。雖然在時空的限制下，他無法對原始宗教作出科學的解釋，而且他的言論混淆了兩個界限：「一、神話與宗教的界限：不承認神話的特點和價值，把神話宗教化，使之成爲宗教的附庸；二、神話與歷史的界限：不承認神話的特點和價值，把神話歷史化，使神話向歷史傾斜。」〔註200〕但觀射父「民神不雜」、「民神異業」的說法，卻指出了原始宗教最初階段的實質，是符合歷史實際的。在宗教活動上，觀射父一方面強調祭祀的嚴肅性和規範性，以適應統治階級的需要；另一方面又提出要愛惜民力，切不可以過度。觀射父根據統治階級的不同層次，以及被統治的庶民，明確提出了不同的祭祀對象和「祀牲」，完全按照商周以來宗教制度和周禮思想，來規範楚國的祭祀活動，以維護貴族的統治。在此同時，觀射父鑑於時代變革的實際，在宗教觀和祭祀問題上，又提出了一些適應時代要求的見解，這對楚國統治集團來說無疑是有告誡和規範作用的。〔註201〕

第三節　楚國崇巫尚祀的特殊環境

　　劉玉堂、賈繼東認爲楚人信巫重祀的原因，主要和楚國特有的自然環境、社會環境、歷史文化傳統等諸種因素有關。〔註202〕以下將從這三方面說明楚國信巫重祀的特殊環境。

〔註200〕趙沛霖《先秦神話思想史論》（北京：學苑出版社，2006年3月），頁216。
〔註201〕〈宗教信仰〉，「楚文化」，http://big5.xinhuanet.com/。除了《國語》，我們在其他文獻中也可窺見楚國貴族階級的其他宗教觀念。譬如《左傳・成公十六年》記晉楚鄢陵之戰，戰事開始，楚共王就被敵箭擊中，爾後又連連失利。楚共王準備發令再戰時，司馬子反又因醉酒不能聽令，楚共王說便說：「天敗楚也，余不可以待。」連夜領軍退去。楚共王從戰事跡象判明楚軍此次戰役的失敗是先天命定，不可違抗，顯見楚人有「天命不可逆」的觀念；另漢・劉向《說苑・君道》：「楚莊王見天不見妖，而地不出孽，則禱於山川曰：『天其忘予歟？』」此事又見唐・余知古《渚宮舊事・卷一》。可見楚人認爲天係一自然化人格天，天人是互相感應的。
〔註202〕劉玉堂、賈繼東〈楚人祭祀禮俗簡論〉，《民族研究》1997年3期。

一、有利楚國迷信思想發展的自然環境

　　從自然環境來看，楚人先民在商代以後，長期居於中原以南，與殷人爲鄰，一定程度受上到殷人迷信巫風的影響。〔註 203〕自從南徙至荊山附近定居以後，楚人便處於一個相對隔絕和封閉的環境內。在這個相對封閉的環境之內，自然資源豐富，楚人得以自給自足，生活上不需要仰賴北方中原的資助。代殷而起的周人，其禮樂制度和理智民族性，在穿越千山萬水傳播到楚地的速度上自然要較爲緩慢。因而當殷人極盛的巫風被周人逐漸拋棄或禮制化、中原的理性精神慢慢凌駕於巫術迷信思想之上的同時，〔註 204〕遠在長江中游，尤其是漢湘之間及較僻遠的山區，則仍然籠罩在濃郁的巫風之中。

　　楚地的自然環境，不僅有利於與中原的理智思想保持距離，同時也保留大部份的殷商巫風。楊範中指出：「在周平王東遷洛邑以前，由於商、周王朝始終是一個能控制全國的統一政權，實力強大，而楚人只是偏居南方一隅的落後少數民族，所以基本上無法改變其被壓迫受征伐的地位。」〔註 205〕長期處於荊山楚水之間和強鄰脅迫之中的楚人，迫切希望通過崇巫重祀以抗拒惡劣的山區環境和來自中原諸夏的強大生命威脅。同時，楚地獨特的地理條件，也是楚人鬼神觀念滋生發育的溫床。對此，清・劉師培在所著〈南北文學不同論〉一文中有著中肯的分析，他說：「大抵北方之地，土厚水深，民生其間，多尙實際；南方之地，水勢浩洋，民生其際，多尙虛無。」〔註 206〕南方這種特殊的地理條件，造就了楚人神秘浪漫的精神氣質和虛幻詭橘的鬼神觀念。

〔註203〕蕭璠《春秋至兩漢時期中國向南方的發展》（臺北：臺灣大學文學院，1973年 12 月）頁 23 指出，雖然商人勢力不及長江流域，但殷商文化的波濤仍推著新石器時代的文化湧向華南。

〔註204〕方光華《俎豆馨香——中國祭祀禮俗探索》（西安：陝西人民教育出版社，2000 年 2 月），頁 220 以爲當時的理性思想抬頭，可能是因爲「人類對於自然和自身的理解總是隨著人類生產生活經驗的進一步豐富而加深，人越來越對自我的力量有所肯定。與此同時，祭祀也發生了一些變化，原來被視可怕和神秘的某些事物或現象已經爲人所理解和控制，它們已經不再是祭祀的主要對象。對於祭祀活動本身，人們已能有所反省，並且突出它的社會功能，使之自覺地爲人類社會服務。」

〔註205〕楊範中〈論春秋時期楚國興盛的軍事原因〉，《武漢大學學報》社科版 1990年 6 期，頁 76。

〔註206〕劉師培〈南北文學不同論〉，《劉申叔先生遺書（1）》，臺北：京華書局，1970年。

二、有利楚國迷信思想發展的社會環境

　　從社會環境考察，先秦時期，中原各國生產技術與發展水準較高，知識份子也多以投入經世濟民之業爲己務，這使得中原諸國出現重人事而輕鬼神、重實際而輕空想的思潮，並且因而確立了理性的思想基調。也因此，春秋戰國以後，中原諸國慢慢的對神鬼巫風多採取存疑乃至否定的態度。南國楚地雖在物質文化和精神文化的某些方面超過中原，但由於其幅員遼闊、族居分散，各處聚落社會文明的進度程度並不一致，原始的部落仍然不在少數，以至於實踐理性的思想並不是很普遍，而人神雜揉之俗與巫覡祭祀之風乃然流行於楚國各個階層之間。〔註207〕

　　又楚國社會直接由各個原始社會組合、蛻變而來。於史有徵者就有華夏、百越、百濮、東夷、蠻、巴、淮夷。〔註208〕生活在楚國領地上的蠻夷，直到被兼併入楚國的前夕，始終還停滯在氏族社會、部落組織階段。那時楚長期處在荊山一帶，生活在它周圍的是群蠻與百濮。從這些小國所處的地理位置來看，他們和楚國下等社會階級人口一樣，也是由當地土著發展而來。薛正昌指出，楚國自熊通自立爲王後，滅了江漢間至少45小國，這些小國少部份是姬姓國，但大部份都是少數民族建立的邦國。〔註209〕這些少數民族在被楚滅亡之前，有很多都還處於鬆散的部落組織階段，都還沒有跨入階級社會的門檻。這些群蠻和百濮大都信奉著原始宗教，崇拜多種祖先之神和自然之神。據《漢書・地理志》說：「粵人俗鬼，而其祠皆見鬼，數有效。……粵巫立粵祝祠，安台無壇，亦祠天神帝百鬼，而以雞卜。」楚文化南下後又融合了這些少數民族的宗教信仰和神話傳說，兩者互相融合影響，構成了春秋戰國時期南方特有的宗教與神話。〔註210〕

　　楚國文化包容著豐富的人類原始精神因素，這使得楚人在解釋各種自然現象的變異時，習慣用非理性的想像來解答知識水準不足的疑問。加之楚國

〔註207〕鄒濬智〈傳世文獻及出土資料所見戰國楚人迷信思想綜論〉，《康寧學報》10
　　　　期，2008年6月，頁277。
〔註208〕張勝林〈春秋時期楚國異族人的來源及其處境〉，《江漢論壇》1984年6期，
　　　　頁75。
〔註209〕薛正昌〈楚民族與楚文化及其演進〉，《衡陽師專學報》社科版1989年3期，
　　　　頁23。
〔註210〕張漢軍〈從長沙楚帛書看楚文化入湘後湖南地區的文化藝術發展〉，《長江論
　　　　壇》，2006年4期，頁86。

位於夷夏交會之處,從典章制度到風土人情,無不夷夏並參、兼容並蓄。〔註211〕因此蒙昧與文明、自由與專制、天神與凡人,諸多看似矛盾的各種對立,在楚國國境裡都能奇妙地組合在一起,各式各樣的矛盾可以在宗教當中取得妥協,楚國的巫風與科學技術、文學藝術便相互糾結,相互滲透。張景高、袁朝認爲楚人發揮了前代巫術宗教的文化孑遺和融合了南方各民族的巫術宗教文化,整合成一個龐大繁雜的鬼神系統。可以看到,楚人的生活中處處充滿了超自然的神靈。「鳳鳥」、「太陽」、「扶桑」、〈九歌〉諸神、〈離騷〉中的眾神,無一不是這種超自然的生命直觀象徵符號。人與自然異質同構,人的生命意識滲透在自然萬物之中,建構成楚人生命流蕩的自然世界和心理經驗世界。〔註212〕

三、有利楚國迷信思想發展的文化環境

從歷史文化傳統分析,楚人迷信崇巫的傳統,可追溯至其原始的祖先祝融。祝融之「祝」,即掌管祭祀的大巫。葛志毅指出:

> 所謂「祝」究爲何義?《白虎通義》曰:「謂之祝融何?祝者屬也,融者續也,言能屬續三皇之道而行之,故謂之祝融也。」恐是臆說。
> 《國語・鄭語》韋注又謂:「祝,始也。」亦未得其解。其實祝當爲宗祝之祝,即祝融之身分原本是祝。《楚辭・招魂》王注:「男巫曰祝」,是祝本巫之一種,故又有巫祝之稱。〔註213〕

「融」乃光明之意,《詩經・大雅・既醉》:「昭明有融」,注:「融,明之盛者。」《左傳・昭公五年》:「明夷之謙,明而未融。」注:「融,朗也。」疏:「融是大明,故爲朗也。」「祝融」就是對致力於巫事而有「光融天下」(《史記・楚世家》)之功德的大巫的尊稱。〔註214〕

《左傳・昭公廿九年》云:「火正曰祝融。」又《呂氏春秋》高誘注:「祝融……爲高辛氏火正。」《淮南子・時則》高誘注:「祝融吳回爲高辛氏火正。」火正即「掌祭火星,行火政」(《漢書・五行上》)的司火之官。祝融作爲火正,

---

〔註211〕《左傳・襄公十三年》提到楚人「撫有蠻夷」、「以屬諸夏」。

〔註212〕張錦高、袁朝〈荊楚文化縱橫談〉,《荊楚文化的現代價值》(武漢:崇文書局,2005年8月),頁28。

〔註213〕葛志毅〈楚君熊氏發覆〉,《煙台師範學院學報》哲社版1996年2期,頁5。

〔註214〕祝融後來甚至被楚人尊爲火神兼雷神,詳本論文第參章第二節「灶神信仰研究」。

其主要的職責有三：〔註215〕

其一是觀象授時，上古之世，農業講究時令，春種、夏長、秋收、冬藏。時令的更換，一般人只能靠物候的變化來識別，只有具備天文知識的大巫才能憑天象的變化來判定。祝融部落生息的黃河中游地區的春耕春播，以始於春分為宜。祝融被稱為火正，正是因為他能根據火星出現的時辰和方位來判定春分的日期。

其二是點火燒荒。任式楠指出，上古的農業，一年的農事始於燒荒（刀耕火種），〔註216〕人民為勞作而緊張，因憧憬而激奮，把燒荒當作豐收的前奏，要舉行歡快而隆重的儀式。而將妥善地保存了一多的火種引到野外並點燃燒荒的第一把火的重任，自然責無旁貸地落到火正的肩上。到了秋季，還要舉行「內（納）火」儀式，把火種收藏起來。〔註217〕

其三是守燎祭天。《禮記‧祭法》說：「燔柴於泰壇，祭天也。」說的是周代的祭天。但燎祭的風俗早就有了。祭天要用牲，這牲就供在柴堆上。把柴點燃，讓烤肉的焦香隨著燃柴的煙氣裊裊飄向上空。天帝聞到香氣，就權當接受獻祭了。火正的任務就是佈置、點燃和守護祭天的柴堆。

如此看來，火正是當時最精通巫文化、最有資格充當人神之間橋梁的大人物。祝融所掌握的巫文化，也就是華夏先民創造的巫文化。因此，祝融往往被視為中國原始社會巫文化的象徵。

夏、商兩代，南徙的祝融後裔一直繼承並發揚著巫文化，至商末周初，楚族第一位於史有徵的酋長鬻熊仍是大巫。《史記‧楚世家》載楚武王熊通說，鬻熊曾任周文王之師，這「師」即火師，《國語‧周語中》：「火師監燎，水師監濯。」韋昭注：「火師，司火。」〔註218〕火師也就是火正。楚人酋長在親附周文王後，

〔註215〕此三點為劉玉堂〈楚公族先祖考索〉（《江漢論壇》2000 年 4 期）一文所提出，本論文加以補證。

〔註216〕任式楠〈中國史前農業考古的幾個問題（摘要）〉，《農業考古》2005 年 1 期。火耕一直延用到後世。《史記‧平準書》：「江南火耕水耨，令飢民得流就食江淮閒。」裴駰集解引應劭曰：「燒草，下水種稻。草與稻並生，高七八寸，因悉芟去，復下水灌之，草死，獨稻長，所謂火耕水耨也。」唐‧杜甫〈戲作俳諧體遣悶〉詩之二：「瓦卜傳神語，畬田費火耕。」仇兆鰲注：「《貨殖傳》：『楚俗之地，地廣人稀，或火耕而水耨。』楚俗燒榛種田，謂之火耕。」

〔註217〕前二項職責與「司爟」相近。《周禮‧夏官‧司爟》：「司爟掌行火之政令，四時變國火，以救時疾。季春出火，民咸從之。季秋內火，民亦如之。時則施火令。凡祭祀，則祭爟。凡國失火，野焚萊，則有刑罰焉。」

〔註218〕《左傳‧昭公十七年》：「炎帝氏以火紀，故為火師而火名。」炎帝為楚人遠

文王念其「不背本」而任以其先人之職，讓其在諸侯盟會時主管包括燎祭在內的一切用火事宜。後來，周成王在「盟諸侯於岐陽」時，又指定楚人的另一位酋長熊繹「與鮮卑守燎」（《國語・晉語》）。張正明認爲，從這裡可以看出，從祝融到鬻熊，從鬻熊到熊繹，作爲火師，是一脈相傳的。〔註219〕這也說明崇巫重祀是荊楚民族代代相承的歷史文化傳統。

要言之，生活在先秦時代的楚人，不僅敬畏天神、地祇和祖先，而且亦更尊重和愛戴祂們。楚人遭遇難題遊移不決時、面對災禍惶恐不安時、發生戰事料敵不明時，都要乞得鬼神的指示，方可行事。譬如楚平王初即位，因「未事鬼神」等故，令尹子期請求伐吳的提議未能獲准（《左傳・昭公十三年》）。楚惠王十一年準備出兵攻打陳國，在選擇統帥時，太師與令尹意見不一致，於是舉行枚卜，武城尹公孫朝得吉兆，於是派公孫朝做統帥（《左傳・哀公十七年》）。

儘管楚人因爲鬼神能降禍賜福而對鬼神格外敬重，但是，楚人同時又認爲，鬼神是通情達理的，是能體諒他們的。〔註220〕例如楚昭王十一年，吳師集結在康，昭王庶兄子期打算用火攻，不過之前有很多楚人戰死在這個地方，昭王另一庶兄子西便認爲：「父兄親暴骨焉，不能收，又焚之，不可。」但子期卻說：「國亡矣！死者若有知也，可（何）以歆舊祀？豈憚焚之？」於是楚人斷然施行火攻，打敗了吳軍（《左傳・定公五年》）。楚人崇拜祖先雖然虔誠，但也是從現實出發，認爲祖先會不拘泥於陳規舊矩，而以社稷爲重，進而體諒他們的無禮。

楚人生活在鬼神充斥的世界裡，深信祖先和神靈一般來說是會偏祖自己、山川萬物也富有人情味（《九歌・山鬼》）。他們甚至覺得，人與天神、地祇和祖先的鬼魂本來就應當處於一個和諧的整體之中，互爲依託，各不相擾，同榮共存。從現在的角度來看，楚人當時對天神、地祇和祖先的態度和看法雖然幼稚荒誕，但其投入宗教行爲感情的誠摯、尊神敬鬼行爲的堅毅、追求神靈護佑用心的執著，罕有其匹，著實令人動容。

　　古先祖之一（詳本論文第參章第二節「灶神信仰研究」）之一，可見楚人部落主司火，由來已久。

〔註219〕張正明〈〈鬻熊爲文王之師〉辨誤〉，《江漢論壇》1983年9期。
〔註220〕黃雲明、高穎〈論一神信仰和多神信仰對文化的不同影響〉，《雲南社會科學》2005年6期，頁98指出多神教中的神靈不僅在功能上有多樣性，而且在道德品質和性格上也有多樣性。

第參章 西漢以前家宅五祀信仰研究

本章主要在根據楚地簡帛資料，並輔以傳世文獻，討論西漢以前五祀信仰的來源與信仰行爲的變化。討論順序係以家宅爲中心，由上到下、由內到外，依照中霤（中央）→灶→門戶→行道（戶外）的次序進行論述。

第一節 中霤神信仰研究

楚地簡帛文獻及傳世典籍皆未見楚人中霤信仰之相關記載，家宅中霤在楚地可能存有其他異名。本節希望能先能確定「中霤」在戰國楚地的異名，再行歸納典籍文獻中的「中霤」定義，以便了解「中霤」的意涵。同時透過追溯土地信仰的起源，探知中霤信仰的來源及其神格。此外，楚人祭祀中霤的祭儀和原因，與中霤神在後世的變化大略，本節也將進行探討與說明。

一、中霤神在戰國楚地的異名：室、宮室、室中、宮地主、宮后土、內中土

《上海博物館藏戰國楚竹書・內禮》簡8有君子祭五祀的相關記錄：「君子曰：『孝子，父母有疾，冠不力，行不頌，不依立，不庶語。時昧，攻、禜、行，<u>祝於五祀</u>，豈必有益？君子以成其孝。……』」〈內禮〉雖是南傳儒家經典，但該篇內容與《大戴禮記・曾子立孝、曾子事父母》文字雷同，顯見這是相當程度繼承中原儒家典籍的文獻，而《大戴禮記・曾子立孝、曾子事父母》應該是儒家修身之用的教材，因此《上博四・內禮》應該也楚國貴族的

日常讀物。〔註1〕若父母有疾，君子祝於五祀的這種說法能爲楚貴族所接受，在戰國中晚期時，楚國應該就已經有成系統的五祀信仰。新蔡簡零 282 記有禱五祀的簡文：「☐舊丘，是日就禱五祀☐」，也能證明上述的推測應係無誤。

《禮記‧祭法》：

> 王爲群姓立七祀：曰司命，曰中霤，曰國門，曰國行，曰泰厲，曰戶，曰竈；王自爲立七祀。諸侯爲國立五祀：曰司命，曰中霤，曰國門，曰國行，曰公厲；諸侯自爲立五祀。大夫立三祀：曰族厲，曰門，曰行。適士立二祀：曰門，曰行。庶士、庶人立一祀；或立戶，或立竈。

《禮記‧祭法》以戶、竈、中霤、門、行爲五祀。但在楚地簡帛記錄當中，只見楚人對門、戶、竈、行等獻祭祈福的記錄（詳後），卻未見「中霤」，頗爲費解。

包山大墓曾出土五片神主，上書有室、竈、門、戶、行。《包山楚墓》編者據《禮記‧祭法》鄭注：「中霤主堂室居處」，以爲「中霤」亦可稱「室」，故包山木神主中的「室」當就是中霤神。〔註2〕又卜筮祭禱類楚簡中常見受祀之「宮室」、「宮地主」與「宮后土」，〔註3〕主要見於下列各簡：

> 少有憂於躬身，且爵位遲踐，以其故說之。舉禱於宮地主一羖。（包山 M2 簡 201～202）
>
> 厭於野地主一豭，宮地主一豭，賽於行一白犬、酒食，占之曰：「吉，罰屌且見王。」（包山 M2 簡 207～208）
>
> 少有憂於躬身與宮室，且外有不順，▤，以其故說之。舉禱蝕太一全豢；施應會之說，賽禱宮后土一羖。（包山 M2 簡 214）
>
> 占之，恆貞吉，少有憂於宮室。以其故說之。舉禱宮行一白犬、酒食，使攻敘於宮室。五生占之曰：「吉。」（包山 M2 簡 228～229）
>
> 占之，恆貞吉，少又憂於宮室蔽，以其故說之。舉禱宮后土一羖：

〔註 1〕 馬承源認爲這批竹簡應是「楚國遷郢以前貴族墓中的隨葬物。」詳《上海博物館藏戰國楚竹書（一）‧前言》，上海：上海古籍出版社，2001 年。

〔註 2〕 湖北省荊沙鐵路考古隊《包山楚墓》（北京：文物出版社，1991 年），頁 336。

〔註 3〕 楚簡中另有野地主，也是楚人祭祀的對象，陳偉認爲野地主可能是社，詳陳偉《包山楚簡初探》（武漢：武漢大學出版社，1996 年 8 月），頁 165；劉信芳《包山楚簡解詁》（臺北：藝文印書館，2003 年），頁 223 則以爲祂相當於《國語‧越語下》中的「四鄉地主」。

舉禱行一白犬、酒食，磔於大門一白犬。五生占之曰：「吉。」（包山 M2 簡 232～233）

☐憂於躬與宮室，有祟，以其故說之。（望山M1 簡 24）

☐有憂於躬與宮室，且有一☐（望山 M1 簡 75）

☐聖宣王、悼王各佩玉一環，東宅公佩玉一環。賽禱宮地主一豕☐。（望山 M1 簡 109）

☐王之北子各冢酒食，薦之。使□□於宮室□☐（望山 M1 簡 117）〔註 4〕

擇良日冬夕賽禱宮地主一羖☐（天星觀 M1，見滕本頁 26、32、337、523、564、614、619）

陳偉在說明包山簡「宮地主」、「宮后土」時引《禮記・郊特牲》：「社所以神地之道也。……家主中霤而國主社，示本也」鄭注：「中霤亦土神也」、《左傳・昭公 29 年》杜預注后土：「在家則祀中霤，在野則爲社」，認爲包山簡「宮后土」或「宮地主」可能就是文獻五祀中的「中霤」。對於《包山楚簡》以「室」爲「中霤」，陳氏也提出了他的補充看法：

按《禮記・月令》鄭玄注：「中霤，猶中室也。土主中央，而神在室中。古者複穴，是以名室爲中霤。」更直接點明室於中霤的同一。《論衡・祀義》稱中霤爲「室中霤」，似乎正是對此神兩個異名的連稱。宮、室意義相通。包山大墓所出五祀木主把古書中的中霤記作「室」，也有助於說明宮后土、宮地主與中霤的關係。當然，「室」本身也當是在簡書之外所見的中霤的另一異名。〔註 5〕

陳偉以楚人家常祭祀對象「室」即「中霤」即「宮地主（宮后土）」的說法一經提出，學界幾無異議。

新蔡簡乙一 8 另有「室中」，〔註 6〕袁金平以爲即古書中的「中室」、「中霤」。〔註 7〕「室中」亦見睡虎地《日書（乙）》簡 31 貳：「祠室中日：辛丑，癸亥，乙酉，己酉，吉。龍，壬辰，申。」除了「室中」，睡虎地簡尚有「內中土」，見《日書（乙）》簡 40 貳：「祠五祀日，丙丁灶，戊己內中土，乙戶，

〔註 4〕望山 M1 簡 127 有殘簡「☐舉禱於宮☐」，不知所禱是否爲宮室。

〔註 5〕陳偉《包山楚簡初探》（武漢：武漢大學出版社，1996 年 8 月），頁 165。

〔註 6〕簡文作「☐室中特牛☐」。

〔註 7〕袁金平〈對〈新蔡簡兩個神靈名簡說〉的一點補充〉，「簡帛研究網」，http://www.jianbo.org/，2006/7/12。

壬癸行、庚辛□。」原注釋者根據《禮記・月令》，認爲《日書（乙）》「內中土」其實也就是中霤。〔註8〕

　　從《包山楚墓》編者、陳偉、袁金平、《睡虎地秦墓竹簡》編者等諸位學者的意見中，可明確得知五祀中霤神在楚地有「室」、「室中」、「宮室」、「宮地主」、「宮后土」、「內中土」等異名：中霤之所以稱「室」、「室中」、「宮室」，是因爲中霤主中央堂室居處，而神在宮室中央；「中霤」之所以有「宮地主」、「宮后土」、「內中土」等異稱，是因爲祂是宮室內土神的關係（詳下）。

二、「中霤」的意涵及「中霤」神神格

　　家宅五祀中霤神的確切意涵及神格如何，楚地簡帛中並無明確線索可尋，以下將試從傳世文獻中尋找答案。

（一）「中霤」的意涵

　　「中霤」亦作「中廇」、「中溜」。在傳世文獻當中有以下幾個意思：

1. 室的中央

　　《公羊傳・哀公六年》：「於是使力士舉巨囊，而至於中霤。」徐彥疏引庾蔚曰：「複（鄒按：異文作「復」），地上壘土；穴，則穿地也。複穴皆開其上取明，故雨霤之，是以因名中室爲中霤也。」《楚辭・九嘆・愍命》：「刜讒賊於中廇兮，選呂管於榛薄。」王逸注：「中廇，室中央也。」郭沫若《屈原》第二幕：「正中及左右建構不相銜接，其間有側道可通中霤」即是。

2. 宅　神

　　東漢・王充《論衡・解除》：「世間善治宅舍，鑿地掘土；功成作畢，解謝土神，名曰解土。爲土偶人，以象鬼形，令巫祝延以解土神。已祭之後，心快意喜。謂鬼神解謝，殃禍除去。」，蕭登福云：「漢代出現比社公更小的土地神，其職僅司掌一家宅舍之土地，稱之爲土公。漢代民間以爲興功動土，會傷害土神，招來禍災，所以在建築房舍及完工時，須先解謝土神。」〔註9〕

〔註8〕睡虎地秦墓竹簡整理小組《睡虎地秦墓竹簡》（北京：文物出版社，1990年9月），頁236。

〔註9〕蕭登福〈后土與地母──試論地土諸神及地母信仰〉，《運城學院學報》23卷1期，2005年2月，頁15。又見《道教月刊》15卷，2007年3月。一說後世建築習慣中所忌諱的「太歲」也是土地神的一種，詳馬曠原〈太歲──土地神話前考〉，《運城高專學報》1994年2期。

《論衡・解除》中之「土神」即「土公」、「中霤」。清・袁枚《新齊諧・獅子大王》:「某爲渠家中霤,每一人始生,即准東岳文書,知會其人應是何等人,應是何年月日死,共計在陽世幾歲。」

3. 窗

宋・陸游《寧德縣重修城隍廟記》:「凡日用起居所賴者皆祭,祭門、祭灶、祭中霤之類是也。」明・張煌言〈島居〉詩之一:「短垣繚卻月,中霤貫長庚。」清・夏炘《學禮管釋・釋窗牖向》:「窗即中霤,古者複穴當中開孔取明,謂中霤,後世以交木爲之謂之窗。」

「中霤」最初究竟何意?眾說紛紜。按清・秦蕙田說明鄭玄、許愼、孔穎達對中霤的不同解釋時說道:

> 〈月令〉註:「中霤猶中室也。土主中央而神在室。古者複穴,是以名室爲霤。」疏:「複穴謂窟居。古者窟居,隨地而造。平地累土謂之複;高地鑿坎謂之穴。其形皆如陶竈。《詩》云:『陶復陶穴』是也。復穴皆開其上取明,故雨霤之,是以後因名室爲中霤也。」許愼曰:「霤,屋水流也」,孔穎達謂:「霤,屋檐水霤之處。」夫古者複穴開上取明,本在室之中央,而雨從此霤入,故謂之中霤。後世易複穴爲宮室,則殿屋四注四面皆檐溜。夏屋兩注兩面皆檐霤。是檐霤與中霤之霤不同。中霤在室中,而檐霤在屋外。特因其爲雨之所霤,故亦名之曰霤,而非古者中霤之霤也。中霤之霤本在室中,古人之祀原起於陶復陶穴之時。霤既在中而中央之土神遂祀於此。禮以義起也,後世既有檐霤,則霤不在室中而土神終當祀於中央。故雖無複穴之中霤,而仍以室中爲中霤也。〔註10〕

邱宜文說得更加清楚:

> 據《禮記・月令》篇對於祭祀「中央土」的記載,「其祀中霤,祭先心」句下鄭玄注:「中霤猶中室也」,「祀中霤之禮,設主於牖下。」(《禮記・郊特牲》)「牖」就是窗戶,可見一般百姓是將土地神的神位置於屋內的窗戶下面,並很可能是放在低處而非置於上座供養;這點我們可以從「中霤」一詞的由來得到線索。據「霤」字本義爲「下流之雨水」,同一句中鄭玄的注釋裡還提到:「古者複穴,

〔註10〕清・秦蕙田《五禮通考》(收入《文淵閣四庫全書》,臺北:臺灣商務印書館影印,1983年)卷53頁12右、左。

是以名室爲霤。」而孔穎達補充闡釋「複穴」之意爲：「云古者複穴，是以名室爲霤云者，解所以謂室中爲中霤之由也。古者謂未有宮室之時也，複穴者謂窟居也。古者窟居隨地而造，若平地則不鑿，但累土爲之，謂之複，言於地上重複爲之也。若高地則鑿爲坎，謂之爲穴，形皆如陶竈……復穴者，皆開其上取明，故雨霤之，是以後因名室爲中霤也。」「中霤」一詞源字於初民黃土高原窟居的時代，所謂「古者複穴」，窟居者鑿地累土爲室，其形制如今黃土高原上依然可見：居民在地面挖一大穴或築一高牆爲中央天井，再由側邊掘出居室來。〔註11〕這樣的作法可以在居室陰涼之外又兼及照明和雨水的蒐集，即「復穴者，皆開其上取明，故雨霤之」之意。百姓的土地神並不是高置於廟堂，而是要「皆開其上取明」，「雨霤之」，使陽光和雨水直接觸及神位；這不是對土地神的不敬，恰恰相反，乃是對於土地本性的最大尊重，讓土地能得到充份的滋養。〔註12〕

綜合前引學者的看法可知，中霤一開始是祭祀地點的代稱，是穴居時期人們於黃土窯洞中室所開之透氣透光孔竅。進入新石器時代後，穴居進步爲半穴居。通過科學考古，我們已經獲得很多新石器時代半穴居的遺跡證據，楊鴻勛認爲複（復）穴即復穴，就是半穴居。除了其形如陶竈外，爲了防雨、防潮、防鼠，穴居之穴底與壁面都經過燒烤陶化，是以亦稱「陶穴」也。〔註13〕古人半穴而居，在頂部中心位置開洞取明，此處晴則日曬、陰則雨流，留雨水於其中以備用，故名中霤。中霤恰在室之中，「有通風透氣功能，此處同時也是灶的排煙所在」，〔註14〕故後世就以「中霤」指室之中。〔註15〕

〔註11〕現今黃土高原上的窯洞形式有：曲尺式入口式、三合院式、靠崖式、無坡道入口式、直梯式等。

〔註12〕邱宜文〈霜露風雨，以達天地之氣——試論社祭之原型〉，《國文天地》22 卷10 期，2007 年 3 月，頁 47～49。

〔註13〕楊鴻勛〈「周人明堂」的考古學研究：兼及宮室、覆穴、中霤、奧、屋漏、宦突以及「夏后氏世室」與「殷人重屋」〉，《城市與設計學報》2、3 期，1997年 9 月，148～149。

〔註14〕李淑惠〈釋中霤、中庭〉，《遼寧師專學報》社科版 1999 年 1 期，頁 71。

〔註15〕王鍔〈《月令》與農業生產的關係及其成篇年代〉，《古籍整理研究學刊》2006年 5 期，註 6。

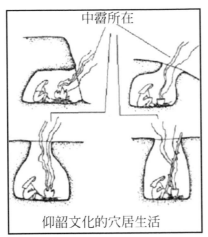
中霤所在

仰韶文化的穴居生活

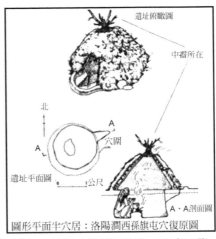
遺址俯瞰圖

中霤所在

北

A

A 穴圓

遺址平面圖

公尺

A、A剖面圖

圖形平面半穴居：洛陽澗西孫旗屯穴復原圖

（圖片轉引自宋兆麟《中國風俗通史·原始社會卷》，上海：上海文藝出版社，2001年11月）

穴居習慣消失後，宮室雨流之處仍稱「霤」，不過它指的是「檐（簷）霤」的意思，爲保留古意，室之中仍舊稱作「中霤」；而原先穴居家居通風透氣之功能，由中霤改爲窗所替代，故窗亦可稱中霤。先民於中霤設主祭祀家宅地神，乃因此處能通天地之氣，久而久之便以中霤借代家宅地神。《禮記·郊特牲》提到：「家主中霤而國主社，社神亦中霤神也。」家庭中的社神稱「中霤」，「『中霤』神實際上就是保護一家平安的住宅神明。」〔註16〕

秦蕙田、邱宜文、楊鴻勛對「中霤」的不同解釋，恰好能幫助我們了解文獻中對中霤的三個不同定義：室的中央、窗、宅神（五祀的對象之一）。而鄭注在解釋七祀與五祀不同時，以爲五祀起於殷制。但單就中霤神而言，其起源可上推到人類穴居時代，當早在殷商之前。

據上，我們亦可釐清爲何楚人稱呼中霤用「宮」、「室」等詞而不用「中霤」：其一、「中霤」最早指的是黃土高原複穴雨流之處，楚境地理環境較難穴居，不易出現中霤這樣的建築文化，故逕稱宅中地神之居處爲宮、室而不稱中霤；〔註17〕其二、中霤複穴的建築工法較爲古早原始，周時楚境已有成熟的宮室設計，這也可能是楚人不用「中霤」而逕用室、宮等稱呼家宅地神的另一原因。

「中霤之制雖由小而大，由天窗而進爲天井，由天井而進爲庭院，然形

〔註16〕 范立舟〈宋元以民間信仰爲中心的文化風尚及其思想史意義〉，《江西社會科學》2003 年 5 期，註 71。
〔註17〕 鄔濬智〈戰國楚簡話「中霤」〉，《長榮大學學報》12 卷 1 期，2008 年 6 月。

變而其創制之作用則終不變。」〔註18〕中霤在物質生活中的作用已基本消失，但其精神作用仍在、祂仍保留著穴居時代的神秘身份。家祀主要在祭祀與人們家居生活最密切相關的諸神，故中霤始終列於家宅五祀之中。楚地家宅地神異名甚夥，爲了討論方便，以下權以「中霤」指代楚地家宅地神。

（二）「中霤」的神格

依照周政賢的歸納，學者們對家宅土地之神的來源的看法有：祖先靈、原地之孤魂厲鬼（以上屬靈魂崇拜）、地基（以上屬庶物崇拜）、宅居所在土地（以上屬自然崇拜）等。〔註19〕從上引諸多解釋中霤的文獻記錄來看，中霤信仰應爲土地崇拜的一種，屬於自然崇拜才是。〔註20〕那麼，戰國中霤（及其他楚地異名）的神格和神職如何？

在楚地簡帛當中可以看到地神一般被稱作宮后土、宮地主、內中土，並不與后土、地主、社等相混，筆者以爲楚地簡帛五祀當中的中霤神，已經完全從土地神信仰析分出來，變成家宅土地神的專指。這種細分神職的情況，其實在睡虎地簡的相關記錄中也看得出來。睡虎地簡中，中霤以室或內中土稱呼之，在其他簡文當中，另外記有其他地神之專稱：〔註21〕

「三土皇」，見《日書（乙）·行行祠》：「行祠，東行南，祠道左；西北行，祠道右。其號曰大常行，合三土皇，耐爲四席。席餕其後，亦席三餕。其祝曰：『無王事，唯福是司，勉飲食，多投福。』」（簡145～146）

「土神」，見《日書（甲）·土忌》：「正月亥、二月酉、三月未、四月寅、五月子、六月戌、七月巳，八月卯、九月丑、十月申、十一月午、十二月辰，是謂土神，毋起土功，凶。」（簡132背～133背）

「地衝」，見《日書（甲），土忌》：「春三月戊辰、己巳，夏三月戊申、己未，秋三月戊戌、己亥，多三月戊寅、己丑，是謂地衝，不可爲土功。」（簡134背～135背）

「地杓」，見《日書（甲）·土忌》：「正月申，四月寅，六月巳、十月亥、

〔註18〕孟默聞《孟默聞輯》，北京：新潮書店，1951年。

〔註19〕周政賢《臺灣民間「地基主」信仰之研究》，臺南：臺南大學台文所碩士論文，2005年6月。

〔註20〕或許這也就是《禮記·月令》將中霤之祭安排在夏季末（五行屬中央土）的原因。

〔註21〕詳陳文豪編《〈日書〉與戰國秦漢社會（《日書專題研究》）》初稿（http://nuhm.pccu.edu.tw/p2_91_18.htm）中的整理。

是謂地杓，神以毀宮，毋起土功，凶。」（簡 137 背～138 背）

「田亳主」、「杜主」、「田大人」，見《日書・（甲）・門》：「田亳主以乙巳死，杜主以乙酉死，雨師以辛未死，田大人以癸亥死。」（簡 149 背）

睡虎地簡中的眾多土地神各有專稱，從名稱和文例上來看，祂他們應該都與「室」、「室中」、「內中土」有異，並不與「室」、「室中」、「內中土」相混淆，可見中霤神及其在楚地的諸異名，在戰國時期已是家宅土地神的專稱。

三、中霤神信仰的來源

東漢・王充《論衡・祀義》認爲五祀最初可以歸結到土地崇拜：「五祀初本在地，門、戶用土與木，土木生於地，井、灶、室中霤皆屬於地，祭地，五祀設其中矣，人君重之，故復別祭。」王充的話雖然未見對門戶、井、灶信仰由來的正確理解，〔註22〕但他對中霤信仰的來源認知──中霤源自於土地崇拜、地神信仰──是相當正確的。中霤爲家中地神，中霤信仰就是土地信仰的一種。

原始的土地崇拜，具有民族性、區域性，它是對自己所居住、生存、耕作的特定土地的崇拜。中霤信仰便從這種對自己所居住、生存、耕作的特定土地的崇拜衍生出來。中霤既是地神的一種，欲明瞭戰國楚人祭中霤的原因，就必須先探求先民信仰大地、地神的動機及其來源。

（一）商代以前的土地信仰

1. 從土地到地母

《釋名・釋地》云：「地，底也，言其底下載萬物也」，「土，吐也，吐生萬物也。」土地爲萬物的負載者。在人類社會早期，人們主要以採集和漁獵爲生，人類所需要的各種野菜、果樹在土地上自然生長，人們所捕獵的各種動物在土地上棲息。但土地對人的生存並不發生直接的影響，因而此時期人們並不會特別去關心土地或神化土地，進而去崇拜土地。

〔註22〕灶神屬火崇拜或圖騰（祖先）崇拜之一種、門户神爲庶物崇拜之一種，詳本章「灶神信仰研究」、「門户行諸神信仰研究」、簡榮聰〈臺灣民間器物崇拜（2）門神與床公床母〉，《道教月刊》7 期，2006 年 7 月頁 50～51 的討論。井爲一說爲庶物崇拜之一種，詳簡榮聰〈臺灣民間器物崇拜（4）井神、倉神與廁神〉，《道教月刊》9 期，2006 年 9 月，頁 46～47；一說爲水崇拜之一種，詳張世強、張世澤〈水井與水神：一個對於中國北方民間宗教物質基礎的觀察〉，《耕莘學報》5 期，2007 年 6 月，頁 75～90。

　　當人口慢慢成長，採集漁獵而來的食物呈現短缺的時侯，人類開始利用食用作物的生長特性而有計畫栽種它們，以維持足夠的生活物資。原始農業出現後，人類的生產方式由簡單地向大自然採集或狩獵食物和物資過渡到用自己的雙手去生產食物和生活物資，人類的生活發生了巨大的變化。何星亮認爲這種生產方式的劇烈改變，讓人們的生活與土地有了直接的關聯。〔註23〕

　　然而個人所耕種的土地土壤，有的肥沃有有貧瘠，花了同樣的力氣和精神，所產出的農作物產量自然有所差異；另一方面，不同季節在同一塊土地或相同季節在不同土地上種植相同的作物，產量也不見得會完全相同。何星亮推測，先民因而無法理解土地的特質差別和不同氣候對農作物會造成特定的影響，便誤以爲土地也像人和動物一樣有靈魂、有個性：土地高興時，農作物就會大豐收；若不高興，農作物便會歉收。慢慢的，土地有靈觀念便在原始人類的心目中產生。〔註24〕

　　因爲大地生養萬物以滋養人，原始人類也慢慢賦予「大地之靈」以「母親」的稱謂。何星亮的研究指出，豐產（生養）土地神觀念，是各種土地神觀念中最早的一種，〔註25〕它是在土地有靈觀念的基礎上產生的。丁山認爲，任何古代民族所崇祀的原始農神，都是自地母分化出來的。〔註26〕

　　《尚書・禹貢》開篇提到：「禹敷土」，鄭注：「能吐生萬物者曰土。」在經學家的心目中，土地是生育萬物的母親，她生育的方式是「吐生」。《說文》：「吐，從口土聲」，顯然是以土地中生長出植物這一自然現象爲造字基礎的。葉舒憲認爲神話學方面可以提供這類相似的表象：大地母神口中或生殖器中「吐」生出穀物來，如古代印度的大地和植物女神濕雅（Shiya），在馬歇爾刊印的哈拉巴護符上，可以看到女神仰臥，植物從她的子宮中長出來；日本神話中的食物女神保食神的「吐生」功能尤爲顯著，當她把頭轉向大地，口中吐出熟食，把頭轉向海洋，口中吐出種種魚類，她把頭轉向山巒，則又吐出種種野獸。神話思維中的女神之口同生殖器具有功能上的互換關係。基於此種功能轉換，所謂「吐生」的觀念就可以成立。與「土」的生育功能相類似，

〔註23〕何星亮〈土地神及其崇拜〉，《社會科學戰線》1992 年 4 期，頁 323。
〔註24〕何星亮《中國自然神與自然崇拜》（上海：三聯書店，1992 年 5 月），101～102。
〔註25〕何星亮《中國自然神與自然崇拜》（上海：三聯書店，1992 年 5 月），頁 104～105。
〔註26〕丁山《中國古代宗教與神話考》（上海：上海文藝出版社，1988 年 3 月），頁 30。

「地」的最原始概念應該也同女性的生殖機能密切相關。〔註27〕

　　根據管彥波的調查，在現今雲南民間對穀魂的祭祀活動中，常運用樸素的類比聯想的思維手段，借助女性所特有的生殖功能，以人類的繁衍來比喻穀物的繁衍，把種子發芽、生長、抽穗、結實等生物現象與人類的生理現象加以類比、聯想，所以穀神常被稱為穀娘、穀子媽媽或穀魂奶奶，在性別上多為女性，強調的是女性生殖繁衍的功能。〔註28〕

2. 從地母到土地神

　　在農業部落中，祈殖和農事密不可分，生殖崇拜涵蓋著人和土地的繁殖兩個方面。幾乎所有的古老民族，都曾將孕育萬物的土地母性化。大地既是生殖力旺盛的產婦，又是人類生育的保護者，將地神稱作老太太、老祖母、土地婆婆的部落不勝枚舉。〔註29〕最初的地母是指大自然界的土地，並無具體形象和偶像，這種狀況在歷史上持續很久。隨著農業和定居的出現，神靈觀念的發展，人類進一步崇拜土地，將地母與自身的生活聯繫起來。在紅山文化遺址當中出土了不少女神像，他們共同的特徵就是裸體且女性特徵明顯，張星德認為這些是豐產巫術的工具，使用時需與土地接觸，可看作是史前宗教中的土地神。〔註30〕

　　土地有靈觀念是土地神祇觀念的重要來源。但遠古人類對這種土地之靈的看法還不夠嚴肅，所以一開始人們還不會以犧牲來祭祀祂、祈求祂。在原始人看來，凡是有靈性的東西，都能用巫術控制。所以在種植農作物時，為了獲得好收成，也運用巫術儀式，試圖給莊稼的生長以某種幫助。〔註31〕

〔註27〕 葉舒憲〈中國上古地母神話發掘──兼論華夏「神」概念的發生〉，《民族藝術》1997 年 3 期，頁 30〜31。這也很容易的讓我們聯想到口／生殖器轉換關係的感生神話：由口部的「吞卵」或其他吞食活動可以導致像生殖器受精那樣的結果──懷孕和生育。

〔註28〕 管彥波〈穀魂信仰：稻作民最普遍的信仰形式──以雲南少數民族為例〉，《貴州民族研究》2005 年 3 期，頁 98。

〔註29〕 李錦山〈史前生殖崇拜及其信仰〉，《中原文物》2004 年 2 期，頁 37。

〔註30〕 張星德〈紅山文化女神像與史前宗教中的土地神〉，《社會科學輯刊》1996 年 2 期，頁 98〜100。

〔註31〕 何星亮《中國自然神與自然崇拜》（上海：三聯書店，1992 年 5 月），頁 101〜102：「例如，美拉尼亞人在栽種薯、芋時，為了使薯、芋的塊根長得又大又結實，必須把一種類似薯或芋的卵形石塊埋入土中。這些卵形石塊都事先念過咒，被認為已沾上巫力『馬納』（mana）。它能使特異的巫力傳入土壤，再傳與薯或芋。這樣，薯、芋就會有好收成。」中國各民族中也存在著原始

　　當人們用各種巫術儀式並不能促使農作物豐產時，人們便重新想像土地，「探索」土地之奧妙，這便逐漸形成幼稚的土地神觀念：認爲土地由神靈主宰，農作物的生長、結果，完全由它控制，收成的多與少，取決於它的喜與怒。它不是巫力所能征服的，而必須用祭祀、祈求的方法才能打動祂，才能求得祂賜予農作物的豐收。這樣便產生了土地神觀念及其有關的祭祀儀式。在後來的宗教儀式中，人們爲祈求豐年，甚至還會體諒生養人的大地地力，嚴禁一切對大地山川的壓榨和索取。〔註32〕

　　人們崇拜土地神的最初目的，主要是爲了祈求豐產，因此，在人們的心目中，主宰農作物的收成，是土地神的主要神職，也是祂最初的神職。根據何耀華的調查，現今雲南彝族認爲糧食，瓜果、麻類、花草和樹木都由地下長出，但它們有時又遭到病蟲害的傷害，這些都是由於地神所致；〔註33〕川西南藏族的土神主宰莊稼，故須土神保佑莊稼生長；〔註34〕楊正勇的調查指出，黔東南苗族也視土地神爲豐產之神，他們相信糧食，瓜果、樹木等由地中生長而成熟，皆是地神——田公，地母作用的結果；〔註35〕而中國大陸針對布朗族的調查則指出，勐海布朗山布朗族認爲地神主宰生產和莊稼的生長。〔註36〕此外，景頗族、拉祜族、基諾族，德昂族，珞巴族，水族、侗族，布依族、仡佬族，苗族等都把土地神視爲豐產之神，都有固定的祭祀時間和祭祀儀式。

（二）商代以後土地信仰的演變

1. 商代 —— 政治化土地神

　　自然宗教的土地崇拜，主要是崇拜自己群體居住區的土地，居住在那裡，

　　　　的土地崇拜現象，但他們供獻各種犧牲以求土地神靈的佑助。如佤族、高山族的獵頭祭，就以人血滋養土地，認爲這樣會長出茂盛的莊稼，詳林惠祥《文化人類學》（北京：北京商務印書館，1991 年），頁 224。

〔註32〕 蔡文婷〈山川有神〉，《光華雜誌》1999 年 4 月：「研究道教儀式的李豐楙曾指出：『在民間建醮的儀式前，有「封山禁水」的戒規，禁止砍柴狩獵、耕種捕撈。』」

〔註33〕 何耀華〈彝族的自然崇拜及其特點〉，《思想戰線》1982 年 6 期。

〔註34〕 何耀華〈川西南納木依人和拍木依人的宗教信仰述略〉，《中國少數民族宗教初編》，昆明：雲南人民出版社，1985 年。

〔註35〕 楊正勇等〈黔東南部份地區苗族原始宗教與原始文化調查述略〉，《貴州民族學院學報》1989 年 1 期。

〔註36〕 雲南省編輯委員會編《布朗族社會歷史調查（2）》（昆明：雲南人民出版社，1982 年），頁 44。

就直接向那裡的土地獻祭。《史記‧封禪書》:「自禹興而修社祀，郊社所從來，尚矣。」中國崇拜土地的自然宗教，其起源可追溯到史前時期。夏禹時，土地崇拜就以「社祀」的形式出現的說法雖不可靠，但如前文所述，夏代肯定存在有土地崇拜，只不過可能不像《史記‧封禪書》所說那麼的進步。殷商社會，直接祭祀土地的原始地神崇拜仍被保留著。殷以後，土地神的擬人化有較大的發展，但原始的地神崇拜的觀念和一些祭法，仍被繼承、延續下來。

　　商代甲骨文中的「土」字如Ω（《合集》00559 正）看起來好像是土塊，而甲骨文的「埋」字如　（《合集》14609）象挖坑將牛埋於地中之狀，有如在進行瘞薶（埋）。〔註37〕由此可推斷，殷人原來心目中奉爲土地神的對象就是土地本身，而其祭法也是用掩埋祭品的方式直接向土地獻祭的。這些都說明殷人的土地神祭祀中仍保留著濃厚的原始的土地崇拜成分。〔註38〕不過，除了原始的瘞埋，殷人也開始採取燎、俎、伐、卯、沈、戔、御、虫、告、禘等等較複雜的祭法祭祀土地。〔註39〕

　　王國維認爲甲骨文中的「土」即是「社」。〔註40〕朱鳳瀚認爲商人所祭祀的地神主要分爲「亳土（社）」、「土（社）」和「邦土（社）」三種。朱鳳瀚曾試著指出它們的區別，他認爲春秋時代，宋國因是商人後裔而立「亳社」（《左傳‧襄公卅年》）。魯國因有殷遺民而保留「亳社」（《左傳‧定公六年》）。可見亳社是商人居住地的土地神，凡有商人居住之地即可以立此社。《禮記‧祭法》講王都內有兩種社，即「王爲群姓立社，曰大社；王自爲立社，曰王社。」則亳社即可能相當於大社，單稱「土」而在卜辭中所見祭祀最盛者，有可能相當於王社。至於邦社，因其少見於卜辭，則意義尚不清楚。〔註41〕

　　隨著殷人國力的發展，其勢力範圍與影響的疆域域逐漸擴大，殷人已開始用東、西、南、北、中來稱呼不同方位的土地:

　　　　戊寅卜，王貞:受中商年。　　十月。（《前》8.10.3，又《合集》20650）

　　　　……南土受年。（《粹編》904，又《合集》9737）

　　　　東受禾。（《粹編》903，又《合集》33245）

〔註37〕　王慎行〈殷周社祭考〉，《中國史研究》1988年3期，頁137。
〔註38〕　朱天順《中國古代宗教初探》（臺北:谷風出版社，1986年10月），頁62。
〔註39〕　王慎行〈殷周社祭考〉，《中國史研究》1988年3期，頁141。
〔註40〕　王國維〈殷卜辭所見先公先王考〉，《觀堂集林》，北京:中華書局，2004年。
〔註41〕　朱鳳瀚〈商人諸神之權能與其類型〉，《盡心集》（北京:中國社會科學出版社，1996年11月），頁68。

南禾[受]。（《粹編》905，又《合集》33246）

北方受禾。　西方受禾。（《續》2.29.7，又《戩》26.4，又《合集》33244）

□卯卜，北受年。（《粹編》906，又《合集》9746）

己巳王卜，貞：[今]歲商受[年]。王固占曰：吉。　一。　東土受年。　南土受年，吉。　西土受年，吉。　北土受年，吉。（《粹編》907，又《合集》36975）

另外，卜辭中亦見有將各方位之土地合稱四土而祭的紀錄，如：「壬申卜，黍四土于☒。」（《掇二》405，又《合集》21091）綜合上述二個現象來看，殷人可能已經將大地之神粗分爲東、西、南、北、中五方。吳澤認爲這五方大地之神可能是初步被神化了的土地神，這種土地神不是體現於土地的自然屬性，不以土地爲神的主體，而是管轄著一個地區的抽象化了的地方神。〔註42〕

2. 周　代

（1）西周——擬人土地神：后土、社

統一的西周封建王朝建立之後，出現以整個土地爲對象的抽象化的地神崇拜，即所謂后土崇拜。〔註43〕后土原本是對廣大區域之土地神祇的泛稱，但社會職業分工之後后土似乎成了職業神，並被賦予人的形象。〔註44〕

據歷史記載有不少英雄多當過后土，並被後人奉爲神靈。相傳夏族祖神的禹，一說是治水神，也曾經擔任過社神。〔註45〕人們把古代傳說中的禹的事跡誇大和神秘化的結果，禹就被供奉爲祖宗神、社神、支配水情的神祇。《淮南子·氾論》說：「禹勞天下而死爲社。」《尚書·呂刑》說：「禹平水土，主名山川」，《史記·夏本紀》也說：「天下皆宗禹之明度數聲樂，爲山川神主。」西漢以後，禹被列入社祭之神。《漢書·郊祀志》：「聖漢興，禮儀稍定，已有

〔註42〕 吳澤〈兩周時代的社神崇拜和社祀制度研究——讀王國維《殷卜辭中所見先公先王考》〉，《華東師範大學學報》哲社版 1986 年 4 期，頁 3。

〔註43〕 劉守華〈論土地爺和灶神的民間傳說〉，《湖北師範學院學報》哲社版 1991 年 2 期，頁 36。

〔註44〕 《左傳·昭公廿九年》裡，句芒、祝融、蓐收、玄冥、后土還是五行神。到了《呂氏春秋·十二紀》、《禮記·月令》、《淮南子·時則》裡，他們一變爲人形化的五方地祇。

〔註45〕 朱天順《中國古代宗教初探》（臺北：谷風出版社，1986 年 10 月），頁 234～244。

官社，未立官稷；遂於官社後立官稷。以夏禹配食官社，后稷配食官稷。」
又如《三輔黃圖》卷5說：「漢初，除秦社稷，立漢社稷。其後又立官社，配
以夏禹。」

　　除了禹，還有誰當了人神化以後的國家一級的土地神，典籍尙有其他種
種說法。有的說是共工之子，后土；有的說是共工之子，句龍；有的說是顓
頊之子，曰犁。后土亦顓頊之子，曰犁，兼爲土官（以上見《禮記・月令》
注）；有的說是稷，稷又是社神，又是農神，「建國之神位，右社稷而左宗廟」
（《禮記・祭義》）、「郊祀后稷以配天」（《史記・封禪書》）。〔註46〕

　　但是後世對后土卻有種種不同解釋，有的把后土當人名，有的把后土當
神名，有的把后土當官名。這是土地自然神轉化爲人神的過程中必然產生的
混亂，因爲各個地區民間心目中能轉化爲社神的傳說人物並不一致，名稱習
慣也不同，在某一國產生的迷信，他國不瞭解其傳統，未必沿用，也不一定
能接受，所以後世便衍生出后土的多種身份，現約略整理如下：

　　a. 五行神兼地神的「后土」

　　（a）五帝五神中的后土

　　據《左傳》所載，在夏朝以前，后土曾是五行神，亦是官名之一；同時
也是社神。《左傳・昭公廿九年》說：

> 故有五行官，是謂五官。實列受氏姓，封爲上公，爲貴神。社稷五
> 祀，是尊是奉。木正曰句芒、火正曰祝融、金正曰蓐收、水正曰玄
> 冥、土正曰后土。……少皞氏有四叔，曰重、曰該、曰修、曰熙，
> 實能金木及水。使重爲句芒，該爲蓐收，修及熙爲玄冥。世不失職，
> 遂濟窮桑，此其三祀。顓頊氏有子曰黎，爲祝融；共工氏有子曰句
> 龍，爲后土。此其二祀也。后土爲社。稷，田正也。有烈山氏之子
> 曰柱，爲稷，自夏以上祀之。

　　（b）掌理國土的寺社、國社、里社等各級的社神

詳下文。

　　b.皇地祇后土（與皇天地位相當的后土）

　　（a）后土皇地祇

《史記・封禪書》所見漢武帝以前的歷代帝王，都以祭天爲重。帝王親

〔註46〕在擔任過社神的眾多傳說人物裡，可以發現其中有很多也曾經擔任過后土，
　　　　從這裡可以體認到，社和后土是極爲密切的。

祭后土，並視其與天神相當，應是始於漢武帝元鼎四年。《史記・封禪書》云：

> 其明年冬，天子郊雍，議曰：「今上帝朕親郊，而后土無祀，則禮不
> 答也。」有司與太史公（司馬談）、祠官寬舒議：「天地牲，角繭栗。
> 今陛下親祠后土。后土宜於澤中圓丘爲五壇，壇一黃犢太牢具。已
> 祠，盡瘞；而從祠衣上黃。」於是天子遂東，始立后土祠汾陰脽丘，
> 如寬舒等議。上親望拜，如上帝禮。禮畢，天子遂至滎陽而還。

（b）女媧地母

漢代讖緯如《春秋元命苞》、《中候敕省圖》、《春秋運斗樞》等，都以爲
伏羲、女媧、神農三人爲三皇。唐代司馬貞即以伏羲、女媧、神農爲三皇，
而撰寫《三皇本紀》，以補《史記》之缺。三皇原分爲人格的三皇和神格的三
皇兩者，後人將人格的三皇和神格的三皇相結合，於是伏羲爲天皇、女媧爲
地皇、神農爲人皇。道經《洞神八帝妙精經》將天皇、地皇、人皇三皇更析
分爲：初天皇、初地皇、初人皇，中天皇、中地皇、中人皇，後天皇、後地
皇、後人皇，共9位。其中的中天皇君人面蛇身13頭，中地皇君人面蛇身11
頭，中人皇君人面龍身 9 頭；後天皇君人面蛇身姓風名伏羲號太昊，後地皇
君人面蛇身姓云名女媧號女皇，後人皇君牛面人身姓姜名神農號炎帝。道經
將漢代讖緯所見的神格三皇稱爲中三皇，將人格的三皇伏羲、女媧、神農稱
爲後三皇；把原來三皇的說法加以統一。道經既以女媧爲地皇，於是女媧自
然與地母信仰連上關係，道教廟宇自然便把女媧也稱爲地母。

（c）幽都后土與土伯

《楚辭・招魂》云：「魂兮歸來，君無下此幽都些。土伯九約，其角觺觺
些。敦脢血拇，逐人駓駓。三目虎首，其身若牛些。此皆甘人，歸來，恐自
遺災些。」東漢・王逸章句：「幽都，地下后土所治也。地下幽冥，故稱幽都。
土伯，后土之侯伯也。約，屈也。觺觺，猶狺狺，角利貌也。言地有土伯，
執衛門戶，其身九屈，有角觺觺，主觸害人也。」依王逸，幽都是后土在地
下的治所，后土的屬臣有土伯。土伯三眼虎頭，厚背血手，身體像牛，兩角
銳利，捍衛地下幽都的門戶。幽都應與春秋時人死後入黃泉地下之說有關。

而地區性的土地神，後來則被稱爲統稱爲「社」。《說文》：「社，地主也。」
《禮記・郊特牲》：「社，祭土，而主陰氣也。……社所以神地之道也。地載
萬物，天垂象，取材於地，取法於天，是以尊天而親地也。」《孝經・援神契》：
「社者，五土之總神。土地廣博不可遍敬，故封土爲社而祀之，以報功也」、

「社者，土地之神，能生五穀。」有社主之稱的土地神是由原始且普遍的土地崇拜直接發展來的，所以祂爲社會各階層所信仰，流傳範圍很廣。《國語‧魯語上》：「夫齊棄太公之法，而觀民於社。」又如《淮南子‧精神》：「今夫窮鄙之社也，叩盆拊瓴，相和而歌，自以爲樂矣。」在被擬人化之前，社神的代表是樹。〔註47〕之後人們不斷地給它增加神職，使它身兼數職，甚至成爲萬能的神祇，祂的自然屬性漸漸失去，並被社會屬性取代，逐漸人格化，到了這個階段，社便成爲管理各自地區、各個門類的地方守護神。〔註48〕

（2）東周 ── 社會化的社

春秋戰國以後，社祭蓬勃發展，社會各個階層都有社祭，州有州社之祭，縣有縣社之祭，里有里社之祭。《禮記‧郊特牲》：「唯爲社事，單出里。唯爲社田，國人畢作。」爲了社祭，全里的人都要出來爲其服務，爲社祭進行狩獵時，全國都要參加。這時的社神的神性，也更加社會化，在失去了土地自然屬性大部份神性的同時，卻也增添了許多與土地自然屬性無直接關係的神性。社神變成了與許多社會事務有關的神靈。

社會化以後的社祭的內容包括很多方面：農業方面的事務要求助於社神、求雨要進行社祭、日蝕時要獻幣於社、出征或凱旋也要在社舉行祭禮，「帥師者，受命於廟，受脤（祭社之肉）於社」（《左傳‧閔公二年》），〔註49〕「君以軍行，祓社，釁鼓，祝奉以從，於是乎出境」（《左傳‧定公四年》）；「大師，宜於社；及軍歸，獻於社」（《周禮‧春官‧大宗伯》）。〔註50〕此外，免除災害也要舉行

〔註47〕《論語‧八佾》：「哀公問社於宰我，宰我對曰：『夏后氏以松，殷人以柏，周人以栗。』」在三星堆文化中，社神或地母神的形象也是用樹來代表的。詳俞偉超《古史的考古學探索》（北京：文物出版社，2002 年），頁 287。

〔註48〕徐國源〈民間神祇：信仰與傳播〉，《蘇州大學學報》哲社版 2004 年 3 期，頁 108。

〔註49〕出征前以脤祭社，多見東周文獻，不過此俗早在西周便已有之。西周早期偏中期之禽簋銘文曰：「王伐萊侯。周公某禽祝，禽又脤祝，王賜金百寽，禽用作寶彝」可證，詳見中國社會科學院考古研究所編《殷周金文集成》（北京：中華書局，1984～1994 年，以下簡稱《集成》）02486。本論文所引金文具出自金文資料庫工作小組「殷周金文暨青銅器資料庫」，http://db1.sinica.edu.tw/~textdb/test/rubbing/query.php，下不另注。

〔註50〕爲軍事祭社，殷商早已有之，詳鍾柏生師〈卜辭中所見的殷代軍禮之二 ── 殷代的戰爭禮〉，《中國文字》新 17 期，1993 年 3 月，或張永山〈商代軍禮試探〉，《二十一世紀中國考古學 ── 慶祝佟柱臣先生八十五華誕學術論文集》，北京：文物出版社，2006 年。

社祭，「鄭子產爲火故，大爲社，祓禳於四方，振除火災，禮也」（《左傳・昭公十八年》）；天子踐位，分封諸侯，互相誓約，有重要的事，都要祭社，如「桓公踐位，令釁社塞禱」（《管子・小問》）等，此類記載甚多。這時的土地神，已經不是掌管有關土地事務的神靈，而變成國、州、郡、縣、鄉、里各級的保護神。從迷信的本質來看，人們崇拜的已經不是土地的自然屬性，而是異己的社會力量，人們把某些異己的社會力量集中於社神身上而加以崇拜。所以這類社神，和現代民間所信仰的土地公——福德正神，沒有多大差別。

土地神的名稱、神性經過變化以後，作爲祭祀場所的「社」的性質也發生了變化。「社」不單純是祭祀社神的場所，祭祈其他神靈的不少活動，也在「社」進行。不但春祈和秋報在「社」進行，祭其他「方神」以及其他所有的地上神靈——地示，也都在「社」進行。有時，連祭天神，也在「社」舉行，如《禮記・中庸》說：「郊社之禮，所以事上帝」，這說明用社祭也可敬祭上帝。由此可見，「社」這個禮拜地神的場所，後來變成功能多樣化的敬神場所。〔註51〕

a. 社的編制

《禮記・祭法》中記載著各階層立社之事：「王爲群姓立社曰大社。諸侯爲百姓立社曰國社。諸侯自爲立社曰侯社。大夫以下成群立社曰置社。」統治階層如此推廣社神崇拜，有一部份原因是社神崇拜可以保護他們的統治利益。因爲從土地崇拜發展起來的社神迷信，在民間有廣泛的基礎，將此種信仰的祭祀對象和祭權力進行分級，便得以維護以血緣爲紐帶的宗族制度和以封地爲政治、經濟統治單位的封建社會。「天子之社，祭畿內之地祇也。諸侯之社，祭一國之地祇也。州社，祭一州之地祇也。大夫以下，成群立社，亦各視其所居之地，以爲神之所生而祭之者也。」（《禮記・祭法》）如此安排之下，社神信仰便帶有階級性、地方性。而民眾在信仰階級性、地方性的社神時，自然就默默的接受了社會上不公平的階級制度。

漢代以後，小至一家庭，大至一國，都有社。家之外計有大社、王社、國社、侯社、州社、郡社、縣社、里社八種，家內之社即中霤。這些「社」都是不同級別的地域保護神。

〔註51〕 李娜、王建華〈社神之宅——土地龕〉（《文物世界》2005 年 3 期）指出後世老百姓除了會到公社去祭社神，也會在特殊的節日——如春節，將社神迎回家，並建造土地神龕短期供奉。

　　大社即周朝全國之總社或天子之國社，《禮記・祭法》：「王自爲群姓立社，曰大社。」大社又稱宗社或泰社，蔡邕《獨斷》：「天子之宗社曰泰社，天子所爲群姓立社也。」《史記・三王世家》載：「《春秋大傳》曰：『天子之國有泰社。』」王社即天子家族或宗族之社，《禮記・祭法》：「王自爲立社，曰王社。」王社又名帝社。《獨斷》：「天子之社曰王社，一曰帝社。」國社，即諸侯國之社，《禮記・祭法》：「諸侯爲百姓立社，曰國社。」侯社即諸侯家族或宗族之社，《禮記・祭法》：「諸侯自爲立社，曰侯社。」州社即一州之保護神。《周禮・地官・司徒》：「若以歲時，祭祀州社。」郡社即一郡之保護神，漢制縣以上轄以郡，郡亦立社。《續漢書・祭祀志下》：「郡縣置社稷，太守、令、長侍祠，牲用羊豕。」縣社即一縣之保護神，周代無縣社，漢代始立之。漢時縣社稱公社。《史記・封禪書》：「因令縣爲公社。」里社即一里之保護神，里社又稱置社。《禮記・祭法》：「大夫以下成群立社，曰置社。」孔穎達疏：「大夫不得特立社，與民族居百家以上則共立一社，今時里社是也。」本節所討論的中霤即一家之社，《禮記・郊特牲》：「家主中霤，而國主社。」鄭注：「中霤亦土地神也。」孔穎達疏：「卿大夫之家，主祭土神於中霤。」除了以上九種社之外，尚有爲特祭而設立之社，如軍社、耳社、虎社等。另有戒社，爲亡國之社，《禮記・郊特牲》：「喪國之社，屋之，使之不受天陽也。薄社北牖，使陰明也。」《白虎通義・社稷》：「示絕陽而通陰，陰明則物死也。」

　　漢以前文獻雖僅見九種不同等級之社，但當時社的層級可能可更爲複雜。譬如新蔡簡見有一類被歸爲祭禱社稷文書的簡牘。這批文書登記有述、國、敓、里、邑等區域範圍祭禱社稷的情況。〔註52〕在國社到里社之間多了一個敓、在里社與中霤之間多了一個邑。〔註53〕此外楚卜筮簡常見之受祀眾多地主，如：

　　　　☐地主一𢇁。辛酉之☐（新蔡簡甲二7）

〔註52〕賈連敏〈新蔡葛陵楚簡中的祭禱文書〉，「簡帛研究網」，http://www.jianbo.org/，2004/1/11。

〔註53〕敓既非屬行政系統，又與食稅州制度無關。羅運環認爲，從它只出現在封國和大的縣級關口來看，它可能是特設的地方組織，特別是他出現於付塈之關，可能和掌管山林川澤的虞官有關；而邑在簡文中皆加一「宀」，且多稱「大邑」，應與田邑、邑里這類概念有所區別，羅運環認爲從簡文內容來判斷，邑指的應是縣城、郡城或封邑。詳氏著〈釋包山楚簡𢼻、敓、宭三字及相關制度〉，《簡帛研究二○○二、二○○三》（桂林：廣西師範大學出版社，2005年6月），頁8～11。

禱地主一样，佩玉兆，以至室☒（新蔡簡甲三52）

☒地主☒（新蔡簡甲三306）

☒公北、地主各一青犧；司命、司禍各一鹿，舉禱厭之。（新蔡簡乙一15）

舉禱於地主一青犧，先之一璧；舉禱於二天子各样。（新蔡簡乙二38、46、39、40）

☒禱地主一样，就☒（新蔡簡乙三17）

☒巳之昏薦且禱之，地主。八月辛酉☒（新蔡簡乙三60、乙二13）

☒三楚先、地主、二天子、坐山、北方（新蔡簡乙四26）

☒於地主一样。（新蔡簡乙四86）

☒禱地主☒（新蔡簡乙四140）

☒地主以☒（新蔡簡零3）

陳偉〔註54〕、楊華〔註55〕都指出「地主」亦應是社的一種。

在一些少數民族中，土地神或社神也具備多種職能。如古代蒙古人稱地神爲「納的該」，他們認爲地神「是地上一切財產及一切收穫之神」，「凡時和年豐，家人繁庶等事，皆向此神求之」；〔註56〕哈尼族認爲，地神「咪收」是一個至關重要的保護神。一個地方如無「咪收」司管，那麼這塊地方的人丁就不興旺，禽畜就不發展。他們還以爲，一個村寨有一個大地神司管，每戶人家也有自己的地神護衛。同村寨一樣，如果一個家庭沒有「咪收」的保護，則將家丁不興，禽獸不旺，諸事難得順利。〔註57〕

b. 祭社的地點

《詩·大雅·綿》：

綿綿瓜瓞，民之初生，自土沮漆。古公亶父，陶父陶穴，未有家室。

古公亶父，來朝走馬。率西水滸，至於岐下。爰及姜女，聿來胥宇。

周原膴膴，菫荼如飴。爰始爰謀，爰契我龜。曰止曰時，築室於茲。

迺慰迺止，迺左迺右，迺疆迺理，迺宣迺畝，自西徂東，周爰執事。

乃召司空，乃召司徒，俾立室家。其繩則直，縮版以載，作廟翼翼。

〔註54〕陳偉《包山楚簡初探》（武漢：武漢大學出版社，1996年8月），頁165。

〔註55〕楊華〈戰國秦漢時期的里社與私社〉，「武漢大學簡帛研究中心」，http://www.bsm.org.cn/，2006/3/26。

〔註56〕義·馬可波羅《馬可波羅行記（中）》（北京：中華書局，1954年），頁416。

〔註57〕清波〈哈尼族民間諸神淺析〉，《紅河民族研究》1989年1期。

　　捄之陾陾，度之薨薨，築之登登，削屢馮馮，百堵皆興，鼛鼓弗勝。
　　迺立皋門，皋門有伉。迺立應門，應門將將。<u>迺立冢土</u>，戎醜攸行。
　　肆不殄厥慍，亦不隕厥問。柞棫拔矣，行道兌矣。混夷駾矣，維其
　　喙矣。

　　虞芮質厥成，文王蹶厥生。予曰有疏附，予曰有先後，予曰有奔奏，
　　予曰有禦侮。

《詩・大雅・綿》描寫了先周古公亶父率族由豳地遷至渭河流域所做的四件
大事：考察周原、建築居室、設立神廟、堆土立社。這四件大事的先後之分，
是按照〈綿〉詩敘述順序歸納的，而在現實生活中，四件事很可能是全族人
共同操作、同時進行的。這說明，對土地神的崇拜及相關的儀式，在先周人
們的生活中具有非常重要的地位。〔註58〕

　　〈綿〉詩中把象徵土地神的土堆稱之為「冢土」。「冢土」，《傳》云：「大
社也。起大事，動大眾，必先有事乎社而後出……。」《周禮・春官・冢人》
賈疏：「事天祀神之處。」為什要築「冢土」祭社呢？應劭在《風俗通義・祀
典》中說：「社者，土地之主。土地廣博，不可遍敬，故封土以為社而祀之，
報功也。」《太平御覽》卷532引《孝經》：「社，土地之主也。地廣不可盡敬，
故封土為社以報功。」

　　但古代各地區民間，規定祭土地神的場所可能不同，因此先秦古籍對祭
地神場所的說法很不相同。有的說，祭地場所要選擇在樹林裡，如《墨子・
明鬼》所說的「必擇林木之修茂者，立以為叢社」，如「宋之桑林」；有的說：
「地主陰」，所以祭地時要在北郊挖方坑，用瘞埋祭法祭地（《禮記・郊特
牲》）；有的說：「地貴陽」，所以要在澤地築一個圓壇作祭壇（《史記・封禪
書》）；有的說，天道圓，地道方，故於澤中方丘祭地，所謂「夏至日祭地」
於「澤中方丘」（《藝文類聚》引《漢舊儀》）。大抵原始社會時期，人們直接
崇拜土地，向著土地祈禱、獻祭，把供物撒在地上或埋入土裡。隨後有些地
方，在祭地時累一個土堆作為禮拜的對象，或規定一個地方做為禮拜場所，
這個土堆和禮拜場所日久之後，就變成了土地神存在的象徵或神體（社）。

　　土壇附近植樹，王慎行以為這是因為社神產生以後，為了避免其依附的
外表——社主受風雨侵蝕，人們往往在它的周圍種植樹木；或者選擇樹木叢

〔註58〕李立〈從母神、冢土到五色壇——周人土地神崇拜的演變〉，《東北師大學報》
　　　　哲社版1996年4期，頁30。

生的地方，立置社主，以顯示出陰森神密的氣氛。〔註59〕至於在什麼樹林和立什麼樹才合適，也有著不同的說法。《論語・八佾》：「哀公問社於宰我。宰我對曰：『社，夏后氏以松，殷人以柏，周人以栗。』」孔穎達解釋說：「凡建邦立社，各以其土所宜之木。」《白虎通義・社稷》引《尚書・逸編》說：「大社，唯松；東社，唯柏；南社，唯梓；西社，唯栗；北社，唯槐。」關於祭地場所的種種不同說法，雖然反映著不同學派的影響，但更主要的是客觀上中國各地民間對地神的信仰存在著不同的習慣。但是在其發展過程中，可能會產生一種爲廣大地區所共同信仰的地神迷信和祭祀儀式。這種廣泛流傳的信仰的形成，常與官方的推廣有很大的關係。

　　社稷祭祀的禮儀制度，秦漢前後變化較大。夏社祭共工氏之子句龍，殷、周因之；夏祭烈山氏之子柱，殷改祭后稷，周因之。自漢立大社大稷，又立官社官稷，其制漸雜，〔註60〕本論文於此不再累述。

　　c. 社神的分化

　　（a）五土之神

　　根據讖緯家的說法，社神后土之下尚分五神──五土：「社者，土地之主，土地廣博，不可遍敬，封五土爲社。」（《禮記正義》引「《孝經》說」）〔註61〕《周禮・地官・大司徒》：

> 大司徒之職：掌建邦之土地之圖……周知九州之地域廣輪之數，辨其山林、川澤、丘陵、墳衍、原隰之名物，而辨其邦國都鄙之數，制其畿疆而溝封之；設其社稷之壝而樹之田主，各以其野之所宜木，遂以名其社與其野。以土會之法，辨五地之物生：一曰山林……二曰川澤……三曰丘陵……四曰墳衍……五曰原隰，其動物宜臝物，其植物宜叢物，其民豐肉而庳。

　　據此，讖緯家所謂五土之神可能就是山林、川澤、丘陵、墳衍、原隰。〔註62〕

〔註59〕 王愼行〈殷周社祭考〉，《中國史研究》1988年3期，頁139。

〔註60〕 余和祥〈略論中國的社稷祭祀禮儀〉，《中央民族大學學報》哲社版2002年5期，頁66。

〔註61〕 曹書杰《后稷傳說與稷祀文化》（北京：社會科學文獻出版社，2006年1月），頁304認爲此乃許愼《五經異義》所載，所謂「《孝經》說」當是讖緯家的著作。

〔註62〕 曹書杰《后稷傳說與稷祀文化》（北京：社會科學文獻出版社，2006年1月），頁305以爲從〈月令〉裡頭可以歸納出部份的周人信仰系統：最高級是昊天

（b）稷神／穀神

蕭靜怡的研究指出，周代祭祀社稷主要是以祭祀社神為主，稷神只是配祭。〔註63〕稷神或稱穀神，祂也是土地之神——社神派生出來的。〔註64〕孔穎達《禮記·郊特牲》疏：「稷是社之細別，名曰稷。」陳夢家認為「殷人只有社而無稷」，至周代才有社、稷之分。〔註65〕錫伯族也認為，穀神是土地神的派生神靈。根據賀靈的調查，錫伯族接觸農業文化之後，隨著社會分工越來越細，人們按自己的意志將神界也進行了分工，故從土地神派生出了專管五穀豐登與否的神靈——穀神。他們把穀神稱之為「哲庫恩都裡」或「哲庫厄真」。〔註66〕

稷神之所以從社神中分出來，主要是由於社神所司神職太多、太雜。而五穀是人們主要的食物來源，五穀的收成如何，直接關係到人的生存和社會的穩定，因此，古人便在社壇之外，另設稷壇，祭祀稷神。《孝經·援神契》說：「稷者，五穀之長，穀眾，多不可遍敬，故立稷而祭之。」《白虎通·社稷》謂：「王者所以有社稷何？為天下求福報功。人非土不立，非穀不食。……五穀眾多，不可一一而祭也。……稷，五穀之長，故封稷而祭之也。」從來從事農業生產的部族或國家，都要以社神和稷神作為重要的崇拜對象。因為社神是土地之神，稷神是百穀之神。這種禮俗起源很早，流傳時間很長。〔註67〕

上帝；第二級是大皞（句芒）、炎帝（祝融）、黃帝（后土）、少皞（蓐收）、顓頊（玄冥）；第三級是山林、川澤、丘陵、墳衍、原隰之神與稷神。曹氏又繪出神格在社稷五祀之上之五德帝的祭祀系統（頁303）：

四時	五人帝		五人神		五穀五畜				四郊
孟春之月	其帝	大皞	其神	句芒	食	麥	與	羊	迎春於東郊
孟夏之月		炎帝		祝融		菽		雞	迎夏於南郊
（中央土）		黃帝		后土		稷		牛	祀中霤
孟秋之月		少皞		蓐收		麻		犬	迎秋於西郊
孟冬之月		顓頊		玄冥		黍		彘	迎冬於北郊

〔註63〕蕭靜怡〈從周禮天官及地官二篇看周代祭祀問題〉，《孔孟月刊》35卷9期，1997年5月，頁8。
〔註64〕何星亮《中國自然神與自然崇拜》（上海：三聯書店，1992年5月），頁110～111。
〔註65〕陳夢家《殷墟卜辭綜述》（北京：中華書局，1988年），頁583。
〔註66〕賀靈《錫伯族的原始信仰研究》，內部鉛印本，1989年。
〔註67〕楊寬《西周史》（上海：上海人民出版社，1999年），頁20。這種被尊為社神、稷神的崇拜對象，往往都是那些部落中有功於平治水土或農業生產的祖先。

據楊明的調查,中國少數民族如白族勒墨人也祭祀五穀之神,每年二月逢亥日,每家必祭五穀神於門前坡頭上,插一束荻花(共五根),長8～9尺,中間的一根,繫一張白紙,荻花前面用栗木搭成一個架,架上放一個大簸箕,邊沿很整齊地插著栗樹葉,簸箕內亦用栗葉鋪滿。用四個糯米粑粑放在簸箕的東南西北四方,中央加二個小簸箕,小簸箕內用大小不同的糯米粑粑一百多個,疊壘成一個塔形,放置中間,塔的四周,在小簸箕範圍內放好所有農作物和蔬菜和種子。每樣放一堆。然後殺一隻雞,舉行祭祀儀式。用勒墨語祝禱:「默願上天,土地保佑,風調雨順,五穀豐登……。」然後全家老小向荻花叩首致敬。富裕人家用豬羊祭祀。九月收割後,爲報神恩,又宰雞殺豬祭祀;〔註68〕據賀靈的調查,錫伯族的穀神有自己的形象,他們用布縫製成似人的袋狀物,大小比兩個巴掌大,其中裝麥、稻、豆等種子,每年秋天都換成新穀。春耕前祭地時,把袋中的舊穀撒在地上,以求豐收。〔註69〕

綜上,先秦土地神崇拜的演變可大分爲三個階段:

第一階段,將大地視做自然神,直接向土地獻祭、禮拜。此種自然神被賦予「母親」的形象,祂的神性也慢慢被聚焦、與其他自然神有所區隔。

第二階段,崇拜已經被擬人化的土地神,但在這個擬人化的土地神身上,集中著土地的自然力及其對社會生活的影響力。此階段的土地崇拜主要以祭祀特定幾個擬人化神祇來表現。大範圍土地神慢慢演變出后土信仰、小範圍土地神則慢慢演變出社神信仰。

第三階段,崇拜分散於各地各級的社(類似後世的土地公、婆),〔註70〕幾乎所有與迷信相關的神秘儀式也都在社舉行。每一地段都有一個社神〔註71〕──像本節所討論的中霤就是家居地段的社神〔註72〕──祂們是該地區的管

〔註68〕楊明〈試論白族的自然崇拜及其特點〉,《貴州民族研究》1983年4期。

〔註69〕賀靈《錫伯族的原始信仰研究》,內部油印本,1989年。

〔註70〕冀維英〈土地神的性別衍變及其神格的沉淪〉,《天府新論》1998年1期,頁77:「中國母權制的顛覆大致在原始社會氏族公社時代的晚期即帝嚳、堯、舜之時。由於思想意識的轉換往往大大落後於社會變革,所以遲到西漢時代,地祇才變性爲男。」另可參氏著〈古神話和仙話中地祇的變性探研〉,《池州師專學報》1996年1期。徐長菊〈土地神人格化之演變〉,《青海社會科學》2004年1期,頁130亦言:「土地神被人格化爲男性應當始於父系氏族社會。」

〔註71〕潘國英〈南方民間的土地神信仰〉,《東南文化》1998年4期,頁63提到,中國的南方現在也有在田間地頭各自祭土地神的習慣。

〔註72〕中霤的起源可追溯到新石器時代,但與其他地神分職分工──職能專門化──

理者。人們較爲注意的是祂們的社會作用（保佑附近居民的平安），自然作用注意的較少（風調雨順）。社的職能一多，又分化出稷神信仰。

　　雖然我們可以用這三個階段說明先秦土地信仰的演變大勢，但這個演變卻並非單線式進行著，各地區的演變時程先後仍然存在著差異。

　　人間有主宰者，陰間也有統治者。由於古代多實行土葬，人死後埋入土中，地表之下，墳墓裡面，無日月之光，漆黑幽晦，故古人稱死者居住之所爲幽都或陰間。墓間多磷火，故稱幽都有「青火色」（《神異經‧中荒經》）。由於陰間或幽都皆在地下，因而後世便認爲土地神亦兼有司鬼魂的神職，爲陰間之主宰。〔註73〕

四、楚人祭祀中霤神的原因

　　中霤是楚人時常祭祀的對象之一，少有憂於宮室時祭祂（有時也會順道祭拜門、行），希望仕途順遂時也祭祂，祭拜楚先公先祖及二天子等位階比較高的神祇時也會順道祭祂。但若中霤是作祟者，楚人也會攻敘祂。

　　中霤既是家居所屬地神，楚人祭中霤的動機之一，和祭大地之神——后土的動機十分相仿。祭后土地神，主要在祈求風調雨順，農業有好的收成；做爲一家之屬地神的中霤，楚人祭祀之，亦是希望能家居平安，祈求中霤神能代爲抵禦外來有形及無形力量的侵擾。這一部份的中霤神神職，和後世的地基主或門神相似。「在民間宗教基本信眾的觀念中，不管什麼神，只要對自己有利、有用、有所寄託，他們就會祈拜、供奉祂們。」〔註74〕「以人爲中心、以實用爲價值取向的中國民間神靈信仰，把神靈當作達到世俗目的的手段，工具化態度十分明顯。」〔註75〕

　　　——並進入祀典，在時間上要晚得很多。
〔註73〕何星亮《中國自然神與自然崇拜》（上海：三聯書店，1992 年 5 月），頁 109
　　　～110。中國各地視土地神爲兼管鬼魂之神的信仰習俗，可參趙興德修、王鶴
　　　齡纂《義縣志》，臺北：成文出版社，1973 年；雙城縣志編纂委員會辦公室編
　　　《雙城縣志》，北京：中國展望出版社，1990 年；黑龍江省圖書館編《寶清縣
　　　志》，哈爾濱：內部鉛印本，1964 年；武安市地方志編纂委員會編、李拴慶主
　　　編《武安縣志》，北京：中國廣播電視出版社，1990 年；海城市地方志編纂委
　　　員會辦公室《海城縣志》，海城：海城市地方誌編纂委員會，1987 年。
〔註74〕徐小躍〈中國傳統宗教的信仰模式及其對中國民間宗教的影響〉，《江西社會
　　　科學》2006 年 2 期，頁 24。
〔註75〕黃景春〈論我國民間神靈信仰的世俗性〉，《南陽師範學院學報》社科版 2 卷 5

中國人這種從功利目的出發而崇拜神祇的現象，有其深刻的歷史原因。首先這種現象的出現與中國自給自足的農村經濟基礎是分不開的。在中國傳統的農業社會中，土地是人們生活物資的來源，人民的生命和土地緊密地聯繫在一起。但圍繞土地生活的人民們在獲得了生活物資的同時卻也被禁錮在土地上。他們沒有別的祈求和渴望，只能把生活的意義賦予他們身邊的現實。沈迷於現實的生活方式，使他們日益變得狹隘而現實。

中霤作為地神的一種，其除佑護一家一室外，亦是家室成員賽報大地的一個管道和對象。各家皆立中霤，就是為了滿足家家戶戶方便祭祀地神的信仰需求。

五、楚地可能的中霤神祭祀儀節

《禮記‧郊特牲》：「社祭土」、「社，所以神地之道也。地載萬物，天垂象，取財於地，取法於天，是以尊天而親地也。故教民美報焉。」《白虎通義》：「地載萬物者，釋地所以得神之由也。」人們對大地的重視，通常藉由祭祀來表示。禮書裡就有很多關於大地山川之祭的記載。譬如《禮記‧曲禮》講到：

> 天子祭天地，祭四方，祭山川，祭五祀，歲遍；諸侯方祀，祭山川，
> 祭五祀，歲遍；大夫祭五祀，歲遍；士祭其先。

《禮記‧禮運》亦云：

> 故祭帝於郊，所以定天位也；祀社於國，所以列地利也；祖廟，所
> 以本仁也；山川，所以儐鬼神也；五祀，所以本事也。故宗祝在廟，
> 三公在朝，三老在學，王前巫而後史。卜巫瞽侑，皆在左右。王中，
> 心無為也，以守至正。

《禮記‧禮器》也有：

> 天地之祭、宗廟之事、父子之道、君臣之義，倫也……社稷山川之
> 事，鬼神之祭，體也。

這些記載在在指出古人對大地山川之祭有多麼的重視。

另外，在《禮記‧祭儀》：

> 是故昔者天子為借千畝，冕而朱紘，躬秉耒；諸侯為借百畝，冕而
> 青紘，躬秉耒，以事天地山川。社稷先古，以為醴酪齊盛，於是乎

期，2003 年 5 月，頁 90。

取之，敬之至也。

《禮記・王制》：

> 冢宰製國用，必於歲之杪，五穀皆入，然後制國用。用地小大，視年之豐耗，以三十年之通。制國用，量入以為出，祭用數之仂。喪，三年不祭，唯祭天地社稷，為越紼而行事。喪用三年之仂，喪祭，用不足曰暴，有餘曰浩。祭，豐年不奢，凶年不儉。
>
> 天子諸侯宗廟之祭，春曰礿，夏曰禘，秋曰嘗，冬曰烝。天子祭天地，諸侯祭社稷，大夫祭五祀。天子祭天下名山大川，五嶽視三公，四瀆視諸侯。諸侯祭名山大川之在其地者。
>
> 祭天地之牛角繭栗，宗廟之牛角握，賓客之牛角尺。諸侯無故不殺牛，大夫無故不殺羊，士無故不殺犬豕，庶人無故不食珍。

等等記載裡亦可發現，古人所設之天地山川社稷之祭異常隆重。

但傳世文獻中罕見戰國楚地的中霤神祭儀，故本論文擬先整理楚地簡帛所見中霤祭儀，再利用傳世文獻所載中霤神及民間土地信仰的祭儀作補充，試構戰國楚地可能的中霤祭祀儀節。

（一）楚地簡帛所見中霤祭祀儀節

雖然楚地簡帛的中霤祭祀資料並不多，但我們仍可以於其中整理出關於楚中霤神的祭儀。

1. 祭祀儀式

從前引簡文當中可知，楚人主要使用舉禱（包山 M2 簡 208、210、望山 M1 簡 109、天星觀 M1 簡 26、337、614、619）、賽禱（包山 M2 簡 214、望山 M1 簡 109、天星觀 M1 簡 26、32、337、523、564、614、619）與厭祭（包山 M2 簡 207），若中霤為祟，亦可攻敘袥（包山 M2 簡 229）。

何謂「舉禱」？舉禱亦多見於楚地簡帛，舉字有寫作從止，有寫作從辵、有寫作從犬者，除祭中霤，亦用於其他神祇：

> 舉禱楚先老僮、祝融、鬻熊各一牂，使攻解於不辜。（包山M2 簡 217）
>
> 有祟見親王父、殤，以其故說之，舉禱特牛，饋之，殤因其常牲。（包山M2 簡 222）
>
> 攻尹之攻執事人姬舉、衛桉為子左尹坺舉禱於親王父司馬子音特牛，饋之。（包山M2 簡 224）

攻尹之攻執事人姬舉、衛妝爲子左尹紁舉禱於殤東陵連敖子發，肥豬，蒿祭之。（包山 M2 簡 225）

舉禱蝕太一全豢；舉禱兄弟無後者邵良、邵乘、懸貉公各豵豕、酒食，蒿之。（包山 M2 簡 227）

舉禱太一膚，二天子各一牂，坐山一羖；舉禱楚先老童、祝融、鬻熊各兩羖。（包山 M2 簡 237）

舉禱五山各一牂，舉禱昭王特牛，饋之；舉禱文平夜君子良、邸公子春、司馬子音、蔡公子家各特豢，饋之，使攻解於祖與兵死。（包山 M2 簡 240）

舉禱太一膚，后土、司命各一牂，舉禱大水一膚，二天子各一牂，坐山一羖；舉禱昭王特牛，饋之；東陵連敖豵豕、酒食；蒿之。（包山 M2 簡 243）

舉禱巫一全豬，俎豆保逾之。（包山 M2 簡 244）

舉禱荊王，自熊麗以就武王，五牛、五豕，使攻解於水上與溺人。（包山 M2 簡 246）

舉禱於絕無後者各肥豬，饋之，命攻解於暫木位，且徙其處而樹之，尚吉？（包山 M2 簡 249～250）

爲悼固舉禱簡大王、聲☐（望山 M1 簡 10）

舉禱宮行一白犬酒食☐（望山 M1 簡 28）

舉禱太佩玉一環，后土、司命各一小環，大水佩玉一環。（望山 M1 簡 54）

舉禱於太一環，后土、司[命]☐（望山 M1 簡 56）

舉禱於東宅☐（望山 M1 簡 114）

舉禱北子肥豢酒食。（望山 M1 簡 116）

舉禱大夫之私巫，舉禱行白犬，罷禱王孫悼冢。（望山 M1 簡 119）

☐☐舉禱北宗一環，舉禱來一羖。（望山 M1 簡 125）

舉禱北☐（望山 M1 簡 126）

舉禱於宮☐（望山 M1 簡 127）

☐爲君貞：祈福，舉禱與☐（新蔡簡乙三 6）

☐之：舉禱荊亡銂牢〔註76〕、酒食，夏亡特牛、酒食；舉禱☐（新

〔註76〕 楊華〈新蔡簡祭禱禮儀雜疏〉，《新出簡帛與禮制研究》（臺北：臺灣古籍出版

蔡簡甲三 243）

☐說之，舉禱荊[亡]鉶牢、酒食、夏亡特☐（新蔡簡甲三 148＋甲三
86）

☐禱於文夫人鉶牢，樂且贛之。舉禱於子西君鉶牢，樂☐（新蔡簡
乙一 11）

☐[以]其故說之，舉禱於昭王、獻惠王各大牢，饋，[棧鐘樂之]☐（新
蔡簡乙一 29、30）

☐王、文君，舉禱於昭王、獻惠王、文君各一佩玉。辛未之日禱之。
（新蔡簡乙一 21、33）

☐舉禱於昭王大牢，樂之，百（埋），裸。（新蔡簡乙二 1）

☐☐以其故舉禱文☐（新蔡簡乙三 8）

☐之，祈福，舉禱文君大牢，饋之☐（新蔡簡甲三 419）

☐各大牢饋，棧鐘樂之。舉禱子西君、文夫人各特牛，饋，棧鐘樂
之。定占之曰：「吉。是月之☐（新蔡簡零 13＋甲三 200）

☐舉禱五山祠禑（？）☐（新蔡簡甲三 195）

☐玉。舉禱於三楚先各一牂，纓之兆[玉]☐（新蔡簡乙三 41）

　　各舉字字形所從或不有同，但釋作「舉」字則無疑。包山簡整理小組以
爲各舉字不用通假成他字，皆讀作「舉」即可。《周禮・天官・膳夫》「王日
一舉」，鄭注：「殺牲盛饌曰舉。」〔註77〕張軍讀「舉禱」作「旅禱」，並引
《周禮・天官・掌次》：「王大旅上帝，則張氈案，設皇邸」鄭注：「祭天子
於圜丘；有故而祭亦曰：『旅』」與《說文》段注：「又凡言羈旅，義居乎廬，
廬，寄也。」認爲旅禱應是在野外、圜丘、郊域設帳或築廬祭神的方法。屬
索祭的一種，其祭品在《山海經》多用於祭山川神祇。〔註78〕黃人二以爲除
了讀「舉」外，還有二個可能：其一，與「饗」通，涵意也是殺牲祝禱。其
二，因齊魯方音，還可以音「盧」，即《周禮》、《儀禮》上的「臚」、「膚」
字，義爲剝割殺牲。〔註79〕李零則讀作「與」，認爲「與禱」即「始禱」，與

社，2007 年 4 月），頁 20～22 以爲鉶牢即「鉶鼎之牢」，意指肉羹與鹽、菜調
和的一組祭品。

〔註77〕湖北省荊沙鐵路考古隊編《包山楚簡・釋文》（北京：文物出版社，1991 年
10 月），頁 54。

〔註78〕張軍《楚國神話原型研究》（臺北：文津出版社，1994 年 1 月），頁 373。

〔註79〕黃人二《戰國包山卜筮祝禱簡研究》（臺北：臺灣大學中文系碩士論文，1996

「賽禱」意義正好相反，兩者有對應關係。〔註 80〕周鳳五亦讀作「與」，以爲是由當事人親自祭祀祖先，並對祖先提出要求與承諾。其義與《論語》「子曰：『吾不與祭，如不祭』」的「與」相同，作「參與」解。〔註 81〕邴尚白以周鳳五文爲基礎，全面分析「罷禱」、「舉禱」之間祭祀原因與對象等等的不同，認爲前者是針對外事，主要與功名事業有關。後者則與鬼神作祟有關。〔註 82〕

按簡文所見「舉禱」，既可施於天神、地祇，又能施於人神人鬼，應非張軍所言是設帳築廬以用於山川的「旅禱」。「舉禱」所用祭品有大牢（三牲）、牛、羘、犬、豢、環、酒食等，其中酒食和玉環並不能剝割宰殺，故「舉禱」亦非黃人二所說是剝割殺牲之祭。「舉禱」施用目的既可以攻解，又可用來祈福，恐怕也非如邴尚白所言，全與鬼神作祟有關。

由目前所能掌握的簡文資料來看，「舉禱」施用的對象、目的，自由度很大，其祭品的貢獻也無定數，加上舉禱可與樂、百（埋）、裸合用，亦可獨用，可見其使用的套式也很自由。正因爲它的施用自由度大，所以單就目前見有「舉禱」的楚簡簡文來分析，仍然無法發現足夠的線索可幫助理解「舉禱」的內涵，更遑論有積極證據能夠支持李零（始禱）與周鳳五（當事人親身參予之祭）的說法。故今暫從原整理者讀「舉禱」，其確實意義闕疑待考。

何謂賽禱？「賽禱」屢見楚地簡帛資料。除上引簡文之外亦見：

> 逡郦會之說，賽禱東陵連敖豬豕、酒食，蒿之。（包山簡 210～211）
>
> 賽禱太佩玉一環，后土、司命、司禍各一小環，大水佩玉一環，二天子各一小環，坐山〔註 83〕一班。（包山簡 213～214）

年 6 月），頁 91。

〔註 80〕 李零《中國方術考》（北京：人民中國出版社，1993 年 12 月），頁 269。

〔註 81〕 周鳳五〈讀郭店竹簡〈成之聞之〉札記〉，《古文字與古文獻》試刊號（臺北：楚文化研究會，1999 年 10 月），頁 46～48。

〔註 82〕 邴尚白《楚國卜筮祭禱簡研究》（埔里：暨南國際大學中文系碩士論文，1998 年），頁 92～96。

〔註 83〕 「坐（佐）山」之「坐（佐）」，陳偉《包山楚簡初探》（武漢：武漢大學出版社，1996 年），頁 170,231～238 以爲應讀從「危」，即《漢書·地理志》「淈山」；李零〈郭店楚簡研究中的兩個問題──美國達慕思學院郭店楚簡《老子》國際學術討論會感想〉（《郭店楚簡國際學術研討會論文集》，武漢：湖北人民出版社，2000 年），頁 47～52 舉出很多楚文字「危」、「坐」訛的例子，以爲釋作「坐（佐）山」當再考慮；陳劍《上博竹書〈昭王與龔之脽〉和〈柬大王泊早〉讀後記〉（「簡帛研究網」，http://www.jianbo.org/，2005/2/15）讀《柬大

迻石被裳之說，至穆三月，賽禱昭王特牛，饋之；賽禱文平輿君、
部公子春、司馬子音、蔡公子家各特豢，饋之。賽禱親母特猾，饋
之。（包山 M2 簡 214～215）

　　擇日於是幾賽禱司命、司祿佩玉兆。（新蔡簡甲三 4+零 219）

「賽」又作「塞」，字意指酬報，即祭祀酬神之稱。《韓非子・外諸說右下》：「秦
襄王病，百姓爲之禱。病癒，殺牛塞禱」，王先愼集解：「塞、賽義同。」《史記・
封禪書》：「冬塞禱祠」，索隱：「今報神福也」。《漢書・郊祀志上》：「冬塞禱祠」，
顏師古注：「塞謂報其所祈也。」《說文》：「賽，報也。」〔註84〕漢・王充《論
衡・辨祟》：「項羽攻襄安，襄安無譙類，未必不禱賽也。」「賽禱」指的是回報
神之福佑所舉行的祭祀活動，其俗亦延續到漢以後，《晉書・藝術傳・戴洋》：「公
於白石祠中祈福，許賽其牛，至今未解，故爲此鬼所考。」宋・王安石〈牛山
即事〉詩之四：「神林處處傳簫鼓，共賽元豐第一秋。」清・吳偉業〈悲滕城〉
詩：「巫兒赤章賽水神，溝人匠氏修防門。」

　　「賽」是眾多回報神祇的祭祀之一。此外，類似的報神祭祀還有報、祠、
蠟等。《國語・魯語上》：「凡禘、郊、祖、宗、報，此五者，國之典祀也。」韋
昭注：「報，報德，謂祭也。」「報」義與「賽（塞）」同，亦爲酬神之祭〔註85〕；
「祠」，指非常之祭後，得福報神之舉，類似後世的還願，《周禮・天官・女祝》：
「女祝掌王后之內祭祀，凡內禱祠之事」，鄭注：「禱，疾病求瘳也；祠，報福」，
賈公彥疏：「禱祠又是非常之祭，故知唯有求瘳報福之事也」；「蠟」，是年終答
謝百神之祭，《禮記・郊特牲》：「蠟也者，索也，歲十二月，合聚萬物而索饗之
也。」此爲規模最大的報謝之祭，不過「蠟」意在酬謝，並非如「報」，先有祈
求而後回報祭之。

　　何謂「厭祭」？「厭祭」見包山 M2 簡 207，厭字嚴隸作屌，簡文作：「厭
於野地主一羖、宮地主一羖。」孔仲溫以爲屌字爲「字」之繁體，係「祠」
之假借，指的是賽禱，他並引包山文例爲證，認爲屌爲祭禱之一種，且與賽

　　　　大王泊旱》「社稷以逆矣」時，以爲「坐」本是「跪」、「坐」與「危」音近，
　　　　「逆」字讀成「危」方文從字順。是以本論文不排除楚簡這一系列「坐（佐）」
　　　　字讀作「危」或從「危」之字的可能性。
〔註84〕包山借貸文書簡稱呼到期當返還之借款爲「賽金」。
〔註85〕商代甲骨文中見有「報」祭。商「報」主要在祭河及祖先神，見連劭名〈商
　　　　代祭祀中的「反本歸宗」〉，《殷都學刊》2004 年 3 期，此與後世泛指酬神之祭
　　　　的「報」有所不同。

禱同時舉行，釋其指賽禱應無誤；〔註86〕包山此字劉信芳通讀為薦；〔註87〕此字亦見新蔡簡乙一 15，嚴隸作屠。新蔡簡原整理者以為通厭，〔註88〕徐在國〔註89〕、邴尚白從之。〔註90〕

按新蔡簡文例作：「厭禱一搏；歸佩玉於二天子，各二璧……。」（簡甲一 4）簡甲三 111、乙一 15、乙三 24 亦有其用例。從新蔡簡文例可知，屠（屠）不一定要與賽禱同時舉行，是以孔說待商。而「薦」，《周易・觀卦》：「觀，盥而不薦，有孚顒若。」孔疏：「既盥之後，陳薦籩豆之事。」《左傳・隱公三年》：「可薦於鬼神，可羞於王公。」「薦」有進薦犧牲之義，但幾乎任何祭禱皆須薦牲，讀「屠（屠）祭」作「薦祭」，意義不大。而「厭」，《禮記・曾子問》：「攝主不厭祭」，鄭注：「厭，厭飫神也。厭有陰有陽，迎尸之前，祝酌奠，奠之且饗，是陰厭也；尸謖之後，徹薦，俎敦設於西北隅，是陽厭也。」典籍中也有「厭祭」，見《禮記・曾子問》：

> 曾子問曰：「祭必有尸乎？若厭祭亦可乎？」孔子曰：「祭成喪者必有尸，尸必以孫。孫幼，則使人抱之。無孫，則取於同姓可也。祭殤必厭，蓋弗成也。祭成喪而無尸，是殤之也。」

「厭祭」成詞，且嘗見於典籍，故本論文暫從新蔡簡原整理者等人意見，讀「屠（屠）祭」作「厭祭」。〔註91〕

何謂「攻敘」？「攻敘」即「攻說」。《周禮・春官・大祝》：「掌六祈以同鬼神示：『一曰類、二曰造、三曰禬、四曰禜、五曰攻、六曰說。』」鄭注：「攻、說，則以辭責之。」《周禮・秋官・司寇》：「庶氏掌除毒蠱。以攻說禬之，嘉草攻之。」鄭注：「攻說，祈名。祈其神，求去之也。」孫詒讓正義：「蓋亦鳴鼓攻之，復以辭責其神，故兼有二名。詳彼疏。云『祈其神，求去

〔註86〕孔仲溫〈楚簡中有關祭禱的幾個固定字詞試釋〉，《第三屆國際中國古文字學研討會論文集》，香港：中文大學出版社，1997 年 10 月 15～17 日。又收入《孔仲溫教授論文集》，臺北：學生書局，2002 年 3 月。

〔註87〕劉信芳《包山楚簡解詁》（臺北：藝文印書館，2003 年），頁 223。

〔註88〕河南省文物考古研究所編《新蔡葛陵楚墓》（鄭州：大象出版社，2003 年 10 月），頁 183。

〔註89〕徐在國〈新蔡葛楚簡札記（二）〉，「簡帛研究網」，http://www.jianbo.org/，2003/12/17。

〔註90〕邴尚白《葛陵楚簡研究》（臺北：臺灣大學中文系博士論文，2007 年 1 月），頁 188～191。

〔註91〕不過古人祭祀死者多用尸，無尸之祭才謂之厭祭。而新蔡簡中受厭祭者有公北、地主、司命、司禍、野地主、宮地主等神祇，並不拘限於殤。

之也』者，以毒蠱亦有神憑之，故攻說聲其罪除去之。」當中霤爲崇則禱其他家神，使攻敚之，以去除不祥。〔註92〕

2. 祭祀犧牲

楚地簡帛所見，祭祀中霤，主要使用殺（包山 M2 簡 201、214，天星觀 M1，見滕本頁 26、32、337、523、564、614、619）、豛（包山 M2 簡 207）、豕☐（望山 M1 簡 109）。「豕☐」因簡殘而不明。「殺」，即黑色的公羊，亦泛指公羊。《詩·小雅·賓之初筵》：「俾出童羖。」《史記·秦本紀》：「吾媵臣百里奚在焉，請以五羖羊皮贖之。」

天星觀 M1 簡的「殺」，原釋文作「羘」，字見《墨子·非樂下》：「上帝弗常，九有以亡；上帝不順，降之羘」、《山海經·東山經》：「凡東次三經之首曰尸胡之山，北望羘山。」傳世韻書亦有此字，如《集韻·陽韻》：「羘，女鬼」、「殘也。」葉貴良以《墨子》及《山海經》的文例，比較道、佛經典，認爲此字爲「祥」之異體。〔註93〕筆者以爲以上皆應非簡文此字之正解。此字從「羊」得義，應爲羊牲之一種。此字於天星觀簡文中作 **羖**，楚簡常見。此系列字之右半，舊釋以爲從「歹」，實誤。〔註94〕侯乃峰據季旭昇師〈上博三周易比卦「有孚盈缶」「盈」字考〉，〔註95〕以爲右半係及，此系列字從羊及聲，與羘爲同字，羘即殺，〔註96〕說極是。按羘，楚簡常見，《干祿字書·上聲》：「羘，即殺。」《說文》：「夏羊牡曰殺。」

「豛」，即公豬。《左傳·哀公十五年》：「既食，孔伯姬杖戈而先，大子與五人介，輿豛從之。」孔穎達疏：「豛，是豕之牡者。」《史記·秦始皇本紀》：「夫爲寄豛，殺之無罪，男秉義程。」司馬貞索隱：「豛，牡豕也。」

（二）禮書所見中霤祭祀儀節

1. 祭祀中霤的地點與祭品：《禮記·月令》：「中央祀中霤，祭先心。」鄭

〔註92〕于成龍〈包山二號墓卜筮簡中若干問題的探討〉（《出土文獻研究》5 輯，1999年 8 月）指出「攻敚」專用於宮室。

〔註93〕葉貴良〈「羘」字考辨〉，《語言研究》2004 年 3 期，頁 96～98。

〔註94〕季旭昇師〈說歺及其相關之字〉，《第十九屆中國文字學全國學術研討會會議論文集》，臺南縣：嘉南科大通識中心，2008 年 5 月 24～25 日。

〔註95〕季旭昇師〈上博三周易比卦「有孚盈缶」「盈」字考〉，「簡帛研究網」，http://www.jianbo.org，2005/8/15。

〔註96〕侯乃峰〈說楚簡「及」字〉，「武漢大學簡帛研究中心」，http://www.bsm.org.cn，2006/11/29。

注:「云祀之先祭心者,五臟之次,心次肺。至此心爲尊也。祀中霤之禮,設主於牖下,乃制心及肝肺爲俎。其祭肉,心肺肝各一,他皆如祭戶之禮。」《說文》:「心,人心,土藏。」心於五行中屬土,故祭中霤地神以心爲尊。對於中霤稱中室,卻設主於牖下,孔疏提出解釋:「鄭意言中霤猶中室,乃是開牖象中霤取明,則其地不當棟,而在室之中央。故〈喪禮〉云:『浴於中霤,飯於牖下』,明中霤不關牖下也……五祀皆先席於室之奧……」

　　2. 祭祀中霤的時間:《白虎通》:「六月祭中霤,中霤者,象土石中央也。六月亦土旺也。」蔡邕《獨斷》:「中霤,季夏之月,土氣始盛,其祀中霤……」

　　3. 祭祀中霤的方法:清‧秦蕙田《五禮通考‧五祀》頁25〜26引《開元禮》祭七祀儀:「季夏土王日,祭中霤於太廟之庭。前祭三日,請祭官散齋三日於正寢、致齋一日於廟所。」顯見五祀之中霤,其祭需要散齋與致齋。《禮記‧祭統》云:「及時將祭,君子乃齊……散齊七日以定之,至齊三日以齊之。」《禮記‧祭義》云:「至齊於內,散齊於外。」散齋與致齋,楚簡作內齋和野齋(詳本論文第肆章第二節「人神人鬼信仰研究」)。《禮記‧月令》曰:「他皆如祀戶之禮。」《禮記‧月令》「春祀戶,祭先脾」,鄭注:「於俎北又設盛,於俎西祭黍稷、祭肉、祭醴,皆三。祭肉、脾一,腎再。既祭,徹之,更陳鼎俎,設饌於筵前。」

(三)由土地信仰祭祀推測中霤祭祀儀節

　　中國原始的土地神崇拜,是崇拜土地的自然性質及其作用,並在不明所以然的情況之下向土地直接獻祭、禮拜,以求農作物的豐收或出獵順利。不過中國原始的土地神祇和後來的土地神很不相同。中國原始的土地神崇拜,從本質上來看,其所崇拜的是土地的自然屬性及其對社會生活的影響力;演變到後期,民間的土地神崇拜則是崇拜土地神的管理土地的權威,到這個時期,人們較不重視土地自然屬性所附帶的神性。中國古代,以土地爲直接祭祀對象的原始的地神崇拜,其祭禮也帶著濃厚的自然崇拜的特色。《爾雅‧釋天》:「祭地曰瘞埋」,《禮記‧祭法》:「燔柴於泰壇,祭天也;瘞埋於泰折,祭地也」,孔穎達正義:「地示在下,非瘞埋不足以達之。」這種祭法,很明顯地是根據天地的自然特點制定的。「後世的瘞埋或沈潦法,是原生性祭祀的遺留。」〔註97〕

〔註97〕楊英〈「禮」對原始宗教的改造考述〉,《中華文化論壇》2004年2月,頁59。

祭地用「瘞埋」，古之瘞埋之祭所埋之物主要是玉。〔註98〕三代迄秦漢，埋玉求鬼神，甚爲普遍。《山海經・南山經》「鵲山」條云：「其祠之禮，毛用一璋玉瘞。」意謂鵲山之祭，陳用玉璋並瘞埋。《山海經・西山經》祭「羭山神」云：「以百犧，瘞用百瑜湯（燭、炙燥）。」炙烤的美玉與犧牲齊置土下，以輸山神。其他如《山海經・北山經》云：「其祠之，毛用一雄雞彘，瘞吉玉，用一珪。」《山海經・北次二經》：「其祠，毛用一雄雞彘，瘞用一璧一珪」。《周禮・春官・司巫》：「凡祭事，守瘞。」鄭注：「若祭地祇有埋牲玉者也。守之……」《漢書・武帝紀》記天漢三年，帝「祠常山，瘞玄玉」。均是其證。

古人把玉和犧牲一同埋於地下奉達神靈，除了以其身所出回報其身之外，也有可能緣於神靈食玉的原始宗教意識。《山海經・西山經》：

> 又西北四百二十里……丹水出焉，西流注於稷澤，其中多白玉，是
> 有玉膏，其原沸沸湯湯，黃帝是食是饗……瑾瑜之玉爲良，堅栗精
> 密，濁澤而有光。五色發作，以和以剛。天地鬼神，是食是饗。

郭璞注「玉膏沸沸湯湯」云：「玉膏湧出之貌也。《河圖五版》曰：『少室山，其上有白玉膏，一服即仙矣。』亦此類也。」可見在古人的觀念中，大神黃帝及天地之間的鬼神都喜以玉膏及良玉爲食用之物。《周禮・春官・大宗伯》云：「以青圭禮東方，以赤璋禮南方，以白琥禮西方，以玄璜禮北方。」鄭注：「禮東方……太昊句芒食焉。禮南方……炎帝祝融食焉。禮西方……少昊蓐收食焉。禮北方……顓頊玄冥食焉。」禮神之玉被神靈「食焉」，說明原始巫教意識中，神靈食玉的觀念由來久遠。〔註99〕

從《儀禮・覲禮》「祭川，沈；祭地，瘞」鄭注「沈、瘞，祭禮終矣」看，瘞埋之舉一般出現在祭禮的終了階段。但所埋之物似不僅只有玉，也還有祭牲或告於神靈的繒帛之類。《禮記・禮運》云：「先王秉蓍龜，列祭祀，瘞繒……。」孫希旦集解：「繒，帛也。瘞帛以降神，地祇之祭也。」〔註100〕《禮記・祭法》

〔註98〕 本段有關瘞埋之祭的討論節錄自王政〈《詩經・雲漢》與瘞埋之祭〉，《古籍研究》2004年卷上。

〔註99〕 藏振《中國古玉文化》（北京：中國書店，2001年），頁206～207：「從考古發現來看……有玉器置於食器之中的實證。如《文物》1972年1期載，湖南寧鄉黃材公社發現一商卣，內貯玉器320多件。同年第4期載，山西保德林遮峪一商墓，青銅卣內置玉石琮兩件。《文博》1993年增刊報導，位於豐京遺址的一西周早期墓中亦發現一卣中置5件玉璜。『卣』爲酒器，盛『鬱鬯』（香酒）獻祭祖先。其中的玉器，應該也是獻給先祖的食品。」

〔註100〕 清・孫希旦《禮記集解》，臺北：文史哲出版社，1990年8月。下不另注。

云：「瘞埋於泰折，祭地也。」孔穎達疏：「謂瘞繒埋牲，祭神州地祇於北郊也。」孫、孔所言埋於地下的繒、帛，即《禮記・禮運》：「治其絲麻，以爲布帛……以事鬼神上帝」之「布帛」；也即鄭樵《通志・禮略》「祭地祇……玉以黃琮，牲用黃犢，幣用黃繒……（祭）神州地祇……玉用兩珪……牲用黝犢，幣用黑繒」之「黃繒黑繒」，以及北魏道武帝「瘞地於北郊……玉用兩珪……幣用束帛」之「束帛」（《通典・禮典》）。也就是說，瘞埋所用之「帛」，不是指以玉爲幣輸於神祇，而是指書有禱辭或祝辭之類的絲麻織品，即古之帛書也。考古學發現已充分證明瞭此類瘞埋品確實存在。至於瘞埋祭牲，考古學上也有很多發現。〔註101〕

　　祭地神的原始的祭法除了瘞埋之外，還有一種將祭品撒在地上或灌注於地的祭法。因爲酒和其他飲料或人血、牲血都不必挖穴掩埋也會浸透到地下，能爲土地所吸收，所以灌祭（文獻一般寫作祼祭）也是一種足以達之於地神的原始的祭典。《周禮・春官・大宗伯》說：「以血祭祭社稷。」《春秋・僖公十九年》：「夏六月，己酉，邾人執鄫子用之。」《公羊傳》解釋爲：「侏婁人執鄫子，用之。惡乎用之？用之社也。其用之社奈何？蓋叩其鼻，以血社也。」又在《管子・揆度》中，也有殺人用人血祭地神的記載：「輕重之法曰：『自言能治田土，不能治田土者，殺其身以釁其社。』」新蔡卜筮祭禱簡中有個剨字，劉釗認爲當即刉字，又作劌，《周禮・秋官・士師》：「凡刉珥，則奉犬牲。」鄭注：「釁禮之事，用牲，毛者曰刉，羽者曰珥。」珥本作衈，「刉衈」即指行祭禮前殺牲取血，〔註102〕簡文中的剨字應是血祭的前置作業；孔家坡漢簡《日書》另有以雞血祭社的記錄。〔註103〕上面所記載的祭地神的祭法，雖然到春秋戰國以後還在沿用，其中卻包含著原始的地神崇拜的成分。

　　血祭的具體作法，清・金鶚在《求古錄禮說・燔柴瘞埋考》曾解釋過：「血祭，蓋以滴血於地，如鬱鬯（酒）之灌地也。」金鶚說：「氣爲陽，血爲陰，

〔註101〕詹鄞鑫《神靈與祭祀——中國傳統宗教綜論》（南京：江蘇古籍出版社，1992年），頁238：「近年來在風翔縣發掘的雍都秦國宗廟，太廟、昭廟、穆廟之間有一片空庭，在太廟及庭中共發現各類祭祀坑181座，其中有牛坑86、羊坑55、車坑2、人坑8，這些都是祖先祭禮瘞埋犧牲的實證。」

〔註102〕劉釗〈釋新蔡葛陵楚簡的「剨」字〉，「簡帛研究網」，http://www.jianbo.org/，2003/12/28。楊華〈新蔡祭禱簡中的兩個問題〉，「武漢大學簡帛研究中心」，http://www.bsm.org.cn/，2007/2/27。

〔註103〕詳何有祖〈孔家坡日書簡所見「雞血社」淺論〉，「武漢大學簡帛研究中心」，http://www.bsm.org.cn/，2007/7/4。

故以煙氣上升而祀天，以牲血下降而祭地，陰陽各其類也。」他據古老的陰陽觀念，認爲用酒和血灌注於地是一種祭地神的古老祭法，這是正確的。灌祭就是把用來祭祀地神的血和酒灌注於地，血、酒很快就滲透到地下，人們認爲這樣可以達之於神。

　　爲何灌要用血？《說文》：「血，祭所荐牲血也。從皿，一象血也」。段注：「不言人血者，爲其字從皿，人血不可以入於皿，故言祭所荐牲血，然則人何以亦名血也。以物之名加之人。古者茹毛飲血，用血報神，因制血字，而用加之人。」血，是一種特殊的祭品。古人相信，血是有靈魂的，血能維持人或動物的生命，一旦失血，就意味著受傷甚至於死亡，好像血有一種神奇的力量。作祭品的血有人血，也有牲血。仇族有獵人頭作祭品的習俗，獵頭的血跡就有神秘的意義，獵頭血摻以灰燼和穀種播進地裡，認爲這樣能促進穀物的生長。錫伯族祭祀地神時，就把殺豬後的豬血灑在地裡。一些彝族人祭地時，以雞毛醮血沾在象徵土地神的樹枝上。〔註104〕

　　爲何灌要用酒？《禮記・郊特牲》載：「周人尚臭。灌用鬯臭，鬱合鬯，臭陰達於淵泉。灌以圭璋，用玉氣也。既灌，然後迎牲，致陰氣也。」「臭」指香氣，周人降神以香氣爲主，所以獻神之前先灌鬯酒，用香氣濃郁的鬱香草調和鬯酒，香氣就能隨著灌地通達於黃泉。灌祭用的勺以圭璋爲柄，是爲了發揮玉的潤潔之氣。「酒祭的形式簡單宜行，是祭祀普遍使用的方法之一。」〔註105〕

　　綜上，楚地簡帛與禮書所見中霤祭禮可歸納如下：

　　第一、祭祀時間：從包山、望山、天星觀、新蔡等卜筮祭禱簡文中，可以發現楚人中霤之祭極爲頻繁，似乎只要有需要，卜日之後皆可以進行祭祀，天星觀簡就有「擇良日多夕」之言，顯見祭中霤並不拘限於一時。禮書所載

〔註104〕陳榮富《文化的演進 —— 宗教禮儀研究》（哈爾濱：黑龍江人民出版社，2004年12月），頁171。

〔註105〕鍾亞軍〈土地神之原型 —— 社與社神的形成和發展〉，《寧夏社會科學》2005年1期，頁130。酒鬯泛指供人飲用與祭祀之用的酒。依製作原料與用途分，二者又各有不同。酒指三酒五齊，均用糯質高粱米與稻米摻酒麴發酵而成。三酒均去酒渣，爲清酒，主要供人飲用。依釀造時間的長短，分別稱爲事酒、昔酒、清酒。五齊未經過濾酒渣，爲濁酒，味較三酒淡薄，是專供祭祀之用的酒。根據酒之清濁分爲五等：泛齊、醴齊、盎齊、緹齊、沈齊。祭祀用酒以味薄爲尊，生人飲酒則以味厚爲敬。所以，敬神獻尸用五齊，供祭禮參加者之飲則用三酒。鬯是一種高級香酒，先用黑黍釀製成酒，再和以鬱金香草的汁水，其味芳香若蘭，稱作鬱鬯。

祭祀中霤神的時間限在季夏，這當是指五祀常祀而言。

第二、祭祀處所：楚地簡帛未明中霤之祭祀場所。禮書所載，中霤之祭當舉行於室中，設主於牖下。設主於牖下是爲了取明。在祭於室中之前皆先席於奧。

第三、祭祀牲品：中霤祭品，包山楚簡用羧、貑；望山簡用豕☐；天星觀簡用羧。禮書記中霤祭用首先用心，因爲心屬土藏，與中霤屬性相符。若「他皆如祭戶之禮」（《禮記・月令》），則或許也用肝肺（詳本論文第三節「門戶行道諸神信仰研究」）；一般大地信仰灌祭所使用的血、酒鬯及玉帛、犧牲等，中霤之祭或許也使用。楚地簡帛所見，犧牲用了完整的豬、羊，比禮書所載要隆重許多。

第四、祭祀儀式：楚地簡帛所見，祭中霤用舉禱、賽禱及厭祭，若主人受祟於中霤，亦可對之攻敘。結合禮書所載與大地信仰儀俗推測，中霤的可能祭祀儀式則爲散齋與至齋→設盛→陳鼎俎→瘞埋→灌祭。〔註106〕其他皆如祭戶之禮（詳本論文第參章第三節「門戶行道諸神研究」）。

六、中霤神信仰在後世的變化

作爲家中地神的中霤，在不同地區、不同族群、不同宗教當中，都出現了不同的形象。以下將略述漢以後中霤形象的變化。

（一）道教五方宅地神

《道藏》爲道教經籍的總集，收集有漢以來道教的大部份經典。其編纂始於唐代。魏晉以後，道書日增，篇幅日大，歷代多有增補。至明朝，編有《正統道藏》，〔註107〕其中〈正一醮宅儀〉記有：

〔註106〕雖然典籍文獻未明言灌祭與瘞埋的順序，但筆者以爲若先灌祭而後瘞埋，時灌祭之酒、血尚未完全滲入土中，又得挖開進行瘞埋，恐將觸怒鬼神。是以應先瘞埋後灌祭才是。

〔註107〕明成祖即位之初（A.D.1403），曾令第四十三代天師張宇初重編《道藏》，永樂八年（A.D.1410），張宇初去世，又令第四十四代天師張宇清繼續主持。明英宗正統九年（A.D.1444）始行刊板，又令道士邵以正督校，增所未備，於正統十年（A.D.1445）校定付印，名《正統道藏》，共5305卷，480函，按三洞、四輔、十二類分類，採用《千字文》爲函目，自「天」字至「英」字，每函各爲若干卷，頒之天下，藏於各名山道觀。到明神宗萬曆三十五年（A.D.1607），命第五十代天師張國祥續補《道藏》，仍以《千字文》爲函次，自「杜」字號至「纓」字號，凡32函，180卷，名《萬曆續道藏》。與《正

維某年歲月朔日某辰，某州縣鄉里，官位姓名，謹擇吉日齋戒，肅
敬內外，至誠淨宇，清壇庶羞，香案信幣，新葷品物咸具。謹請東
方宅神青土將軍各領東方甲乙寅卯，直符儀服皆青，降茲東座。謹
請南方宅神赤土將軍各領南方丙丁巳午，直符儀服皆赤，降茲南座。
謹請西方宅神白土將軍各領西方庚辛申酉，直符儀服皆白，降茲西
座。謹請北方宅神黑土將軍各領北方壬癸亥子，直符儀服皆黑，降
茲北座。謹請內方宅神黃土將軍各領內方戊己辰戌丑未，直符儀服
皆黃，降茲內座。謹請乾坤震巽坎離艮兌，四孟四仲四季，歲月日
時，刑殺德合，建厭沖對，太歲太陰大將軍，門丞戶尉，井竈伏龍，
庭堂屋吏，宅內七神，陰陽官屬，並依位就座，領納丹誠，歡侑慶
樂，弟子再拜謹啟。〔註108〕

將〈正一醮宅儀〉所祀神祇系統對照家宅五祀系統可知，道教信仰裡的五方宅
地神或庭堂屋吏，都有可能是中霤神。但從上文可知，「庭堂屋吏」與「門丞戶
尉」、「井竈伏龍」連文，是知「庭堂屋吏」應是門戶井竈之類庶物自然神，當
指代表建築物本身之神祇，而五方宅神東方宅神青土將軍、南方宅神赤土將軍、
西方宅神白土將軍、北方宅神黑土將軍應即中霤在道教信仰中的分身。

（二）地基主

　　中霤信仰一般被認為和地基主信仰關係密切。顧頡剛《史林雜識·初編》
就說：

> （余）抗日戰爭中居四川六年，每入人家，輒見堂上設祖先之位，
> 而几下左端別供一牌，書曰「中霤之神」。吾鄉舊時逢節祭先，於屋
> 角設矮几祭「宅基」，當為中霤之變。一九五六年遊廣西，見堂中桌
> 下多粘紅紙，書「本宅地主之神位」，意亦猶是。〔註109〕

「地基主」信仰多見中國南方，也是臺灣地方上常見的家中神祇。研究「地
基主」信仰的學者，有一派就認為地基主是由宅地之神或中霤演變而來。如

　　統道藏》合計共 5485 卷，512 函，即現存明版《正統道藏》，這是我國現存
　　的唯一官修道藏。1923～1926 年，上海商務印書館借用北京白雲觀所藏明刊
　　《正統道藏》，以涵芬樓名義影印，凡 1476 種，1120 冊。今有文物出版社、
　　上海書店、天津古籍出版社 1987 年版《道藏》影印本，另有臺灣藝文印書館、
　　臺灣新文豐出版公司影印本等通行於世。

〔註108〕「道教學術資訊」，http://www.ctcwri.idv.tw。
〔註109〕顧頡剛《史林雜識·初編》（北京：中華書局，1963 年），頁 143～144。

阮昌銳在《莊嚴的世界》書中提到：「地基主，原爲對房屋地基的崇拜，屬於
自然神；與土地神一樣，只是範圍限於一家建物的宅基而已，故可稱之爲『宅
基神』」；〔註110〕李豐楙也提到：「地基主即是所蓋之地的神明，神格較宅主的
房宅神格高……」〔註111〕；石萬壽在《永康鄉志》中更明確指出地基主源於
五祀信仰。〔註112〕

（三）客家土地龍神

　　土地龍神是客家人的特殊信仰，在客家族群的堂屋夥房廳堂，必見奉有
龍神。龍神位於中堂地面，莊重的設一神龕。其中以圍龍屋最爲慎重，在半
圓圍屋正中設設一廳堂安奉龍神，稱作「龍廳」。〔註113〕據林會承的研究，土
地龍神是家神一種，屬於土神，其來源是由五祀信仰中的中霤神所轉化而來。
客家人改稱爲「福德龍神」、「土地龍神」。或簡稱「龍神」。〔註114〕

　　根據李允斐的研究，客家「龍神」信仰源於「安龍」儀式。之所以需要
安龍，仍因懼怕建築家室時驚擾了當地的龍神，故需自與自宅座位相當的山
中找出龍脈，並將之迎回家中和祖先一同供奉。〔註115〕此種做法和在家中
設一家宅地神的功能相當：中霤和龍神都在爲家宅接續地氣並提供便利的祭
地管道。

　　透過對各種傳世文獻中之中霤相關記載的整理可以知道，雖然後世中霤
之神，在不同宗教或不同地方上分別出現五方土神、地基主、土地龍神等形
象，但在漢以後典籍記載中的「中霤」名稱仍舊相當穩定。和其他家宅諸神
相比，變化的幅度較小。

第二節　灶神信仰研究

　　灶神俗稱灶君、灶王、灶王爺、灶王公等，是中國民間普遍信仰的神靈。

〔註110〕阮昌銳《莊嚴的世界》（臺北：文開出版社，1982年），頁3。
〔註111〕李豐楙〈道、法信仰習俗與臺灣傳統建築〉，《聚落與社會》（臺北：田園城市
　　　　文化事業有限公司，1998年），頁115。
〔註112〕石萬壽主編《永康鄉志》（臺南縣：永康鄉公所，1988年），頁753。
〔註113〕李允斐等《高雄縣客家社會與文化》（高雄縣：高雄縣政府，1997年），頁236。
〔註114〕林會承〈臺灣傳統家屋中的儀式行爲及其間所隱含的家屋理念與空間觀〉，《賀
　　　　陳詞教授七秩壽慶論文集》（臺北：詹氏書局，1990年），頁104。
〔註115〕李允斐等《高雄縣客家社會與文化》（高雄縣：高雄縣政府，1997年），頁236。

〔註116〕它和土地、井、門戶、道路等一樣，因與人們的飲食起居關係密切，而成為人類早期信仰崇拜的一部份。理論上來說，要先有用火煮食的造灶需求，才會產生灶神的觀念。楊福泉指出，周口店北京人洞穴遺址中發現用火遺跡，還有一些被燒黑了的石頭，這些石頭可能是火塘灶的初步形式。〔註117〕楊氏的推測是否屬實，尚需更多資料來證明，但從考古資料來看，已經可以證實新石器時代地穴或半地穴的建築內已有灶。譬如距今 4800 至 2900 年前的仰韶遺址中，華縣泉護村一個橢圓形地穴北壁，即掘出燒火的灶；半坡遺址 3 號屋中央有長方形灶坑。距今 2600 至 2000 年的龍山文化中，如陝西長安客省莊遺址也發現燒火的灶，類似的例子不勝枚舉。〔註118〕灶的起源很早，灶崇拜觀念的出現應該也不晚。

　　鄭玄辨五祀七祀之不同時，以為五祀始自殷代、七祀始自周代，宋・高承《事物紀原》引《世本》亦曰：「商湯作五祀，戶、井、灶、中溜、行，至周而七。」而清・柴萼《焚天廬叢錄》則說：「灶為五祀之一，昉於有夏。」但若單單考量灶的發明時間，仰韶文化相當於中國歷史上的炎黃時期〔註119〕、龍山文化相當於中國歷史上的虞舜時期，〔註120〕而相當於夏文化的二里頭文化，時間在龍山文化之後，這些文化遺址都有灶的遺跡，或許先民對灶產生崇拜心理的時間要早過夏、殷。目前所知，確切的灶崇拜遺址見龍山文化陝西綏德小官道遺址 AF6。AF6 後室中央部位有一橢圓圈飾，底塗棗紅色，再塗黑色，故黑中泛紅，其東西 1.3 公尺，南北 1.5 公尺，比地面略低 0.02 公尺。邊沿有手抹凸稜一周，其部位及形狀顯係仿灶坑形狀，但無任何疊爐及火燒的痕跡，顯然不是實用的灶坑火塘。陝西省考古研究所陝北考古隊認為這很可能是有關灶的崇拜活動的祭祀場所。〔註121〕

　　祭灶文化在先秦典籍文獻中多有記載，譬如《論語・八佾》記：「王孫賈

〔註116〕「灶」又作「竈」。為方便繕打，除非討論到「竈」字字形，否則本論文皆以「灶」代「竈」。

〔註117〕楊福泉《灶與灶神》（北京：學苑出版社，1994 年），頁 5。

〔註118〕安金槐主編《中國考古》（上海：上海古籍出版社，1992 年），頁 80、91、108、162、224、261。

〔註119〕張得水〈鑿枘於考古與歷史之間——許順湛先生訪談錄〉，「河南省博物院」，http://www.hawh.cn:82。

〔註120〕田廣林〈論虞夏之際中原文化的北向傳播〉，《內蒙古社會科學》2003 年 2 期。

〔註121〕陝西省考古研究所陝北考古隊〈陝西綏德小官道龍山文化遺址的發掘〉，《考古與文物》1983 年 5 期。

問曰：『「與其媚於奧，寧媚於灶」，何謂也？』子曰：『不然，獲罪於天，無所禱也。』」孔安國注：「王孫賈，衛大夫也。欲使孔子求昵之，微以世俗之言感動之也。」皇《疏》：「時孔子至衛，賈誦此舊語，以感切孔子，欲令孔子求媚於己，如人之媚灶也。」清·周柄中云：「奧者室中深隱之處，以比南子。灶是明處。蓋謂借援於宮闈之中，不如求合於朝廷之上耳。」〔註122〕因灶能保障熟食的提供，對先民健康水準的提高很有助益。又灶火可以用來取暖、驅獸與照明，灶的神聖性不斷提高，更逐漸與火崇拜、火神信仰匯流，周朝之後晉身爲家宅五祀之一（詳下）。相對於奧而言，灶神主管火、飲食與健康，具有實權，不若奧徒尊。〔註123〕因此，春秋之時才有「與其求媚於奧，寧可求媚於灶」的俗語流行。至遲至春秋，灶神已經成爲家喻戶曉的居家神祇，並且爲人所媚奉。《韓非子·內儲說上》和《戰國策·趙策三》都說「夢見灶君」，可見戰國之時的灶崇拜已經十分成熟。

出土文獻中，以楚地簡牘所見祭灶記錄較多，如：

☑祭灶，祭☑（望山 M1 簡 139、140）

祠灶日：己亥，辛丑，乙亥，丁丑，吉。龍，辛□。祠五祀日：丙丁灶，戊巳内中土，甲乙戶，壬癸行，庚辛門。（睡虎地《日書（乙）》簡 39 貳～40 貳）

置居火，築囚、行、灶主歲，歲爲下。（周家台《日書》簡 299 壹）

另外在包山楚墓墓室中也出土有墓主生前所用之五祀神主牌，上記有門、戶、行、灶、室（中霤），由是可知戰國時期，楚地的灶神信仰亦已十分普及。

灶是燒水做飯的地方，也是燃柴取暖和照明的地方。因此，灶最初也被視爲火神的象徵。是以本節在闡述灶神的起源之前，有必要對火神信仰的起源作仔細的說明；在說明楚人盛祀灶神之原因與儀節前，亦需深究灶神起源與楚人族源的關係，以明白楚人祭祀的深層原因。以下將先考察火神的來歷、

〔註122〕 清·周柄中《四書典故辨正》，上海：上海古籍出版社，1995 年。

〔註123〕 「奧」，舊注以爲是古時祭祀設神主或尊長居坐之處，如《儀禮·少牢饋食禮》：「司宮筵於奧，祝設几於筵上，右之」，鄭注：「室中西南隅謂之奧」；《韓非子·說林下》：「衛將軍文子見曾子，曾子不起而延於坐席，正身於奧」，王先愼集解：「謂藏室之尊處也」；《禮記·月令》孔疏：「五祀皆先席於室之奧。」祭祀家宅五祀，先設主於其所，而後設席迎尸於奧。《爾雅·釋宮》：「室中西南隅曰『奧』，不見戶明，所在秘奧也。」古時房屋坐北朝南，門向南開，而偏近於東，則西南角爲隱深之處，是以尊者居之。而「灶」設在廚房，炊煮食物之器名爲灶。《禮記·祭法》鄭注：「灶主飲食之事。」

灶神的來源及演變，再說明楚人族源與灶神、火神的關係，並進一步討論可能的楚人祭灶禮儀與後世灶神信仰大略的變化。

一、灶神信仰的來源

（一）從火與灶、火神與灶神的關係考察灶神的來歷

據考古報告，人類早在 40000 年以前就已經知道用火。但是人類最初接觸到的火卻是自然界中由於雷電、乾旱、易燃物質的摩擦以及火山爆發等引起的自然大火。這種因偶然因素而引發的自然火，具有極大的破壞力，常引起原始人類心中極度的恐懼和迷惑不解。當他們從不幸死於大火中的動物身上發現熟肉比生肉好吃時，初步感受到火的好處，並在長期與自然力量對抗的過程中，進一步認識到火的巨大功用。於是先民幻想著能夠控制並擁有火，但限於當時技術水準落後，人們並沒有辦法保存火，只能不斷在黑暗與光明、寒冷與溫暖、生食與熟食中徘徊。詹石窗、張秀芳認為，正是因為這樣，人們便有了對天然火的強烈渴求和依賴。對火神秘的畏懼，特別是對火的依賴和渴求，自然而然在原始初民間產生了對火的崇拜，後來才逐漸發展為崇拜那種支配火的強有力的想像實體。〔註124〕「從神話學和歷史學的角度來看，都是火創造了人類的文明世界，所以火是人類最早的崇拜對象之一。」〔註125〕

人類在很漫長的過程中去摸索如何從使用自然火，經過不斷的實驗，發明了鑽木取火和擊石取火等人工取火的方式。當人類可以廣泛的利用火時，熟食的不斷完善進一步促進了人類體質和智力的發展，這也間接促進社會發展，讓先民脫離「加米於燒石之上而食之」（譙周《古史考》）、和「以土塗生物，炮而食之」（《禮記‧內則》鄭注）的生活。正因為火對人類社會起了很大的正面作用，於是出現祀火拜火的習俗。「當神靈觀念出現後，火就被人們神靈化了。」〔註126〕

何星亮指出，火神觀念是在火靈或火鬼觀念的基礎上產生的。〔註127〕火

〔註124〕詹石窗、張秀芳〈火與灶神形象嬗變論〉，《世界宗教研究》1994 年 1 期，頁 82。
〔註125〕湯惠生〈北方游牧民族薩滿教中的火神、太陽及光明崇拜〉，《青海社會科學》1995 年 2 期，頁 87。最晚到殷商便已有火崇拜的明確記錄，詳連劭名〈卜辭所見商代自然崇拜中的火〉，《中原文物》2001 年 3 期。
〔註126〕楊福泉《灶與灶神》（臺北：雲龍出版社，2000 年），頁 44～45。
〔註127〕何星亮《中國自然神與自然崇拜》（上海：三聯書店，1992 年 5 月），頁 374～382。

既能改善人類生活，也能將人類生活毀於一旦，因爲火有這樣的兩面性，所以火靈（鬼）也有兩面性：正面是火神、是善的，人們以祈求的方式祭祀祂；負面是火鬼，是惡的，人們爲祂舉行祭儀是爲了驅趕祂，送走祂，希望祂和自己保持距離，最好永遠不要再回來。

　　火神形象是在火神觀念的基礎上形成的。歷史上曾經存在過的火神象徵或形象，何星亮和廖海波分別有過仔細的論述，〔註128〕以下以何、廖的研究成果爲基礎，深入探討各種火神形象或象徵。

1. 火　焰

　　人們崇拜火，最初是直接崇拜自然的火。在舉行祭火儀式時，燒起一堆火，把火焰當作火神的象徵，人們向火焰叩頭、跪拜，往火裡撒酒，肉等祭品。譬如鄂倫春族每當臘月廿三，送火神透歐博如坎上天時，祭祀便要向篝火燒香，並扔進一塊肉和澆進一杯酒，然後叩頭祈福。客人來拜年，也須先向火神叩頭，然後才向主人拜年。時每次進餐都要向篝火扔進一些食品，以示對火神的供奉。〔註129〕

　　據《羅斯托夫編年史》記載：「汗與拔都還有如下習慣：當有人欲覲見時，他並不下令將那人領來覲見，他吩咐巫師領著通過火間，向矮樹叢、火及偶像行拜禮，又從獻給王的全部禮物中取一部份投入火中，禮物拿走後才被允許去覲見王。」又據《尼康諾甫編年史》載，當蒙古王公貴族朝見皇帝時，皇帝「命巫師置兩火堆，領著全體斡羅思王公及貴族們通過火堆，向矮樹叢、偶像、火行拜禮，帶給皇帝的禮物，部份投入火中，就這樣將他們領到皇帝處……。他們來到的地方，兩邊各置一火堆，許多斡羅思王公及貴族們走過火堆，向太陽、火及偶像行拜禮。」〔註130〕「蒙古」一詞，據說由 mahy（我們的）+gal（火）所構成，意爲我們的火。蒙古爲一遊牧民族，每至一地，大家共同煮炊，並推選一名有經驗的長者當伙頭，故稱。蒙古人遇事首先要對火祭祀，每家都有火主（神）。〔註131〕

〔註128〕何星亮〈火崇拜略論〉，《內蒙古社會科學》1992 年 1 期。廖海波《民間灶神信仰與傳說・灶神來歷的多元性》（上海：華東師範大學博士論文，2003 年 5 月）以該文爲寫作基礎。
〔註129〕唐善純《中國的神祕文化》（南京：河海大學出版社，1992 年 10 月），頁 276。
〔註130〕以上兩種編年史引自英・道森編《出使蒙古記》（北京：中國社會科學出版社，1983 年 10 月 1 日）頁 73～74。
〔註131〕唐善純《中國的神祕文化》（南京：河海大學出版社，1992 年 10 月），頁 296。

　　根據何星亮的調查，50 年代前的新疆阿爾泰烏梁海人也把火焰作爲火神的象徵而加以崇拜。他們於每年夏曆九月舉行祭火儀式。之所以要在九月，是因爲深秋時節，雨少地乾，草木枯黃，最易發生火災，因而祈求火神免禍於人間。祭火一般是相鄰的若干戶合祭。祭火必須殺黃山羊或黃頭白身綿羊，在空曠處燒一堆火，點火用黃山羊油或柏葉香。祭祀時以犧牲供於火堆前，並往火裡撒祭品，然後叩頭跪拜三次。〔註132〕

　　火是人們生活不可或缺的自然物，如果火種不幸熄滅，則意味著巨大的災難，象徵氏族或家庭的衰落。譬如「熄滅的火」和「熄滅的氏族」在希臘人中間是同義語。現今中國隴右地方方言中有一詞「倒灶」，即指該家滅絕，倒楣透頂，〔註133〕這乃是上古的遺風。因而，火神自然充當起灶神來。

2. 爐灶之火

　　從崇拜自然之火到崇拜爐灶之火，是火崇拜的一個轉折，是作爲家庭保護神的火神觀念形成的首次呈現。爐灶或火塘的自然屬性，即是用火煮熟食物。一日三餐煮食皆離不開用火，人們自然認爲爐灶之火是神聖不可侵犯的。因而，不少民族認爲爐灶之火是火神的象徵，而爐灶是火神居住的地方，有些民族甚至每頓飯前都必須先往爐灶內撒些食物，以示對火神的敬祭。蒙古族、阿爾泰烏梁海人和鄂溫克族都把爐灶視爲火神居住的地方，舉行婚禮時必須先敬火爐，拜火神。阿爾泰烏梁海人和鄂溫克族還有每次吃飯前往火爐裡撒食物敬火神的習俗。鄂倫春族也有類似的習俗，飯前須向爐火灑些酒肉，以饗火神。親友拜訪時，得先到主人家火神前向火神叩拜，然後才向主人致意。〔註134〕

　　南方一些少數民族也十分崇拜居住在爐灶或火塘中的火神。例如獨龍族認爲，火塘同天直接相聯，是從天到地的一個組成部份。火塘被認爲是一家之中最大的主人，也就是家庭的保護者。苗族以爲火塘上用來炊水燒飯的鐵三腳架或支起的三塊石頭，是珍貴而神聖的、是祖先所化成。〔註135〕每當飲

〔註132〕何星亮〈阿爾泰烏梁海人的宗教信仰初探〉，《民族研究》1986 年 1 期。但筆者以爲新疆對火的崇拜也可能是受到祆教拜火儀俗的影響。

〔註133〕蔡正學、石金蘭〈「倒灶」、「倒楣」的文化考釋〉，《辭書研究》2005 年 2 期，頁 194。

〔註134〕秋浦《鄂倫春社會的發展》（上海：上海人民出版社，1978 年），頁 160。

〔註135〕章海榮〈中原的火與周邊的石——灶神與火塘崇拜中生命意蘊的闡釋〉，《中國比較文學》1994 年 2 期，頁 123～124。

酒吃肉，老年人常要在鐵或石的三腳架上邊灑放些酒肉，以示敬意。

3. 燧人氏

經歷了一個漫長的使用天然火階段之後，到了舊石器時代的中晚期之後（約 B.C.750000 年），上古人民終於在長期的生產實踐中，由於受到因加工木石、製造器具而迸發出火花的啓示，逐步懂得了摩擦生火的原理，學會了鑽隧或鑽木取火的方法。這樣，先民不再單純地仰賴天然之火，而主要憑藉人工取火。人工取火完全改變了人類用火的面貌，給人類帶來生活的新希望。因此「人們對那些率先發明人工取火方法的氏族英雄人物，懷著深深的敬意和感激，甚至將他們美化、視爲超凡的神人。」〔註 136〕

火神形象由自然之火、爐灶之火演變爲司火的人形化神，是火崇拜發展的一大躍進，是人們進一步把火神神秘化、社會化的表現。在中國古代，最早的人形化火神當是傳說人物燧人氏。相傳燧人氏是最早懂得鑽木取火的人。古籍中有不少關於燧人氏的記載，《韓非子‧五蠹》云：「上古之世，……民食果、蔬、蚌、蛤、腥臊、惡臭，而傷害腹胃，民多疾病。有聖人作，鑽燧取火，以化腥臊，而民悅之，使王天下，號之曰燧人氏。」《尸子》亦云：「燧人上觀星辰，下察五木，以爲火也。」東晉‧王子年《拾遺記》也說燧人氏「在庖（伏）義之前」，「因取小枝以鑽火」，於是便開始有了熟食。同書又說：

> 燧明國有大樹，名燧，屈盤萬頃。後世有聖人遊日月之外，至於其
> 國，息此樹下。有鳥喙樹，〔註 137〕燦然火出。聖人感焉，因用小枝
> 鑽火，號燧人氏。

上述的傳說表明，上古人們因受到加工木石，製造器具而進發出火花的啓發，掌握了摩擦生火的技術，不再單純地依賴天然之火，而主要憑藉人工取火。人工取火的發明，是社會的一大進步，中國遠古時代的燧人氏是最早的「造火者」。因此，祂被奉爲最早的人形化的火神是十分合理的。〔註 138〕

〔註 136〕詹石窗、張秀芳〈火與灶神形象嬗變論〉，《世界宗教研究》1994 年 1 期，頁82。

〔註 137〕中國高山族也有兩種不同的火神鳥的故事，見潛明茲《中國古代神話與傳說》（北京：北京商務印書館，1996 年 12 月），頁 123：「一種說神鳥里必士主動給人們銜來了火種，人們才知道用火、保存火。人是被動的，鳥是恩賜者，是神。另一種說人派鳥去取火種，被派去的鳥叫『考約伊西』，這種鳥飛得慢，取到火以後，才飛了一半里程，火已燒到它的嘴。人們只好再派鳥胡古鳥去，終於把火叼來了。人們爲答謝它，特許它在稻田裡自由地啄食穀子……。」

〔註 138〕歷史上燧人氏被附會成火神，但民間信仰中，燧人氏並未變爲灶神。

4. 炎　帝

文獻多見以炎帝爲火神的記載：

> 炎帝氏以火紀，故爲火師而火名。（《左傳·昭公十七年》）

> 炎帝爲火師，姜姓其後也。（《左傳·哀公九年》）

> 炎帝作，鑽燧生火，以熟葷臊，民食之，無茲胃之病，而天下化之。
> （《管子·輕重戊》）

> 指炎神而直馳兮，吾將往乎南疑。（《楚辭·遠遊》）

> 炎帝於火而死爲灶。（《淮南子·氾論》）

> 炎帝作火，死而爲灶。（《論衡·祭意》）

晉·皇甫謐《帝王世紀》亦云：「以火承木，位於南方，故謂炎帝」，也就是說炎帝是火神，也是高辛的火正，其職責是掌管天界之火和人間之火。〔註139〕另外，炎帝之「炎」字也和「火」觀念有關。《說文》：「炎，火光上也，從重火。」這些記載證明人們在創造炎帝時，有意把他創造爲火神。因而我們從記有炎帝的文獻記錄當中，很容易找到當時人們根據「五德終始」的觀念創造火德而王的炎帝。《淮南子·天文》：「南方火也，其帝炎帝……。」炎帝被認爲是遠古南方部族勢力的代表，五行觀念形成之後，他的火神地位更加穩固。

低溫火的顏色爲赤色或朱色，故炎帝有時又被稱爲「赤帝」，如《淮南子·時則》稱炎帝爲赤帝。高誘注云：「赤帝，炎帝，少典之子，號爲神農，南方火德之帝也。」另《太平御覽》卷921引《廣異記》也說：「南方赤帝女，學道得仙……。赤帝見之悲慟……。」

灶神來源之一爲火神，故古代也把炎帝奉爲灶神。《論衡·祭意》：「炎帝作火，死而爲灶。」《淮南子·氾論》謂：「此聖人所以重仁襲恩，故炎帝於火而死爲灶，禹勞天下而死爲社，后稷作稼穡而死爲稷。」高誘注云：「炎帝神農以火德王天下，死托祀於灶神。」這些記載也表明炎帝作爲灶神的一種而被先民們所祭祀。

5. 黃　帝

黃帝，在《尚書》、《莊子》中又作「皇帝」。《尚書·呂刑》：「皇帝遏絕苗民。」丁山考證黃帝即皇天上帝，殷商時無黃帝之稱，炎黃二帝都是日神

〔註139〕晉·皇甫謐《帝王世紀》中說炎帝「人身牛首」；東漢·王充《論衡·祭意》曰「炎帝銳頭」等，記述了炎帝的長相。

子孫，其先輩少典氏也是太陽神；楊寬以爲：「東西民族上帝本有專名，及春秋戰國之世，既皆一變而爲人世之古帝。上帝無專名以稱之，於是泛稱爲黃帝。後乃字變而作皇帝，亦轉演爲人間之古帝矣」；郭沫若言：「黃帝即是皇帝、上帝」，以爲黃帝可稱皇帝；《太平御覽》卷 186 引《淮南子》：「黃帝作灶，死爲灶神」；〔註140〕汪葵《事物會源》則直接視黃帝爲灶神。〔註141〕黃帝爲何可以是灶神？黃帝具太陽神形象，而太陽一直被認爲是火的來源之一，〔註142〕黃帝自然也容易被視作是灶神的來源之一。

黃帝除了是太陽神、灶神外，同時也是雷神，《河圖稽命徵》：「附寶見大電光繞北斗權星，照耀郊野，感而生黃帝軒轅於青邱」、《河圖帝紀通》：「黃帝以雷精起」、《春秋合誠圖》：「軒轅，主雷雨之神也。」雖然言及黃帝爲雷神的都是一些讖緯之書，但空穴來風未必無因，雷是自然火的來源之一，將黃帝視成雷神，導因於「黃帝＝火神」觀念的聯想。

6. 祝　融〔註143〕

祝融也是古代人們所尊奉的火神和灶神之一。《左傳・昭公廿九年》云：「火正曰祝融」。又《國語・鄭語》云：「夫黎爲高辛氏火正，以淳耀敦大，天明地德，光照四海，故命之曰祝融，其功大矣。」《山海經・海外南經》：「南方祝融，獸身人面，乘兩龍。」郭璞注云祝融，「火神也」。《呂氏春秋》：「其帝炎帝，其神祝融。」高誘注云：「祝融，顓頊氏後，老童之子吳回也，爲高辛氏火正，死爲火官之神。」《尚書大傳》：「南方之極……帝炎帝，神祝融司之。」〔註144〕《禮記・月令》鄭注：「祝融，顓頊之子曰黎，爲火官。」《淮南子・時則》高誘注云：「祝融吳回爲高辛氏火正，死爲火神，托祀於灶。」應劭《風俗通義》：「顓頊氏有子曰黎，爲祝融，祀以爲灶神。」李昉等《太平御覽》卷 529 引《五經異義》亦謂：「灶神祝融。」據此，祝融既是火神，又是灶神。晉・皇甫謐《帝王世紀》曰：「祝融氏，……以火施化，故後世火

〔註140〕諸家的討論可參楊福泉《灶與灶神》（臺北：雲龍出版社，2000 年），頁 66～67。

〔註141〕汪說轉引自羅偉國〈話說灶王〉，《中國道教》2004 年 6 期。

〔註142〕何星亮〈火崇拜略論〉，《内蒙古社會科學》1992 年 1 期，頁 73。

〔註143〕《山海經・大荒西經》：「吳回，祝融弟，亦火正也。」但《左傳・昭公十八年》「回祿」杜注：「火神」，疏：「楚之先，吳回爲祝融，或云回祿即吳回也。」

〔註144〕本論文所引漢・伏勝《尚書大傳》係據北京：北京商務印書館，2005 年版。下不另注。

官因以爲謂。」以祝融爲火神的看法一直延續到後世。

　　前文既言火有兩面性，火神亦有兩面性——火神與火鬼。祝融的另一個分身「吳回」〔註145〕就是惡神。一說吳回和祝融是兄弟，〔註146〕吳回又稱回祿，《左傳・昭公十八年》：「禳火於玄冥、回祿」，注：「回祿，火神。」《國語・周語》韋注：「回祿，火神也。」宋・吳曾以回祿爲回陸，即吳回與陸終的合稱，〔註147〕但筆者以爲祝融與回祿是二而一的。祝融爲火官名（詳後），吳回亦繼任此火官。按「祿」字，《周易・否卦》孔穎達疏：「祿位」，「回祿」即「吳回之祿位」「祝融」也。回祿（吳回）是專門放火爲災的惡火神。惡火神回祿反映了火會爲禍於人的一面；回祿爲祝融弟的說法是古人認爲火有善惡二重性的觀念上產生的，火的善惡就如兄弟一樣有血緣依存的關係。楊福泉認爲傳說中將祝融和回祿說成同一人，即火之善惡集於一個火神身上的反映。〔註148〕

7. 闕　伯

　　《左傳・昭公元年》記有子產追述闕伯的事跡：

　　晉侯有疾，鄭伯使公孫僑如晉聘，且問疾，叔向問焉，曰：「寡人之疾病，卜人曰：『實沈、臺駘爲祟』，史莫之知。敢問此何神也？」子產曰：「昔高辛氏有二子，伯曰闕伯，季曰實沈，居於曠林，不相能也，日尋干戈，以相征討。后帝不臧，遷闕伯於商丘，主辰，商人是因，故辰爲商星；遷實沈於大夏，主參，唐人是因，以服事夏、商。其季世曰唐叔虞。當武王邑姜方震大叔，夢帝謂己：『余命而子曰虞，將與之唐，屬諸參，而蕃育其子孫。』及生，有文在其手曰虞，遂命之。及成王滅唐，而封大叔焉，故參爲晉星。由是觀之，則實沈，參神也。」

〔註145〕參《左傳・昭公十八年》疏：「楚之先，吳回爲祝融，或云回祿即吳回也」及上引《吳氏春秋》高誘注。
〔註146〕《山海經・大荒西經》：「有人名曰吳回，奇左，是無右臂。」郭璞注：「吳回，祝融弟，亦爲火正也」、《大戴禮記・帝系》：「老童……產重黎及吳回」、《世本》：「老童生重黎及吳回。」重黎即祝融。
〔註147〕宋・吳曾《能改齋漫錄・事始一》：「太史公採取二傳以爲《楚世家》『……帝乃以庚寅日誅重黎，而以其弟吳回爲重黎，後復居火正，爲祝融。吳回生陸終，陸終生子六人，六曰季連，楚其後也。』以此考之，則祝融之後有吳回、陸終。回祿者，回陸也，舉二人而言耳。陸，祿音相近。」
〔註148〕楊福泉《灶與灶神》（臺北：雲龍出版社，2000年），頁53。

另《左傳‧襄公九年》載：

> 晉侯問於士弱曰：「吾聞之，宋災，於是乎知有天道。何故？」對曰：
> 「古之火正，或食於心，或食於咮，以出內火。是故咮為鶉火，心
> 為大火。陶唐氏之火正閼伯居商丘，祀大火，而火紀時焉。相土因
> 之，故商主大火。商人閱其禍敗之釁，必始於火，是以日知其有天
> 道也。」公曰：「可必乎？」對曰：「在道。國亂無象，不可知也。」

現今安徽、山東交界的河南商丘有一小丘名閼伯台，上有閼伯廟，又叫火神
廟，又名火星台，宋全忠說：「中國各地火神廟中的火神爺名字都是祝融，唯
獨商丘的火神爺是閼伯。」〔註149〕

除了以上幾位人形化的火神外，各民族、各地區亦有自己的火神。在某
些情況下，本民族或本地區的著名人物死後往往被牽引附會為火神。這些火
神當中有些在後世演變為灶神（詳下）。

（二）從傳世文獻考察的灶神來歷〔註150〕

1. 火神演變為灶神

很多學者都認為灶神的原型是火神、灶神信仰源於上古時期自然崇拜中
的火崇拜。如楊堃即認為：「髻之前身乃是火精，而火精或火神亦為灶神之來
歷之一。」〔註151〕張紫晨也指出：「祭灶之俗遍及各地，它來源於對火神的崇
拜」；〔註152〕劉群、宗力認為把灶神作為火神看待的觀念起源很早；〔註153〕
何星亮也認為：「作為家庭保護神的火神，即民間普遍信仰的灶神。」〔註154〕
上引鄂倫春族對火神的崇拜儀式和漢族崇拜灶神的儀式相近，亦可說明灶神
和火神關係密切。

漢《淮南子‧氾論》中記載：「灶神炎帝作火，而死為灶。」《論衡‧祭
意》中也說：「灶神炎帝作火，而死為灶。」高誘注曰：「炎帝神農，以火德
王天下，死托祀於神。」炎帝是一位著名的火神，他在古籍記載中被認為死

〔註149〕宋全忠〈閼伯台前說火神〉，《河南林業》1997年5期，頁48～49。歷史上閼
　　　　伯被附會成火神，但民間信仰中，閼伯並未變為灶神。
〔註150〕本節參考廖海波《民間灶神信仰與傳說‧灶神來歷的多元性》（上海：華東師
　　　　範大學博士論文，2003年5月）所提出之灶神來源分類加以增補而成。
〔註151〕楊堃〈灶神考〉，《楊堃民族研究文集》（北京：民族出版社，1991年），頁166。
〔註152〕張紫晨《中國民俗與民俗學》（杭州：浙江人民出版社，1985年），頁82。
〔註153〕劉群、宗力《中國民間諸神》（石家莊：河北人民出版社，1986年），頁254。
〔註154〕何星亮《中國自然神與自然崇拜》（上海：三聯書店，1992年），頁377。

後成爲了灶神。

　　《山海經・海內經》記載，祝融是炎帝的玄孫，火神祝融也是中國古老的灶神之一。《禮記・禮器》孔穎達注曰：「顓頊氏有子曰黎，爲祝融，祀以爲灶神。」清・俞正燮《癸巳存稿》卷 13「灶神」條引許愼《五經異義》也說：「灶神，古周禮曰：『顓頊有子曰犁，爲祝融，祀以爲灶神。』」根據《說文》：「周祀以灶祠祝融。」《呂氏春秋》及《禮記・月令》：「其帝炎帝，其神祝融……其祀灶」，可見火神炎帝和祝融最晚在漢代就已被視爲灶神。另外，《太平御覽》卷 186 引《淮南子》道：「黃帝作灶，死爲灶神。」火神黃帝最晚在漢以後也兼有灶神職能。

　　火神崇拜是自然崇拜的一部份。火的發現和使用作爲人類生存和生活中最基本的條件，使它成爲原始人頂禮膜拜的對象。火神在原始自然崇拜體系中是一位比較重要的神靈。此後，無論原始的穴居時代，還是人類有了固定的房屋組成以家庭爲生活單位以後，灶自然而然成了火的居所，火神也自然成了灶神。

　　除了上述的原因之外，火神成爲灶神，還有一個原因：神性共性化。《管子・輕重戊》中說：「炎帝作，鑽燧生火，以熟葷臊，民食之，無茲胃之病，而天下化之。」《路史・後紀二》中說：「（炎帝）於是烽火之利，範金排貨，以利國用，因時變火，以抑時疾，以炮以燔，以爲醴酪。」在遙遠的炎帝（一說炎帝即神農氏，時值仰韶文化早期）時代，〔註155〕人類結束茹毛飲血的生活，學會使用火來煮熟食物，並學會製作簡單的炊具。熟食使先民獲得了美味和健康，擺脫了疾病。在炎帝身上體現了人們利用火來煮熟食物的歷程，這也是後世奉他爲灶神的原因。

　　《史記・五帝本紀》云：「黃帝藝五種，撫萬民」。三國・譙周《古史考》云：「黃帝作釜甑，飲食之首始備」、「黃帝始蒸穀爲飯，烹穀爲粥」。黃帝成爲灶神，除了他兼有火神之職外，還有一個重要的原因：他是繼炎帝以後的一位人類飲食生活的改革者。從《史記・五帝本紀》和《古史考》的記載可以推測，炎帝之後，經過漫長的歲月，到了黃帝時代（仰韶文化晚期至龍山文化早期），〔註156〕在他的領導下，人類不但自己耕植和收獲農作物，還有了

〔註155〕李龍〈略議炎帝神農氏及其與中原史前農業的關係〉，《華夏文化》2006 年 4 期、曹定雲〈炎帝部落早期圖騰初探〉，《寶雞文理學院學報》社科版 2007 年 1 期。

〔註156〕李先登、楊英〈論五帝時代〉，《天津師大學報》1999 年 6 期。

一定的烹調水準。人們進而改良灶坑成爲爐灶，並能按照蒸氣加熱的原理製造出一個最早的蒸鍋——陶甑。蒸飯煮粥，是中國原始人類最早的「飯」。這是黃帝時「蒸穀爲飯」給人們飲食習慣帶來的巨大變化。「飲食爲生人之本」，這是《黃帝內經》上一句帶有概括性的話。廖海波認爲人們把後世創作的提倡飲食養生的經典之書稱爲《黃帝內經》，可見在人們心中黃帝和飲食的關係，也是後人事黃帝爲灶神的原因所在。〔註157〕

　　黃帝創造的飲食文化，在考古資料裡也可以找到佐證。黃帝「藝五種」、「作釜甑」部份：在河洛地區的晚期仰韶文化中，F15房址出土夾砂小罐中發現有粟種的痕跡，說明當時可能已經有初步的農業生產。此處同時也出土有以泥質紅陶爲主、夾砂灰褐陶次之的陶器，如鼎、釜、灶、甑、盆、罐、甕、缽、豆及小口尖底瓶等。〔註158〕黃帝改良爐灶部份：2005年底陝西彬縣挖掘出巨型的仰韶文化中晚期遺址，其中的水北遺跡的主要發現有房址、窯址、墓葬和陶片、石器、骨器等遺物。房址內東南部有一瓢形灶，灶坑深30公分，坑壁厚0.1公尺，經過長期使用，變得十分光滑堅硬。火塘後部有一火種罐，罐口向北，內有灰燼。煙道上有一塊石板覆蓋，通向房外。〔註159〕既有保留火種的陶罐，又有架住食器的瓢形堆土以及扮演排煙功能的煙道，這可視作是功能齊全的原始爐灶。

　　至於祝融，方懌指出，現今南嶽衡山流傳的傳說中仍有祝融被黃帝委任駐守南嶽，在衡山教百姓用火、吃熟食的故事。〔註160〕炎、黃、祝融對促進人類烹食水準做出了極大的貢獻，這也是他們被視爲灶神的原因之一。

2. 女性先炊演變爲灶神

　　中國古書中還有認爲灶神是「先炊」，即古時掌管炊事的人。《史記·封禪書》：「先炊之屬」，唐·張守節正義：「先炊，古炊母神也。」《禮記·禮器》云：「灶者，老婦之祭，其神先炊也。」又云：「燔柴於奧，大奧者，老婦之

〔註157〕廖海波《民間灶神信仰與傳說》（上海：華東師範大學博士論文，2003年5月），頁3。

〔註158〕李先登〈河洛文化與中國古代文明〉，「河洛文化網」，
http://www.heluochina.net，2007/8/15。

〔註159〕〈陝西省彬縣發掘出巨型仰韶文化遺址〉，「中國網」，
http://big5.china.com.cn。

〔註160〕方懌〈從T型帛畫看楚人信仰民俗〉，《湖南輕工業高等專科學校學報》15卷3期，2003年9月，頁63～64。

祭也，盛於盆，尊於瓶，卑賤之祭耳。雖卑賤而必祭之者，以其有功於飲食，故報之也。」鄭注：「奧，當爲爨字之誤也。或作灶。」孔頤達疏曰：「爨者，宗廟祭後直祭先炊老婦之神。」《儀禮・特牲饋食禮》曰：「主婦視饎爨。」鄭注：「炊黍稷曰饎，衆婦爲之。爨，炊也。」孔穎達疏曰：「周公制禮之時，爲之爨，至孔子之時，則爲之灶。」《儀禮・特牲饋食禮》又云：「卒食，而祭饎爨、雍爨」，鄭注：「爨者，老婦之祭」，孔疏：「老婦，先炊者，此祭先炊，非祭火神。」

　　這些記載明確指出灶神的前身叫「先炊」，即最早主持炊事的人，其形象爲年老的女性。《禮記・月令》曰：「孟夏之月，其帝炎帝，其神祝融，其祭灶，祭先師。」孔疏指出：「此配灶神而祭者，是先炊之人。」鄭玄更指明「王爲群姓立七祀，七曰灶，主飲饎食也，灶神祝融是老婦。」《太平御覽》卷 529 引《五經異義》也說：「灶神祝融是老婦。」可見，在他們看來，灶神炎帝、祝融等曾是「先炊之人」，是女性。以爲灶神的前身是「炊母神」，爲一老年女性形象，這樣的信仰應該早在母系氏族社會就已產生。

　　有關先炊的記錄，多出自漢代的典籍，說明它是當時社會上人們普遍認同的信仰。大量漢代墓葬出土的組合明器中，陶質灶的模型有一個通行的圖式：灶面上印有魚、鉤、俎、肉、勺、刀等炊事用品的圖形外，在灶門的左邊印有炊人像，右邊則爲陶瓶、陶罐像，〔註 161〕這可以說是古籍記載的祭祀先炊「盛於盆，尊於瓶」（《禮記・禮器》）的實物佐證。

河南豫西地區出土

　　灶神之所以爲老婦的原因，楊堃在〈灶神考〉一文中指出：

　　社會演化由圖騰時期進入初期農業時代之後，社會大權操諸婦女之手，家庭組織則爲母系氏族或母系大家庭制。司奧之職屬婦女，而奧灶之神自然亦是老婦或先炊。〔註 162〕

但也有的學者認爲灶神爲女性不僅是原始母系氏族社會的遺風，主要與女性

〔註 161〕賈文忠〈漢代陶灶〉，《古今農業》1996 年 1 期。
〔註 162〕楊堃〈灶神考〉，《楊堃民族研究文集》，北京：民族出版社，1991 年。

長期從事炊事活動有關。如楊福泉在《灶與灶神》一書中說：

> 固然，灶神和火神爲女性這一文化特徵反映了一些民族早期尊重婦
> 女的社會習俗，但由此推論這是母權社會的遺風是不確切的，我認
> 爲火神與灶神爲女性這一現象是火與人類居家生活有了密切聯繫後
> 產生的，它反映了婦女在生活中因司掌烹煮食物的家務與居家生活
> 之灶所產生的密切聯繫。〔註163〕

在母權制社會，婦女執掌著火的使用權和保管權，因此最初的灶神都是女性。
被人們尊爲灶神的火神祝融，最初可能也是女性。在此影響下，祭灶者也爲
女性：「夫灶者，老婦之所祭。」（《孔子家語‧曲禮子貢問》）除了漢族，中
國其他少數民族的灶神也多見女性形象。根據索南多杰的調查，藏族的灶神
就「是一位身裹素妝，佩帶瑰玉，手持金勺的美麗女神。」〔註164〕

　　詹石窗、張秀芳指出，在生存環境極其惡劣的原始社會，先民們應該是
以強壯有力爲美，塑造的各種善的神靈當然也是年輕型的。但在古代，青壯
年每天出外勞動，在灶前掌火做飯、料理家務的總是那些老弱的婦人。並且，
灶神要成爲「一族之長」、「一家之主」，只有經驗多、年紀大的老年人，才符
合族長之身份、家長之穩重，也才能與人們的長幼觀念相適應。〔註165〕正因
爲這樣，人們便很易將女性先炊與灶神起了聯想。

（三）從民俗考古學資料考察灶神的來歷

　　原始人常認爲本氏族都源於某一特定的物種或物類——可能生物也可能
是無生物，這是圖騰信仰的基本特徵。圖騰信仰主要是氏族對氏族祖先的信
奉。往往在其神話中講述本氏族祖先由圖騰物所變來，或氏族祖先和圖騰物
有密切關係。對圖騰物的崇拜是早期人類社會普遍存在的信仰形武。大部份
的民俗學家相信，灶神信仰在其發展、變異的過程中。也融入了這種圖騰物
的崇拜意識。以下將根據民俗與考古學的資料，先列出學界視特定圖騰物演
變爲灶神的種種看法，再說明我們的意見。

1. 灶神與蛙

　　古籍記載的灶神原型說法不一，促使一些近代學者對灶神的來歷作進一

〔註163〕楊福泉《灶與灶神》（北京：學苑出版社，1994年），頁54～55。
〔註164〕索南多杰〈藏族的灶與灶神〉，《西藏民俗》1998年2期，頁37。
〔註165〕詹石窗、張秀芳〈火與灶神形象嬗變論〉，《世界宗教研究》1994年1期，頁
　　　　89～90。

步的探索和研究。其中以著名民族學家、民俗學家楊堃視灶神來源於圖騰動物「蛙」的說法，時間上要最早，也最爲有名。

蛙崇拜和以蛙爲器物飾紋，在中國遠古文明中比較普遍。在考古發現和神話傳說中，蛙和灶存在若干聯繫。中國各族中也有許多有關蛙崇拜的神話傳說。據此，有學者認爲，蛙這種圖騰物是灶神的原型。

馬家窯文化陶器上的蛙蚊

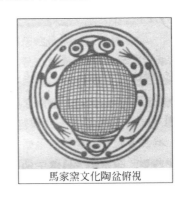

馬家窯文化陶盆俯視

早期持蛙爲灶神這觀點的學者主要是從灶字的原本字形「竈」來推論的。「竈」之下半「䵂」，《說文》以爲即蟾蜍。但有學者認爲竈字的下半部「䵂」象灶之形，如宋·徐鍇《說文解字繫傳》曾說：「䵂，鼀也，象灶之型。」楊堃也認爲：

> 我們若將近來考古學內發現的秦漢時代的一切陶灶拿來觀看一下，那就益使我們相信，灶之形狀確與䵂黽之屬相似，故「象灶之形」之說，實有其實物之根據也……灶神信仰的來源之一是圖騰崇拜。是一個以蛙爲圖騰的民族發明了灶，並使灶神信仰得以傳播開來……因此，吾人乃得一假設焉，謂灶字從穴與䵂者，穴與䵂二字雖均爲象形，而灶字則屬會意。所謂會意者，蓋在造字之初已有一種說法，謂司灶者或灶之發明者則是䵂族。而此䵂族居於穴內，亦即營穴居生活的圖騰氏族一族，故竈始從穴與䵂而有如此之形也。……灶神或灶神之近祖，有爲鮭黽或蛤蟆之可能。〔註166〕

不過也有學者持反對意見，如任軍在〈灶神考源〉一文中針對楊堃的看法舉出三條反駁意見，現歸要如下：

第一、甲骨文多用 ⌒、⌂、⌂ 表房屋、屋頂，沒有用「穴」表示房屋、

〔註166〕楊堃〈灶神考〉，《楊堃民族研究文集》，北京：民族出版社，1991年。

居處的習慣（鄒按：甲骨文中並無「穴」字），所以楊堃將將「竈」所從之「穴」釋爲居處是不準確的。

第二、楊堃所言之蛙族沒有具體所指，但就我國新石器時代考古發現看。蛙紋（蟾蜍紋）的發現極爲普遍。倘若存在一個蛙族的話，那麼出現在如此廣闊地域上的先民，哪個是司灶的蛙族呢？何況，在圖騰理論上，中外學科一致公認，一個氏族只採用一種動物或植物作爲本氏的圖騰，而遺存蛙紋的遺址，還發現其他紋飾，所以說有一氏族採用蛙紋作爲圖騰是不對的。

第三、考古發現在在證明，類似灶的用火遺跡遍佈我國境內的原始遺址中，它們分別出現不同的地域，分屬於不同的文化系統。難以想像，灶神信仰由一個司灶的以蛙爲圖騰的氏族獨家發明，再經過傳播而成爲中國民間普遍的信仰。

任軍認爲「竈」從穴是因爲新石器時代流行半地穴土質灶：

> 從「竈」的結構看，「穴」，《說文》云：「土室也。」段注：「引伸爲之凡空竅皆爲穴」。可見是掘地而成灶，「穴」、「土」共同表示的是新石器時期灶的形成和質地。考古資料表明，這一時期最常見的灶址形狀呈圓形和橢圓形。從掌握的 70 個灶址看，圓形爲 33 個。橢圓形爲 13 個，其他如桃形、方形。長方形、圓角方形等共 24 個，均爲半地穴式，圓形灶口徑大約在 0.75～1.8 米之間，底徑約爲 0.6～1.5 米。深度約爲 0.02～0.9 米。從質地上看，有石質、土質、泥質和陶質四種，其中又以土質爲主。綜合各方面研究可以確定新石器時代以位於居室中部正對門道的圓形半地穴式土質灶爲通行灶，「竈」字當是對此的象形。

而「竈」從「黽」（蛙類），任軍從生殖崇拜文化的方面作出解釋，認爲蛙是女性生殖器的象徵，〔註 167〕推而廣之，泛指女性，因此「竈」下的「黽」當是表示女性的一種符號，暗示了灶與女性之間的關係。

從民俗、考古和人類學來看，蛙確實與灶存在的聯繫：竈－蛙－女性。

〔註167〕任軍〈灶神考源〉，《中國史研究》，1999 年 1 期。文化人類學者如趙國華《生殖崇拜文化論》（北京：中國社會科學出版社，1990 年）指出女性生殖器崇拜的第三階段是對蛙、花，甚至是經血崇拜，之所以會以蛙代女性乃是因爲蛙腹與孕婦肚腹形狀相似，又蛙產子甚多，先民希望能多子多孫，便視蛙爲子宮──生殖崇拜的代表；易中天《中國的男人與女人》（上海：三聯書店，2007 年）第三章也提到蛙爲女性生殖器崇拜的象徵。

但楊福泉認為，除了此種聯繫外，根據古籍記載與民間神話傳說，竈和蛙還存在：竈－蛙－水的關聯。在灶中起作用的主要是火，火於此雖然有益，但也常常引起火災，所以人們對它既需要又很畏懼。「竈」為灶中有蛙的形象，這可能反映出古人因畏懼火災而希望能鎮住火的願望。那麼，為什麼蛙能鎮住火呢？楊福泉曾經提出過他的看法，〔註168〕現摘要如下：

第一、蛙主大水——《酉陽雜俎》中說：「灶無故自濕潤者，赤蛤蟆名鉤注居之。去則止。」《楚辭·天問》記載：「成湯東巡，有莘爰極，何乞彼小臣，而吉妃是得？水濱之木，得彼小子，夫何惡之，媵有莘之婦？……初湯臣摯，後茲承輔，何卒官湯，尊食宗緒？」王逸注：「伊尹母妊身，夢神女告之曰：『臼灶生蛙，亟去無顧。』居無幾何，臼灶中生蛙，母去，東走。顧視其邑，盡為大水。母因溺死，化為空桑之木。水乾之後，有小兒啼水涯，人取養之。既長大，有殊長。有莘惡伊尹從木中出，因以送女也。」酈道元所作《水經注·伊水》也記載了這個故事，《戰國策》卷18〈知伯從韓魏兵以攻趙〉一節也記載趙國將亡，凶象為「今城不沒者三板，臼灶生蛙，人馬相食，城降有日。」從這兩個故事中可以看出古人把灶中有蛙視為將要發大水的徵兆。「臼灶生蛙」在遠古洪水神話中也經常被看作洪水欲來的徵兆。

第二、蛙主降水——在人類學者的記載中，外國有些民族也有青蛙或蟾蜍主管降水的信仰。如弗雷澤《金枝》：「青蛙和蟾蜍跟水的密切關係使他們獲得了雨水保管者的廣泛聲譽，並經常在要求上天下大雨的巫術中扮演部份角色。……一些奧里諾科印第安人把蟾蜍奉為水之神或水之主人，從而懼怕殺死這些生物。……」〔註169〕人們也普遍把蛙聲作為降雨的前兆。馬敍倫在《莊子義證》中說：「古說『哈蟆能升天吐霓，故以為神耳。』」〔註170〕各民族的蛙崇拜除了與生殖崇拜等有關外，大都與祈雨求水有關，劉敦勵曾指出：「《春秋繁露》也記載置蛤蟆於池中以祈雨。」〔註171〕有的民族視蛙為田神或雨神之子，如壯族的螞拐節（青蛙節）的內涵之一便是祭蛙求雨。在壯族的神話傳說中，青蛙是雷神的子女，是溝通人和雷神的橋梁。所以蛙成為水的

〔註168〕楊福泉《灶與灶神》（北京：學苑出版社，1994年），頁77～82。

〔註169〕英·弗雷澤著，徐育新等譯《金枝》（北京：中國民間文藝出版社，1987年），頁110～111。

〔註170〕馬敍倫《莊子義證·達生》（北京：北京商務印書館，1930年），頁11。

〔註171〕劉敦勵〈古代中國人與馬耶的祈雨與雨神崇拜〉，《中央研究院民族學研究所集刊》4期，1957年，頁105。

象徵。水能制火，引申開來即蛙也能制火。

另一方面，炊事活動又離不開水。因此，楊福泉認爲作爲水之象徵的青蛙與灶發生聯繫，也是自然而然的事。此外，漢族神話傳說中把蟾蜍視爲居於月亮中的靈物。東漢‧張衡《靈憲》曰：「羿請不死之藥於西王母，嫦娥竊之以奔月。……遂托身於月，是爲蟾蜍。」唐宋人僞托南朝梁人任昉所著《述異記》卷上記載：「古謂蟾三足，窟月而取，爲仙蟲。」唐‧張讀《宣室志》中記述了蛤蟆入室而主人升官的一段故事，稱蛤蟆爲天使。楊堃因而在〈灶神考〉中另提一個假設：

> 今吾人若從蟾蜍奔月與蛤蟆爲月中之蟲，並爲上帝天使之兩傳說，而連想到灶神，則灶神之名雖有多種，然有的說是名禪字子郭，有的說是姓張名單字於郭。而禪或單是否均與蟾蜍之蟾音相近？……嫦蛾奔月與灶神上天是否均與蛤蟆升天以及蛤蟆爲上帝天使之傳說有點淵源？〔註172〕

這個推論是「蛙」爲灶神原型的另一個思考方向。

2. 灶神與蟑螂

《莊子‧達生》記有：

> 桓公田於澤，管仲御，見鬼焉。公撫管仲之手曰：「仲父何見？」對曰：「臣無所見。」公反，誒詒爲病，數日不出。齊士有皇子告敖者，曰：「公則自傷，鬼惡能傷公！夫忿滀之氣，散而不反，則爲不足；上而不下，則使人善怒；下而不上，則使人善忘；不上不下，中身當心，則爲病。」桓公曰：「然則有鬼乎？」曰：「有。沈有履。灶有髻。戶內之煩壤，雷霆處之；東北方之下者，倍阿鮭蠪躍之；西北方之下者，則泆陽處之。水有罔象，丘有峷，山有夔，野有彷徨，澤有委蛇。」

「髻」，唐‧陸德明《經典釋文》引司馬彪說：「髻，灶神，著赤衣，狀如美女」。南朝梁‧宗懍《荊楚歲時記》上則說：「灶神姓蘇，名吉利。」《三國志‧魏志‧管輅傳》云：「王基家賤婦生一兒，墮地，即走入灶中。輅曰：『直宋無忌之妖，將其入灶也』。」管輅把宋無忌當作灶神。《史記‧封禪書》索隱《白澤圖》也說：「火之精曰宋無忌。」

〔註172〕楊堃〈灶神考〉，《楊堃民族研究文集》，北京：民族出版社，1991年。

　　神話學者袁珂根據上述記載認為「灶有髻」的「髻」其實就是「蛣」的異體字或假借字。《爾雅・釋蟲》說：「蛣，蟭，蟬也。」《史記・五帝本紀》說：「顓頊生子曰窮蟬。」俞正燮《癸巳存稿》卷13「灶神」條引許慎《五經異義》云：「灶神，古《周禮》說，顓頊有子曰犁，祀以為灶神。」而另一位被認為是灶神的蘇吉利其實就是宋無忌的音變，吉、忌的聲音都近於髻、蛣、蟭、犁。《後漢書・陰識傳》、《酉陽雜俎・諾皋記上》等古籍上都有灶神名禪或名單的記載。袁珂考證此處「單」與「禪」都是「蟬」字的演變。實際上灶神只不過是灶上常見的紅殼蟲──蟑螂──灶馬。〔註173〕丁山也有類似考證，認為髻就是現今灶上所常見的紅殼蟲，古語或謂之「蛣蟭」。〔註174〕

3. 灶神與灶雞（蟋蟀、促織）

　　劉瑞明認為袁珂將灶馬釋作蟑螂是很好的解釋，但灶馬在其他地方有其他語義，所以灶神也可能與其他生活在灶附近的昆蟲有關：

> 《辭海》：「灶馬：昆蟲綱，直翅目，蟋螽科。體粗短，長約20毫米，背駝，觸角甚長，翅退化。後足發達，能跳躍。穴居性，常成群棲於暗濕處，是屋內灶前常見的昆蟲。」《現代漢語詞典》同條補有「常在夜間叫」一意。《本草綱目・蟲部・灶馬》「釋名」項言「灶雞（俗）」。灶雞之名至少明代已有。今浙江金華、福建廈門等地叫灶雞。湖南婁底、江蘇揚州、廣東梅縣、廣西柳州、四川成都、江西南昌、黎川等地叫灶雞子。武漢、徐州叫灶蛐蛐，或叫灶蟋蟀。徐世榮《北京土語詞典》：「灶馬兒：一種似蟋蟀的鳴蟲，鳴聲卿卿，單調不悅耳，棲於灶旁。」另《漢語大詞典》「灶馬」下收有一義：「昆蟲名，又稱灶雞、灶鱉雞。今武漢也把灶神叫灶馬。」灶雞、灶神都叫灶馬，便意味著灶雞曾是灶神，已失傳不為人知。但仍有線索可查。段成式《酉陽雜俎前集・卷十七・蟲篇》：「灶馬，狀如促織，稍大，腳長，好穴於灶側。俗言：『灶有馬，足食之兆。』」，可兆足食，實是希望它佑而足食，是當作灶神看待的。〔註175〕

4. 灶神與狗

　　中國還有以狗為圖騰的民族，獵狗與他們朝夕相伴，是他們獵取食物的

〔註173〕袁珂〈漫話灶神和祭灶〉，《神話論文集》，上海：上海古籍出版社，1982年。
〔註174〕丁山《中國古代宗教與神話考》，上海：上海文藝出版社，1988年。
〔註175〕劉瑞明〈灶神神話研究補說〉，《四川大學學報》哲社版2003年1期，頁78。

得力助手，所以他們把狗奉爲圖騰、家神、保護神和灶神。根據林繼富的研究，生活在喜馬拉雅山東段的西藏墨脫縣境內的門巴族、珞巴族至今還保留著奉圖騰動物──狗爲灶神的習俗。〔註176〕據珞巴族《祭灶神》傳說中講：

> 很早以前，珞巴兄弟倆靠狩獵爲生。爲獵取食物，他們把松枝，香草放進火堆裡焚燒，祈禱「我們需要灶神三兄弟的幫助」。晚上，從天上降下三隻狗睡在火塘邊，獵人有了三隻狗後，每天獵取很多野獸。後來弟弟死去，獵物減少，哥哥又去祈求灶神的幫助。灶神從天上攆來犀牛和怪獸「薩」，但是哥哥沒有射中「薩」，灶神三兄弟只好返回天庭。臨走時，三隻狗對獵人說：「灶神三兄弟是我們的化身。我們走後，還請你告訴天下所有人，我們是灶神三兄弟，我們會幫助天下人的。」〔註177〕

類似以狗爲灶神形象的傳說在門巴、珞巴民族中已經搜集到十多篇，同時還搜集到多種迎請火塘神（灶神）──狗的祈禱詞。

門、珞民族的生活範圍主要原始森林區，狩獵是他們經濟和食物的主要來源。狗既是他們生活的得力助手，又是他們生活的親密伴侶。狗白天隨主人外出狩獵，夜晚同主人相臥在灶塘邊。一旦生活無著落，立刻想到狗，希望狗每天賜給他們食物。林繼富認爲這就是爲何門、珞民族視狗爲圖騰神、家神、保護神、灶神的原因。〔註178〕

按：從傳世文獻上來看，以特定人物如炎、黃及祝融等火神、民族祖先神爲灶神，這是火神和灶神、祖先神神性共化的結果，同時以傳說英雄人物爲灶神，也有感懷這些英雄改善先民生活條件的紀念意義在裡頭；以老婦－女性先炊爲灶神，這是在懷念女性祖先神，同時以女性爲灶神，也是人類社會男主外女主內的分工所比附出來的結果。李立指出，日後灶神由女性或陰性過渡到男性或陽性，是漢代以後日益完整的父系家長制度的影響。〔註179〕之後發展出來的諸種灶神人物或夫婦，則是灶神進一步社會化的產物。但日後諸種人格化灶神如蘇吉利、宋無忌等，除了是灶神進一步社會化的結果，從民俗學上來看，

〔註176〕林繼富〈珞巴族灶神析論〉，《民間文學論壇》1996 年 2 期。
〔註177〕翼文正搜集整理《西藏民間故事（6）》，拉薩：西藏人民出版社，1993 年。
〔註178〕林繼富〈灶神形象演化的歷史軌跡及文化內涵〉，《華中師範大學學報》哲社版 1996 年 1 期，頁 100。
〔註179〕李立〈文化價值含量與漢代灶神話傳說的演變〉，《孝感師專學報》1997 年 3 期，頁 70。

牠們的出現和灶神的各式圖騰如「蛞蝓」等也脫不了關係，或許可以說這些活靈活現的人格化灶神，有一部份成分是從灶神圖騰發展而來。

從民俗學上來看，以蟑螂作灶神，是因爲古人以爲牠從灶所生，又聚集在灶的附近，故視其爲灶神化身；以狗作灶神是因爲狗和灶神的形象一樣，都扮演著保家佑人、提供食物的角色；以蛙作灶神，除了反應出早期灶神的性別特徵（女性）外，蛙又是水的代表，炊事需水，水又能克火，這在古人無法控制火的不安全感上起著安慰的作用；以灶雞作灶神，是因爲灶雞登門入室，多半棲息在灶的附近所致。

此外，筆者發現眾多灶神圖騰之間存在有某種關聯：狗陪伴人們出門狩獵，在野外，夜裡則與主人一同躺臥在火堆旁；在家中，則溫暖的灶旁爲其休憩之處，加上狗能夠保障田獵的捕獲量，所以古人將之與同樣提供一家食物的灶神起了聯想。〔註180〕蟑螂性喜溫暖、潮濕、靠近食物的地方，爲了取暖，最愛聚集在爐灶附近，〔註181〕這也提供了古人將蟑螂與灶神作出聯想的理由。而蛙（蟾蜍）和織娘（灶雞）的共通點是他們也都可以是女性的象徵：蛙（蟾蜍）除了是女性的象徵外，傳說嫦娥奔月，化爲蟾蜍，日後蟾蜍（嬋娟）在文學中便能借代月亮（陰性）；〔註182〕而織娘（灶雞）因鳴聲似紡紗而得名，古代紡紗爲女子專責，這是織娘（灶雞）陰性特質的由來。此外，蟾（禪紐談部）蜍，和蟑螂的別名蟬（禪紐元部），〔註183〕又有音近的關係；而蟑螂與織娘又都被稱作是灶馬。這些灶神圖騰之間存在的某種內在聯繫，現

〔註180〕現今灶神信仰有一衍生崇拜物「灶王碼」—— 神碼之一種，又稱金灶，係一封死無實用功能的紙札或木板刻神像，上有灶王爺、灶王奶奶高坐殿上，香案兩旁各站手持善瓶及惡瓶的善惡童子。案旁還有日曆司、監司。案前則有一聚寶盆，盆上右有犬、左有雞，取犬、雞能幫主人吃掉廚餘、減少浪費以積功德之意。詳京根兒〈北京百姓的眾神相〉，《北京紀事》2007 年 7 期。

〔註181〕顧石生〈對上海地區家庭中蟑螂活動規律的探索及對策〉，《生物學教學》2005 年 2 期。

〔註182〕陳才訓〈嫦娥‧蟾蜍‧玉兔 —— 月亮文化摭談〉，《江淮論壇》2002 年 3 期，頁 106～108。爲何月亮的形象在先民的心目中會和蟾蜍及女性有所牽聯？趙國華《生殖崇拜文化論》（北京：中國社會科學出版社，1990 年），頁 205 認爲先民在觀察月之圓缺時，發現其朔望和女性之信水的周期相當；而月圓缺循環又和女性懷孕產子而肚腹膨起至平復相似，因而先將月亮和女性作了聯想；同時先民也想像月亮就像一隻可以鼓氣漲大又縮小的蟾蜍一樣，因而月亮既有女性又有蟾蜍的形象。

〔註183〕兩字古聲同、主要元音同而韻尾皆收陽聲（-an、-am）。

圖示如下〔註184〕：

狗←（徘徊在灶腳）→蟑螂、結蠐、蟬←（音近）→蟾蜍、蛙←（陰性）→織娘、灶雞
↓ ─────────────（灶馬）───────────── ↓

由圖示可知，中國灶神的神性來源十分多樣，這些來源也都彼此互有關聯。

灶神從最早的自然崇拜（太陽、火），變化爲祖先崇拜（民族神、先炊），祖先崇拜裡又包含有氏族圖騰的影子。而這些灶神圖騰的出現，與牠們的生活習性離不開灶腳有關。秦漢以後，灶神又不斷的社會化，更衍生出諸多人格化的灶神（詳下）。

二、楚人祭祀灶神的原因

古代中華民族具有泛神傾向，在民眾心中，萬物皆可成爲神。不過人們對這種信仰形式缺少宗教性的敬仰。我們可以發現，我國眾神的出現無不是爲了解決現實難題而被創造出來的，這種功利目的下所產生的性仰，十分重視報酬，〔註185〕其中的神聖性和道德性便不夠強烈。正如周作人所說：「中國民間對於鬼神的迷信其意義大都是世間的……正如結果終出於利害打算，則其所根據仍是理性。」〔註186〕

灶是烹飪食物的地方，灶神是職掌灶火、管理飲食。所以人們敬奉灶神，完全是出於趨利避害的目的。灶神之所以能引起全民的崇祀，原因也在於它能滿足民眾狹隘而現實的功利性心理。恩格斯說：「最初的宗教表現是反映自然現象、季節更換等等的慶祝活動。一個部落或民族生活於其中的特定自然條件和自然產物，都被搬進了它的宗教裡。」〔註187〕遠古時期，人們對自然現象既無力認識，又無力征服，就認爲自然現象和超自然力量皆有神靈主宰。灶是炊煮食物的處所，《釋名》說：「灶，造也，創食物也。」生冷食物經過灶之後變成香氣四溢的佳餚，先祖對灶便油然產生敬意。將熟食能促進營養吸收、減少腸胃疾病的「豐功偉績」歸結爲灶神的功勞。

但楚人祭灶，除了上述功利性的動機外，應該還有其他的原因。池田末利指出灶神的原型是火神，但其神格更主要是由祖神的性質所決定的：火是

〔註184〕改繪自鄒濬智〈灶神來源試究〉，《元培學報》14 期，2007 年 12 月。
〔註185〕崔冠華〈從「祭灶」談功利性民俗心理〉，《現代語文》2006 年 6 期。
〔註186〕周作人《藥堂雜文・關於迎神祭會》，石家莊：河北教育出版社，2002 年。
〔註187〕德・恩格斯《馬克斯恩格斯全集》，北京：人民文學出版社，1973 年。

生活中不可缺少的，因此灶與聖火發生關聯，而聖火信仰與死者崇拜是有密切關係的，換言之，聖火即祖神的象徵，而祖神是一家的守護神，灶的消失，即意味著家的絕嗣。所以，火神和祖神在宗教本質上是一致的。上古中國的灶神的始源形態，正是兼具火神和祖神的雙重性格。〔註188〕「灶神的來源和火神有絕大的關係，最早的灶神炎帝、黃帝和祝融即是由火神、光明神演化而來的。」〔註189〕炎帝集團與黃帝集團是兄弟部落、炎帝與祝融又是楚人的遠祖，在楚人眼中，灶神即祖先神，或許此即楚人祭祀灶神的另一特殊原因。以下將先試說楚人族源，再將之與灶神淵源交相比對，以便說明二者的關聯。

（一）楚人族源

1. 黃 帝（顓頊、高陽）

黃帝，一說顓頊，其時重與黎融合。到帝嚳之世，則形成重黎氏部落，因「甚有功，能光融天下」（《史記‧楚世家》），號爲祝融氏。《史記‧楚世家》有「楚之先祖出自帝顓頊高陽」的說法。學者因多依據此說，以爲祝融出自顓頊。屈原在《楚辭‧離騷》中也自稱爲「帝高陽之苗裔兮（注家多以高陽爲顓頊的號）。」由於祝融部落多隨顓頊、帝嚳等諸夏集團活動，所以他常被視爲是諸夏部落聯盟的一員。

關於高陽與顓頊關係，傳統看法以爲顓頊即高陽氏，是楚人的男性祖先，但今人另有一說，以爲高陽原先應係女性祖先，譬如聞一多說：

> 楚的先祖按規矩說，不是帝顓頊，而是他的妻女祿。本來所謂高陽氏應該是女祿的氏族名，不是顓頊的，因爲在母系社會中，是男子出嫁給女子，以女家的氏爲氏。許是因爲母系變爲父系之後，人們的記憶隨著悠久的時間漸漸消逝了，於是他們只知一個事實，那便是一切主權只許操在男人手裡，因而在過信了以今證古的邏輯之下，他們便鬧出這樣滑稽的錯來，把那「生民」的主權也移歸給男人了 —— 許是因爲這個原故，楚的先姚女祿才化爲一個丈夫了。……高陽在始祖的資格之下，雖變成了男性，但在神祇的資格之下，卻仍然不得個女子。一方面變，一方面不變，而彼此之間誰又不能遷就誰，於是一個人只好分化爲二個人了。再爲避免糾紛起

〔註188〕池田末利〈中國における灶神の本質〉，《中國古代宗教史研究 —— 制度思想》（東京：東海大學出版會，1981年），頁817。
〔註189〕黃永鋒〈灶神信仰芻探〉，《中國道教》2006年5期，頁34。

見，索興把名字也區別一下：性別不變的，當然名字也可以照舊寫他的「高唐」，性別變了的，名字最好也變一下，就寫作「高陽」罷。〔註190〕

龔維英則據《山海經‧大荒西經》顓頊死化爲「魚婦」及《世本》與古本《竹書紀年》「顓頊產鯀」等記載，論證道：「顓頊乃是一個女姓，顓頊即高陽，而高陽即楚人祀爲高禖的高唐神。」〔註191〕張軍進一步補充道：

> 從訓詁、音韻的角度可將高唐釋爲「高陽」。在古漢語中，唐與湯、腸有通假關係，如《戰國策‧趙策一》記：「秦以三軍強弩坐羊唐之上」。羊唐即羊腸。齊叔夷鐘銘曰：「虩虩成唐」。成唐即商王成湯。湯、陽同音通假的字例更多，如馬王堆竹簡《十問》「夏辟湯風」。湯風即陽風。由此可見，唐、陽亦可以同音通假。〔註192〕

從性別所扮演的社會功能轉變上來看，關於顓頊高陽的性別由女變男，可能是母系社會向父系社會轉移時，祖先傳說的故事文本論釋權也跟著轉移的結果——原本神聖的祖先也由女性一變爲男性了。

2. 炎 帝

炎帝，是古代傳說中對中華民族乃至全人類有傑出貢獻的古代帝王。祂既有火神形象，上古農業又以火耕爲主，故祂的形象在某些傳說裡和神農氏有了重疊。〔註193〕相傳他教民作耒耜爲農耕以興農業，又教民鑿井以興水利，又嘗百草爲醫藥以治百病。〔註194〕《淮南子‧時則》云：「南方之極，自北戶孫之外，貫顓頊之國，南至委火炎風之野，赤帝、祝融之所司者，萬二千里。」高誘注：「赤帝，炎帝。……南方火德之帝也。」

黃永堂的研究指出，繼黃帝之後，黃、炎二族聯合對付九黎、苗民的時期。顓頊命重、黎絕地天通，《尚書‧呂刑》說是爲「遏絕苗民」，而《國語‧楚語》稱是「九黎亂德」，當是南方苗民又逐漸向北發展，而在黃帝時代被炎、

〔註190〕聞一多《神話與詩‧高唐神女傳說之分析》，北京：古籍出版社，1954 年。又收入《神話研究》，成都：巴蜀書社，2002 年 12 月。

〔註191〕龔維英〈顓頊爲女姓考〉，《華南師院學報》，1981 年 3 期。

〔註192〕張軍《楚國神話原型研究》（臺北：文津出版社，1994 年 1 月），頁 37。

〔註193〕《禮記‧月令》也稱土神爲神農。《帝王世紀》云：「神農氏，姜姓也。……人身牛首，長於姜水。有聖德，以火德王，故號炎帝。」

〔註194〕以上並見《太平御覽》引《本草經》、唐司馬貞《補三皇本紀》、清‧馬驌《繹史》卷 4 引《逸周書》及《淮南子‧修務訓》、晉‧皇甫謐《帝王世紀》等典籍。

黃族打敗的九黎族聯合苗民反亂，他們信奉巫教，雜拜鬼神，顓頊乃命重氏、黎氏（一說二人爲兄弟，一說爲重黎一人，詳下）去禁絕巫教，通命九黎、苗民服從黃、炎族的教化。以後在中原地區形成以黃帝族爲君，黃、炎族聯合東方的夷族共同輔佐的局面。〔註195〕

　　從黃帝（顓頊）到禹，古史和神話傳說，屢見苗、黎族與黃、炎族不斷衝突鬥爭的記載，顓頊命楚人遠祖重、黎「絕地天通」，堯時敗丹朱、服南蠻均是例子。對苗黎的戰爭，直到禹時，才獲得最後的勝利，從此黃、炎二部族在中原地區的統治地位才更加鞏固。

3. 祝　融

　　祝融一直以來就是楚人非常的崇拜的對象。傳世文獻和出土文獻的記載在在證明，楚人先民的線索可以上溯到祝融。據《國語‧鄭語》載周太史伯曰：

> 祝融亦能昭顯天地之光明，以生柔嘉材者也，其後八姓於周未有侯伯。……斟姓無後。融之興者，其在芈姓乎？芈姓夔、越，不足命也。蠻芈蠻矣，唯荊實有昭德，若周衰，其必興矣。

明確指出芈姓楚人是「祝融八姓」之一。《左傳‧僖公廿六年》記載楚國的別封之君不祀祝融和鬻熊，〔註196〕楚人以爲大逆不道，舉兵攻滅了夔國：

> 夔子不祀祝融與鬻熊，楚人讓之。對曰：「我先王熊摯有疾，鬼神弗赦而自竄於夔，吾是以失楚，又何祀焉？」秋，楚成得臣、鬥宜申帥師滅夔，以夔子歸。〔註197〕

杜注：「祝融，高辛氏（帝嚳）之火正，楚之遠祖也。」《史記》正義云：「祝融，高辛氏之火正，楚之遠祖也。鬻熊，祝融之十二世孫。」這同時也是古書中祝融受到楚人祭祀的極佳證明。

　　作爲楚人一員的屈原〔註198〕在《楚辭‧離騷》中自述說「朕皇考曰伯庸」。

〔註195〕黃永堂〈司命、灶神與楚人族源〉，《貴陽金築大學學報》綜合版 1999 年 1 期，頁 86、87、83。

〔註196〕熊渠嫡長子熊摯後代分化出夔、能等姓氏。《史記正義》：「熊渠嫡嗣曰熊摯，有惡疾，不得爲後，別居於夔，爲楚附庸，後王命曰子國也。」

〔註197〕崔世俊〈論〈九歌〉祭祀主體爲楚人祖先祭祀〉，《青島大學師範學院學報》21 卷 2 期，2004 年 6 月，頁 76。另〈九歌〉中有〈東君〉，用祭太陽神，這可視作是楚人在祭祀太一至上神的時侯，也祭祀遠古祖先（祝融一說爲火神、太陽神）的佐證。

〔註198〕蚡冒死，弟熊通殺其子而代立，自號武王，開諸侯國君稱王之先河。武王子

皇考，眾多注家均訓爲亡父，趙炳清以爲其實應訓爲高祖，伯庸即是祝融。因爲「伯」可訓爲長、大，而「祝」也有大、始之意，可互通。〔註199〕「庸」東部喻紐，「融」多部喻紐，上古東、多二部古音可旁轉，故「庸」、「融」音同字通。清·王引之《經義述聞》卷20說「庸與融同。」《路史·後紀》卷4的「祝融」稱「祝庸」。長沙子彈庫楚帛書中「祝融」之「融」寫作「蝸」。屈原自稱其先祖爲祝融，當然，楚人的先祖也當爲祝融。包山M2簡217中，其墓主楚左尹邵放在奉祀的祖先名字中，祝融赫然在列，高居第二位。邵放出自楚昭王支脈，故可知祝融作爲楚人的先祖是確信無疑的。〔註200〕除了包山M2，望山M1和新蔡墓出土的卜筮簡亦多見以祝融爲先祖而進行祭祀的記錄。

另長沙楚帛書記有祝融受炎帝之命，率四神安天傾、立四極的記載：

> 長曰青□榦，二曰朱四單，三曰翏黃難，四曰□墨榦。千又百歲，
> 日月夋生，九州不平。山陵備矢，四神乃作，至于覆。天方動，扞
> 蔽之青木、黃木、白木、墨木之精。炎帝乃命祝融以四神降，奠三
> 天：維思縛，奠四極。曰：「非九天則大矢，則毋敢蔑天靈。」帝夋
> 乃爲日月之行。

可見祝融在楚人心目中地位之高。

祝融原本是楚人遠祖重黎（一說重、黎是二人，詳下）的官名。《尚書·呂刑》：「黃帝（指顓頊）哀矜庶戮之不辜，報虐以威，遏絕苗民，無世在下。乃命重黎，絕地天通，罔有降格。」《國語·楚語》也說：「及少暤氏之衰也，九黎亂德。民神雜揉，不可方物。……顓頊受之，乃命南正重，司天以屬神；命火正黎，司地以屬民。使復舊常，無相侵瀆，是謂絕地天通。」〔註201〕

瑕，食采於屈，子孫以屈爲氏。屈瑕的後代屈到爲令尹，其後以到爲氏。屈原爲三閭大夫，主管公族屈景昭三大族的事務，後裔有的以三閭爲氏。

〔註199〕趙氏訓「祝」爲大、始，應係據饒宗頤《楚辭地理考·祝融考》（北京：商務印書館，1946年），頁8～9：「祝即甚大之意。」饒說未言其據，經查《詩經·既醉》虞翻注：「祝融，大明也。」「祝」或有「大」意。

〔註200〕趙炳清〈楚人先民溯源略論〉，《民族研究》2005年1期。趙文係以劉玉堂〈楚公族先祖考索〉（《江漢論壇》2000年4期）爲基礎開展而成。本段論述，部份文獻資料轉引自趙、劉二文。

〔註201〕徐旭生《中國古史的傳說時代》（桂林：廣西師範大學出版社，2003年），頁20：「很古時代的傳說總有它歷史方面的質素、核心，並不是向壁虛造的。」徐書〈後語〉又提到：「古代是神話的時代，那時候的人無法脫離鬼神去思想。我們現在可以毫不疑惑地斷定：凡古代的史實，只要那裡面不摻雜神話，大約全是僞造，至少說它是已經經過一番人化的工作了；反倒是淸雜神話的說

　　重黎「絕地天通」爲鎮壓南方苗蠻效力，其後子孫「或在王室，或在夷狄，莫之數也。」(《國語‧鄭語》) 重黎之弟吳回生陸終，陸終生子六人，其長子昆吾，夏時曾爲諸侯，第六子季連，羋姓，楚人就是季連的後裔。《史記》索隱引《世本》云：「陸終娶鬼方氏女，曰女嬇。」可見自重黎任祝融以後，其子孫多在黃河以南，並與西南苗蠻逐漸融合，至有陸終娶鬼方氏女之說。季連的苗裔叫鬻熊，曾事周文王，爲火師，《史記‧楚世家》載楚武王熊通提到「吾先鬻熊，文王之師也。」師即火師，也就是火正。文王念其「不背本」，故任以先人火師之職，讓他在諸侯盟會時主管包括燎祭和焚燭、庭燎在內的一切用火事宜。鬻熊的曾孫熊繹在周成王時，封在丹陽 (今湖北秭歸縣)，立國於荊山一帶，國號爲楚。成王在「盟諸侯於岐陽」時，讓熊繹「與鮮卑守火燎。」〔註202〕可能楚人的先祖從祝融到鬻熊、到熊繹，世爲火正，沒有改變。

　　然而，作爲楚人遠祖的祝融——重黎，其眞實身份並不容易確認。從典籍文獻對祝融的敘述中，我們發現了幾個問題：

問題一：祝融是重、黎，黎，還是重黎？

　　有主張重黎爲一人者，如《史記‧楚世家》：

> 重黎爲帝嚳高辛氏火正，甚有功，能光融天下，帝嚳命曰祝融。共
> 工氏作亂，帝嚳使重黎誅之而不盡，帝乃以庚寅日誅重黎，而以其
> 弟吳回爲重黎後，復居火正，爲祝融。

清‧董增齡引上揭《史記‧楚世家》認爲：「此正是重黎非單名證也。此文史伯言黎者，承上重黎而省文也。」〔註203〕《史記‧楚世家》集解引徐廣敘《世本》云：「老童生重黎及吳回。」今人羅運環亦執此見。〔註204〕

　　有主張重、黎爲二人者，如《山海經‧大荒西經》云：「顓頊生老童，老童生重及黎，帝令重獻上天，令黎邛下地。」郭璞注引《世本》作：「老童娶於根水氏謂之驕福，產重及黎。」《史記》索隱以爲重、黎爲二人、對外自言

　　　　法尚屬近古」、「古代人……到春秋戰國時代……對於鬼神的信仰已經近於將
　　　　蛻化的程度，如果當時的人作出錯誤的綜合工作或想作僞，那就一定相當地
　　　　人化和理想化，絕不會添加些當時人已經不很相信的神話。」上述史書雖是
　　　　用歷史將遠古神話改頭換面，但由於它們本身具有一定程度的史料價值，文
　　　　中說明上古即有重、黎爲祝融並絕地天通等傳說應有一定可信度。

〔註202〕以上見《左傳‧宣公、昭公》、《國語‧鄭語、楚語、晉語》等。
〔註203〕董增齡《國語正義》(成都：巴蜀書社，1985年)，頁1043～1044。
〔註204〕羅運環《楚國八百年》(武漢：武漢大學出版社，1992年)，頁41。

當家時則合稱重黎：

> 案：《左氏傳》少昊氏之子曰重，顓頊氏之子曰黎。今以重黎爲一人，
> 仍是顓頊之子孫者，劉氏云「少昊氏之後曰重，顓頊氏之後曰重黎，
> 對彼重則單稱黎，若自言當家則稱重黎。故楚及司馬氏皆重黎之後，
> 非關少昊之重」。愚謂此解爲當。……此重黎爲火正，彼少昊氏之後
> 重自爲木正，知此重黎即彼之黎也。

有主張重、黎爲官名者，如《尚書・堯典》孔穎達疏指出：「《史記》並
以重黎爲楚國之祖，吳回爲重黎，以重黎爲官號，此乃《史記》之謬。故束
晳譏馬遷並兩人以爲一，謂此是也。」《國語・鄭語》記周太史伯語云：「且
重黎之後也。夫黎爲高辛氏火正，以淳燿敦大，天明地德，光照四海，故命
之曰『祝融』，其功大矣。」韋昭注：「重、黎，官名。〈楚語〉曰：『顓頊乃
命南正重司天，北正黎司地。』言楚之先爲此二官。」

問題二：祝融、重黎（黎，重、黎）、吳回、陸終之間的關係爲何？

今人對重、黎、祝融、吳回、陸終之間關係，亦有激烈的討論，有主重
黎、吳回、陸終爲三人者，如王光鎬《楚文化源流新證》；〔註205〕有主重、黎、
吳回爲三人者，如馬世之《中原楚文化研究》，〔註206〕有主重、黎、吳回、陸
終爲四人者，如張正明《楚史》。〔註207〕各執所據，莫衷一是。

問題三：祝融屬於黃帝集團還是炎帝集團？

《管子・五行》：「昔黃帝得蚩尤而明於大道……得祝融而辯於南
方……」、《國語・楚語下》觀射父曰：「顓頊受之，乃命南正重司天以屬神，
命火正黎司地以屬民」，《呂氏春秋》、《禮記》、《淮南子》等書都說祝融是從
屬於炎帝的神，《史記・司馬相如列傳》張守節正義說：「祝融，南方炎帝之
佐也。」子彈庫楚帛書有「炎帝乃命祝融以四神降」句，《白虎通・五行》說：
「其帝炎帝者，太陽也。其神祝融，祝融者屬續。」這些都是祝融聽命於炎
帝的明證，顯然祝融屬於黃帝系統。但在《尚書・大傳》：「方之極自北戶南
至炎風之野，帝炎帝，神祝融」、《禮記・月令》：「孟夏之月，其帝炎帝，其
神祝融」中，祝融又爲炎帝系統。上文「火神形象」中，祝融又分別是黃帝、
炎帝的親戚。而在《山海經》中，祝融既屬於黃帝系統，又屬於炎帝系統。

〔註205〕王光鎬《楚文化源流新證》（武漢：武漢大學出版社，1988 年），頁 18。
〔註206〕馬世之《中原楚文化研究》（武漢：湖北教育出版社，1995 年），頁 32。
〔註207〕張正明《楚史》（武漢：湖北教育出版社，1995 年），頁 12。

《史記・楚世家》記祝融爲顓頊重孫，以祝融爲黃帝系統。但主張祝融爲炎帝系統者，如黃永堂認爲重、黎因功大而命爲祝融，又被命去鎮壓在顓頊時未完全壓服的共工氏，終受誅戮，而其弟吳回繼爲火正祝融，這暗指重、黎及其氏族世任祝融職官，不太可能是顓頊爲帝後命自己的重孫代替祝融重、黎去絕地天通，故祝融不可能是黃帝族顓頊的後裔。張正明也對此做了仔細的辨正，認爲高陽不是顓頊，且祝融也不出自顓頊。只是爲了集中和統一，西漢初期高陽、顓頊才合一。〔註208〕

按：關於第一個問題：重、黎是二人還是一人？筆者以爲在顓頊之時，重、黎爲二人，且進行了一場「絕地天通」的宗教改革。〔註209〕但到帝嚳之時，則重黎爲一人。從重、黎到重黎，或許反映出中國傳說時代各部族的交融情況。那時，中國大地上生活著「萬邦」，「萬邦」之間並不是隔絕閉塞的狀態，部族與部族之間來往密切，夷夏互變是經常的現象。或許重和黎所屬的這兩個部族在交流中融合在一起，形成了後來的祝融部落。重爲南正，觀象授時；黎爲火正，守燎祭天，二者神職相仿，都具有天人相通的本事，所以顓頊才命二人進行宗教改革，命使「民神分職」，「絕地天通」。可以說顓頊的派命，正是重、黎所屬兩部族融合的基礎。

據《左傳・昭公廿九年》晉太史蔡墨所說，重爲少昊之屬，爲木正，號句芒；黎爲顓頊之裔，爲火正，號祝融。〔註210〕少昊是東夷集團的一大族，活動在豫、魯一帶；〔註211〕顓頊爲諸夏集團一大族，活動在豫北一帶。〔註212〕兩支部落不僅在政治、經濟、文化上交流密切，而且相互通婚。在《山海經・大荒東經》中載：「東海之東有大壑，少昊之國，少昊孺帝顓頊於此，棄其琴瑟。」徐旭生認爲孺與乳二字古義相通假。這裡大約是說顓頊年幼之時曾經在少昊氏族內被養育的意思。《帝王世紀》所說「顓頊生十歲而佐少昊」，也

〔註208〕張正明《楚史》（武漢：湖北教育出版社，1995年），頁5～6。

〔註209〕蕭漢明〈論中國古史上的兩次「絕地天通」〉，《世界宗教研究》1981年3期。

〔註210〕鄧廷良訓「句芒」爲「始明」，參見鄧廷良〈楚裔入巴王蜀說〉，《楚史論叢》，武漢：湖北人民出版社，1984年。《史記・楚世家》集解也釋「祝融」爲「始明」。可見「句芒」、「祝融」實一，爲光芒之意。

〔註211〕王青〈從大汶口到龍山：少昊氏遷移與發展的考古學探索〉，《東岳論叢》2006年3期。

〔註212〕北魏・酈道元《水經注・瓠子河》：「河水舊東決，逕濮陽城東北，故衛也，帝顓頊之墟。昔顓頊自窮桑徙此，號曰商丘，或謂之帝丘。」濮陽在今河南省東北，位冀、魯、豫三省交界處。

同《大荒經》所說不背謬。〔註213〕唐蘭也認爲「當少昊國家衰弱時，黃帝後裔顓頊獲得了政權，顓頊是在少昊國成長起來的。」〔註214〕在這樣的背景下，顓頊集團的黎部族與少昊集團的重部族融合爲一個大部族也就理所當然了。

關於第二個問題：祝融和重黎（重、黎，黎）、吳回或陸終的關係爲何？筆者以爲這可能是因爲「祝融」並不是人名，而只是一個官名、一個號（《尚書·呂刑》、《國語·楚語》），這種誤將官名作爲人名的情況，在古史傳說中很常見，譬如「后土」，有人誤以爲是人名（詳本論文第參章第一節「中霤神信仰研究」），但其實祂本爲對大地的尊稱、神名（《左傳·僖公十五年》：「君履后土而戴皇天」），後來變爲田正官名（《左傳·昭公廿九年》：「土正曰后土」），任過「后土」職者，傳說有禹、共工、勾龍等；另如「稷」，或有據《詩經·大雅·生民》以其爲周始祖之名者，但商周以來，稷是神名（穀神，詳本論文第參章第一節「中霤神信仰研究」），後爲農官名（《左傳·昭公二十九年》：「稷，田正也」），任過「稷」職者，傳說有烈山氏之子柱、棄等；〔註215〕而「羿」，或有以爲是人名，但傳說中羿有三種身份：帝嚳時的羿、夏朝有窮氏的國君、堯時的射師，朱青生指出「羿」也應是世襲的職官名。〔註216〕如此看來，「祝融」也應是職官名，世襲「祝融」官號的未必是特定人，這或許就是典籍文獻中，祝融可以是重黎、吳回或陸終的原因。

相較於重黎和黎與重、黎的糾纏，吳回和陸終在《史記·楚世家》中的記載較爲清楚。吳回爲重黎之弟，陸終爲吳回之子，吳回接任重黎之職號爲祝融。至於陸終是否接父之職號爲祝融，《史記》並無記載，但《左傳·昭公廿九年》晉太史蔡墨說，遠古之時，祝融等五行之官「實列受氏姓」、「世不失職」。又《國語·楚語下》記觀射父說：「三苗復九黎之德，堯復育重黎之後，不忘舊者，使復典之。」依此推斷，陸終當接任父親職號爲祝融。

郭沫若在《金文叢考》中指出：「陸、祝古同幽部，終、融古同冬部，疑

〔註213〕徐旭生《中國古史的傳說時代》（桂林：廣西師範大學出版社，2003年），頁85。

〔註214〕唐蘭〈中國有六千年文明史——論大汶口文化是少昊文化〉，《〈大公報〉在港復刊三十周年紀念文集》，香港：大公報，1987年。

〔註215〕關於后稷身份與眾多傳說人物的糾結情況，可參曹書杰《后稷傳說與稷祀文化》（北京：社會科學文獻出版社，2006年1月），頁69～74。

〔註216〕朱青生《將軍門神起源研究——論誤解與成形》（北京：北京大學出版社，1998年11月），頁97～99。

陸終即祝融。」〔註217〕又長沙子彈庫楚帛書中祝融之「融」與邾公釛鐘銘文中陸終之「終」皆從虫從庸，僅結構左右互置而已。〔註218〕如此，陸終當爲祝融。〔註219〕張正明進一步指出祝融、陸終以及《楚辭》中的雷神「豐隆」都是打雷的狀聲詞。〔註220〕吳回的「吳」訓爲「大」，「回」訓爲「雷」（楚公逆鐘中的「吳回」就寫爲「吳雷」，見《集成》00106），正是祝融火神與雷神形象重疊的證據。

　　關於第三個問題：爲何祝融分別屬於中原與南方二個系統？徐旭生在《中國古史的傳說時代》解釋道，祝融氏族「雖然開始時不屬於這個（苗蠻）集團，〔註221〕但以後不惟他的後人爲這一集團作領導，他個人的名字可以說成了南方集團的象徵，每次提到他，大家總會聯想到南方，聯想到苗蠻。」〔註222〕記載傳說時代的文獻多成書於戰國秦漢初間，陰陽五行說盛行，炎帝爲赤，故配於南方。恰好楚人先祖祝融爲火正，且立國南方，因而就成了炎帝系統的一員。此外，春秋以前的傳說（《繹史》卷5）認爲炎帝黃帝是兄弟，〔註223〕姬姓（黃帝）及姜姓（炎帝）部族也曾聯合對付九黎、苗民、推翻殷商王朝。〔註224〕因此作爲炎、黃共同佐臣的祝融，也就分別被二個部族所傳頌。

〔註217〕郭沫若《金文叢考》（日本：株式會社開明堂，1932年），頁43。
〔註218〕王國維〈邾公鐘跋〉，《觀堂集林》卷18（北京：中華書局，1959年），頁894；李學勤〈談祝融八姓〉，《江漢論壇》1980年2期。
〔註219〕丁山亦執此見，他認爲《大戴禮記・帝繫》見陸終而不見祝融，《國語・鄭語》則見祝融而不見陸終。春秋末葉邾公釛作鐘銘自稱「陸融之孫」，方知陸終、祝融二名正是陸融一名所分化。詳氏著《中國古代宗教與神話考》（上海：上海文藝出版社，1988年3月），頁321。
〔註220〕張正明《楚史》（武漢：湖北教育出版社，1995年），頁13。
〔註221〕近年來湖北楚墓的發掘說明祝融之後——楚人統治階級的血統具有東夷成分。據張正明研究：先秦九州之內的諸多族群，莫不把祖先的故鄉視同聖地，以爲亡人的靈魂要逸出頭部回到祖先的故鄉去，因此下葬時頭部要朝著祖先的故鄉。於是東夷系統頭向從東，西戎系統頭向從西，南蠻系統頭向從南，華夏系統頭向從北。楚國腹地的土著是楚蠻，葬俗頭向從南，當時的楚墓有74%南向。楚國公族源於中原東部的祝融集團，葬俗頭向從東。見張正明〈楚墓與秦墓的文化比較〉，《華中師範大學學報》2003年4期。
〔註222〕徐旭生《中國古史的傳說時代》（桂林：廣西師範大學出版社，2003年），頁69。
〔註223〕另可參詹鄞鑫《神靈與祭祀・上編第四章・人神・炎黃的融合》，南京：江蘇古籍出版社，1992年6月。
〔註224〕關於黃、炎之關係，亦可參丁山《中國古代宗教與神話考》（上海：上海文藝出版社，1988年3月），頁389。

楚人遠祖「祝融」散見於先秦典籍，與傳說之神話系統和史籍所存古史系統爬梳匪易，頗難建立其譜系，〔註225〕而且「祝融傳說的形成，有很多因素牽涉進來」。〔註226〕但傳說的產生，不謂無因，也不能一概全盤否定。〔註227〕雖說春秋戰國之際正是神話傳說流行而又與歷史相互糾纏的時代，但沈建華依據他對出土資料的研究，認爲完整的祝融傳說發源於楚地，故事的雛型在商代便已形成。〔註228〕

（二）楚人族源與灶神的關係

1. 楚人崇拜灶神的原因

爲什麼楚人對灶神如此尊崇？爲什麼楚人對灶神的祭祀如此殷勤？筆者認爲除了灶神提供光明和熟食外，楚人敬灶與楚人的族源有一定關係：祝融是楚人先祖及民族的來源，祝融一說爲炎帝裔，一說爲黃帝裔，炎帝和黃帝是兄弟部族關係，他們三者同時又都兼有火神與灶神的職能。加以楚人世居南方，戰國五行說盛行後，比附南方火行的楚民族對炎帝、黃帝、祝融的崇拜日益深切，自然發生移情作用，轉移到和祖先神、火神相關的灶神之上，因此楚人對灶神的尊敬程度日益加深。〔註229〕

同時，楚人的祖先神炎帝、黃帝、祝融又都是太陽神：黃帝（顓頊）又稱高陽，宿白君解釋「高陽」就是太陽；〔註230〕丁山以爲「高陽」即「高明的太陽」；〔註231〕葉舒憲認爲高陽所扮演的是「造物主的角色，應與古猶太人的創

〔註225〕許學仁師〈包山楚簡所見之楚先公先王考〉，《魯實先先生學術討論會論文集》，臺北：臺灣師範大學國文學系、中國文字學會，1993年。

〔註226〕像司馬遷以血統和道統來歷史化神話傳說的情況就是一種干擾神話傳說完整性的外力，說見金榮權〈中國古代神話的歷史化軌跡〉，《中州學刊》1999年3期。

〔註227〕蔡成鼎〈從古史傳說的演變中試論楚先祖祝融〉，《湖北文獻》127期，1998年4月10日。

〔註228〕沈建華〈由出土文獻看祝融傳說之起源〉，《東南文化》1998年2期。

〔註229〕現今土家族、苗族的灘堂戲開首舉行的儺儀中，灶神受到特別的崇敬，這是因爲他們長居故楚地域，受楚文化的影響，又因地域封閉，遂保存了楚人崇拜其宗祖炎帝、黃帝、祝融傳統習俗的原故。

〔註230〕宿白君〈顓頊考〉，《留日同學會季刊》5號，北京留日同學會，1943年9月15日，頁30～36。轉引自楊堃〈灶神考〉，《楊堃民族研究文集》，北京：民族出版社，1991年。

〔註231〕丁山《中國古代宗教與神話》（上海：上海文藝出版社，1988年3月），頁364～365。

世主耶和華、古印度人的創造祖大梵天等量齊觀。」〔註232〕《國語‧鄭語》：「夫黎爲高辛氏火正，以淳耀敦大，天明帝德，光照四海，故命之曰『祝融』，其功大矣。祝融亦能昭顯天地之光明，以生柔嘉材者也。」《左傳‧昭公廿九年》：「火正曰祝融」，杜注：「祝融，明貌」。《史記‧楚世家》也說祝融：「光融天下」，這些無疑都是太陽的基本特徵。〔註233〕在開天闢地的神話中，祝融即太陽神，爲開天闢地者。〔註234〕《山海經》記祝融爲炎帝玄孫，〔註235〕《呂氏春秋》、《禮記‧月令》曰：「（孟夏之月）其帝炎帝，其神祝融」，《白虎通義‧五行》：「炎帝者，太陽也，其神祝融。」〔註236〕炎帝自然也是太陽神。

　　此外，黃帝和祝融還同樣兼有雷神形象（詳上）。談到火神或灶神，我們總是難以迴避祂們與火與太陽、雷電等自然現象的關係，「世界各民族都有在神話中解釋火的來歷的紀錄，很多民族認爲火是從天上來」〔註237〕——特別是與太陽與雷電的關係。雷電擊木無疑是引發自然大火的成因之一；而熾熱發光的太陽在初民直觀的思維裡，更是天上一團熾熱的烈焰，「是地面上所有光與熱能的源頭。」〔註238〕除了木燧，古人亦能從太陽光中取得火源。《周禮‧秋官‧司寇》就記載：「烜氏掌以夫燧，取明火於日。」孔疏：「以其日者太陽之精，取火於日，故名陽燧，取火於木，爲木燧者也。」《淮南子‧天文》云：「故陽燧見燃而爲火。」宋‧沈括在其《夢溪筆談》中也說：「陽燧面窪（凹），向日照之，光皆向內，離鏡一二寸聚爲一點，大如麻椒，著物則火。」〔註239〕所以，楚人祖先神炎、黃、祝融與灶神的聯繫，不是只有「火神－灶

〔註232〕葉舒憲《中國神話哲學》（北京：中國社會科學出版社，1992年），頁218、156。

〔註233〕傅斯年〈新獲卜辭寫本後記跋〉，《安陽發掘報告》2期，1935年，頁367：「祝融亦能昭顯天地之光明，非日光神而何？」

〔註234〕童書業《春秋左傳研究》（上海：上海人民出版社，1980年），頁30：「蓋祝融爲火神，亦即日神也。」

〔註235〕《山海經‧海內經》云：「炎帝之妻，赤水之子聽訞生炎居，炎居生節並，節並生戲器，戲器生祝融。」

〔註236〕清‧顧炎武《肇域志‧湖廣》說：「炎帝神農氏陵，在縣（宋縣，今湖南茶陵縣）西康樂鄉，宋乾德五年建，以祝融配食，置守陵。」

〔註237〕楊福泉〈論火神〉，《雲南社會科學》1993年2期，頁50。

〔註238〕蔡伊達《灶神民間故事類型與灶神形象研究》（花蓮：花蓮師範學院民間文學所碩士論文，2005年7月），頁17。

〔註239〕收入王雲五主編《國學基本叢書》，臺北：臺灣商務印書館，1956年。下不另注。

神」這一層關係而已,「太陽神－灶神」〔註240〕、「雷神－灶神」也是我們在探討楚人尊崇灶神的原因時須一併考慮進去的因素:楚先祖既是火神,又是太陽神與雷神,〔註241〕崇拜灶對楚人而言即等同於崇拜祖先神、火神、太陽神、雷神。〔註242〕

2. 從崇火拜日到尊紅尚鳳

楚人祖先神炎帝,爲火德之帝,和黃帝、祝融既爲火神,也是太陽神和灶神。依照自然崇拜的原始信仰,楚人因此傾向崇火。而火之色爲赤,故楚人也尚赤。楚國的上層貴族也許正是利用了楚人的這種心理,爲了體現自己的正統權威、區別尊卑貴賤而限制甚至剝奪庶民使用紅色的權利,把紅色主要使用在只有貴族才能享用的錦繡之上。使用紅色成爲貴族的特權,紅色自然就成了高貴的象徵。這種措施的長期實行當然會導致楚人社會內部在色彩觀念上形成一種總體的認識和傾向——「以紅色爲貴」。〔註243〕

此外,楚人尚火拜日的祖先崇拜情結也反映在他們對鳳這種靈獸的崇拜上。〔註244〕陰陽家眼中,南方火行所配,爲四獸中的鳳。楚人尊鳳,〔註245〕

〔註240〕除了炎、黃、祝融,太陽神家族中還有許多成員也兼任灶神,如《風俗通義》以顓頊子重黎爲灶神,《五經異義》也以高陽氏之後蘇吉利爲灶神。

〔註241〕將祖先崇拜和太陽神進行結合的情況並不罕見,高福進《太陽崇拜與太陽神話》(上海:上海人民出版社,2002年3月)頁140指出,南美的印加人、瓜勞諾人和東北亞的日本人,他們的祖先都和太陽有所關聯。

〔註242〕鄒濬智〈從灶神信仰的起源談戰國楚人祭灶之因〉,《崑山科技大學學報》5期,2007年12月,頁81～94。

〔註243〕夏曉偉〈從楚墓出土絲織品的色彩看楚人「尚紅」〉(《江漢考古》2003年3期),頁71指出,楚人自認炎帝之後,故特別重視紅色。並且,由於楚人崇祖(指炎帝或祝融)、崇火、崇日、崇巫和陰陽五行學說的流行等諸多因素,紅色在楚人心目中更佔據了其他色彩無法取代的地位。

〔註244〕余蘭〈鳳形象之歷史流變與「楚人崇鳳」〉(《武漢科技學院學報》19卷8期,2006年8月)指出,作爲福祉神靈的鳳是上古時期鳥崇拜的產物,這一文化現象延綿到商、周之際,它才從組合形象中獨立出來,以更加風姿綽約的完整造型作爲接通天人聯繫的祥瑞神鳥,鳳及其神話中的原始形象,在中國綿延了至少有6、7000年之久。從距今約7000年的河姆渡文化遺址、約6000年的仰韶文化寶雞北首鎮遺址,到距今約5000年至4000年的馬家窯文化遺址,都出土過以鳥爲題材的「日鳥合璧」或鳥紋圖象的彩陶或牙雕。在他們看來,鳥是傳達上天敕命的使者,因而出現於上述文化遺址中的鳥紋圖象,幾乎都緣起於「日載於鳥」或「日中三足鳥」等神話「日鳥合璧」的造型。

〔註245〕黃楚飛《戰國時期楚漆器中的鳳鳥紋飾研究》(武漢:武漢理工大學碩士論文,2006年4月),頁25:「鳳是美麗的、神聖的象徵,在楚人的心目中,他們與鳳實際上是合而爲一的。他們著意標榜鳳,把鳳打扮得異乎尋常的美麗和壯

不僅爲傳世文獻所載，而且也爲考古器物所證明。鳳不止是楚人的民族圖騰，〔註246〕《白虎通義・五行》說，祝融「其精爲鳥，離爲鸞。」鸞即鳳，鳳還是楚先祖祝融之化身。另《廣雅・釋鳥》注說「鸞，鳳凰屬也」，鸞即丹鳳、朱雀，其羽同火有赤色。張衡〈思玄賦〉云：「前祝融使舉麾兮，麗朱鳥以承旗」，李賢等注曰：「朱鳥，鳳也。」鳳的火紅形象與楚人祖先神十分相符，楚人自然便將這「日中之火鳥」，作爲民族的象徵而尊崇和鍾愛。〔註247〕進而，楚人認爲鳳是天地之間的聖獸，能引導人的靈魂上天〔註248〕（詳本論文第貳章第一節「楚人宇宙觀念試說」）。

三、楚地可能的灶神祭祀儀節

　　灶神一開始是太陽神、火神及眾多祖神圖騰的綜合延伸崇拜對象，但到後來，則演變爲專責飲食之神而被人們加以崇拜。《禮記・禮器》鄭注云：「祭灶神，言其有功於人，人得飲食，故祭報之」、《太平御覽》引鄭玄《駁異義》云：「王爲群姓立七祀，一曰司命，主督察三命也。……七曰灶，主飲食。」飲食是人們生存必不可少的重要條件，因此灶神也是人們不可忽視的祭祀對象。

　　但楚地簡帛文獻所見的灶神祭儀資料並不太多，只有三條竹簡記錄：

　　□祭灶，祭□（望山 M1 簡 139、140）

　　祠灶日：己亥，辛丑，乙亥，丁丑，吉。龍，辛□。祠五祀日：丙丁灶，戊巳內中土，甲乙戶，壬癸行，庚辛門。（睡虎地《日書（乙）》簡 39 貳～40 貳）

　　置居火，築囚、行、灶主歲，歲爲下。（周家台《日書》簡 299 壹）

另包山楚墓出土之寫有「灶」的陪葬木主。雖然資料稀罕，但也值得注意。

観，象徵著至眞至善至美的楚民族和國家形象。爲此，楚人尊鳳愛鳳，以鳳爲圖騰，視鳳爲東方的象徵，先祖的象徵，民族和國家的象徵。」

〔註246〕據《左傳・昭公十七年》郯子之言，以鳥爲圖騰的少昊氏之族，其第一個部族就是鳳鳥氏，爲曆正。且晉太史蔡墨所談論的少昊氏之屬第一個是重。重部族可能就是鳳鳥氏，懂得觀象授時，以鳳作爲自己的圖騰。在與黎部族融合之後，鳳理所當然就成爲了祝融部落的圖騰而爲楚人所尊崇。這或許是楚人尊鳳的另一個原因。

〔註247〕方悍〈從 T 型帛畫看楚人信仰民俗〉，《湖南輕工業高等專科學校學報》15 卷 3 期，2003 年 9 月，頁 63～64。

〔註248〕楚人也以鳳喻聖人，如楚狂接輿就以鳳喻孔子即是。

望山祭灶簡文殘，不知其所言。但睡虎地簡、周家台簡中的「灶」皆見於《日書》，顯見祭灶需擇日而行。祭灶之吉日據完整的睡虎簡所見，爲己亥、辛丑、乙亥、丁丑、丙丁；周家台簡提到「灶主歲」是「置居火」時，所以從周家台簡可知時人祭灶當在夏季。包山楚墓中與包山五木主同出之物，皆爲墓主生前慣用之物，是可推知祭灶對墓主而言亦爲極尋常之事。再從楚人對五祀其他神祇的祭祀頻率推斷，只要有需要，楚人卜問好吉日之後是可以隨時祭灶神的。

另外，兩周及漢代文獻中多見灶神祭禮的記載。現整理如下：

（一）灶神祭禮舉行的時間

《周禮·春官·大宗伯》曰：「以血祭社稷五祀、五嶽。」鄭玄認爲社稷五祀指春神句芒、夏神祝融、中央后土、秋神蓐收、冬神玄冥。夏神祝融爲灶神，社稷五祀中的祀灶應禮是在夏天舉行。《禮記·月令》說孟夏、仲夏、季夏之月祀灶。鄭注：「夏，陰氣盛熱於外，祀之於灶，從熱類也。」《白虎通義·五祀》曰：「夏，祭灶，灶者火之主，人所以自養也。夏亦火王，長養萬物」。漢·蔡邕《獨斷》云：「灶，夏爲太陽，其氣長養，祀之於灶。其禮，在廟門外之東，先席於門奧西，東設主於灶陘也。」賈豔紅指出，夏天祀灶是儒家禮典所倡，主要原因是夏天炎熱，與火性通，適合於祭司火之灶神。〔註249〕

（二）灶神祭禮的具體內容

《禮記·曲禮》注：「祭五祀，天子諸侯以牛、卿大夫以羊，因四時祭牲也。一說戶以羊、灶以雞。」鄭注又云：「祀灶之禮，先席於門之奧，東面，設主於灶陘。乃制肺及心肝爲俎，奠於主西。又設盛於俎南……祭肺、心、肝各一，祭醴三。亦既祭，徹之更陳鼎俎，設饌於筵前，迎尸，如祀戶之禮。」除用雞之外，還用肺、心、肝等動物內臟。

綜上，本論文試擬戰國楚地可能的灶神祭禮如下：

第一、祭祀時間：禮書所載先秦祭祀灶神的時間在夏季，這是指五祀常祀而言。從《日書》資料及楚地簡帛所見其他五祀神祇的祭祀情況來推斷，楚人祭灶並不僅限於夏季。只要有需要，卜得吉日之後皆可祭灶。

第二、祭祀處所：楚地簡帛未見祭灶之所，但禮書所載灶神之常祀，先

〔註249〕賈豔紅〈略論先秦兩漢民間的灶神崇拜〉，《管子研究》2003 年 3 期，頁 83
～84。

席於門之奧（西南隅），再設主於灶陘。

第三、祭祀牲品：楚地簡帛未見祭灶牲品，但禮書載祭灶之常祀用雞、用心、肝、肺、體。

第四、祭祀方法：楚地簡帛未見詳細的祭灶方法，但由禮書所載可知，灶神常祀的祭法有設席 → 設主 → 陳鼎俎 → 設饌 → 迎尸。其他則一如祭戶之禮（詳本論文第參章第三節「門戶行道諸神研究」）。

漢代還沿襲著商周祀灶的一些風俗。據《漢書‧效祀志》：「天子祭名山大川……大夫祭門、戶、井、灶、中溜（霤）五祀。」《後漢書‧禮儀志》亦云：「立夏之日……京都百官皆衣赤，至季夏衣黃，郊。其禮：祠特，祭灶。」可知漢代宮廷中尚有夏季祭灶之習，而民間流行的祭灶時間卻與此不同。漢代是祭灶禮俗的一個重要發展時期。李玉潔指出，先秦時期，有在夏日祭灶，取其熱的意義；有在冬日祭灶，取其歲終之祭義。〔註250〕從漢代開始，祭灶改在「臘日」，並一直延續至今。漢代祭灶的發展為後世的祭灶禮俗奠定了一個大體的模式，對灶神的神化程度也比之前要大大的提高。

為什麼漢代之後定在臘日祭灶呢？東漢‧應劭《風俗通‧祀典》引《漢記》：「南陽陰子方積恩好施，喜祀灶，臘日晨炊而灶神見，再拜受神，時有黃羊，因以祀之。其後子孫常以臘日祀灶以黃羊」。《後漢書‧陰識傳》記載更為詳細：

> 宣帝時，陰子方者，至孝有仁恩，臘日晨炊而灶神形見，子方再拜受慶，家有黃羊因以祀之。自是已後，暴至巨富，田有七百餘頃，輿馬僕隸，比於邦君。子方常言「我子孫必將強大」，至識三世而遂繁昌，故後常以臘日祀灶，而薦黃羊焉。

晉‧干寶《搜神記‧陰子方》、梁‧宗懍《荊楚歲時記》亦載此事。祭灶日由先秦孟夏而至漢代改為臘日，事在子方；祭品也由先時之心、肺、肝、雞、牛、羊等改為「黃羊」（按：黃羊即黃狗。據《荊楚歲時記》載：「以黃犬祭之，謂之黃羊」。《古今注》：「狗，一名黃羊」）。

宋‧范成大有〈祭灶詞〉曰：

> 古傳臘月二十四，灶君朝天欲言事。雲車風馬小留連，家有杯盤豐典祀。豬頭爛熟雙魚鮮，豆沙甘松粉餌圓。男兒酌獻女兒避，酹酒燒錢灶君喜。婢子鬥爭君莫聞，貓犬觸穢君莫嗔。送君醉飽登天門，

〔註250〕李玉潔〈古代的臘祭 —— 兼談臘八節、祭灶祭的來歷〉，《文史知識》1999年2期，頁46。

　　　　杓長杓短勿復云，乞取利市歸來分。

王軍認為從這首詩中可以看出，宋代民間的祭灶活動，更具規模愈加隆重。並且從「男兒酌獻女兒避」句可知，最晚在宋代，祭灶由「老婦」改為男子主持。〔註251〕

　　除了漢族，分佈在中國各地的少數民族也有祭灶的習慣。根據藍鴻恩等人的調查，傣族建新房時要祭火塘或火塘神。居住竹樓的家人，火塘設在樓上，建新竹樓時，要用堅硬的栗樹做好火塘架，然後墊一層芭蕉葉，鋪上黃墨兩層泥土，主人支好三角架，開始抱柴生火，同時要由長者朗誦祭火塘禱祠。有的地方還要請親友參加，稱「鬧火塘」。〔註252〕青海互助縣的土族亦祭灶，且主祭者皆為女性。〔註253〕

四、灶神信仰在後世的變化

　　漢代之後的的灶神完全被人格化，有名有姓，如《後漢書‧陰陽傳》注引《雜五行書》說：「灶神名禪，字子郭，衣黃衣。」南朝‧梁‧宗懍《荊楚歲時記》中說：「灶神姓蘇名吉利。」有的還有人的衣著和體貌，如《莊子‧達生》司馬彪注稱「灶神著赤衣，狀如美女」。《史記》索隱也引司馬彪注《莊子》云：「詰，灶神也，如美女，衣赤。」清‧李調元《新搜神記‧神考》：「灶神」條曰：「今人謂人面黑者比之灶神，非也。灶神狀如美女，非黑面也。」〔註254〕有的甚至還有妻有女，過起了家庭生活：如東漢‧許慎《五經異義》中記載了灶神為夫婦二人的說法：「灶神，姓蘇名吉利，婦姓王名摶頰。」唐‧段成式《酉陽雜俎》則記載灶神有妻有女，屬神眾多。其「名隗，狀如美女，又姓張名單，字子郭。夫人字忌卿，有六女，皆名察洽，……其屬神有天帝嬌孫。天帝大夫、天帝都尉、天帝長兄、硎上童子，突上紫宮君、太和君、玉池夫人等。一曰灶神，名壤子也。」隋‧杜台卿《玉燭寶典》卷12引《灶

〔註251〕王軍〈灶神及祭灶古今考〉，《安徽教育學院學報》18卷1期，2000年1月，頁38～39。

〔註252〕藍鴻恩等編《中國各民族宗教與神話大詞典》（北京：學苑出版社，1993年），頁80。

〔註253〕李洪智〈淺議互助縣土觀村土族灶神信仰〉，《青海民族研究》17卷3期，2006年7月。

〔註254〕宋‧王欽若主持重修《道藏（27）》（文物出版社、上海書店、天津古籍出版社聯合出版，1988年），頁11還載有《太上感應篇》注引《傳》曰：「灶神狀如美人貌，有六女，即六癸玉女也。」

書》曰：「灶神姓蘇名吉利，婦名搏頰。」

　　從這裡可以看出，灶神的形象擺脫了原始崇拜的意味，而逐漸增添了世俗社會的氣息。這也是自然之火被馴化而成為人工之火後。走進了家庭中爐灶的結果。灶神也自然成為了人類社會中司家庭之灶的神祇，這是灶神的神性和神格被人類社會生活不斷改造的結果。這些新的灶神已經完全被人格化。〔註255〕

　　當灶神進入道教之後，更多了許多分身。據道教真經《太上靈寶補謝灶王經》的說法，灶神除了主神「種火老元君」以外，還有「東方青帝灶君，南方赤帝灶君，西方白帝灶君，北方黑帝灶君，中央黃帝灶君，五方五帝灶君夫人……曾灶、祖灶神君，灶公、灶母神君，灶夫、灶婦神君，灶子、灶孫神君，灶家姐妹媳婦眷屬神君……」等輔神。〔註256〕另《隋書·經籍志》有梁·簡文帝撰《灶經》14卷，《正統道藏》收有《太上洞真安灶經》、《太上感應篇》等，亦見有灶神在道教中的種種分身。

　　人格化、分身化的過程當中，灶神的職責，也由最初掌管人間之飲食，變為代天監察人間善惡，並按時向天帝上報。〔註257〕晉·葛洪《抱朴子內篇·微旨》曰：「又月晦之夜，灶神亦上天白人罪狀。大者奪紀，紀者，三百日也。小者奪算，算者，三日也。」唐《太上感應篇》注引《傳》曰：

　　　灶之為神，號曰司命，司人一家良賤之命。過無隱露，纖悉皆言。……

　　　月晦日詣天曹白人罪，大者奪紀，小者奪算。一云：「灶有三十六神，

〔註255〕宋代之後，大量產生人格神，神有了專屬歷史過程，有整個的傳記，有人的形貌，像宋真宗將玄武由烏龜、蛇升為神——玄天大帝。英國人類學者泰勒《原始文化》（連樹聲譯，上海：上海文藝出版社，1992年8月）則依宗教發展，提出「靈魂觀念的形成」、「祖先崇拜」、「自然崇拜」、「種類神崇拜或多神教」、「絕對神與至上神」五階段。所謂「人格化」並不只在外形上，重要的是「人性」上的移情作用，如在思想、感情、願望、意念……等方面都有程度強弱的轉移，所以「神性」的最基礎先導是「人性」，換句話說，即已被人性化、人格化。

〔註256〕卿希泰主編《中國道教史第三卷·灶神》，成都：四川人民出版社，1988年。

〔註257〕簡稱《感應篇》，作者不詳。《宋史·藝文志》收錄「李昌齡《感應篇》一卷」，《正統道藏》太清部有《感應篇》30卷，題「李昌齡傳，鄭清之贊。」《重刊道藏輯要》有《太上感應篇集注》等，《道藏精華錄百種》有《太上感應篇樾義》2卷。該文思想可上溯至《玉鈐經》、《道戒》和《抱朴子·內篇·微旨》轉引的《易內戒》、《赤松子傳》和《河圖記命符》等書。《太上感應篇》篇幅不長，計1200多字。主要借太上之名，闡述「天上感應」和「因果報應」。詳「道教學術資訊」，http：//www.ctcwri.idv.tw。

能轉禍爲福，除死定生，驅逐妖邪，遷官益祿。」

宋・李昉等《太平御覽》卷186引《萬畢術》也說：「灶神晦日歸天，白人罪。」因此，至遲從魏晉起，人們即認爲灶神負有代天監察人間善惡的使命，有降人禍福的大權，故皆謹愼祀之，「都人至除夕請僧道誦經。備酒果送神。以酒糟塗灶門之上。謂之醉司命。」（宋・孟元老《東京夢華錄》）灶神成爲掌管人間禍福生死的大神。灶神這類督察人間的神職，在道教經典中也進一步得到發揮。成書於元明之際的《東廚司命燈儀》就說：

> 灶神職重，秉下民倚伏之權。……在天爲七元之使者，遞日奉萬事
> 於宸庭。一灶各立一名，五方或稱五帝，群分部屬，迭主陰陽，雖
> 善善惡惡，均在修爲，然是是非非，必恭紀錄。〔註258〕

《太上靈寶補謝灶王經》又稱灶神爲「種火老母」，奉元始天尊之命監察人間：

> 昆侖之山，有一老母，獨處其中。……天尊曰：「惟此老母是名種火
> 之母，能上通天界，下統五行，達於神明，觀乎二氣，在天則爲天
> 帝，在人間乃爲司命。又爲北斗七元使者，主人壽命長短、富貴貧
> 賤，掌人職祿。又爲五帝灶君，管人住宅，十二時辰，普知人間之
> 事。每月朔日，記人造諸善惡及其功德，錄其輕重，夜半奏上天曹，
> 定其簿書，悉是此母也。」〔註259〕

最初，灶神職責單單只有職掌灶火、管理飲食而已。但人人都希望通過祭祀灶神，而獲得更多的福祉。漢代以後，灶神的職責除了掌管飲食之外，還有考察人間善惡以降禍福的職責，灶神也不斷的人形化、社會化，進入道教之後還擁有各種分身。此後，灶神就成了受一家香火，保一家康泰，察一家善惡，奏一家功過的「駐家之神」。晉代之後，人人尊灶神爲天地督察使；唐代之後，「灶神從司命的屬神一躍而取代司命，並統領天帝嬌孫長兒，其地位之高、職權之大，令人瞠目結舌。」〔註260〕

〔註258〕宋・王欽若主持重修《道藏（3）》（文物出版社、上海書店、天津古籍出版社
　　　　聯合出版，1988年），頁581。
〔註259〕宋・王欽若主持重修《道藏（6）》（文物出版社、上海書店、天津古籍出版社
　　　　聯合出版，1988年），頁248。
〔註260〕蕭登福《敦煌俗文學論叢》（臺北：臺灣商務印書館，1988年），頁206。另
　　　　唐《輦下歲時記》將祭灶儀式稱作「醉司命」，亦可知當時灶和司命已不分。
　　　　灶神和司命的融合詳本論文第肆章第一節「司命神信仰研究」。近現代以來，
　　　　民間又發展出多種說明灶神崇拜由來的傳說故事。劉錫誠《灶王爺的傳說》

第三節　門戶行道諸神信仰研究

　　本章第一、二節皆利用一整節的篇幅針對中霤、灶神進行討論。討論時皆先正名──確定楚地出土文獻中所見某神祇名即中霤、灶，而後討論其神祇的來源、楚人崇拜的原因及其可能在楚國流行的祭祀儀節。但五祀之中，門、戶、行在楚地並無其他異名，爭議較少，加上三者俱屬交通之神，神性來源十分密切，故本章將祂們集中在一節來討論。以下將先說明三者之關係，再分項說明其信仰之由來與變化、楚人崇拜的原因與相關之祭祀儀節。

一、門戶、行道諸神的密切關係

　　門與戶同實而異名（詳下），門戶是行道的起點和終點，而行道又使門戶的存在價值和實際功用得以體現──門戶與行道之間存在著不言而喻的密切關係。通過分析早期祭祀儀節可以知道，人們從很早以前開始便對門戶和行道表現出同等的重視。《禮記・祭法》鄭注：「門戶，主出入；行，主道路、行作。」孔疏：「『曰國門』者，國門謂城門也。『曰國行』者，謂行神在國門外之西。」孔疏點出行道神與門戶神所處場域關係極為密切。《禮記・祭法》中提到「王爲群姓立七祀」、「王自爲立七祀」、「諸侯五祀」、「適士二祀」等等，皆有門（戶）、行，於此可以看出古人對待門戶、行道採相同的態度──祂們都是需要恭敬對待的祭祀對象。以下將分別從出土文獻、傳世文獻、晚

（北京：花山文藝出版社，1995 年 4 月）曾將這些流行於民間的灶神故事情節歸納爲三類：其一、「張郎型」：張郎離家經商，發達之後忘了糟糠妻，另娶妓女海棠。未久家產遭海棠敗光家財，張郎四處流浪。某日偶受改嫁之妻的施捨，羞愧難當，鑽入灶火膛中被焚而死。與之同姓之玉皇大帝同情之，乃封其爲灶王官。其二、「打灶王型」：皇帝所封之州官魚肉鄉民。爲供其每日之宴席用度，百姓苦不堪言。有人名叫張大巴掌，見不慣州官之陋行，設宴誘之，席間擊殺州官家人等於牆上。敕封州官之皇帝敢怒不敢言，遂稱州官原先既任御廚，死後其夫妻當封爲灶王爺與灶王奶奶。其三、「送灶型」：玉皇大帝派灶神下凡，掌各家之禍福，年終並上天庭奏報各家之善惡。灶神爲了向百姓索賄，常黑白不分，百姓苦不堪言。某年人們改以糖瓜兒向灶神行賄。灶神上升天庭時吃了糖瓜兒，口嘴被黏住，無法向玉帝奏報，玉帝大爲動怒，也因而間接得知他收賄之事，將其大大懲治一番。來年改派下凡之灶神，殷鑑未遠，乃公正的記錄各家的善惡言行。筆者以爲上引除了第三型與漢代以來灶神掌各家之禍福、記各家之善惡的形象相符外，第一、二型所記之故事發生時間不確定、故事情節及人物亦具隨意性，爲典型的口傳虛撰民間文學作品。

近民俗資料來看門戶神與行道神的關聯。

（一）由睡虎地秦簡《日書》看門戶神與行道神的關係

目前有關「門戶」與「行道」之間的聯合祭祀，最早見於戰國楚簡（詳下），從楚簡簡文可以發現，楚人常同時祭行和門戶。然而楚簡內容片斷，無法從簡文得知門戶與行之間的關係究竟如何。

相較於楚簡對「門戶」與「行道」聯合祭祀不完整的記載，睡虎地秦簡《日書》當中則記有較爲完整的「門戶」與「行道」迷信崇拜儀式，譬如《日書（甲）‧行》有：

> 凡民將行，出其門，毋敢顧，毋止。直術吉，從道右吉，從左咎。
> 小顧是謂小佇，咎；大顧是謂大佇，凶。（簡 130 正）

《日書（甲）‧行》指出行則出門不可回顧，是知則門戶是行道的起點。《日書（甲）‧行》同篇又有：

> 行到邦國闠，禹步三，勉壹步，呼：「皋，敢告曰：『某行毋咎，先爲禹除道。』」即五畫地，掫其畫中央土而懷之。（簡 111 背～112 背）

另《日書（乙）》中有一部份與《日書（甲）‧行》相應的內容：

> 出邦門，可☐行☐禹符，左行，置，右還日☐右還，曰：「行邦☐令行。」投符地，禹步三，曰：「皋，敢告☐符，上車毋顧，上☐」（簡 102 參～106 參+107 貳）

「闠」，《禮記‧曲禮》鄭注：「門限也。」門限即門檻，禹步則是一種巫術步法，王子今引《尸子‧君治》：「禹於疏河決江，十年未闚其家，手不爪，脛不毛，生偏枯之疾，步不相過，人曰禹步」，認爲上引簡文記錄的是一成套的「門戶」與「行道」迷信儀俗：行到邦門闠→走禹步→呼咒語→畫地掫土懷之。〔註261〕由此可知門戶對行道的意義：出行回歸於門戶，進門時需進行去煞儀式，以去除在外所沾染的邪氣──門戶是行道的終點。

（二）由軷祭內容看門戶神與行道神的關係

凡告行道之神，必行軷祭。「軷」，《說文》：「出將有事於道，必先告其神。立壇四通，封茅以依神爲軷。既祭軷，轢牲而行爲範軷。」《禮記‧月令》亦記有軷祭，鄭注：

〔註261〕王子今《門祭與門神崇拜》（西安：陝西人民出版社，2006 年 4 月），頁 200。

行在廟門外之西，爲軷壤，厚二寸，廣五尺，輪四尺，祀行之禮，

北面設主於軷上，乃制腎及脾爲俎，奠於主南，又設盛於俎東，祭

肉、腎一、脾再，其他皆如祀門之禮。〔註262〕

另《儀禮‧聘禮》有：「出祖釋軷，祭酒脯，乃飲酒於其側」，鄭注：「祖，始
也。既受聘享之禮，行出國門止，陳車騎，釋酒脯之奠於軷，爲行始也。」

「行在廟門外之西」、「行出國門止，陳車騎，釋酒脯之奠於軷」等說明
出行之祖道與餞別處所必在門戶附近。又《漢書‧景十三王傳》：「榮行，祖
於江陵北門」，顏師古注：「祖者，送行之祭，因饗飲也」，送行祖道設在門，
亦可見門戶、行道的關係密切。

（三）由清代各地縣志看門戶神與行道神的關係

除了上述資料外，更晚的資料也有很多揭示出門、行之間的關聯的。〔註263〕
清同治十年《黃陂縣志》記有「（元旦）至雞鳴時，用香燭爆竹在大門外祀神，
謂之『出行』。」《黃陂縣志》所言似指門戶神兼有行道神之意。清‧田泰斗〈竹
枝詞〉有：「除夕何曾廢送迎，辭年客去夜三更，忽聽爆竹聲聲碎，莫是臨家已
出行？」詞中也指出和《黃陂縣志》一樣的民情。

「出行」，清同治六年《通城縣志》說明道：「（元）旦諏時憲年神利方，
燒香出行，攜供具，仿椒盤意，曰『出方』」，清同治十三年《平江縣志》解
釋道：「歲朝望闕焚香，云『出方』，亦曰『出行』」。清光緒四年《龍山縣志》
記錄得更爲仔細：「元旦，絕早興，盥沐焚香祀祖先，放爆竹，啓門出，先擇
方相吉者，出，距門數十步，向拜而返，曰『出行』。」出行頗似現今春節習
俗中的「走春」，這種儀式的起始都從家門外開始，走至城垣大門再折返。

在清光緒八年《華容縣志》中，更可看出出行和門戶的密切關係：「元旦
早起，肅衣飾，具香燭，擇吉方『出行』，拜門神。」元旦出行之前必須要祭
拜門戶神；而在清同治八年《直隸澧州志》當中可看到「元旦，男女盛服，

〔註262〕陶思炎〈祖道軷祭與入山鎮物〉，《民族藝術》2001年4期，頁88認爲這二
　　　　寸厚、五尺寬、縱深四尺的土台當爲標準的軷祭場所的尺度。其位置在廟門
　　　　外之西，而山神之位設於軷壤的北端。古人視空間的位序爲東──南──西
　　　　──北，而時令的遞次爲春──夏──秋──冬，時空之間有對應的相互
　　　　關係，即西表秋，北表冬，而西與北連，秋與冬連，因此，軷壤與神主的方
　　　　位設置與孟冬之月「其祀行」的時令安排正圖演了時空對應的文化邏輯。
〔註263〕以下所引諸種縣志轉錄自王子今《門祭與門神崇拜》（西安：陝西人民出版社，
　　　　2006年4月），頁202～207。

設香燭，茶酒，祀天地、祖先畢，啓門燃爆竹，三揖行神。……旋出門。」
華容縣民元旦出行拜門戶神，但在直隸澧州卻變成拜行神。這說明晚清門戶
神和行道神的概念已合爲一體。

　　而清同治五年《長陽縣志》提到類似的元旦出行習俗時，說到準備香燭
茶果後要「每門一揖」；清同治十一年《巴陵縣志》提到「啓門出，以香插路」；
而清同治六年《寧鄉縣志》提到這種習俗是「本祭路神」。每門一揖、以香插
路都是祭路神，可見過年出行習俗是門戶、行道合祀。

　　綜上可知，戰國以後，在民間的交通信仰思想當中，門戶神、行道神的
信仰活動和形象早就混爲一談，門戶神的崇拜對出行活動也具有某種神秘作
用和影響。門戶與行道信仰的密切發展，在戰國之前應該已經醞釀很長的一
段時間。

　　從楚地簡帛資料上來看，門戶、行道是戰國楚地祭祀頻率很高的神靈，
在楚人的日常生活中也常被共同祭祀。楚簡所見門、戶、行的祭祀資料非常
的多，現完整迻錄如下：

　　　　賽禱行一白犬、酒食。（包山 M2 簡 208、219）〔註264〕

　　　　舉禱宮行一白犬，酒食。（包山 M2 簡 211、229）

　　　　舉禱行一白犬，酒食，磔於大門一白犬。（包山 M2 簡 233）

　　　　享歸佩玉一環，簡大王，舉禱宮行一白犬，酒食。（望山 M1 簡 28）

　　　　☒☒於東宅公、社、北子、行、☒☒☒。（望山 M1 簡 115）

　　　　☒舉禱大夫之私巫，舉禱行白犬，罷禱王孫悼冢。（望山 M1 簡 119）

　　　　交日：利以申戶牖，鑿井，行水事，吉。又志百事，大吉。利於內
　　　　室，以祭門、行，享之。（九店 M56 簡 27）

　　　　☐害日：利以祭門、行，敍除疾。（九店 M56 簡 28）

　　　　享祭門一☒（天星觀 M1 簡 21）

　　　　☒一犬，門一羊。（新蔡簡甲一 2）

─────────────

〔註264〕楚人爲何特別以白毛之犬祭行道，筆者以爲這可能和楚地流行著與白犬相關
　　　　的神異傳說有關。《山海經・北次二經》記有：「北嚻之山……有獸焉，其狀
　　　　如虎，而白首犬身，馬尾彘鬣，名曰獨」，《山海經・北次三經》則云：「馬成
　　　　之山……有獸焉，其狀如白犬而黑頭，見人則飛，其名曰天馬，其鳴自訆。」
　　　　後世《雜五行書》甚至說：「犬生……八子，取白養之，白犬烏頭，令人得財；
　　　　白犬黑尾，令人世世乘車」，《晉書》提到：「百姓訛言，行蟲病，食人大孔，
　　　　數日入腹，入腹則死；療之有方，當得白犬膽以爲藥」，白犬膽還可以入藥救
　　　　人命。

☐特牛，樂之。就禱戶一羊，就禱行一犬，就禱門☐（新蔡簡甲三56）

☐靈君子，門☐戶☐。（新蔡簡甲三76）

☐戶、門。有祟見於昭王、惠王、文君、文夫人、子西君，就禱☐（新蔡簡甲三213）

就禱靈君子一貓；就禱門、戶純一牂；就禱行一犬。壬辰之日 禱之 。（新蔡簡乙一28）

☐之戶，一戶☐（新蔡簡零325）

☐禱門、戶☐（新蔡簡零442）

而新蔡簡所記禱祠對象中有「步」，辭例爲：「☐靈君子、戶、步、門☐」（甲三76）宋華強指出古書所記神靈有名「步」者，如《周禮·夏官·校人》：「冬祭馬步。」鄭注：「馬步，神爲災害馬者。」孫詒讓正義：「祭馬步，猶人之有祭行。」從新蔡簡中（如簡乙一28、簡甲三56）所出現的神靈組合來看，「步」的位置正跟「行」相當。簡文裡若有「行」即無「步」，有「步」即無「行」，宋華強認爲這兩個神靈的職司本來就極其相似，禱祠其一即可矣。〔註265〕筆者以爲在楚簡裡，門、戶、行是相當穩定的一組受祀神衹，若在新蔡簡裡步與門、戶合爲一組而受祀，加上文獻中確有記載「步」神，則「步」神亦可能爲楚地行神之一種。

另外，睡虎地秦簡裡前引出行儀式外，還有：

交日：鑿井，吉。以祭門、行，行水吉。（《日書（甲）·除》簡4正貳）

害日：利以除凶屬，說不祥。祭門、行，吉。（《日書（甲）·除》簡5正貳）

祠行良日，庚申是天昌，不出三歲必有大得。（《日書（甲）·祠良日》簡97正貳）

毋以辛壬東南行，日之門也。毋以癸甲西南行，月之門也。毋以乙丙西北行，星之門也。毋以丁庚東北行，辰之門也。☐凡四門之日，行之敗也，以行，不吉。（《日書（甲）·歸行》簡132正）

角，利祠及行，吉。（《日書（甲）·星》簡68正壹）

〔註265〕宋華強〈新蔡簡兩個神靈名簡說〉，「武漢大學簡帛研究中心」，http://www.bsm.org.cn/，2006/7/1。

亢，祠、爲門、行，吉。(《日書（甲）‧星》簡 69 正壹)

氐，祠及行、出入貨，吉。(《日書（甲）‧星》簡 70 正壹)

心，不可祠及行，凶。可以行水。(《日書（甲）‧星》簡 72 正壹)

斗，利祠及行貫、賈市，吉。(《日書（甲）‧星》簡 75 正壹)

牽牛，可祠及行，吉。(《日書（甲）‧星》簡 76 正壹)

奎，祠及行，吉。(《日書（甲）‧星》簡 82 正壹)

婁，利祠及行，百事吉。(《日書（甲）‧星》簡 83 正壹)

輿鬼，祠及行，吉。(《日書（甲）‧星》簡 90 正壹)

祠戶日：壬申，丁酉，癸丑，亥，吉。龍，丙寅，庚寅。祠門日：甲申，辰，乙亥，丑，酉，吉。龍，戊寅，辛巳。祀行日：甲申，丙申，戊申，壬申，乙亥。龍，戊、巳。祠五祀日，丙丁灶，戊己內中土，乙戶，壬癸行、庚辛門(《日書（乙）》簡 31 貳～40 貳)

行龍戊、己，行忌。凡行，祠常行道右，左□(《日書（乙）‧行忌》簡 142～143)。

祠常行，甲辰、甲申、庚申、壬辰、壬申，吉。毋以丙、丁、戊、壬□(《日書（乙）‧行》簡 144)。

行祠，東行南，祠道左；西北行，祠道右。其號曰大常行，合三土皇，耐爲四席。席餟其後，亦席三餟。其祝曰：「無王事，唯福是司，多投福。」(《日書（乙）‧行祠》簡 145～146)

等紀錄，其內容主要在講祭行擇日、行歸時日、行歸方向及遠行、長行、久行之宜忌。[註266] 周家台《日書》簡 299 壹另見：「置居火，築囚、行、灶主歲，歲爲下。」

　　從這些門、戶或門戶與行道合祭的簡文在在可看出門戶、行道諸神關係密切；就其神職來看，祂們又皆屬於交通之神。有鑑於此，本章乃將楚地簡帛所見五祀門、戶、行三者合併於本節討論。以下將先分別考察門戶神、行道神的神格內涵、演變與祭儀，再深入說明楚人祀門戶、行道諸神的可能原因。

二、門戶神源流考述

　　門，《說文》：「聞也。從二戶，象形。」段注：「聞者，謂外可聞於內，

〔註266〕王子今〈睡虎地秦《日書》所見行歸宜忌〉，《江漢考古》，1994 年 2 期。

內可聞於外也。」《釋名・釋宮室》：「捫也，在外爲人所捫摸也」，《藝文類聚》引《釋名》：「門，捫也。在外爲捫，幕障衛也。」戶，《釋名・釋宮室》：「護也，所以謹護閉塞也。」據唐・釋玄應《一切經音義・戶扇》，門與戶的區別在於一扇爲戶，二扇爲門；又堂室爲戶，〔註267〕在宅區域爲門。就摒除外在的威脅而言，門、戶的功能和在先人心中的觀念是相通的。

《禮記・月令》分別有「祀門」、「祀戶」的記載：「春曰其祀戶」、「秋曰其祀門」，鄭注：「春，陽氣出，祀之於戶，內陽也」、「秋，陰氣出，祀之於門，外陰也。」鄭玄認爲祀戶與祀門分別出於一內一外，一迎納一摒除的不同目的。《呂氏春秋》也說到春三月「其祀戶，祭先脾」、秋三月「其祀門，祭先肝」，高誘注：「蟄伏之類始動生，出由戶，故祀戶也」、「孟秋始內，由門入，故祀門也。」〔註268〕高誘對祀門戶的出入方向概念恰與鄭玄相反，這反應出當時門和戶的觀念相當，因此漢儒在注疏時才會混淆不分。〔註269〕正因門戶觀念相當，故本論文在講述門戶神的信仰由來及其演變時，以門神概括戶神而合述之；但據禮書推測楚地可能的門戶祭祀之禮時，因禮書所載門戶之祭同中有異（詳下），故講述門戶之祭禮細節時則分述之。

（一）門（戶）神信仰的由來

雖然門（戶）神起源於何時，因文獻記載缺乏，目前尚難稽考。但考古資料當中已經發現，新石器時代中國黃河流域的人類就不再利用黃土層爲蔽身的天然土穴，而已是用簡單的人工築造土洞爲居住處了。〔註270〕《易傳》載：「上古穴居而野處，後世聖人易之以宮室。」那時人們已可用石塊或泥土建築房屋，而且在築造房屋的實踐中積累了經驗。《墨子・辭過》云：「爲宮室之法。曰：『室高足以辟潤濕，邊足以圉風寒，上足以待霜雨露。』」既有宮室，必當有門戶。

〔註267〕在家中，室與室之間都是單扇出入口，所以戶指的應該是室內的通道出入口。

〔註268〕班固《白虎通德論・五祀》的說法亦和高誘相同，班固說：「春即祭戶，戶者人所出入，亦春萬物始觸戶而出也」、「秋祭門，門以閉藏自固也。秋亦萬物成熟，內備自守也。」

〔註269〕從高誘《呂氏春秋注》、《淮南子注》序言可知，高誘曾從同鄉漢末大儒盧植受學，盧植是馬融弟子，與鄭玄出自同一師門。詳王明春《高誘訓詁術語研究》（濟南：山東師範大學碩士論文，2004年4月）頁5。高注、鄭注不同，不應是學派之異。

〔註270〕周東海〈禮門神習俗與民族心態管窺〉，《開封教育學院學報》1992年4期，頁35。

　　從新石器時代的遺址可以知道，當時人們可能已有安門（戶）的行為，譬如西安半坡仰韶文化遺址房址中（房址構造詳右圖），發現門道口地下埋有生活用具。〔註271〕它雖然看起來像是奠基儀式，但它也可能是某一種安門的儀式。王子今和楊鴻勛

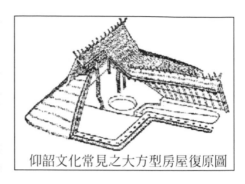

仰韶文化常見之大方型房屋復原圖

都不排除這是某種祀門之禮。另外陝西綏德小官道龍山文化遺址發現彩繪灶址，根據劉敦楨、楊鴻勛對門灶位置接近關係的考證，這種圖畫可能就畫在門或門區。該圖畫作人握棍棒形象，朱青生以為當是後來將軍門神形象的淵源。〔註272〕

　　可劃歸為夏代的山西夏縣山下馮遺址，可以發現若干門道使用二道門隔出門堂區域。門堂的出現，表明門祀專屬的祭祀空間已經成立。〔註273〕《呂氏春秋·音初》記夏后氏孔甲「入於民室，主人方乳……後乃取其子以歸……子長成人，幕動坼橑，斧斫斬其足，遂為守門者。」以刖足者守門，商代亦有之，1971年殷墟後崗發現一座三期貴族墓，二層台上殉一生前被刖去一足的守者，隨帶有青銅兵器戈。〔註274〕宋鎮豪以為此當是刖者守門事象的衍生，也是門神信仰的祭祀行事在葬俗中的再演。同時宋鎮豪指出第三四期甲骨常見「門示若」（如《合集》34126），「門示」應為門神之主；〔註275〕又《淮南子·齊俗》云：「殷人之禮，祀門」，這在甲骨文如《合集》22246：「燎門」、《合集》30282：「賓門于勺」、《合集》30286：「彝在庭，在䜌門无」、《屯南》〔註276〕2334：「其用在父甲升門，有正。吉。　于父甲宗門用，有正。吉」也

〔註271〕中國科學院考古研究所、陝西省西安半坡博物館《西安半坡 —— 原始氏族公社聚落遺址》（北京：文物出版社，1963年9月），圖12、13顯示門道中埋有鉢一件。

〔註272〕王、劉、楊氏之說法詳參朱青生《將軍門神起源研究 —— 論誤解與成形》（北京：北京大學出版社，1998年11月），頁190。

〔註273〕朱青生《將軍門神起源研究 —— 論誤解與成形》（北京：北京大學出版社，1998年11月），頁191。

〔註274〕中國社會科學院考古研究所安陽工作隊〈1971年安陽後崗發掘簡報〉，《考古》1972年3期。

〔註275〕此片刻辭殘，不知宋氏所釋是否絕對正確。

〔註276〕中國社會科學院考古研究所《小屯南地甲骨》，北京：中華書局，1980～1983年。以下簡稱《屯南》，不另注。

有所揭示。〔註277〕

　　胡厚宣曾對殷王室乙組 21 基址組合體的宗廟建築群做過分析，他認爲當時建築的步驟已可分爲挖基坑、置礎、安門、布內四程序。〔註278〕宋鎮豪分析其中的安門程序時提到：

　　　　……安門，一般在大門的內外左右，瘞埋成人和犬……所埋人牲，
　　　　或持戈，或執刀，有佩貝或帶頭飾者，身份都是武士……門內所埋
　　　　武士，列左右兩側，執刀相向而跪，帶犬。長短兵器交加，人犬相
　　　　守，門衛森嚴，當是門衛制度的再現，故安門儀式，恐出人鬼相擾
　　　　觀念，有魘勝安宅意義。〔註279〕

晚商宮殿基礎和基址下，以及基礎間、門側或基址周圍，經常發現有人或獸的葬坑。這些葬坑是建造過程中舉行奠基、安門時留下的遺跡，一般奠基和安門時用人或狗。安門時，埋的多是武裝侍從，分別安置在門的兩側和對著門的地方，手持兵器，多作跪狀，人數多的有 5 至 6 人，其中不少是活埋的，埋在門下的還有小孩。〔註280〕這種以人爲犧牲的做法，顯然是爲了加強門的防衛功能，防止野鬼前來侵害。〔註281〕

　　綜上可知，早在新石器時代即有對門戶進行安門、奠基等祭祀的儀式。夏商之時，爲了增加門戶防護無形威脅的功能，便於其附近瘞埋武士，這可看作是戎裝門神的起源。商代已有較爲明確的門戶祭祀，由此而產生的成熟門戶崇拜應該也不晚。

　　西周以後，於門區進行祭祀的記錄十分常見（詳下）。以記載先秦禮俗文化和社會制度爲主的《禮記》中，也有不少篇目言及祭門的情況。如《禮記‧曲禮》下：「天子祭天地，……祭山川，祭五祀。」疏曰：「祭五祀者，春祭戶，夏祭灶，季夏祭中霤，秋祭門，冬祭行也。」《禮記‧王制》也載：「大夫祭五祀。」鄭注曰：「五祀，謂司命也，中霤也，門也，行也，厲也。」可

〔註277〕宋鎮豪《中國風俗通史‧夏商卷》（上海：上海文藝出版社，2001 年 11 月），頁 645～646。
〔註278〕胡厚宣〈中國奴隸社會的人殉和人祭（上篇）〉，《文物》1974 年 7 期。
〔註279〕宋鎮豪《夏商社會生活史》（北京：中國社會科學出版社，1994 年 9 月），頁 80。
〔註280〕北京大學歷史系考古教研室商周組《商周考古》（北京：文物出版社，1979 年），頁 70。
〔註281〕傅亞庶《中國上古祭祀文化》（長春：東北師範大學出版社，1999 年 12 月），頁 213。

見，早在先秦，門作爲國家「五祀」之一，受到當時統治者的重視。另據《禮記・祭法》：「大夫立三祀，曰族厲，曰門，曰行。適士（上士）立二祀，曰門，曰行。庶人庶士立一祀，或立戶（門），或立灶」可知，當時不僅天子、大夫可以祭門，而且士人庶民也可以祭門。這些文獻記錄說明，秦漢以前，中國已有祭祀門（戶）的傳統，先秦典籍中關於「門（戶）祭」的信仰規範已被納入正統禮制的內容當中。

但「門神」一詞，最早見於《禮記・喪大記》鄭注當中。《禮記・喪大記》：「大夫士既殯，而君往焉。……巫止於門外，……君釋菜於門內。」鄭注：「君釋菜，以禮門神之時，祝先由東階以升。」在鄭玄的眼中，祭門不再只是祭門本身，所祭對象已經充滿神格而一變爲「門神」。不過這裡的「門神」與後世民間信仰中的「門神」相比，還只是個籠統的概念而已。

漢代，門已一變而成爲門神，門神仍被列爲國家「五祀」之一。所不同的是，祂的地位在漢代發生了很大變化。如東漢・班固《白虎通・五祀》中，「五祀」的排名依次爲門、戶、井、灶、中霤。門神被列爲「五祀」之首。與此同時，門神開始從國家祀典中廣泛進入尋常百姓家中，並且逐漸成爲民間信仰中最重要的家神之一。當時無論是達官貴人，還是平民百姓，都有祭祀門神的習俗，而且將它與灶神並列爲最重要的家神，加以祭祀。

儘管在戰國秦漢間，國家祀典中已有祀「門」的記載，但當時的「門神」僅是個抽象概念而已。直到漢代，當門神由國家祀典進入尋常百姓家中之後，它才很快成爲民間信仰中最有影響的家庭保護神祇。此時的「門神」不再是抽象意義上的名詞，而是具有實體內容和職掌的神明。

（二）門戶神信仰在後世的變化

1. 神荼、鬱壘

最早有具體形象的門神是神荼、鬱壘。神荼、鬱壘的故事見於東漢・王充《論衡・訂鬼》所引《山海經》佚文：

> 滄海之中，有度朔之山，上有大桃木，其屈蟠三千里，其枝間東北曰鬼門，萬鬼所出入也。上有二神人，一曰神荼，二曰鬱壘。主閱領萬鬼。惡害之鬼，執以葦索，而以食虎。於是黃帝乃作禮，以時驅之，立大桃人，門戶畫神荼、鬱壘與虎，懸葦索以禦凶魅。

東漢・應劭《風俗通義》卷 8《祀典》〔註 272〕、《河
圖括地象》〔註 283〕、蔡邕《獨斷》等亦有類似的記
載。〔註 284〕古人以為見鬼觸怪即生不祥。「於是在恐
懼的同時，又希望借助某些東西以驅除不祥，祈求
平安，而驅鬼之最有能力者就莫過於神了。於是就
有專捉惡害之鬼的神荼、鬱壘產生。」〔註 285〕不過
《論衡》認為黃帝時代就以神荼、鬱壘為門神禦凶，
此說實在可疑。雖說與黃帝時代相當的仰韶文化遺
址見有安門的遺跡，但這距離具有成熟門神形象的
門戶信仰仍有一段距離，故王說還有討論的空間。

密縣漢墓墓門畫像

迄漢代，漢人以神荼、鬱壘為門神一事，則不僅有文獻記載可徵引，且有出
土文物為證。譬如今河南密縣發掘的漢墓墓門的畫像上就繪刻有神荼、鬱壘
的形象（見上圖）。〔註 286〕二神相對而立，綜上可知，至遲在兩漢時以神荼、
鬱壘為門神的信仰，已開始在民間廣為傳播和流行。〔註 287〕

〔註 272〕東漢・應劭《風俗通義》：「上古之時，有荼與鬱壘昆弟二人，性能執鬼。度
朔山上立桃樹下，簡閱百鬼，無道理妄為人禍害者，荼與鬱壘縛以葦索，執
以食虎。於是縣官常以臘除夕，飾桃人乘葦茭，畫虎於門，皆追效於前事。」
書中已明確說到當時的人們於臘月除夕，流行「飾桃人（即神荼與鬱壘）」、「垂
葦茭」、「畫虎於門」的習俗。

〔註 283〕《河圖括地象》：「桃都山有大桃樹，盤屈三千里，上有金雞，日照此則鳴。
下有二神，一名鬱，一名壘。並執葦索，以伺不祥之鬼，得則殺之。」安居
香山、中村璋八《重修緯書集成》卷 6（日本：明德出版社，1978 年），頁
39，《荊楚歲時記》引此作《括地圖》。

〔註 284〕《獨斷》：「海中有度朔之山，上有桃木，蟠屈三千里，卑枝東北有鬼門，萬
鬼所出入也。神荼與鬱壘二神居其門，主閱領諸鬼，其惡害之鬼，執以葦索
食虎。故十二月歲竟，常以先臘之夜逐除之也。乃畫荼、壘並懸葦索於門戶，
以禦凶也。」

〔註 285〕李見勇〈門神探源〉，《貴州文史叢刊》2002 年 2 期，頁 56。

〔註 286〕劉競濤〈我國古代的門神文化〉（原載《中國工商報》367 期，後收入《中國
古代、近代文學研究》1991 年 1 期）認為門神之所以又叫門畫，就是因為門
神多半張貼或雕刻在兩扇門上。林京〈皇宮裡的門神〉，《紫禁城》128 期，
2005 年 1 月，頁 107 指出，《漢書・景十三王傳》載，漢武帝時廣川王劉去
的宮殿門前就有叫成慶的勇士的畫像，短衣大絝長劍當為門神畫之始。相傳
這位成慶的原型，就是戰國時圖謀刺殺秦王的燕國勇士荊軻。

〔註 287〕前引諸說皆以為神荼、鬱壘應為二人，應劭《風俗通義》（中華書局編《叢書
集成初編》第 0364 冊，北京：中華書局，1983 年），頁 381 以為其係昆弟二
人。清・俞正燮對此加以辯駁，認為門神最初應是一人，或即一桃木人。其

　　歷南北朝至唐、宋，記載神荼、鬱壘者，代不乏人。南朝・梁・宗懍《荊楚歲時記》曰：「造桃板著戶，謂之仙木。繪二神貼戶左右，左神荼，右鬱壘，俗謂之門神。」〔註288〕隋・杜台卿《玉燭寶典》卷 1 亦引諸書記畫神荼、鬱壘於門戶之習俗。〔註289〕宋・陳元靚《歲時廣記》卷 5 在引錄諸書之後，寫「辨荼壘」一條，謂：「荼壘之設，數說不同。……然今人正旦書桃符，多用鬱壘、神荼。」其「寫桃板」條又引《皇朝歲時雜記》云：「桃符之制，以薄木板長二三尺，大四五寸，上畫神像狻猊、白澤之屬，下書左鬱壘、右神荼，或寫春詞，或書祝禱之語。歲旦則更之。」宋・高承《事物紀原》卷 8，在引錄《山海經》、《玉燭寶典》等之後，又對門神起源時代作出推測，謂：「立桃板於門戶上，畫鬱壘以禦凶鬼，……蓋其起自黃帝。故今世畫神像於板上，猶於其下書，『右鬱壘、左神荼』，元日以置門戶間也。」〔註290〕可見以神荼、鬱壘爲門神之一種，至宋代猶然。

　　爾後「門神變成道教因襲民俗所供奉的神祇中的一種」。〔註291〕道書《無上黃籙大齋立成儀》列入神荼、鬱壘，使居於神祇之最下位。《集說詮眞》引清・吳谷人《新年雜詠・小序》語：「門爲五祀之一，司門之神，始自桃符以神荼、鬱壘能辟邪也。」正如明《月令廣義・十二月令》所載：「道家謂門神，左曰門丞，右曰門尉。蓋司門之神，其義本自桃符。以神荼、鬱壘避邪，故

《癸巳存稿》卷 13 云：「晉・司馬彪《續漢書・禮儀志》云：『大儺訖，設桃梗鬱壘。』是專有荼壘或鬱儡一桃木人，而不云神荼等等。晉・葛洪《枕中書》云：『元都大眞王言：「蔡鬱壘爲東方鬼帝。」』語雖不可據，然可知漢魏晉道士相傳，神荼鬱壘只是一神，姓蔡名鬱壘。漢時宮廷禮制，亦以爲一人。」此說雖然有據，亦只能反映風俗之演變，不能據此斷定後世門神分作二神是不對的：在漢代，門神分爲神荼、鬱壘二神，應該是很普遍的習俗。到了南北朝，除了託名葛洪的《枕中書》將門神視爲一神（蔡鬱壘），列入道教神譜，稱之爲東方鬼帝（五方鬼帝之一），並治桃丘山外，《玄中記》所記，門神已明顯是二神形象：「桃都山上有桃都樹，上有天雞，日初照此木，天雞即鳴，天下雞皆隨之鳴。……蓬萊之東，岱輿之山，上有扶桑之樹，樹高萬丈，樹巔常有天雞，爲巢於上，每夜至子時則天雞鳴，而日中陽鳥應之，陽鳥鳴則天下之雞皆鳴。……今人正朝，作兩桃人立門旁，以雄雞毛置索中，蓋遺像也。」比對漢代的相關文獻，《玄中記》中之桃都山有可能就是長有大桃木的度朔山。

〔註288〕見《歲時廣記》卷 5 引。

〔註289〕以下所引《玉燭寶典》爲隋・杜台卿所撰，北京：中華書局，1985 年出版。

〔註290〕臺灣商務印書館編《景印文淵閣四庫全書》第 920 冊（臺北：臺灣商務印書館，1985 年），頁 219。

〔註291〕卿希泰主編《中國道教史第三卷・門神》，成都：四川人民出版社，1988 年。

樹之門。」〔註292〕

2. 鍾　馗

　　另外一種門神的版本是唐代鍾馗捉鬼的故事。《清嘉錄》卷5引明《楊慎外集》云：「鍾馗即終葵，古人多以終葵爲名，其後誤爲鍾馗。俗畫一神像，帖於門，手持椎以擊鬼」，〔註293〕認爲「鍾馗」一詞來自避邪法器；何新《諸神的起源》則以鍾馗爲「仲傀」（仲虺，商代之大巫）之音變。〔註294〕二說各有其據，謹列備參。

　　鍾馗被視作門神，能驅避鬼魅，事見明·陳耀文《天中記》卷4引《唐逸史》（已佚）之文曰：

> 明皇開元講武驪山翠華，還宮，上不悅，因痎疾作晝（臥），夢一小鬼，衣絳犢鼻，跣（跛）一足，履一足，腰懸一履，搢一筍扇，盜太眞繡香囊及上玉笛，繞殿奔戲上前。上叱問之，小鬼奏曰：「臣乃虛耗也。」上曰：「未聞虛耗之名。」小鬼答曰：「虛者，望空虛中盜人物如戲，耗即耗人家喜事成憂。」上怒，欲呼武士。俄見一大鬼，頂破帽，衣藍袍，繫角帶，靸朝靴，逕捉小鬼，先刳其目，然後劈而啖之。上問大者：「爾何人也？」奏云：「臣終南山進士鍾馗也。因武德中，應舉不捷，羞歸故里，觸殿階而死，是時奉旨賜綠袍以葬之。感恩發誓，與我王除天下虛耗妖孽之事。」言訖夢覺，痎疾頓瘳。乃詔畫工吳道子曰：「與朕如夢圖之。」道子奉旨，恍若有睹，立筆成圖進呈，上視之，撫幾曰：「是卿與朕同夢耳！」賜與百金。〔註295〕

《天中記》所引《唐逸史》所記雖然未必可信，但自唐代開始，畫鍾馗像以驅邪卻是事實。據記載，唐·吳道子確曾作過鍾馗畫，〔註296〕唐·孫逖、張說文

〔註292〕詳古存雲〈道教諸神〉，「中國大百科」，http://140.109.8.45/cpedia/Default.htm。

〔註293〕新興書局編《筆記小說大觀》第20編4冊（臺北：新興書局，1985年），頁2221。

〔註294〕何新《諸神的起源》（臺北：木鐸出版社，1987年6月），頁315～319。

〔註295〕臺灣商務印書館編《景印文淵閣四庫全書》第965冊（臺北：臺灣商務印書館，1985年），頁164～165。

〔註296〕唐人題吳道子畫鍾馗像，略云：「明皇夢二鬼，一大一小。小者竊太眞紫香囊及明皇玉笛，繞殿而奔；大者捉其小者，擘而啖之。上問何人，對曰：『臣鍾馗，即武舉不捷之士也。誓與陛下除天下之妖孽。』」後世圖其形以除邪驅祟。見宋·沈括《夢溪補筆談·雜志》。

集即有〈謝賜鍾馗畫表〉，〔註297〕唐·劉禹錫又有〈代杜相公謝賜鍾馗曆日表〉和〈代李中丞謝賜鍾馗曆日表〉可證。〔註298〕另外敦煌遺書中發現了唐寫本〈除夕鍾馗驅儺文〉，就是鍾馗在大儺儀中扮演主角的實證。〔註299〕除唐宋皇室於歲末賜臣下鍾馗畫像外，民間亦多畫其像以作禦鬼之神靈。或懸於室內，或貼於門上。自鍾馗畫像被貼到門上的那一刻起，祂便被視作是門神。

民間懸室或貼門以鍾馗像的此一習俗一直延續到明、清。明·史玄《舊京遺事》云：「禁中歲除，各宮門改易春聯，〔註300〕及安放絹畫鍾馗神像。像以三尺素木小屏裝之，綴銅環懸掛，最爲精雅。先數日，各宮頒鍾馗神於諸親皇家。」〔註301〕清·顧炎武《日知錄》卷32「終葵」條云：「今人於戶上畫鍾馗像，云唐時人，能捕鬼者。」〔註302〕可見以鍾馗爲門神之一種亦流行頗久。

3. 秦叔寶、胡敬德（尉遲敬德）

元代出現以秦叔寶、胡敬德（或作尉遲敬德）作爲門神的情況。事見元代成書、明代略有增纂的《正統道藏·搜神記》和《三教搜神大全》。《搜神記》卷6「門神」條曰：

> 神即唐之秦叔寶、胡敬德二將軍也。按傳唐太宗不豫，寢門外拋磚弄瓦，鬼魅號呼，六院三宮，夜無寧刻。太宗懼以告群臣。叔寶奏曰：「臣平生殺人如摧枯，積屍如聚蟻，何懼小鬼乎！願同敬德戎裝

〔註297〕 張說所撰〈謝賜鍾馗及歷日表〉一文記載了鍾馗畫融入新春年節民俗的情景：「中使至，奉宣聖旨，賜畫鍾馗一及新曆日一軸……。」

〔註298〕 〈代杜相公謝賜鍾馗歷日表〉說：「臣某日，高品某乙至，奉宣聖旨，賜臣鍾馗一，新曆日一軸。星紀方回，雖逢歲盡；恩輝忽降，已覺春來。伏以圖寫神威，驅除群厲，頒行律曆，敬授四時。施張有嚴，既增門戶之貴；動用協吉，常爲掌握之珍。」可見當時以鍾馗像驅鬼是普遍的民間習俗。

〔註299〕 該文大意說的是：在一種叫做儺的儀式中，鍾馗鋼頭銀額，身披豹皮，用硃砂染遍全身。帶領十萬叢林怪獸，四處捉取流浪江湖的孤魂野鬼。詳高國藩《敦煌古俗與民俗流變》（江蘇：河海大學出版社，1992年），頁331～333。

〔註300〕 明太祖朱元璋極力反對貼驅鬼門神，據清·陳尚古《簪雲樓雜說》（濟南：齊魯書社，1995年9月）記載：「明太祖都金陵，除夕忽傳旨，公卿士庶須加春聯一幅，是爲春聯之始。」朱元璋愛微服私訪，除夕，到金陵的街巷裏視察，發現家家戶戶的門上都貼著鍾馗像，龍顏大怒，下聖旨要文武百官和庶民百姓一律改爲貼寫春聯。詳李春梅〈從門神驅鬼說談年畫習俗藝術的演變〉，《東南文化》2005年6期，頁70。

〔註301〕 明·史玄《舊京遺事》，北京：北京古籍出版社，1986年7月。

〔註302〕 清·顧炎武《日知錄》中冊（上海：上海古籍出版社，1984年），頁2417。

⬛以伺。」太宗可其奏，夜果無警。太宗嘉之，謂二人守夜無眠，命畫工圖二人之像，全裝怒髮，一如平時，懸於宮掖之左右門，邪祟以息。後世沿襲，遂永爲門神云。〔註303〕

此記載僅見於《正統道藏・搜神記》和《三教搜神大全》二書，而此二書之說法來源其實則一，〔註304〕在此之前未見之典籍。其所云秦叔寶二人雖爲唐人，但不能證明此俗起於唐代。明、清時期則有文獻明說門神之戎裝門神爲秦叔寶、尉遲敬德者，譬如清・顧祿《清嘉錄》卷12「門神」條云：「夜分易門神。俗畫秦叔寶、尉遲敬德之像，彩印於紙，小戶貼之。」

4. 其他文武門神及祈福門神

宋・佚名氏《楓窗小牘》卷下云：「靖康以前，汴中家戶門神多番樣，戴虎頭盔，而王公之門，至以渾金飾之。」〔註305〕宋・趙與時《賓退錄》云：「除夕用鎮殿將軍二人，甲胄裝。」〔註306〕皆未指明戎裝門神姓名爲何，或許根本就未有特定者，僅因爲戎裝像很威嚴，更易對鬼神起震懾作用而採用之。範立舟指出，中國古人有立祠紀念威名赫赫的武將的傳統，神化了的將軍也會被人們奉爲具有超常能力的神明。〔註307〕譬如舊時蘇州地區曾以溫將軍、岳元帥爲門神。《吳縣志》云：「門神彩畫五色，多寫溫、岳二神之像。」〔註308〕此「溫」

〔註303〕宋・王欽若主持重修《道藏（36）》（文物出版社、上海書店、天津古籍出版社聯合出版，1988年），頁292～293。

〔註304〕《三教搜神大全》，作者不詳。前後2集，7卷。近人葉德輝據明刻繪圖本《三教源流搜神大全》7卷本（一說元板畫像《搜神廣記》的異名）翻刻，收入《麗廔叢書》，與《道藏》本《搜神記》略同，後者無圖，所收之神數量多於前者。卷首有葉德輝序，卷末有其跋。因搜集儒釋道三教聖賢及諸神，故此名篇。共收神像120餘幅，每幅像之後錄其姓名字號、封贈謚號、神靈事跡等。對研究道教神系及民間諸神有一定參考價值。《道藏》本《搜神記》爲6卷，題明張國祥校梓，卷首有儒釋道源流，記錄諸神160餘條。收入《萬曆續道藏》。餘詳「道教文化資料庫」，http://www.taoism.org.hk/default.htm。

〔註305〕新興書局編《筆記小說大觀》第6編4冊（臺北：新興書局，1985年），頁35。

〔註306〕新興書局編《筆記小說大觀》第1編9冊（臺北：新興書局，1985年），頁5758。

〔註307〕范立舟〈宋元以民間信仰爲中心的文化風尚及其思想史意義〉，《江西社會科學》2003年5期，頁115。

〔註308〕從《鑄鼎餘聞》卷4「門神」條轉引。《鑄鼎餘聞》係道書，內容爲神仙傳記，共4卷。由清・姚福均所撰。姚福均，字丬瞻，常熟（今江蘇省常熟縣）人，博極群書，邃於經常。卷首有刊者劉廣基跋語，作於光緒廿五年，本書即刊於是年。全書博採旁搜，探賾索隱，就所聞睹，將800餘位神祇匯於斯編。其中多數屬於道教神仙，如三清、老子、昊天上帝、玄天上帝、三官、許眞

神或謂晉代之溫嶠，或謂東岳大帝屬下之溫將軍，「岳」神即指岳飛。另外一些地區也有以孫臏和龐涓（流行於陝西）、趙雲和馬超（流行於河南）或馬超和馬岱（流行於河北）、關羽和關勝、關平和周倉、徐延昭與楊波、「四大元帥」（溫、康、馬、趙一組或楊、李、高、殷一組或康、趙、劉、林一組）、溫瓊、岳雲和狄雷等武將爲門神的。而史書或歷史演義中正氣凜然的人物，如燃眉道人和趙公明（源於《封神榜》）、姚期和馬武（源於《東漢演義》）、魏徵和徐茂功、賜福天官和劉海、裴元慶和李元霸（源於《說唐演義》）等，亦被後人尊爲門神。

受到佛教的影響，中國也出現「韋馱、伽藍」二護法、「哼哈二將」、「四大天王」（風調雨順）、等門神。〔註309〕此外，後世也有以「朝官、太監」或「宮女、侍女」爲門神的。以朝官、太監爲門神的，通常見於神格較高的廟宇，如關帝廟、玄天上帝廟、城隍廟等；而以宮女、侍女爲門神則多見於主神爲女性神祇的廟宇，如各地的媽祖廟、夫人媽廟等。〔註310〕

隨著時間的推移，門神在後世民間已逐漸由驅邪延伸爲招福，因此又出現了祈福門神，祈福門神，即以福、祿、壽星三神像貼於門者。〔註311〕宋以後，門神愈益多樣，復加爵鹿、蝠喜、寶馬、瓶鞍等狀，皆取美名以迎祥。〔註312〕丁雙雙認爲這是因爲人們開始重視門神的功利性，希望能升官發財。〔註313〕這種門神已非門戶的保護者，主要專爲祈福而存在。

君等等，亦有民間信奉之利市仙官、利市婆官、灶公、灶婆等俗神。又在第4卷附有少數佛教神靈，如大慈大悲更生如來、華光如來、定光佛等。基本上將清代社會崇奉的所有神靈搜羅一處，對於研究道教神靈之演變及民間諸神信仰，有重要的文獻價值。今編入《藏外道書（18）》「傳記神仙類」。餘詳「道教學術資訊」，http：//www.ctcwri.idv.tw。

〔註309〕四大天王與韋馱、伽藍二護法，是傳統佛教的護法之神，常見於佛寺或以佛教神明爲主祀的廟宇做爲門神；而哼哈二將（佛教稱爲哞金剛、阿金剛，源於佛教《大寶積經・密跡金剛力士會》的密跡金剛和《封神演義》的鄭倫和陳奇）、四大元帥等爲道教的護法神，常見於道教廟宇或以道教神明爲主祀的寺廟；這些天王、元帥、官將等都可歸爲武士門神之列。

〔註310〕諸種門神人物的介紹可參劉曉路編《門神人物的傳說》，石家莊：花山文藝出版社，1995年。

〔註311〕福神源於福星，福星即歲星木星；祿神來自祿星，同福神一樣，也是由星辰崇拜而人化；壽神即南極老人星，是28宿中東方蒼龍7宿的頭2宿。民間常把壽星與福、禱二星湊成一夥，合稱福祿壽。詳方光華《俎豆馨香——中國祭祀禮俗探索》（西安：陝西人民教育出版社，2000年2月），頁217～218。

〔註312〕詳古存雲〈道教諸神〉，「中國大百科」，http：//140.109.8.45/cpedia/Default.htm引《月令廣義》。

〔註313〕丁雙雙〈中國古代的門神〉，《華夏文化》，2001年3期。

按：以上幾個主要門神的相繼出現，並不完全是新神取代舊神，而更多的則是新的出現後，舊的仍然沿用不改，或新、舊同時供奉。如宋·陳元靚《歲時廣記》、宋·高承《事物紀原》所述，當時民間所奉的門神，仍以神荼、鬱壘爲主，但同時也有敬祀鍾馗爲門神的。清·顧祿《清嘉錄》卷 12「門神」條也提到同時有以秦叔寶、尉遲敬德一組，或神荼、鬱壘一組，或鍾馗爲門神的。〔註314〕這說明歷代出現的幾個主要門神信仰，彼此之間並無排他性，在清代都受到同樣的供奉。〔註315〕

新舊門神同時供奉的情況，以前引《清嘉錄》卷 12 所記最爲典型。清·李調元《新搜神記·神考》文中亦反映出此種情況，他說：「今世俗相沿，正月元旦，或畫文臣，或書神荼、鬱壘，或畫武將，以爲唐太宗寢疾，令尉遲恭、秦瓊守門，疾逐愈。」〔註316〕這些都反映出民間信仰的多樣性，道教只是因襲民俗而崇奉之而已。

除了門神像，還有其他與門戶信仰相關的相關制煞圖像或器物，如：

（1）青龍、白虎

《禮記·曲禮上》曰：「行。前朱鳥（雀）而後玄武，左青龍而右白虎，招搖在上。」陳澔集說：「行，軍旅之出也。朱雀、玄武、青龍、白虎，四方宿名也。」又曰：「旐數皆放之，龍旗則九旐，雀則七旐，虎則六旐，龜蛇則四旐也。」即說其表現形式是將「四象」分別畫在旌旗上，以此來表明前後左右之軍陣，鼓舞士氣，達到戰無不勝的目的。阮元等疏：「如鳥之翔，如龜蛇之毒，龍騰虎奮，無能敵此四物。」可見其作用之大。

道教興起後，將青龍、白虎、朱雀、玄武納入其神系，作爲護衛之神，以壯威儀。〔註317〕後來，四象逐漸被人格化，並有了其封號，青龍號爲「孟

〔註314〕《清嘉錄》：「夜分易門神。俗畫秦叔寶、尉遲敬德之像，彩印於紙，小戶貼之。……或朱紙書神荼、鬱壘，以代門丞，安於左右扉；或書鍾馗進士四字，斜貼後戶以卻鬼。」收入新興書局編《筆記小說大觀》第 1 編 9 冊（臺北：新興書局，1985 年），頁 5759。

〔註315〕清代雖有鍾馗等其他門神存在，但每逢元旦，貴戚家仍懸神荼、鬱壘。事見清·於敏中等編《日下舊聞考》（北京：北京古籍出版社，1983 年 5 月）卷 147 引《北京歲華記》。

〔註316〕從宗力、劉群《中國民間諸神》（石家莊：河北人民出版社，1987 年），頁 223 轉引。一說秦瓊等做爲門神的說法源於霍州，詳王月喜、東林〈中華門神源於霍州〉，《晉州學刊》2001 年 2 期。

〔註317〕《抱朴子·雜應》描繪太上老君形象時說：「左有十二青龍，右有二十六白虎，

章神君」，白虎號爲「監兵神君」，朱雀號爲「陵光神君」；玄武號爲「執明神君」。其中的青龍、白虎則被列入門神之列。清·姚福均《鑄鼎餘聞》卷 1 謂：「宋·范致能《岳陽風土記》云：『老子祠有二神像，所謂青龍白虎也。』……明·姚宗儀《常熟私志》敘寺觀篇云：『致道觀山門二大神，左爲青龍孟章神君，右爲白虎監兵神君。』」（收入《藏外道書（18)》）

（2）桃符、門聯

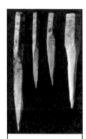

在長期的歷史發展與演變中，人們將桃符和門神兩者合而爲一，這大概是因爲神荼、鬱壘傳說故事一開始與桃樹或桃木便結下不解之緣的關係。〔註 318〕那麼爲何先民會將神荼、鬱壘與桃樹、桃木作聯想？《左傳·昭公四年》：「桃弧棘矢以除其災」，桃木質地堅硬，先民常用以製作武器，武器一直以來被視爲是可以辟邪的器物。又《淮南子·詮言》：「后羿死於桃梧之下。」許愼解詁：「梧，大杖也，取桃爲之，以擊殺羿，由是以來鬼畏桃也」，桃木因可擊殺羿，遂被認爲有驅鬼的效力。〔註 319〕於是，「桃符」便成爲神荼、鬱壘兩門神的象徵。

漢代桃符

按「符」者，符應、契合也。〔註 320〕是指它的驅鬼功效應而有驗，故而得名。這種用作驅鬼逐疫用的桃符，通常是由二塊畫有神荼、鬱壘二神像或

前有二十四朱雀，後有七十二玄武。」

〔註318〕由桃木到桃符，陳發喜〈桃符文化闡釋──以土家族某些風俗爲例〉（《湖北民族學院學報》哲社版 24 卷 3 期，2006 年 3 月）指出經過桃木→桃梗（桃木人）→桃符（木製）→桃符（紙製）的過程。

〔註319〕後來李時珍《本草綱目·草木類》甚至引《典術》稱桃木爲「仙木」。王衛東〈桃文化新論──桃文化與上古巫文化〉（《雲南民族學院學報》哲社版 16 卷 4 期，1999 年 7 月）認爲古有以桃爲社木的，社的神力也被認爲能轉移到桃木之上。滕維平〈傳承的門神文化〉（《貴州民族學院學報》哲社版 2001 年 3 期）認爲人類的先祖將部落圖騰的獸頭或製作的木雕獸頭懸於戶門頭上，用以避邪祛鬼，護佑人們出入平安。某些植物製品便被聯想成具有某些神力。鄧福舜、高政銳〈桃木原型及其文學意蘊〉（《遼寧師範大學學報》社科版 31 卷 1 期，2008 年 1 月）認爲應用桃木於巫術當中是根基於原始人對樹木的崇拜與感恩。

〔註320〕《說文》曰：「符，信也。漢制以竹，長六寸，分而相合。」「符」是古代帝王派遣使者，或調兵時用的憑證，它具有無上的權威。古代方士將天空雲彩顯現出的各種圖形稱之爲天神有符，將其抄錄下來變成爲神符，極具神秘感。詳張燕〈從民間的符咒風俗中探討「符」文化〉，《內蒙古藝術》，2005 年 1 期，頁 81。

寫有二神名的桃板加工製作而成。每到春節來臨之際，人們便將它懸掛在門戶上，藉以驅鬼除害，保護家庭成員一年中的平安。〔註 321〕隨著歲月的流逝和時代的變遷，桃符的內容與形式也在不同程度地發生著變化。根據段塔麗的分析，從形式上說，做桃符用的桃木板數量上由 2 塊變成了 1 塊，規格則由薄變厚，由小變大。〔註 322〕與此同時，做桃符的工序也日趨簡化，即由最初複雜的雕刻或繪畫二神像，演變為直接書寫二神名。桃符工序的簡化，為日後桃符向春聯的過渡奠定了基礎。

後蜀時，人們開始在桃符上題寫一些新年祝辭來表達對來年的美好願望。〔註 323〕宋《歲時廣記》卷 5 所引《皇朝歲時雜記》有提到所謂「春詞」、「祝禱之語」等，後世則演化為「春聯」。宋代優待文士，翰林有立春日寫春詞的習慣。至明代，朱元璋以帝王之尊，下令「公卿士庶家，須加春聯一幅」，並贈陶安「國朝謀略無雙士，翰苑文章第一家」的春聯，終於使寫春聯變成了全國的風俗。〔註 324〕

（3）金　雞

古人於門上，也有畫上金雞以辟邪的。這是因為民間信仰中雞乃司晨之精靈，為那些慣於夜間作祟禍人的眾鬼所畏，故民間流傳著「歲旦貼畫雞戶上」，以便使「百鬼畏之」的習俗（《荊楚歲時記》）。上引《玄中記》也提到雞與太陽的關係，並說到雞能與日中金烏相共鳴。太陽為至陽之物，而雞為日出之象徵，以雞為門前制煞物，作祟之鬼物自然畏懼。

三、行道神源流考述

行道神或單稱行神，一說行神為宮內道路之神；行道神或單稱道神，一說道神為宮室之外道路之神（詳下引孫希旦集解）。概言之，則行神、道神皆

〔註 321〕日本人則以門前樹松代替桃符的功用，詳張彬〈從門神春聯和門松看中日神靈觀〉，《社會科學論壇》2006 年 7 期。

〔註 322〕段塔麗〈中國古代門神信仰的由來與嬗變〉，《陝西師範大學繼續教育學報》17 卷 3 期，2000 年 9 月，頁 57～59。

〔註 323〕後蜀皇帝孟昶「新年納餘慶，嘉節號長春」一聯，被公認為是中國最早的春聯。

〔註 324〕吳天明〈門神文化研究〉，《中南民族大學學報》人社版 22 卷 3 期，2002 年 5 月，頁 69。除了春聯，刻板印刷流行後亦開始流行彩色套印的門神年畫，詳鍾新梅〈民間門神年畫的起源分類及其特徵〉，《邵陽學院學報》社科版 4 卷 4 期，2005 年 8 月，頁 33。

爲行道神，〔註 325〕析言之則行神、道神有門內及門外、平路與山川道路之分（詳下）。〔註 326〕在講述行道神的由來及演變時，由於行、道的概念相仿，故本論文合論之；但在據禮書推測戰國楚地可能的行道之祭時，因禮書所載同中有異，故論述祭祀之禮時則分論之。以下將先說明行道神的由來及演變，再講述楚地可能的行道神祭禮。

（一）行道神信仰的由來

1. 考古資料所見行道神信仰的相關資料

殷周出土大墓常見有車馬坑。〔註 327〕鄭若葵的研究指出，車馬坑若與主墓同位葬者，具有殉葬意義，但若與主墓異位葬者，則具有祭祀意義。〔註 328〕李自智研究殷周時期車馬坑制度時提到：

> 在張家坡一號車馬坑中，曾發現埋有豬骨架一副。風翔八旗屯發掘的四座車馬坑，埋有羊狗的整體或牛羊豬的頭骨和四肢骨，平涼廟莊的兩座車馬坑，亦有牛羊的頭骨和四肢骨等……這些牛羊豬狗等，應是作爲一種祭祀的犧牲而埋入的，它們是用於祭祀廄神的。〔註 329〕

揚之水則持反對的意見：「以車馬送葬乃象徵墓主人的出行，則所祭不是廄

〔註 325〕《詩・豳風・七月》：「女執懿筐，遵彼微行。」孔穎達疏：「行，訓爲道也。」可見「行」、「道」的觀念是相通的。

〔註 326〕行道神是出行護佑之神，故行道神有時也指路神。考諸西方民族，亦有行神、道神。埃及眾神明中有一位神明叫敏 Min(Menu,Amsu)，是生產及收穫之神，亦爲道路和沙漠旅行者的守護神，詳見「神的文化」，http://203.64.53.9/TeachWeb/89hpcontest/d002-d008/group3/god.htm。

〔註 327〕考古屢有發現殷周大墓大型車馬坑，詳中國社會科學院考古研究所安陽發掘隊〈安陽新發現的殷代車馬坑〉（《考古》1972 年 4 期）、中國社會科學院考古研究所洛陽唐城隊〈洛陽老城發現四座西周車馬坑〉（《考古》1988 年 1 期）、安陽市文物工作隊〈安陽花園莊殷代車馬坑發掘簡報〉（《華夏考古》1997 年 2 期）、洛陽市文物工作隊〈洛陽林校西周車馬坑〉（《文物》1999 年 3 期）、馬俊才、衡雲花〈大型車馬坑驚現鄭韓故城──新鄭春秋大型車馬坑發掘的前前後後〉（《尋根》2001 年 5 期）諸文所述。亦可參郭物《國之大事──中國古代戰車戰馬》（成都：四川人民出版社，2004 年 1 月）、楊作龍、韓石萍編《洛陽考古集成・夏商周卷》（北京：北京圖書館出版社，2005 年 10 月）。

〔註 328〕鄭若葵〈試論商代車馬葬〉，《考古》1987 年 5 期，頁 462～649；鄭若葵〈20世紀中國車馬坑考古〉，《文物天地》2002 年 2 期，頁 8～14。

〔註 329〕李自智〈殷商兩周的車馬殉葬〉，《中國考古學研究論集──紀念夏鼐先生考古五十周年》（西安：三秦出版社，1987 年），頁 226～242。

神，而是道神。因此，這正是『祖道』即『犯軷』所用之犧牲。」〔註330〕

按廄神之神職與墓主魂魄之升天下地並無相涉，以牛羊豬犬或整組的車馬埋進坑中去祭廄神，並不合理。先秦之人以爲人死後精神要到另一個世界去，千里孤行，在世之人備以車馬陪葬送行，並以諸牲爲之祖道犯軷，這樣比較符合常情。

《禮記‧檀弓上》記述商代殷人出殯前祭行神的現象時說：「及葬，毀宗躐行，出於大門，殷道〔禮〕也。」鄭注：「毀宗，毀廟門之西而出，行神之位在廟門之外。」孔穎達疏：

> 毀宗，毀廟也。殷人殯於廟，至葬，柩出，毀廟門西邊牆而出於大門。所以然者，一則明此廟於死者無事，故毀之也。二則行神之位在廟門西邊，當所毀宗之處，若生時出行，則爲壇幣告行神，告竟，車躐行壇上而出，使道中安穩如在壇。今向毀宗處出，仍得躐此行壇，如生時之出也。故云「毀宗躐行，出於大門」也。

殷人亡者的靈柩，停在他的宗廟之中。而殷人的「行道神」之位即在其宗廟西牆邊，出殯時，靈柩不從廟之正門出，而是毀破廟之西牆，踐踏著行神的土壇而出，這就像死者活著的時候出門踐行神之壇、以求路上平安一樣；此也是古人「事死如生」之義。《禮記‧檀弓上》引子遊：「殯於客位，祖於庭，葬於墓，所以即遠也。」因爲人死如同離開生人遠走，故祭行神。〔註331〕

周人出喪，沿襲了殷人的方式，也行「祖」事。《周禮‧春官‧大宗伯》：「喪祝掌大喪……及祖，飾棺，乃載，遂御。」鄭注：「祖，謂將葬祖於庭，象生時出則祖也，故曰事死如生，禮也。……祖時，喪祝主飾棺乃載，遂御之，喪祝爲柩車御也。」賈公彥疏：

> 此廟中設祖祭。按〈既夕禮〉「請祖期，曰日側」，是至祖廟之中而行祖。祖，始也，爲行始。……云「象生時出則祖也」者，《詩》云「仲山甫出祖」是也。云「故曰事死如事生，禮也」者，按〈祭義〉云：「文王之祭也，事死如事生。」義出於彼。以其生時出有祖，故死亦有祖。……「祖於庭」者，行祖祭在祖廟之庭。

〔註330〕揚之水《詩經名物新證》（北京：北京古籍出版社，2000年），頁322。

〔註331〕任騁《中國民俗通志‧禁忌志》（濟南：山東教育出版社，2005年3月），頁229指出，在實際的歷史生活進程中，喪事禮儀裡也有祖祭行神之存在。人死之後，魂歸地府，也會有旅途安危之虞，故出殯時也要祖祭。

鄭注、賈疏將爲死者祭祀行道神的情況說的十分清楚。爲死者祭行道之俗，至今仍存於陝西民間。據葉大兵的調查，華縣一帶出殯前有一種「祝道禮」。「黃昏時，在嗩吶聲中，點主官、禮賓生一同出廓，沿途香案，祝道官（可由點主官兼任，亦可專設）明燭、拈香，讀祝者宣讀祝道文，祈請道神保佑亡人靈柩順利通過。」〔註332〕

此外，車馬坑中殉牲以犬最爲常見。山西考古研究所等認爲這些狗當爲殉葬的獵犬，〔註333〕吳曉筠亦有類似的意見，但吳氏認爲這種解釋尚無法說明爲何 1993 年發現的洛陽林校車馬坑、長安花園莊 M3 等車馬坑內，所埋之非狩獵用途車馬爲何仍有犬殉。〔註334〕其實從行道祭祀文化的角度來看，可以很清楚的解釋這個問題：犬是行道之祭中犯軷鬼祭常用的犧牲（詳下），爲死者舉行道之祭自然將犬牲與車馬同埋。綜上，筆者認爲楊之水的解釋較合情理。由是可見殷周之時應已有行道祭祀。

2. 出土文獻所見行神信仰相關記載

關於行道神的祭祀，其文化遺留除見於殷周考古遺址與出土資料外，戰國出土文獻也多見行道神的記載。譬如楚簡與秦簡〔註335〕皆見有行道神的祭祀，詳如前引。由出土文獻看來，最晚在戰國，行道神便已是人們的生活中十分普偏的信仰對象。

3. 傳世文獻所見行道神信仰相關記載

《詩經》記有祖道之習，詳下；《左傳‧昭公七年》記有昭公夢見襄公爲其祖道送行之事。說明行道神神職的傳世文獻記載，則首見《管子‧山權數》：「行者，道民之利害也」，郭沫若等集校：「行，指掌祭行神者言。」〔註336〕

〔註332〕葉大兵《中國風俗辭典‧喪葬類》（上海：上海辭書出版社，1990 年），頁 275。

〔註333〕山西省考古研究所、太原市文物管理委員會《太原晉國趙卿墓》（北京：文物出版社，1996 年 12 月），頁 198。

〔註334〕吳曉筠《商周時期車馬埋葬研究》（北京：北京大學考古文博學院博士論文，2003 年 6 月），頁 84～85。

〔註335〕劉增貴〈秦簡《日書》中的出行禮俗信仰〉，《中央研究所歷史語言研究所集刊》72 本 3 分，2001 年 9 月，頁 526～531。他對照包山楚簡「地主」分「野地主」和「宮地主」，推論出包山簡中的「宮行」應和《日書》「（大）常行」相對應。與簡文所記「（大）常行」的祭祀儀式對照，傳世文獻中的行道之神應該比較像是「（大）常行」而不是「宮行」。

〔註336〕郭沫若《管子集校》，收入《郭沫若全集‧歷史編》第 8 冊，北京，人民出版社，1984 年 10 月。

此外，《山海經・大荒東經》有商微爲強死之父亥舉行道上禓祭的記錄。而《儀禮・聘禮》：「又釋幣於行」，鄭注：

> 告將行也，行者之先，其古人之名未聞。天子諸侯有常祀，在冬。
> 大夫三祀：曰門、曰行、曰厲。喪禮有「毀宗躐行，出於大門」，則
> 行神之位在廟門外西方，不言埋幣可知也。今時民春秋祭祀有行神，
> 古之遺禮乎。

胡培翬正義：「謂古有始教行之人，後遂祀爲道路之神，其名未聞也。」又《儀禮・聘禮》有：「出祖釋軷，祭酒脯，乃飲酒於其側」，鄭注：

> 祖，始也。既受聘享之禮，行出國門止，陳車騎，釋酒脯之奠於軷，
> 爲行始也。《詩傳》曰：「輈，道祭也。」謂祭道路之神。《春秋傳》
> 曰：「軷涉山川。」然則軷，山行之名也。道路以險阻爲難，是以委
> 土爲山，或伏牲其上，使者爲軷，祭酒脯祈告也。卿大夫處者於是
> 餞之，飲酒於其側，禮畢，乘車轢之而遂行，會於近郊矣。其牲，
> 犬、羊可也。古文軷作祓。

《禮記・月令》「其祀行」，清・孫希旦集解：

> 愚謂行，謂宮內道路之神也……行神所主不同：〈月令〉「冬祀行」，
> 〈聘禮〉「釋幣於行」，此宮中之行神也；〈聘禮〉記云：「出祖釋軷」，
> 軷，祭行神，此國外之行神也。行神皆主道路，但所主不同耳。

《禮記・曾子問》也有相關記載：

> 孔子曰：「諸侯適天子，必告於祖，奠於禰，冕而出視朝，命祝史告
> 於社稷、宗廟、山川，乃命國家五官而後行，道而出。」

行道神之祭，首見《管子》，而其大備於「三禮」之中，可見最晚到西漢，行道神信仰已有相當的規模並已納入禮制之中。

　　綜上可知，「行道之祭」的宗教文化現象屢屢出現在商周考古發現中。鄭玄解釋五祀與七祀不同處時，以爲五祀起自殷制，但據前文，商周行道神的信仰已經相當成熟，行道信仰的起源可能比殷周還要再更早。

（二）行道神的諸多面貌

1. 依人形化與否分「非人形化行道神」與「人形化行道神」

　　行道神在人們的眼中最早具有怎樣的形象呢？其一，以茅草或樹木作爲行道神「神主」（即作爲行道神神靈的憑依物）。如此，行道神獲得一個客體

化的形象，裸便接受人們的祭祀。《周禮・夏官・大馭》「犯軷」，鄭注：「以菩芻、棘、柏爲神主，既祭之以車轢之而去，喻無險難也。」《說文》：「軷，出將有事於道，必先告其神……樹茅以依神爲軷。」從受告的行道神主採用茅草或樹木做成可知，這一形象的行道神並未明顯「人形化」。

相較於「非人形化」的行道神，傳世文獻中更多的是對「人形化」行道神的述敍和說明。「人形化」的行道神，應以尸作受祭之主體爲其始肇。如《詩經・邶風・泉水》孔穎達正義：「〈月令〉：『冬其祀行。』注依中霤之禮云：『行在廟門外之西，爲軷壤，厚二寸，廣五尺，輪四尺。有主有尸，用特牲。』」據此可知，最晚在鄭注《禮記》之時，祭祀行道神已有主有尸。〔註337〕《大雅・生民》「取羝以軷，載燔載烈。」鄭玄箋：「取羝羊之體以祭神，又燔烈其肉，爲尸羞焉。」孔穎達正義：「『又燔烈其肉，爲尸羞』，言尸者一，亦用此羝之肉爲之也。以七祀之祭皆有尸，明軷祭亦有尸。其燔炙者一，事尸之羞，故云爲尸羞也。」結合鄭、孔二氏的意見可以知道，祭行道神時，先以羝羊爲祭牲獻，放在行道神主或尸之前，用以誘降行道神神靈；然後又燒烤羝羊，進獻給代表行道神的神主或尸享用，以此象徵行道神已接受了人們的敬獻。用香味誘降行道神，反應出祭祀之人已將行道神的行爲人形化。

另外，《山海經・大荒南經》中有「祖狀尸」，經文解釋說：「有人方齒虎尾，名曰祖狀之尸。」推此可以推想，這個「方齒虎尾」的「祖狀之尸」，大概就是原始巫人裝扮成行道神的實際「扮相」。此時的「人化」行道神，其形象已經十分清楚。以茅草或樹木爲行道神之神主質材，其原因大概是草木取得容易，這對普遍由大眾所進行的行道神祭祀信仰而言是十分方便的取材選擇；而行道神的人形化，當是先民以自我形象投射到神界的結果。

人形化行道神在形成的過程之中，曾與中國傳說時代的有名人物發生關聯。關於人形行道神的由來，有以下幾種說法：

（1）相傳行道神為「纍」、「媒」

《漢書・景十三王傳》：「榮行，祖於江陵北門」，顏師古注：「祖者，送行之祭，因饗飲也。昔黃帝之子纍祖好遠遊而死於道，故後人以爲行神也」；《禮記・曾子問》：「道而出」孔疏：「其神曰纍」；《宋書・律曆志中》：「崔寔《四民月令》曰：『祖者，道神。黃帝之子曰纍祖，好遠遊，死道路，故祀以

〔註337〕不過先秦祭禮少見以尸象神。鄭玄以後諸說，認爲祭行道神用尸，可能反映了漢代以後立尸、塑像象神的習俗。

為道神。』」

王瓘《軒轅本紀》則云：「帝周遊行時，元妃嫘祖死於道，帝祭之以為祖神」，王瓘指出人們信奉祭奠的行道神不是男性，而是女性的黃帝之妃嫘祖。馬昌儀認為王瓘乃唐人，這一條材料收在《雲笈七籤》第 100 卷中，可見以行道神為女性的想法至少早在唐以前。〔註338〕

行道神纍與行道神嫘究竟有什麼關係？劉泰焰認為纍祖即嫘祖，應非黃帝之子而係黃帝之妻：

> 《山海經・海內經》：「黃帝妻雷祖生昌意；昌意降處若水，生韓流；韓流……取淖子曰阿女，生帝顓頊。」《史記・五帝本紀》：「黃帝居軒轅之丘，而娶於西陵之女，是為嫘祖，嫘祖為黃帝正妃，生二子，其後皆有天下。」唐代司馬貞《史記》索隱云：「（嫘祖）一曰雷祖。」司馬貞又案：「（晉）皇甫謐云：『元妃西陵氏女，曰累祖，生昌意。』」雷通作纍，《大戴禮・帝繫篇》作嫘，《漢書・古今人表》作纍，《史記正義》一作累，《路史・後記五》作儽。可見，纍祖為黃帝之妻無疑。〔註339〕

（2）相傳行道神為「脩」

應劭《風俗通義・祀典》「祖」條：

> 謹按《禮傳》：「共工之子曰脩，好遠遊，舟車所至，足跡所達，靡不究覽，故祀以為祖神。」祖者，徂也。《詩》云：「韓侯出祖，清酒百壺。」《左氏傳》：「襄公將適楚，夢周公祖而遣之。」是其事也。

> 《詩》云：「吉日庚午。」漢家火行，盛於午，故以午祖也。〔註340〕

《白虎通・雜錄》所記與此同，《後漢書・馬成傳、陳寵傳、荀彧傳》李賢注皆採用此說。袁珂據《風俗通義》：「共工之子曰脩，好遠遊，舟車所至，足跡所達，靡不窮覽，故祀以為祖神。祖者徂也」文意，認為共工之子脩也是旅行之神。〔註341〕

（3）相傳行道神為「禹」

日人工藤元男從秦簡《日書》出發，認為《日書》提及出行資料時，言

〔註338〕馬昌儀《中國靈魂信仰》（上海：上海文藝出版社，2000 年），頁 33。
〔註339〕劉泰焰〈「行神」纍祖是黃帝的妻子〉，《文教資料》1998 年 5 期，頁 141～142。
〔註340〕《路史・後紀》以「條」為祖神，「條」大概是「脩」字之誤。
〔註341〕袁珂《中國古代神話》（北京：華夏出版社，2004 年 1 月），頁 43。

及禹步、禹符，出行宜忌中有禹須臾、禹之離日等，又禹長年出行在外，因此他認爲典籍中的行神如共工之子脩或黃帝子累祖是後漢之後的行神，而先秦時的行神是禹，他是「被埋沒的行神」。〔註342〕不過劉增貴對此說採保留態度，他認爲《日書》所見，應是行者將自身模擬爲禹，以禹之名命行神佑助，在此情況下，禹不是行神。〔註343〕

筆者以爲出行之前，行者不自擬爲其他，卻自擬爲禹來祈求旅行順利，顯見禹有保佑出行平安的神力；又秦簡《日書》雖有「爲禹除道」句，〔註344〕看似自擬爲禹之行者令行神除去道上邪穢，但其實「除道」一詞在先秦，主要指開闢、清除道路之意。查《左傳・莊公四年》：「令尹鬥祁、莫敖屈重除道梁溠，營軍臨隨。」楊伯峻注：「除道，猶開路。」《國語・周語中》：「九月除道，十月成梁。」章昭注：「除道所以便行旅，成梁所以便民，使不涉也。」《左傳》、《國語》中的「除道」都是開闢道路之意。另外《山海經。大荒北經》有「先除水道，決通溝瀆」，「除」又有疏通的意思。如此看來，秦簡《日書》「爲禹除道」這一禱詞在祈求自擬爲禹的出行者旅途平順、少遇險阻上的意思要再多一點。

（4）相傳行道神為「方相氏」

《三教搜神大全》卷7引《周禮》，以爲方相氏似也兼具了行道神的神格：「開路神君乃是《周禮》之方相氏是也。相傳軒轅皇帝周遊九垓，元妃螺祖死於道，召次妃好如監護，因買「相」以防夜，蓋其始也。俗名險道神……。」「險道神，即先導神」，〔註345〕能夠爲人行路、特別是黑夜行路或殯葬上路起開道驅凶作用，故得在民俗信仰中流傳開來。〔註346〕

〔註342〕工藤元男〈埋もれいた行神——主として秦簡「日書」による——〉，《東洋文化研究所紀要》106期，1988年，頁245~246。

〔註343〕劉增貴〈秦簡《日書》中的出行禮俗信仰〉（《中央研究所歷史語言研究所集刊》72本3分，2001年9月。

〔註344〕放馬灘秦簡《日書》則作「爲禹前除得吉」。見放馬灘秦簡整理小組〈天水放馬灘秦簡甲種《日書》釋文〉，《秦漢簡牘論文集》，蘭州：甘肅人民出版社，1989年。

〔註345〕袁珂《中國神話傳說辭典》（上海：上海辭書出版社，1985年），頁49。

〔註346〕朱青生《將軍門神起源研究——論誤解與成形》（北京：北京大學出版社，1998年11月），頁59認爲方相氏平時是戍衛國家安全的職官，但也受命進行宮室之內的禳除儀式；在死者入葬之前，也由方相氏執行墓室禳除的工作。方相氏所扮演的宗教功能有部份和將軍形象的門神相近。

　　按:「神話中的神祇崇拜在長期演變中常有世系混亂的問題」,〔註347〕黃帝之妃或子纍(嫘)也好,共工之子脩也好,治水的大禹也好,都是遠古神話傳說人物,〔註348〕雖然神話研究者多半認為神話反應了一部份古史,但我們很難追究其實指。

　　總的來說,還是鄭玄的意見:「行者之先,其古人之名未聞」(《儀禮・聘禮》注)比較中允妥當。在這些傳說中,無論將祖道說成是對共工之子的紀念,還是說成對黃帝之子、之妻的紀感念,或是將祖道說成是對大禹的懷念,其中透露的一個共同傾向,就是通過將自然界的神主轉換為歷史傳說中的人物,通過對祖道所作的一種歷史化的敘述,把祭祀中的對於神靈的畏懼和崇拜,變成了對於以人為主體的歷史的追憶。這正是行道神人形化的最重要原因。戴燕認為,在這種歷史追憶之中,人的世界突出顯現,祖道也仿佛不是為了對神祈願、不是在表達對神的依賴,而是為了對人自身的歷史作出親切的回應與報償。祭祀行道神的儀式因而既顯得莊嚴、鄭重,也充滿了人世間的愉悅和溫馨。〔註349〕

2. 依所處之地點不同分「平地行道神」與「山川行道神」或「宮內行道神」與「城外行道神」

　　在漢唐後世經學家的眼裡,受到人們祭祀的行道神,其所存在的境域似乎依其職能分為兩種。一種是平地道路上的行道神,另一種是山川道路上的行道神;二者的祭法及祭名也都不盡相同。

　　《儀禮》云:「又釋幣於行,遂受命。」鄭注:「告將行也……行神之位在廟門外西方……今時民春秋祭祀有行神,古之遺禮乎?」賈公彥疏:

> 此謂平地道路之神……因行,使出,有告禮而已。至於出城,又有
> 軷祭祭山川之神,喻無險難也。……城外祭山川之神有軷壇,此祭
> 行神亦當有軷壞。是〈月令〉「冬祭行」注云「行,至廟門外之西,
> 為軷壇,厚二寸,廣五尺,輪四尺」是也。

〔註347〕許志剛〈祖道考〉,《世界宗教研究》1984 年 1 期。
〔註348〕陳來《古代思想文化的世界》(北京:三聯書店,2002 年 12 月),頁 101:「祭祀的神譜(祀譜)與神話不同,但祀譜與神話的發展有同步的現象。神譜的歷史化符合西周以來文化發展的趨勢,也從一個側面反映了這個趨勢。把歷史人物和歷史故實神話化,在希臘亦自有之。」另外陳來還提到了神譜的人化,見同書頁 127～132。
〔註349〕戴燕〈祖餞詩的由來〉,《南京師範大學文學院學報》2003 年 4 期,頁 146。

鄭、賈這裡談的在「廟門西」祭的「行神」，就是平地道路上的行道神，民間常在冬天祭祂，不講究用牲，儀式上也比較簡省。

而「軷」，《儀禮》「出祖，釋軷」鄭注：

> 行出國門……釋酒脯奠於軷，爲行始也。《詩傳》曰：「軷，道祭也。謂祭道路之神。」……軷，山行之名也。道路以險阻爲難，是以委土爲山，或伏牲其上，使者爲軷祭，酒脯祈告也。……禮畢，乘車轢之而遂行，舍於近郊矣。其牲，犬羊可也。

賈公彥疏：

> 凡道路之神有二：在國內釋幣於行者，謂平適道路之神；出國門釋奠於軷者，謂山行道路之神，是以委土爲山象。國中不得「軷」名，國外即得「軷」稱。

依賈公彥說，出行山川險途所祭的行道神，當在城外進行，且堆土爲山，車行其上，以象徵越過山路險阻，此種祭典要用羊犬爲牲，並在祭名上稱爲「軷」祭。出行平地道路所祭的行道神，在城內（即宗廟門西）進行，這種祭典不能稱之爲「軷」祭。

不過孫希旦集解：

> 愚謂行，謂宮內道路之神也。……行神所主不同。〈月令〉「冬祀行」，〈聘禮〉「釋幣於行」，此宮中之行神也。〈聘禮〉記云：「出祖，釋軷。」軷祭行神，此國外之行神也。行神皆主道路，但所主不同。〈曾子問〉疏引崔氏說，謂「宮內之軷，祭古之行神；城外之軷，祭山川及道路之神」，其說非是。

以爲行神雖可分爲二，但並非平路與山川二種，而是宮內與城外二種。楚簡所見，除「宮行」外另有「行」。「宮行」或即孫希旦所言宮內道路之神，而「行」（睡虎地簡作「（大）常行」）或即孫希旦所言國外之行神。按賈、孫二說其實並不衝突，宮內平坦，所祭自是平路行道；城外崎嶇，所祭自是山川行道。〔註350〕

（三）行道神信仰在後世的變化

行神在《禮記・祭法》當中被納入七祀、五祀、三祀、二祀等祭祀系統。但到了漢代《白虎通・五祀》中，行神不見了，取而代之的是井神：「五祀者

〔註350〕鄭濬智〈秦漢以前行道信仰及其相關儀俗試探〉，《國立臺灣科技大學人文社會學報》4 期，2008 年 3 月。

何謂也？謂門、戶、井、灶、中霤也。」《白虎通》之前五祀未有井神，程子以爲那是古代八家同井，而五祀都是門內之神，所以不應祭井；楊用修認爲井即行也，八家共井，井便開八道；秦蕙田則以爲北方之神本有二，多之祭行可兼井。〔註351〕但筆者認爲這可能還有其他可能的原因。第一種可能是，高誘注《呂氏春秋》時認爲行是「門內地也」，高儔認爲「行」就是「道」。行神在高誘及高儔眼中是家內的走道，如此一來，五祀就有三祀是祭交通之神（門、戶、行），這不符合比例原則，所以行神到漢代就被人們替換成井神。第二種可能是，「五祀通乎上下，乃五行之神之最切於民生日用者」，〔註352〕漢代之後，家家有井，井神相較於主出旅護佑的行神而言更貼近人們平日的生活，故五祀的行神在漢代之後就被替換成爲井神。

　　祖軷之禮本是祭祀道路之神的，但從後來的發展看，即使從水路啓程，人們也祭祀行道神、祖軷餞送。東漢・范曄《吳越春秋・勾踐入臣外傳》：「越王勾踐五年五月與大大種、范蠡入臣於吳，群臣皆送之江之上，臨水祖道……。」「送之江上」，顯然是由水路入吳，然也行祖道之禮。《佩文韻府》卷 38「禮」字下引宋・陳造〈繁昌早發詩〉：「客行固羸身，留滯如振翼。及茲祖禮竟，蓐食理帆席。」祖餞分手後，「（自）理帆席」，所使用的爲帶帆之舟，自然也是走水路的。根據徐吉軍的研究，至宋朝，行道神已明白分爲陸地行道神和水上行道神兩種。〔註353〕

　　後來人們出遠門，除了祀行道之神以求平安外，也會帶上被認爲具有神力的護身鎮物。譬如古人行路有腿上縛甲馬之法。〔註354〕甲馬，浙江地區稱「紙馬」；河北地區稱「神靈馬」；華北地區稱「神馬」；廣東地區稱「貴人」；西藏地區稱「風馬旗」；雲南稱「甲馬」、「甲馬紙」、「紙符」、「紙火」。〔註355〕《水滸傳》第 44 回中載有戴宗替楊林縛甲馬，因「作用了神行法」，而疾走如飛，不知倦怠之事。航海人遇風濤不測，則焚天后甲馬以祈救（袁枚《續子不語》卷 1）。甲馬成了陸行與水行的鎮物。古人入山爲了避虎狼，退鬼魅，

〔註351〕諸説見清・秦蕙田《五禮通考・五祀五十三》頁 3 左、右。
〔註352〕清・秦蕙田《五禮通考・五祀五十三》頁 3 右。
〔註353〕徐吉軍〈宋代的出行風俗〉，《浙江學刊》2002 年 2 期，頁 125～126。
〔註354〕楊郁生《雲南甲馬》（昆明：雲南人民出版社，2002 年）：「甲馬是民間祈福驅災時焚燒的印刷品，涉及山川河流、飛禽走獸、民居建築、出行交通、生育死葬、神靈鬼怪等內容。」
〔註355〕宋兆麟《會說話的巫圖 —— 遠古民間信仰調查》（北京：學苑出版社，2004 年 8 月），頁 175。

亦用多種鎮物，諸如：黃神越章印〔註 356〕、入山符〔註 357〕、明鏡〔註 358〕、
響蟲〔註 359〕、虎肉〔註 360〕等。〔註 361〕

四、楚人祭祀門戶行道神的原因

《周易・繫辭下》：「重門擊柝，以待暴客，蓋取諸豫。」門戶的設置，
除了內外交通外，還有一個很重要的功能，那就是它是對外防禦很重要的設
施。德國 J.E.利普斯曾提到過：

> 愈是古老和原始的人類，對家的範圍便考慮的愈加廣闊……原始人
> 認爲自己生活在一個萬物有靈和到處都是鬼魂的世界中，暴露在大
> 自然的直接威脅之下，對家的這種感覺較之對大自然已有充份認識
> 的文明人更爲強烈。〔註 362〕

門戶作爲家室與大自然、萬物有靈世界的界限和區隔，對原始人類的意義非
常的特殊。

〔註 356〕「黃神越章印」是道教的一種入山符鎮。葛洪《抱朴子・雜應》載：「古之人
　　　　入山者，皆佩黃神越章之印，其廣四寸，其字一百二十，以封泥著所住之四
　　　　方各百步，則虎狼不敢近其內也。行見街虎跡，以印順印之，虎即去；以印
　　　　逆印之，虎即還；帶此印以行山林，亦不畏虎狼也。不但只避虎狼，若有山
　　　　川社廟、血食惡神能作福禍者，以印封泥，斷其道路，則不復能神矣。」此
　　　　俗可追溯到漢代。彭衛、楊振紅《中國風俗通史・秦漢卷》（上海：上海文藝
　　　　出版社，2002 年 3 月），頁 285 漢印當中有許多印文刻有「行道吉」、「行吉」、
　　　　「行無咎」等內容，出行者可能要將有這類文字的印帶在身上以避災求福。
〔註 357〕《抱朴子》中還有多種入山符，均以文字的變體與疊加傳導神秘的法力。
〔註 358〕9 寸以上的明鏡也是道士入山的鎮物。《抱朴子》曰：「萬物之老者，其精悉
　　　　能記人形惑人，惟不能易鏡中眞形，故道士入山，以明鏡徑九寸以上者背之，
　　　　則邪魅不敢近，自見其形，必反卻走轉。鏡時之，視有踵者，山神；無踵者，
　　　　老魅也。」
〔註 359〕清・王士禛《香祖筆花》卷 1 曰：「山行慮迷，握響蟲一枚於手中，則不迷。
　　　　見《物類相感志》。」「響蟲」是鳴蟬，還是它物，已難定說，顯然它的功用
　　　　不是引路導向，而是鎮除山中神秘因素的迷惑。
〔註 360〕虎肉也是一種山行的鎮物，食之能驅虎逐魅。元・忽思慧《飲膳正要・獸品》
　　　　載：「虎肉味鹹，酸平，無毒。主噁心欲嘔，益氣力。食之入山，虎見則畏，
　　　　辟三十六種魅。」這是以虎退虎、以虎逐魅，虎肉成了一種奇特的飲食類入
　　　　山鎮物。
〔註 361〕更詳細的說明可見陶思炎〈祖道軷祭與入山鎮物〉，《民族藝術》2001 年 4 期，
　　　　頁 89～91。
〔註 362〕德・J.E.利普斯著、汪寧生譯《事物的起源》（成都：四川民族出版社，1982
　　　　年 7 月），頁 1。

　　楚人爲何祭祀門戶？戴欣佚指出，門戶是人們出入的必經之地，因而也被認爲是鬼怪凶邪侵入家宅的必由之路，先人認爲原始住所的門戶具有某種神秘的力量，對保護家人平安發揮著重要作用，因而產生了崇拜心理，並希望門戶能夠辟邪禳災，保護人們的安全。〔註363〕以門戶之神避惡鎮邪的習俗，其起源可謂由來已久。「在民間的辟邪活動中，人們通過某種祈禱祭祀行爲，役使鬼神，爲自己驅邪逐魔服務。」〔註364〕從原始宗教信仰的角度來考察，大約從原始初民建屋造舍，開始過定居生活之後，便渴望得到神靈的佑助，希望神明爲自己看守門戶，禳除災厄，以保證家庭的平安、吉利。

　　楚人爲何祭祀行道之神？人在家中，有門戶之神一類家神可以護佑自己。但若出門在外，所受到的生命威脅遠比在家中多。故在心理上必先想像一個無形力量，能在出門在外時提供保護，而這個力量必須能透過祭祀等儀式來加以使用或加強。久而久之這種用來庇佑出外行人的力量就成爲尊敬的對象。人們遠行之前必先予以攏絡，以求得心情上的平靜安穩。

　　門戶及行道之神，皆是保佑內外交通安全的交通之神。除了希望門戶及行道諸神保佑出入平安的這一個普遍性動機外，戰國楚人對交通之神的崇祀是否有其他特殊原因？筆者發現楚人盛祀門戶行道之神，可能還有二個深層因素：

（一）交通之神中的行道神與楚人先祖的淵源頗深

　　筆者發現行道神和楚人先祖有很深的淵源。神話傳說人物中，身爲行道神的有黃帝之妃嫘祖、共工之子脩及禹皆與楚人先祖存在正向關聯。《山海經‧海內經》說：「炎帝之妻，赤水之子聽訞生炎居，炎居生節並，節並生戲器，戲器生祝融，祝融降處於江水，生共工。」共工之子脩自是祝融後裔，與楚人有血緣上的關係。

　　《史記》說炎帝爲黃帝之孫、《繹史》引《新書》說炎、黃二帝有兄弟關係。二說雖然未必完全可信，但黃帝集團和炎帝集團之間是關係密切的。黃永堂的研究指出，黃、炎二族曾聯合對付九黎、苗民。於其時顓頊命重、黎絕地天通。此舉，《尚書‧呂刑》說是爲「遏絕苗民」，而《國語‧楚語》稱是「九黎亂德」。當時南方苗民又逐漸向北發展，而在黃帝時代被炎、黃族戰敗的九黎族聯合苗民反亂，他們信奉巫教，雜拜鬼神，故顓頊命重黎去禁絕

〔註363〕戴欣佚〈中國民間門神崇拜源流初探〉，《金陵科技學院學報》社科版 19 卷 4
　　　　期，2005 年 12 月，頁 61。
〔註364〕鄭曉江〈中國民間辟邪文化探幽〉，《尋根》2005 年 6 期，頁 7。

巫教，通命九黎、苗民服從黃、炎族的教化。以後在中原地區形成以黃帝族爲君，黃、炎族聯合東方的夷族共同輔佐的局面。〔註365〕炎帝、老童、祝融一系爲楚人遠祖，楚人崇敬並納祀此三位遠祖時，自然會連帶想到炎黃集團的其他成員——包括行道神之一的纍（嫘）祖。

在傳說的五帝時代，部族、部落之間的戰爭十分頻繁，其中以堯、舜、禹與三苗的戰爭最爲持久，而禹與三苗的戰爭最爲慘烈。《墨子·非攻下》載：

> 昔者三苗大亂，天命殛之。日妖宵出，雨血三朝，龍生於廟，大哭乎市，夏冰，地坼及泉，五穀變化，民乃大振。高陽乃命玄宮，禹親把天之瑞令，以征有苗。四電誘祗，有神人面鳥身，若謹以待，搤矢有苗之祥，苗師大亂，後乃遂幾〔微〕。禹既已克有三苗，焉磨〔歷〕山川，別物上下，卿制大極，而神民不違，天下乃靜。則此禹之所以征有苗也。

清·朱右曾《古本竹書紀年輯證·附五帝紀·九》亦言：「三苗將亡，天雨血，夏有冰，地坼及泉，青龍生於廟，日夜出，晝日不出。」〔註366〕從這兩條材料可以知道，禹征三苗時，天下發生了洪水。當時雷電大震，有一位人面鳥身的神，恭謹地侍立，用箭射死有苗的將領，苗軍大亂，後來就衰微了。「人面鳥身」之神出現，雷電大震，祂可能就是雷神祝融。〔註367〕祝融是季連部族的祖先神或氏族神。在穴熊時期，季連部族隨禹征伐有苗，可能擔任了作戰的先鋒。

在戰勝三苗後，禹達到了「神民不違，天下乃靜」（《墨子·非攻上》）的局面。然而只有巫才能「神民不違」，故而作爲祝融後裔的季連部族可能作爲禹的委派人而在江漢地區留居下來。〔註368〕安金槐提到，屬於楚文化前身的屈家嶺文化〔註369〕（炎帝文化）〔註370〕發展成後來的湖南龍山文化，其類型

〔註365〕黃永堂〈司命、灶神與楚人族源〉，《貴陽金築大學學報》綜合版 1999 年 1 期，頁 86、87、83。

〔註366〕清·朱右曾《古本竹書紀年輯證》，上海：上海古籍出版社，1981 年 2 月。

〔註367〕張正明《楚史》（武漢：湖北教育出版社，1995 年），第一章第三節也認爲祝融最初是雷神。餘詳本論文第參章第二節「灶神信仰研究」。

〔註368〕當時包括豫西南、豫鄂陝接壤地帶及廣大江漢平原地區。

〔註369〕王勁〈江漢地區新石器時代文化綜述〉，《江漢考古》1981 年 1 期、王勁〈楚文化淵源初探〉，《中國考古學會第二屆年會論文集》，北京：文物出版社，1982 年。

〔註370〕劉彬徽〈炎黃文化的考古學思考〉，《炎帝與中華文化》，北京：人民出版社，

和河南豫西地區所謂於夏的龍山文化是比較接近的，這可以說明楚族在夏代就和中原地區的夏王朝有過交往，並在文化上也曾受了夏文化的影響。〔註371〕又淅川下王崗遺址晚二期在石家河文化遺存之上出現了二里頭文化，黃陂盤龍城的商文化又疊壓在二里頭文化上。〔註372〕俞偉超說：「在淅川下王崗和黃陂盤龍城找到的二里頭文化遺物，顯然不是從青龍泉三期或易家山、季家湖下層、桂花樹上層那種文化系統發展來的，說明此時有一支來自黃河中游的力量，通過南陽盆地，沿著隨棗走廊，直抵長江之濱。」〔註373〕1965年，考古工作者在漢陽紗帽山商代遺址中出土一件陶拍。陶拍的背部鼻狀握手上刻有一個十分怪異的圖案：圖下部一正視人形，人面鳥身；上部兩個回形雷電紋；人與兩雷電紋間有一矢由上射至頭頂。〔註374〕這幅圖案與上引的《墨子・非攻下》中載的雷神形象十分一致。陶拍出土於漢陽的商代遺址，顯然與商征荊楚有關。這就顯示了在商或商之前，祝融的一部已遷移到了江漢地區。再結合前述，就可以推斷禹征三苗就是季連一部南遷的時間。〔註375〕綜上，既然楚族與夏朝關係密切，祝融－季連部族傳說曾在大禹麾下，楚人對禹自然格外尊崇。

再者，聞一多曾經比對過高唐神女（楚人高禖、先妣）與夏禹之妻塗山氏，發現他們家世一樣，行為一樣，在各自的民族裡，同是人類的第一個母親。因而聞氏認為這些楚、夏民族最初可能都是出於一個共同的女性遠祖。〔註376〕

除了黃帝之妃、共工氏與禹，《三教搜神大全》卷7中，提到方相氏似也兼具了行道神的神格。可能是行道神信仰來源之一的方相氏，是否也與楚國文化存在正向聯繫？

　　1994年。又收入氏著《早期文明與楚文化研究》，長沙：岳麓書社，2001年。

〔註371〕安金槐〈商代的楚文化遺存及有關問題〉，《楚文化研究論集》（鄭州：中州書畫社，1983年9月），頁11。楚文化在湖南的發展可參裴明相〈楚文化在河南發展的歷程〉，《楚文化研究論集》，鄭州：中州書畫社，1983年9月，或趙世綱〈楚人在河南的活動遺跡〉，《楚文化研究論集》，鄭州：中州書畫社，1983年9月。

〔註372〕李龍章〈下王崗晚二期文化性質及相關問題探討〉，《考古》1987年7期。

〔註373〕俞偉超〈楚文化的淵源與三苗的考古學推測〉，《文物》1980年10期。

〔註374〕武漢市地方誌編纂委員會主編《武漢市志・文物志》（武漢：武漢大學出版社，1990年），頁162。

〔註375〕《路史・後紀》亦言：「伯禹定荊州，季芈實居其地。」

〔註376〕聞一多〈高唐神女傳說之分析〉，《神話與詩》，北京：古籍出版社，1954年。又收入《神話研究》（成都：巴蜀書社，2002年12月），頁1～35。

周代以方相氏蒙熊皮驅疫逐鬼，反映出的是圖騰舞蹈之遺俗。漢代仍有此方相氏驅除疫鬼的風習，但蒙熊皮之外，又增加以桃弧棘矢作爲儺舞的道具。《續漢書・禮儀志》劉昭注引《漢舊儀》曰：「方相帥百隸及童女，以桃弧棘矢土鼓，鼓且射之，以赤丸五穀播灑之。」按桃弧棘矢乃楚人供獻周室的楚地特產，《左傳・昭公十二年》載楚靈王之言曰：「唯是桃弧棘矢，以共禦王事。」

漢人把桃弧棘矢作爲方相氏儺舞的道具，其原因之一是桃弧棘矢有拔除鬼魅不祥的功能，《左傳・昭公四年》申豐論藏冰有曰：「其藏之也。黑牡、秬黍以享司寒；其出之也，桃弧棘矢以除其災。」其原因之二乃桃弧棘矢與方相氏蒙熊皮的聯繫。楚君稱熊氏，姜亮夫認爲：「爲王而冠以熊，則熊顯爲吉祥或尊稱無疑。除釋爲圖騰外，實無以解此密。」〔註377〕葛志毅指出：「楚君稱熊氏實與祝融始封新鄭有熊氏之地相關。〔註378〕新鄭有熊氏作爲地名，乃由黃帝有熊氏的圖騰轉變而來。黃帝有熊氏的圖騰，曾在古代相當的地域內發生過影響；但以族氏之稱接受下來並頑強地傳襲至戰國有兩千年之久，實唯楚人一例。」，〔註379〕故方相氏蒙熊皮很容易被聯想爲楚國方俗。那麼，作爲楚國方物桃弧棘矢與方相氏的聯繫也是自然而然的。所以，漢人把桃弧棘矢作爲方相氏儺舞的道具，實相當於肯定了方相氏儺舞乃楚國之俗。漢代把方相氏儺舞視爲楚國之俗，自有其道理。

《續漢書・禮儀志》劉昭注引《漢舊儀》曰：「顓頊氏有三子，生而亡去爲疫鬼。一居江水，是爲瘧鬼；一居若水，是爲魍魎鬼；一居人宮室區隅，善驚人小兒。」方相氏所逐疫鬼乃顓頊之子。楚人自稱爲顓頊高陽之後，故屈原於《楚辭・離騷》中自言爲「帝高陽之苗裔。」從兩則記載中關於顓頊氏一點共同的聯繫來分析，葛志毅認爲此方相氏儺舞，應與作爲顓頊後裔的

〔註377〕姜亮夫《楚辭學論文集・楚文化與文明點滴鉤沈》（上海：上海古籍出版社，1984年），頁130～131。

〔註378〕何光岳〈荊楚的來源及其遷移〉（《求索》1981年4期）指出凡以熊爲圖騰的有熊氏部族，常以熊來命名其所居之地。他並認爲楚王喜歡名熊，證實其熊圖騰意識係得自黃帝及其後裔夏人和周人。蕭兵《楚辭文化》（北京：中國社會科學出版社，1990年12月）亦同意何說。蕭氏並舉出南方少數民族至今仍以熊爲圖騰以證。

〔註379〕葛志毅〈楚君熊氏發覆〉，《煙台師範學院學報》哲社版1996年2期，頁7～8又說：「楚君稱熊氏，在周代歷史上表現爲迥異於各國的獨特傳統，頗爲值得注意。從文化上看，楚人用得自地名的族氏間接保留了古代的熊圖騰崇拜，在考索古代文化信仰上，有著彌足珍貴的意義。」

楚國好淫祠鼓舞的巫風之間，具有某種關係。〔註380〕行道神信仰可能來源之一的方相氏儺舞，源自楚國巫術文化，這說明楚地行道神信仰有可能是本土發展出來的民間信仰。楚人盛祀行道神，再自然不過。

綜上可知，楚人的先祖和文化在歷史上的不同時間點都跟行道神的各個起源（黃帝之妃嫘、共工之子脩、禹、方相氏）發生接觸，楚人對行道神自然有獨特的感情，在淫祀的戰國時代，楚人於行道神的祭祀也就特別的殷勤與頻繁。

（二）楚人旺盛的經濟活動需要交通之神確保商業利益的穩定獲得

楚境物庶民豐，加以國內外交通十分發達，所以戰國時期楚國的商業行為十分旺盛。因此，和中原諸國相比，楚人更加重視商業：

1. 舉國上下皆重商

《左傳・宣公十二年》記晉隨武子在談論楚國伐鄭之因時提到：「荊尸而舉，商、農、工、賈不敗其業，而卒乘輯睦，事不奸矣。」隨武子對楚國四民的排列依序為商、農、工、賈，與《管子・小匡》士、農、工、商的次第明顯不同。郭仁成認為楚人以商為四民之首，歸因於楚人對商業極為重視——因為商人對楚國社會經濟有極大的貢獻。〔註381〕劉玉堂雖然不完成贊成郭仁成的觀點，但他也從出土與傳世文獻資料中歸納出四點楚國重商的表現：（1）楚國商人可以介入甚至干預國家政治；（2）楚國商人可以介入甚至涉足外交活動；（3）楚國經常採取緩和征戰和減輕徭役的撫民措施，改善國內的投資環境；（4）楚國重點扶植官商，帶動相關商業的發展。〔註382〕

2. 擁有發達的交通網絡

馬洪路指出，周秦以來，政府就十分重視公路管理事務。〔註383〕戰國時的楚國商品貿易十分繁榮，如此通達的商貿活動與楚國完善的交通網不無關係。〔註384〕以下分別就水路與陸路進行說明：

〔註380〕葛志毅〈先秦圖騰信仰與楚君熊氏之關聯〉，《社會科學戰線》1995 年 6 期，頁 134〜135。

〔註381〕郭仁成《楚國經濟史新論》，長沙：湖南教育出版社，1990 年。

〔註382〕劉玉堂《楚國經濟史》（武漢：湖北教育出版社，1995 年 8 月），頁 264〜267。

〔註383〕馬洪路《人在江湖——古代行路文化》（南京：江蘇古籍出版社，2002 年 4 月），頁 283。

〔註384〕笪浩波《通衢大道——楚國的城市建築與交通》（武漢：湖北教育出版社，2001 年 3 月），頁 96。

（1）楚國水路

就楚國水路交通線路而言，鄂君啓舟節記有 4 條，根據劉彬徽的研究，即西北漢江水路、東南長江水路、西南湘、資、沅、澧水路和西部長江水路。範圍大體包括今湖北全境，西北達湖北西北境與河南西南境；東達安徽、江西的長江兩岸地區；西南到今湖南省境，最南達郴州。〔註 385〕由此可見，楚國國內水路交通可謂暢通無阻，將全國連成一個有機的市場整體。

（2）楚國陸路

鄂君啓車節銘文所載之楚國陸路路線，主要是在聯繫漢水、長江與淮河三大水路之間的交通。此外，江、淮下游地區陸路交通也較爲發達，戰國時楚據有其地後，足資利用。楚與中原聯繫主要走南襄隘道，可連接上中原交通網，直達鄭晉等國。而隨棗走廊爲楚人開闢的另外一條重要幹道，亦可直通中原。由楚至滇黔之地，則有「南方絲綢之路」可通。〔註 386〕相對於楚國對北方諸國的敵對態度，楚國和南方的關係，更多是建立在商業貿易之上。〔註 387〕

3. 存在旺盛的商業活動〔註 388〕

（1）豐富的物產與進步的工業

在楚國城市裡的國內市場上，可看到大宗自然產品與加工產品的交易。在市場從事交易活動的，有來自鄙野的「以粟易械器」的農民和「以械器易粟」的小生產者（《孟子・滕文公上》），更多是貿易各國的官商。楚國物庶民豐，農林漁牧產量於支應國內用度外，多餘以供外國者，自不待言。根據后德俊的研究，楚國在製造銅器、鐵器〔註 389〕、漆器、玻璃器、紡織品〔註 390〕

〔註 385〕劉彬徽《楚系青銅器研究》（武漢：湖北教育出版社，1995 年），頁 346。

〔註 386〕劉玉堂《楚國經濟史》（武漢：湖北教育出版社，1995 年 8 月），頁 288～291。

〔註 387〕郭仁成〈論楚國社會經濟形態的基本特微〉，《求索》1989 年 5 期，頁 117～118。

〔註 388〕鄒芙都、江娟麗〈從出土文物看楚國的商業與商品經濟〉（《衡陽師範學院學報》社科版 24 卷 4 期）一文對楚國的經濟有全面的介紹，可惜還不夠完整。本文重新整理其成果並補充資料。

〔註 389〕楚國佔有荊山、鐘祥大洪山、大冶銅綠山、麻陽九曲灣等產銅地。楚人還掌握有將含碳量高的煉鐵鍛打成含碳量低的鐵，西方要到 14 世紀才有這種技術。詳皮遠長主編《荊楚文化》（武昌：武漢大學出版社，2000 年 11 月），頁 156～157。

〔註 390〕李倩〈略論楚國的社會經濟構成〉，《江漢論壇》1997 年 2 期，頁 62。

等方面的技術也是十分先進。〔註391〕

（2）成熟的貨幣制度

據現有考古材料，楚國主要流通的貨幣有：天然貝〔註392〕、銅貝〔註393〕、銅布〔註394〕、金幣〔註395〕、銀布〔註396〕，楚國有一整套貨幣制度。傅築夫指出，貨幣經濟和商品經濟是一個事物的兩個側面，相互促進，密切相關不可分割，一方面，貨幣經濟的發展是以商業的繁榮、商品經濟的發達作爲基礎；另一方面，商品經濟的發展，是因爲貨幣經濟有了同等的發展程度，這是商品經濟與貨幣經濟永遠同時產生，並肩前進又相互促進的原因所在。〔註397〕楚國這套幣值大小不一的貨幣制度，是完全爲適應當時商業、商品經濟的需要而產生的，反之又促進了二者的進一步發展。

（3）精準的稱量工具

要更好地執行「金本位」之下所流通的貨幣的基本職能，並要進行更快速的貨物交易，必須要有精確的稱量器具。據現有考古材料，湖南長沙等地清理的 1000 餘座楚墓中，出土有天平和砝碼的 101 座。此外，1933 年安徽壽縣朱家集李三孤堆出土有天平盤，1951 年壽縣採集到 6 枚環行銅祛砝碼。高至喜的研究指出這些砝碼的重量已經分的非常仔細。〔註398〕從這種成熟的按大小依次減半的砝碼可看出，當時的度量衡，已完全能勝任稱量貨幣或貨物的職能。

（4）發達的內需市場

商業要繁榮，商品經濟要發展，必須要有完善的市場體系。史載：「楚之郢都車轂繫，民摩肩，市路相排突，號爲朝衣新而暮衣弊」（桓譚《新論》），又如「南陽西通武關，東南受漢、江、淮……業多賈」（《史記·貨殖列傳》）的宛城，

〔註391〕后德俊《楚國的礦冶髹漆和玻璃製造》，武漢：湖北教育出版社，1995 年 7 月。

〔註392〕河南省文物研究所等《淅川下寺春秋楚墓》，北京：文物出版社，1991 年。

〔註393〕李紹曾〈試論楚幣 —— 蚊鼻錢〉，《楚文化研究論集》，鄭州：中州書畫出版社，1983 年。

〔註394〕趙德馨〈楚國金屬貨幣幣形〉，《江漢論壇》1983 年 5 期。

〔註395〕任乃強〈我國黃金鑄幣的歷史考察〉，《社會科學研究》1980 年 3 期，頁 51。
陸勤毅、姚芳〈楚爰金非流通貨幣〉，《楚文化研究論集（4）》，鄭州：河南人民出版社，1994 年。

〔註396〕楊權喜《楚文化》（北京：文物出版社，2000 年 10 月），頁 178 認爲這些銀布的發現，結束了長期以來關於楚國有無鑄行銀幣的爭論。

〔註397〕傅築夫《中國古代經濟史概論》（北京：中國社會科學出版社，1981 年），頁 58。

〔註398〕高至喜〈湖南楚墓出上的天平與砝碼〉，《考古》1972 年 4 期。

「通魚鹽之貨，其民多賈」（《史記・貨殖列傳》）的陳城和約有 20 萬人口的壽春郢城等，這種城市往來車輛車輪相撞，行人擦肩而過，商賈雲集的情景正反映了其市場的發達，也正是楚國商業繁榮的一個縮影。〔註399〕城市消費功能增長，都市規模擴大，進一步促使了楚國專業集市的形成。〔註400〕劉玉堂認爲楚國各地的大都市，其商業的規模化及其經濟化，市場的一體化、規範化、專業化，正是楚國商業繁榮、商品經濟迅速發展的一個重要標誌。〔註401〕

（5）活潑的對外貿易

東周時期，楚國不僅形成了國內市場體系，而且與中原、嶺南、西南鄰邦各國有頻繁的貿易往來。其中楚向中原輸出的商品有礦產資源和林牧漁產品，輸入的有齊魯食鹽、「鄭衛妖玩」、「秦弓」（《楚辭・招魂》），等日常生活用品；向嶺南、西南輸出的主要爲手工業產品，輸入的則爲海產品和某些金屬產品。〔註402〕此外，前蘇聯鳥拉爾河流域、巴澤雷克地區還出有一面「山」字紋銅鏡和具有濃郁楚風格的絲織品、漆器，說明楚與當時北方境外諸國有貿易往來。楚還與地中海沿岸國家和地區也建立了商貿關係。〔註403〕楚地出土的西亞琉璃器也能證明當時確已建立東西要道。〔註404〕

（6）嚴密的稅收機構

楚國的賦制主要有田賦和貢賦，稅制主要分爲田稅和商業稅。〔註405〕楚出土文物中有一批大府之器，〔註406〕大府爲楚王室掌管收藏貨物、寶器的國家一

〔註399〕關於《史記・貨殖列傳》所揭先秦的商業活動情況，可參鄒濬智〈《史記・貨殖列傳》經濟思想體系試構〉，《龍華科技大學學報》25 期，2008 年 6 月。

〔註400〕如《左傳・宣公十四年》載，楚郢都有「蒲胥之市」；《莊子・外物》說楚有「枯魚之肆」和「庸肆」；《韓詩外傳》稱楚有「屠羊之肆」等。

〔註401〕劉玉堂〈楚國的商業都會〉，《理論月刊》1994 年 8 期，頁 23〜25。

〔註402〕陳朝雲〈春秋戰國時期的商業發展及評價〉，《鄭州大學學報》2002 年 6 期。

〔註403〕方國瑜《滇史論叢》1 輯，上海：上海人民出版社，1982 年。

〔註404〕楊權喜《楚文化》（北京：文物出版社，2000 年 10 月），頁 215；高至喜〈論我國春秋戰國的玻璃器及有關問題〉，《文物》1985 年 2 期；史樹青〈「陸離」新解〉，《文史（11）》（北京：中華書局，1981 年），頁 176；張正明〈料器與先秦的楚滇關係和中印交通〉，《江漢論壇》1988 年 12 期。

〔註405〕陳時聖《從《包山楚簡》看楚國戰國中晚期社會經濟狀況》（臺北：臺灣大學中文系碩士論文，2000 年 6 月），頁 120 指出，包山楚簡裡也可看到楚國在戰國中晚期出現的賦稅，如田稅、關稅、山澤稅和戶口稅等，這些稅都有負責徵收的官吏。

〔註406〕殷滌非〈安徽壽縣新發現的銅牛〉，《文物》1959 年 4 期；安徽阜陽地區展覽館文博組〈安徽鳳台發現楚國「郢大府」銅量〉，《文物》1978 年 5 期；殷滌

級財務機構。〔註407〕又由鄂君啟節有關「如載馬牛羊以出入關，則徵於大府，毋徵於關」的記載可知，大府兼有徵稅之職。據劉玉堂研究，負責徵收關稅的機構，上為大府——中央稅收、財政機關，下為最基層的徵稅機關——關；二者的分工是：大府直接負責徵收少數重要物資如馬、牛、羊等的過關稅，關則負責徵收大多數普通貨物的稅收。〔註408〕除了大府之外，楚國尚有許多與經濟相關的政府單位，如「高府」〔註409〕、「職歲」〔註410〕、「事室」等。〔註411〕

（7）頻繁的融資行為

《國語‧晉語八》提到桓子「驕泰奢侈，貪欲無藝，略則行志，假貸居賄」，可見東周時各國官員有放貸於民間以斂財者。《管子‧輕重丁》記：「恒公曰：『崢丘之戰，民多稱貸，負子息，以給上之急，度上之求。富欲復業產，此何以洽？』」

東周借貸多以下層農民為主。下層人民借貸，一是為了繳稅，一是生產發生困難。從楚簡資料上來看，楚國融資制度的產生，一是為了救災救急，如包山簡103記王命貸出黃金以提供受災的農民購買種子即是；二是為了支援有投資計畫卻苦無資金的商人，如包山簡150所記載的私人借貸即是。從先秦典籍的許多記載看來，借貸不止有利息，還有高利貸的情事發生。〔註412〕當時的高利貸之所以產生，主要是當時人民朝不保夕，借款人得冒著很高的失去債權的

非〈壽縣楚器中的「大府鎬」〉，《文物》1980年8期。

〔註407〕《周禮‧天官‧冢宰》云：「大府掌九貢之賦，九功之貳，以受其貨物之入，頒其貨於受藏之府，頒其賄於受用之府」，鄭注：「大府為王治藏之長。」《淮南子‧道應》曰：「葉公入，發大府貨以與眾。」

〔註408〕劉玉堂〈從考古發現看商業管理機構與職官〉，《荊州師專學報》社科版1996年6期或劉玉堂〈楚國賦稅制度綜議〉，《湖北大學學報》2002年6期。

〔註409〕湯餘惠〈楚璽兩考〉（《江漢考古》1984年2期）據《七國考》引《春秋後語》：「吳入楚，燒高府之粟，破九龍之鐘」及《呂氏春秋‧分職》：「發太府之貨以予眾，出高庫之兵之賦民」，認為高府即高庫，不僅有糧粟，且有兵器。是楚國京城內貯藏糧穀兵械等物資的重要府庫之一。

〔註410〕《古璽匯編》0205收有楚「職歲之璽」，《周禮‧天官‧冢宰》：「凡官府都鄙群吏之出財用，受式法於職歲。」

〔註411〕《古璽匯編》0228收有楚「薄室之璽」，劉玉堂《楚國經濟史》（武漢：湖北教育出版社，1995年8月），頁252指出此為主管填寫與財務有關的憑證、登記帳簿和資金核算等工作的機構。

〔註412〕桂芳〈試析春秋戰國時期的商人階層〉，《安陽師範學院學報》2006年1期，頁70。

危險，於是高額利息成爲他們唯一可以期待的利潤。〔註413〕

按：《左傳・僖公廿三年》：

（重耳）及楚，楚子饗之，曰：「公子若反晉國，則何以報不穀？」
對曰：「子女玉帛，則君有之，羽毛齒革，則君地生焉，其波及晉國
者，君之餘也，其何以報？」君曰：「雖然，何以報我？」對曰：「若
以君之靈，得反晉國，晉楚治兵，遇於中原，其辟君三舍，若不獲
命，其左執鞭弭，右屬橐鞬，以與君周旋。」

重耳流亡楚國，希望能藉楚王之力返國即位。面對天然資源豐富的楚國，他
無以爲報，只能「退避三舍」。另外，《墨子・公輸》見有：

子墨子曰：「荊之地，方五千里，宋之地，方五百里，此猶文軒之與
敝輿也；荊有雲夢，犀兕麋鹿滿之，江漢之魚鼈黿爲天下富，宋所
爲無雉兔狐狸者也，此猶梁肉之與糠糟也；荊有長松、文梓、楩，
宋無長木，此猶錦繡之與短褐也。……」

在墨子比較楚、宋二國的話中，可看出楚國物產的豐饒。而《戰國策・楚策
一》裡還見有蘇秦稱讚楚國的話：

蘇秦爲趙合從，說楚威王曰：「楚，天下之強國也。大王，天下之賢
王也。楚地西有黔中、巫郡，東有夏州、海陽，南有洞庭、蒼梧，
北有汾陘之塞、郇陽。地方五千里，帶甲百萬，車千乘，騎萬匹，
粟支十年，此霸王之資也。」

雖然蘇秦旨在說服楚國加入合縱聯盟，但他讚揚楚國的話，也當有所根據。
〔註414〕而當楚莊王入周問九鼎，王孫滿以「在德不在鼎」回覆之，莊王不
悅，道：「子無阻九鼎！楚國折鉤之喙，足以爲九鼎。」此雖是意氣之詞，
但亦可見楚國國力之盛。《淮南子・兵略》讚美楚國時說到：

楚人地南卷沅湘，北繞穎泗，西包巴蜀，東裹郯淮。穎汝以爲洫，
江漢以爲池，垣之以鄧林，綿之以方城。山高尋雲，谷肆無景，地
形便利，士卒勇敢。

把當年楚國地域的遼闊，經濟的富饒，軍力的強盛，形容得淋漓盡致。〔註415〕

〔註413〕吳慧《中國古代商業史（1）》（北京：中國商業出版社，1983 年 2 月），頁 257。
〔註414〕蘇秦相關言論的分析可參鄔澔智〈《戰國策》辭令辯論學研究〉，《遠東學報》
　　　　24 卷 4 期，2007 年 12 月，頁 339～348。
〔註415〕王穎〈從包山楚簡看戰國中晚期楚國的社會經濟〉（《中國社會經濟史研究》

　　楚國位居南境，氣候優良，農作物收成豐富，倉有腐粟並不是什麼稀奇事。〔註416〕南楚自古以來就是魚米之鄉，物產豐沃。境內山川河泊所自然生產之奇珍異物、礦產數量十分驚人，〔註417〕不止能供應國內用度，還能外銷國外，提供中原各國所需。楚國民生工業、輕工業十分的發達，楚國生產的原物料、加工產品，也一直都是中原各國生活物資的重要來源。舉例來說，《左傳・成公三年》記楚共王時，「晉荀罃之在楚也，鄭賈人有將置諸褚中以出。」《左傳・襄公廿六年》記楚康王時，蔡聲子對令尹子木說：「若杞梓皮革，自楚往也，雖楚有材，晉實用之。」直到戰國時期，楚懷王還對張儀誇口說：「黃金珠璣犀象出於楚，寡人無求於晉國。」（《戰國策・楚策三》）對此，李劍農曾經評論過：「可見楚國之土產，惟有山海之珍異可誇示於人，亦適足以資商賈之利而已。」〔註418〕

　　為了妥善利用國內的天然物資，將之妥善運往各國，楚國與中原各國相比，更為重商。楚國的商人在國家力量的支持之下，更能在國際市場上發揮所長。加以國內外交通方便，且政府有很完善的財政與經濟對口單位，國內的金融活動也十分活絡，楚國下層階級熱心投入投資報酬率比較高的商業、上層階級又極其仰賴商業所帶來的奢華生活，是再自然不過的事。「追利逐富成為人們所普遍接受的一種社會風尚」。〔註419〕

　　雖然楚國國內外的水路、陸路交通非常發達，但這並不能保證商人在行商的路上可以一帆風順、平安順遂。楚國商人動輒百千里的異國貿易，人畜貨物必然因為天災人禍而有所傷亡和折損。楚人事鬼敬神，遇事從來便習慣於求教鬼神，希冀而且相信能夠得到鬼神的襄助。既然出門行商者多，對交通之神的祈福需求，也就自然的升高。

　　因為交通之神，其神職主要在保佑出入、在外旅行之人，更可以保佑投

　　2004 年 3 期）提到：「到了包山楚簡所記的戰國中晚期的『大司馬昭陽敗晉師於襄陵之歲』（B.C.322 年），楚國的國力已經達到鼎盛，疆域遼闊，物產豐饒，人口昌隆，經濟繁榮，天下無出其右者。」

〔註416〕郭德維〈楚國農業淺論〉（《理論月刊》1993 年 5 期）認為楚人不誤農時、重視生產人力和農具、興修水利、應用新的農業技術，並重視荒地的開發，因而楚國「粟支十年」（《戰國策・楚策一》）、「五穀六仞」（《楚辭・大招》）。

〔註417〕特別是金沙、金礦，楚地的產量在戰國各國當中最大。

〔註418〕李劍農《中國經濟史稿》，武昌：武漢大學出版社，1991 年。

〔註419〕張弘《戰國秦漢時期商人和商業資本研究》（濟南：齊魯書社，2003 年 6 月），頁 86。

身於商業的楚人出門在外行商能一切順利。是以不論是直接由行商獲得利益的庶民官商，或是間接由行商之人獲得利益的貴族統治階級，對交通之神的依賴性與敬畏的程度自然較他國爲高。這或許就是爲什麼戰國楚人祭祀交通之神的頻率這般高的原因之一。〔註 420〕

五、楚地可能的門戶行諸神祭祀儀節

（一）門戶神的祭祀

楚地簡帛所見的門戶神祭儀資料過於簡省，本論文僅能試從西漢以前的文獻資料中擬構戰國楚地可能使用的門戶神祭禮。又典籍文獻所見門神祭禮之記載多、戶神祭禮之記載少，故以下論述，以門祭爲主，戶祭爲輔。〔註 421〕

前文指出，考古資料中已經發現新石器時代的人類可能已經有祭祀門戶的行爲，如半坡遺址房址中門道口附近所發現的安門遺物即是。有明確資料可考察的古代中國，也曾經出現過許多今人已經不易理解的文化現象。譬如殷商時代的建築基址門下掩埋人骨的跡象，殷墟宮殿建築基址下則埋有牲人和牲畜。進行發掘的石璋如認爲：「門旁及門前跪著的人等，當係房屋的保衛者」、「奠基的狗和守衛的人，是與建築的程式有關，各係一次埋入」。〔註 422〕有些考古學家分析這些葬坑是建造過程中安門等儀式留下的遺跡。〔註 423〕

商代祭門，其牲除了動物，也使用人牲。「用人」（《左傳・昭公十年》），後世稱「人祭」。商代人牲的來源有僕、臣（小臣）、妾（䢼）、芻（掌畜牧之事）、各國俘虜及方國首領等。〔註 424〕雖然楚國卜筮簡中尚未見以人爲犧牲來祭門戶等五祀諸神的情況，不過《左傳・昭公十一年》記：「楚子滅蔡，用隱太子於岡山」、楚靈王薨，申亥以二女殉、《戰國策・楚策》記江乙請安陵君

〔註 420〕鄒濬智〈從楚國經濟活動看戰國楚人重視行道神的可能原因〉，《萬竅：中華通識教育學報》7 期，2008 年 5 月。

〔註 421〕楊琳〈門神的祭祀及演變〉（《民族藝術》2000 年 2 期），頁 112～115 收集到極爲豐富的門神祭祀資料，本文根據該文所提出的資料，重擬論述架構並大幅度補充新的佐證資料。

〔註 422〕石璋如〈殷墟最近之重要發現，附論小屯地層〉，《中國考古學報（2）》（北京：北京商務印書館，1947 年 3 月），頁 31、37。

〔註 423〕北京大學歷史系考古教研室商周組《商周考古》（北京：文物出版社，1979 年 1 月），頁 70～71。

〔註 424〕楊升南〈商代人牲身份的再考察〉，《歷史研究》，1988 年 1 期。

身殉宣王之事等等，挖掘出來的春秋戰國楚墓，也見有人殉，〔註425〕顯見戰
國楚地高級貴族間，人祭、人殉之風依然很盛。〔註426〕

　　春秋時期文獻所見，有關埋首於門與磔狗於門等記述也不少，王子今認
為這反映出文明社會早期關於「門」的某些禮俗已經形成傳統而長期得以傳
承。〔註427〕《左傳·文公十一年》有「冬十月甲午，敗狄於咸，獲長狄僑如。
富父終甥椿其喉，以戈殺之，埋其首於子駒之門，以命宣伯」、「齊襄西元二
年，鄭瞞伐齊，齊王子成父獲其弟榮如，埋其首於周首之北門。」破敵殺將，
埋其首於北門，應還隱含有禳災厭勝的特殊意義。

　　關於磔狗於門的記錄，《史記·十二諸侯年表》有：「（秦德公二年）初作伏，
祠社，磔狗邑四門。」《史記·秦本記》載同事：「（德公）二年，初伏，以狗禦
蠱。」張守義《正義》解釋道：「蠱者，熱毒惡氣為傷害人，故磔狗以禦之」、「磔，
禳也。狗，陽畜也。以狗張磔於郭四門，禳卻熱毒氣也。」另外《呂氏春秋·
季春紀》有「國人儺，九門磔禳，以畢春氣」，高誘注：「儺，讀《論語》『鄉人
儺』同。命國人儺，索宮中區隅幽暗之處，擊鼓大呼，驅逐不祥，如今正歲逐
除是也。九門，三方九門也。嫌非王氣所在，故磔犬羊以禳木氣盡之，故曰『以
畢春氣』也。」《淮南子·時則》有類似《呂氏春秋》的記載，高誘注之：「儺，
散。宮室中區隅幽暗之處，擊鼓大呼，以逐不祥之氣，如今驅疫逐除是也。九

〔註425〕邱東聯〈楚墓中人殉與俑葬及其關係初探〉，《江漢考古》1996年1期。
〔註426〕人祭起源於原始社會的部落戰爭。那時生產力水平低下，人的價值不能體現。
　　　　戰爭中的俘虜，女性可以供人玩弄，兒童可能被收養入族，而成年男子都被
　　　　殺祭神靈。商代的人祭之風熾盛，其用人之多，手段之殘認，不僅有大量卜
　　　　辭記述，而且有考古遺跡證明。春秋時代的人祭現象雖不像商代那樣觸目驚
　　　　心、殘不忍睹，但也並不罕見。《左傳·昭公十年》載：魯國季平子「用人於
　　　　亳社」，《左傳·昭公十一年》也記述「宋公使邾文公用鄫子於次睢之社」。《史
　　　　記·秦本紀》說秦穆公「將以晉君祠上帝」，《史記·陳涉世家》也稱：「為壇
　　　　而盟，祭以尉首」。人做為祭品的另一現象是為男神提供美女。婦女由於體力
　　　　上的缺欠，失去了母系氏族時期的尊位，漸次淪為男性的奴隸，其生產、生
　　　　殖能力也被貶到次要地位。相反，女性的美迎合男性統治者的需要被片面強
　　　　調起來，面目姣好的女奴成為色欲的犧牲。為了滿足想像中的神靈貪戀女色
　　　　的欲望，產生了以美女為祭品的習俗。秦靈公時曾經用公主妻河，而戰國時
　　　　魏國鄴地「河伯娶親」的鬧劇更是有力的證明。人祭中還有以童男童女祭神
　　　　靈的現象。以童年人體作祭品，一是由於童體肉嫩，二是基於神仙喜歡兒童，
　　　　兒童天真無邪，純潔無瑕，這正與仙家凌空禦風、長生不老的追求相關聯。
　　　　詳劉曄原、鄭惠堅《中國古代祭祀》（臺北：臺灣商務印書館，1998年9月），
　　　　頁16～17。
〔註427〕王子今《門祭與門神崇拜》（西安：陝西人民出版社，2006年4月），頁1～2。

門，三方九門也。磔犬，陽氣盡之，故曰畢春之氣也。」所謂九門磔禳應具有驅逐不祥疫癘的意義。城門磔牲，可以禦熱毒惡害之氣，也可以逐陰寒不祥之氣，顯然在當時禮俗觀念中，此術可以辟除多種屬鬼疫災。

《禮記·月令》：「孟冬之月，……大子乃祈來年於大宗，大割，祠於公社及門閭，臘先祖五祀」，鄭注：「五祀：門、戶、中霤、灶、行也。」天子祈年時要祭祀門閭，而在「五祀」中，門、戶又居前兩位。又《禮記·祭法》云：

> 王爲群姓立七祀：曰司命，曰中霤，曰國門，曰國行，曰泰厲，曰戶，曰竈；王自爲立七祀。諸侯爲國立五祀：曰司命，曰中霤，曰國門，曰國行，曰公厲；諸侯自爲立五祀。大夫立三祀：曰族厲，曰門，曰行。適士立二祀：曰門，曰行。庶士、庶人立一祀；或立戶，或立灶。

上至君王，下至庶士，都要祀門，古人對門神的看重由此可見一斑。

相較於祭戶，古人對門的祭祀是比較頻繁的，除以上所說的孟冬祭門外，春季和夏季也有祭門活動。《禮記·月令》：「季春之月，……命國難，九門磔禳，以畢春氣」，鄭注：

> 此難難陰氣也，陰寒至此不止，害將及人，所以及人者，陰氣右行，此月之中，日行歷昂，昂有大陵積屍之氣，氣佚則厲鬼隨而出行。命方相氏帥百隸索室，驅疫以逐之，又磔牲以禳於四方之神，所以畢止其災也。

儺逐疫鬼時要在國都城門處舉行磔牲儀式。《禮記·月令》又云：「孟秋之月，……其祀門」。可以說在各個重要的歲時節令，門神都得到享祀。

祭祀門神的具體作法見《禮記·月令》「其祀門」鄭注曰：「祀門之禮，北而設主於門左樞，乃制肝及肺心爲俎，奠於主南，又設盛於俎東，其他皆如祭灶之禮。」這是當時普通百姓常見的祀門之禮。國家祭祀門神時則多用磔牲釁門的方式，《禮記·月令》中所說的「九門磔牲」即是此法。清·孫希旦集解云：「磔，磔裂牲體也，九門磔禳者，逐疫至十國外，因磔牲以祭國門之神，欲其禳除凶災，禦止疫鬼，勿使復入也」，但它不是嚴謹的等級禮制，所以後世民間百姓也有仿效此法祭門的。

用牲方面，祭祀門神，所磔之牲一般是羊、狗、雞：

1. 用 羊

祭門用羊的例子，楚簡多見，如：

□一犬，門一羊。（新蔡簡甲一 2）

就禱靈君子一豭；就禱門、户純一羘；就禱行一犬。壬辰之日 禱之 。

（新蔡簡乙一 28）

另《玉燭寶典》卷 1 引三國‧吳‧裴玄《新語》：「正朝，縣官殺羊，縣（懸）其頭於門，又磔雞以副（助）之，俗說以厭厲氣。玄以問河南伏君，伏君曰：『是月也，土氣上升，草木萌動，羊齧百草，雞啄五穀，故殺之以助生氣。』」但伏君並未提出他說法的根據。按羊被古人認爲是吉祥之畜，《說文》：「羊，祥也。」使用肥嫩的羊來敬獻行道行，自然得到吉祥。

2. 用　狗

殺狗祀門，先秦己有此俗，上引楚地簡帛中多見白犬祀門的記載。《史記‧封禪書》亦有：「磔狗四門，以禦蠱（災）」的紀錄。東漢‧應劭《風俗通義‧殺狗邑四門》也說：「今人殺白犬以血題門戶，正月白犬血辟除不祥，取法於此也。」漢代人的這種做法應是從先秦自然傳承下來的，秦德公磔狗於門並非此俗之肇始。傅亞庶指出，早期狩獵民族及農耕民族，狗在人心目中的位置十分重要，狗不僅是人們生活中的得力助手，同樣在鬼神觀念中，狗也被認爲是人類的保護者。譬如大墩子的大汶口文化墓葬中出土有陶房模型，其中有一間一面設門、三面設窗，門口及牆上都刻有狗的形象，這恐怕是以狗作爲門戶守衛，以避災害的風俗源流之一。〔註 428〕正因爲狗因爲是守禦之獸，故祭門塗其血，可以懼懾惡鬼，使之不敢入內。〔註 429〕

3. 用　雞

祭門用雞的例子如隋‧杜台卿《玉燭寶典》卷 1 引《莊子》佚文云：正月初一，「劉（殺）雞十戶，懸葦索於其上，插桃符其旁，連灰其下，百鬼畏之」，《荊楚歲時記》：「正月一日」，下有隋‧杜公瞻（杜台卿之侄）注：「魏

〔註 428〕傅亞庶《中國上古祭祀文化》（長春：東北師範大學出版社，1999 年 12 月），頁 214。

〔註 429〕陳贇〈災難禳解故事中的習俗流傳〉，《尋根》2005 年 2 期，頁 51 的研究提到，猶太人的新年年節「逾越節」據《聖經‧出埃及記》第十二節記載，過節時家家要宰殺羊羔，把羊血塗在左右門框及門楣上，原因被解釋爲耶和華神要巡行擊殺埃及人，當他看到塗血之門時就知道是他的子民猶太人的家，就會逾越而過，不讓毀滅之神進入其家。這跟華夏族正月用白犬血題門戶的做法是相同的。所謂不讓毀滅之神進入其家其實就是避邪防災，說成耶和華識別子民的標記大約是後人對塗血於門以避災的原始習俗的牽附和利用。

時人問議郎董勛石：『今正臘旦，門前作煙火、桃神、絞索、松柏，殺雞著門戶，逐疫禮與？』勛答曰：『禮：十二月索室逐疫，釁門戶，磔雞，煨火行，故作助行氣。』」但《晉書》卷 19 提到：「魏明帝大修禳禮，故何晏禳祭議雞特牲供禳釁之事。磔雞宜起於魏。」《宋書》卷 14 也說：「舊時歲旦，常設葦茭桃梗，磔雞於宮及百寺之門，以攘惡氣。《漢儀》則仲夏之月設之，有桃印，無磔雞。」

　　但磔雞起於曹魏的可能說法是不對的。據托古周‧青史氏的《青史子》說：「雞者東方之牲也，歲終更始，辨秩東作，萬物觸戶而出，故以雞祭祀也。」書又引西漢太史丞鄧平之說：「臘者，所以迎刑送德也。大寒至，常恐陰勝，故以戌日臘。戌者溫氣也，用其氣日殺雞，以謝刑德。雄著門，雌著戶，以和陰陽，調寒配水節風雨也。」〔註430〕應劭《風俗通義》卷 8「雄雞」條：「俗說雞鳴將旦，爲人起居，門亦昏閉晨開，扞難守固。禮貴報功，故門戶用雞也。」從這些記述可以知道，用雞祭門的習俗至少始自西漢，其源頭應該在先秦。用雞祭門的原因，也非如應劭所說的雞於「爲人起居」有功或《青史子》中所說的由於雞能「辨秩東作」，眞正的原因在於鬼爲陰物，而雞爲陽物。《藝文類聚》卷 91 引《春秋說題辭》：「雞爲積陽，南方之象。火陽精物，炎上，故陽出雞鳴，以類感也。」天白雞鳴，黑夜消失，鬼魅遁逃，所以世界各民族普遍認爲鬼魅畏雞。

　　除了狗、羊、雞，楚地簡帛提到祭行亦用酒食。酒的部份，詳本論文第參章第一節「中霤神信仰研究」，食的部份可能有：

1. 粢　盛

　　糧食五穀，稱「粢盛」，指放入祭器內以供祭祀用的穀物。粢，或作齍，本爲稷，引申之爲穀類；盛，爲受物之器。《左傳‧桓公六年》：「吾牲牷肥腯，粢盛豐備。」杜預注：「黍稷曰粢，在器曰盛。」《周禮‧地官‧司徒》：「祭祀共（供）其齍（粢）盛之米。」粢盛通常是沒碾過的穀物，多用於宗廟四時之祭。楚人除了可能以粢盛這類食品祭門戶神。粢盛亦可用祭山神，如九店 M56 簡 44 所見：「君（按即武夷山神）昔受某之畾敝芳糧，使某來歸食故□」中的「芳糧」即是。〔註431〕

〔註430〕周‧青史氏《青史子》，收入魯迅《古小說鈎沉》，北京：人民文學出版社，1973 年。

〔註431〕周鳳五〈九店楚簡告武夷重探〉，《中央研究院歷史語言研究所集刊》72 本 4 分，

2. 疏果及其他加工食品

除了酒食、犧牲、外，祭門戶神或可使用蔬果。當時常見以鮮嫩的果品蔬菜作為禮神的祭品，《詩經》中就有用韭（〈七月〉）、白蒿（〈采蘩〉）等祭神的例子。〔註432〕祭祀時，盛於籩、豆、笥之中的還有經過加工製作的各種生、熟、乾、鮮、醬、醃食品。其中除了稷、黍、粱、稻、麥、苽等糧食製品、豬、牛、鹿、麋、魚等動物製品、各種時令新蔬鮮果的乾製品之外，還有禽蛋昆蟲製品。此種加工食品，亦可能是敬奉門戶神的「食品」一種。包山遣冊簡中多見此類加工食品，如「膰（醃肉）」、「醢（肉醬）」、「腒（肉脯）」、「擣脯（股脩）」、「戠魚（醃製魚）」、「蜜梅」、「蜜酏」、「糗（寒粥）」等，為墓主生前愛食而陪葬之物。此類加工食品亦可能盛於籩豆之中而進獻給行道神。信陽楚墓出土多種植物種子遺骸，如梅、栗、杏、棗、小米等，裴明相認為這些蔬果除了食用用途外，也有當作祭品的。〔註433〕另外《荊楚歲時記》記有：「正月十五日，作豆糜，加油膏其上，以祠門戶。」加了油膏的豆糜也是祠門戶的祭品。

綜上可知，祭門有一道重要的手續，即是用牲血塗門。在門上做標誌的行為可看作加強門的防禦與保護功能的巫術。「標記於門」有三重內容，一是區分出被保護的對象；二是標誌物具有特定的驅避作用或意義，用之於門將使門也具有不同尋常的保護功能；三是產生阻隔與保護作用，被標記的門阻隔了門外的災難。而將居住地以作為巫術符號的標記物命名（用於標記地名、村落等），則意在使巫術的功效長久地附著於居住地。這既是一種禳除巫術：積極地使用、調動、祈得、借助某種力量來驅逐已經存在或預計存在的有害於人類個體和集體的事物；也是一種防衛巫術：在一定地點設置一定的物體以阻止有害的事物通過而達到防護人類群體和個體的目的。〔註434〕

2001 年 12 月，頁 950～951 指出，「芳糧」即屈原〈離騷〉：「巫咸將夕降兮，懷椒糈而要之」的「椒糈」。王逸《章句》：「椒，香物，所以降神；糈，精米，所以享神。言巫咸將夕從天上來下，願懷椒糈要之，使占茲吉凶也。」「椒糈」就是加椒調製的精米，取其芳芬精潔。《說文》：「糧。穀食也。」糈為精米，亦屬穀食之類。簡文「芳糧」即香料調製的芬芳米糧，用以召請祭祀鬼神。

〔註432〕劉冬穎〈《詩經》祭祀詩中的祭品〉，《哈爾濱工業大學學報》社科版 4 卷 1 期，2002 年 3 月，頁 106。

〔註433〕裴明相〈果品與祭祀──從信陽楚墓出土植物種子遺骸談起〉，《楚文化研究論集（2）》（武漢：湖北人民出版社，1991 年），頁 164～166。

〔註434〕朱青生《將軍門神起源研究──論誤解與成形》，北京：北京大學出版社，1998 年 11 月。

　　相較於門神，文獻較少記載戶神之祭，這可能是因爲當時之人對門神、戶神多半不加細分所造成。戶神之祭見《禮記‧月令》：「孟春之月……其祀戶，祭先脾。」孔希旦《集解》引中霤禮：

> 祀戶之禮，南面設主於戶內之西，乃制脾及腎爲俎，奠於主北。又設盛於俎西，祭黍稷，祭肉，祭醴，皆三。祭肉，脾一，腎再。既祭，徹之，更陳鼎俎，設饌於筵前。迎尸略如宗廟之儀。

孔疏：

> 戶是人之出入，戶則有神。祭戶之時，脾腎俱存，先用脾以祭者，以春爲陽中，於藏值脾，脾既春時最尊，故先祭之。牲位南首，最在前而當夏，腎最在後而當冬。從冬稍前而當春，從腎稍前而當脾，故春位當脾。

楚簡則指出祭戶用羊爲牲：「☐特牛，樂之。就禱戶一羊，就禱行一犬，就禱門……。」（新蔡簡甲三 56）

　　總結以上的討論，可以知道楚地門戶之神可能的祭儀如下：

　　第一、祭祀時間：禮書所載祭祀門神的時間在孟冬，祀戶神的時間則在孟春，但事實上只要有需要，隨時都可祭門戶。門、戶之祭祀記錄多出現在用來擇日的《日書》中，顯見祭門、戶雖無固定時間，祭前仍需要選擇吉日。

　　第二、祭祀處所：禮書所載，百姓祭祀五祀前，神主一般都要先席於室之奧。一般門神之祭設主於門左樞，國家之祭門則在國門；禮書所見一般戶神之祭在戶內之西。

　　第三、祭祀牲品：禮書與其他文獻所載，祭門早期用人殉及狗，周代用肝肺心及狗、雞、羊，漢以後亦用豆糜。禮書所載，祭戶用脾、腎、黍稷、肉、醴。楚地簡帛所見的門戶之祭，亦用狗（白犬）、酒食、羊、羒（依《爾雅‧釋畜、釋獸》，爲三歲牝羊）等，但未見用雞。

　　第四、祭祀方法：禮書所載，一般百姓祭門，先制俎，後設盛，其他一律如祭灶之禮；而國家祭門則磔牲釁門。禮書所見一般百姓祭戶，先制俎，後設盛、更陳鼎俎、設饌、迎尸。

　　楚地簡帛所見，祭祀門戶有用「舉禱」、「享祭」、「就禱」者。「舉禱」詳本論文第參章第一節「中霤神信仰研究」。「享祭」，主要見於包山簡：

> 舉禱楚先老童、祝融、鬻熊各兩羖；享祭竹之高丘、下丘各一全豢。
> （包山 M2 簡 237～238）

享祭竹之高丘、下丘各一全豢。（包山 M2 簡 241）

天星觀簡亦有一例：

享祭門一☒（天星觀 M1 簡 21）

邴尚白認爲享祭在簡文中的位置與上述賽禱、舉禱等相同，亦應是祭禱名。
〔註435〕按「享」即進獻祭品。《尚書・盤庚上》：「茲予大享于先王。」孔穎達疏：「《周禮・大宗伯》祭祀之名：『天神曰祀，地祇曰祭，人鬼曰享。』此大享於先王，謂天子祭宗廟也。」《尚書・洛誥》：「汝其敬識百辟享，亦識其有不享。」孔傳：「奉上之謂享。」孔穎達疏：「享訓獻也，獻是奉上之詞，故奉上之謂享。」《漢書・司馬相如傳下》：「康居西域，重譯納貢，稽首來享。」顏師古注：「享，獻也，獻其國珍也。」「享祭」或即「祭祀」。《管子・侈靡》：「安鄉樂宅享祭，而謳吟稱號者皆誅，所以留民俗也。」《孔子家語・致思》：「於是夫子再拜受之，使弟子掃地，將以享祭。」從楚簡簡文中可以看出「享祭」主要用於山神之祭，但文中並未明言享祭的實際施用方法，是以其具體內容亦不詳。

「就禱」，常見於新蔡簡：

☒就禱子西君特牛。壬辰之日禱之。（甲三 202、205）

☒戶、門。有祟見於昭王、惠王、文君、文夫人、子西君。就禱☒（甲三 213）

☒☒就禱三楚先純一牂，纓之兆玉；就禱☒☒☒（甲三 214）

夏栾之月，已丑之日，以君不懌之故，就禱陳宗一豬。壬辰之日禱之。（乙一 4、10、乙二 12）

夏栾之月，已丑之日，以君不懌之故，就禱三楚先一牂，嬰之兆玉。壬辰禱之。（乙一 17）

夏栾之月，已丑之日，以君不懌之故，就禱靈君子一豬；就禱門、戶純一牂；就禱行一犬。壬辰之日禱之。（乙一 28）

☒☒就禱三楚先☒（乙三 31）

☒一精；就禱昭王、惠王純☒（乙四 12）

☒地主與司命，就禱璧玉兆☒（乙四 97）

☒就禱文☒（零 255）

〔註435〕邴尚白《葛陵楚簡研究》（臺北：臺灣大學中文系博士論文，2007 年 1 月），頁 192〜193。

大部份的簡文文句不全,對理解「就禱」幫助不大。但有幾枚簡記的都是「己丑之日」「就禱」,而在三天後的「壬辰之日禱之」。由楚簡紀錄可知楚人先卜日後祭禱,二者並不在同一天,可見「就禱」或許不是禱名。邴尙白指出葛陵簡中的「就禱」記錄甚多,但似乎沒有出現在卜筮簡「說辭」的例子,祭禱方案中未見「就禱」,顯示其可能不是具體禱名,「就禱」疑泛指前往祈禱或準備祈禱;〔註436〕羅新慧引《爾雅》、《廣韻》等,以爲「就」有「成」、「終」之意,故就禱當即最後、最終所舉行之祭禱儀式。〔註437〕按羅說並未解釋爲何出現「就禱」之處皆未見「說辭」,且凡有「就禱」之簡文亦未見其他禱名,既無「最先之禱」,何來「最終之禱」?況且同簡中還有多次使用「就禱」祭祀不同神衹的,如此看來「就禱」也不應解作「最終之禱」,故筆者以爲邴說較佳。

除典籍文獻與楚地簡帛資料外,民俗學的資料中,我們發現少數民族也有祭門戶的行爲。根據陳永齡的研究,青海民和縣土族在住宅大門前埋放鎮宅神物「崩巴」,其作用在於鎮避地方邪氣;〔註438〕根據宋恩常的調查,雲南基諾族用牲血塗刷房門,並在門口插上塗上血的竹籤作爲保護;〔註439〕根據李紹明的調查,羌族則有在門口供奉白石的習慣;〔註440〕根據廖寶均的研究,廣東連南瑤族自治縣內田鄉內田坑瑤人在送走瘟神後會在每戶人家門上貼上寫有符咒的黃紙,並在村子四周路口釘上畫有五雷符咒的桃木符;〔註441〕根據藍鴻恩的研究,苗人蓋新房、挾門或發生災難時都要祭門神,同時殺豬一口;傣族祭寨神時要用草繩將四個寨門聯絡起來,還要用樹枝、竹排將門堵住,表示與外界隔絕。〔註442〕「村寨作爲氏族成員聚居休憩的場所,寨門之

〔註436〕邴尙白《葛陵楚簡研究》(臺北:臺灣大學中文系博士論文,2007年1月),頁184。

〔註437〕羅新慧〈釋新蔡簡「樂之」、「百之」、「贛之」及其相關問題〉,《考古與文物》2008年1期,頁51。

〔註438〕陳永齡等〈青海土族民間信仰〉,《青海土族社會歷史調查》(西寧:青海人民出版社,1985年11月),頁41。

〔註439〕宋恩常等〈景洪縣巴雅、巴奪村基諾族宗教調查〉,《雲南民族民俗和宗教調查》(昆明:雲南民族出版社,1985年4月),頁177。

〔註440〕李紹明〈羌族以白石爲中心的多神崇拜〉,《中國少數民族宗教初編》(昆明:雲南人民出版社,1985年3月),頁115。

〔註441〕廖寶均〈內田坑瑤族社會調查〉,《連南瑤族自治縣瑤族社會調查》(廣州:廣東人民出版社,1987年2月),頁219。

〔註442〕藍鴻恩等主編《中國各民族宗教與神話大詞典》(北京:學苑出版社,1993年),頁467、74。

外，就充滿著死亡的威脅，寨門在象徵意義上就成爲生存的確定性和死亡的不確定性之間的一道屏障。」〔註443〕

（二）行道神的祭祀

典籍文獻多見行道神之祭，但楚地簡帛所見的祭神祭儀資料過於簡省，從簡文僅知行用賽禱、舉禱、就禱（詳前）。是以本論文只能試從兩周及漢代文獻中擬構戰國楚地可能使用的行道神祭禮。

文獻中講行道神之祭者莫詳於、莫早於《詩經》。《詩經》中寫到行道之祭的，主要有《大雅・韓奕》、《大雅・生民》、《大雅・烝民》及《邶風・泉水》4篇。同是敬祀行道神，祭名卻有多種。王政曾經做過整理：〔註444〕

有曰「祖」者——〈烝民〉：「仲山甫出祖，四牡業業。」鄭玄箋：「祖者，行犯軷之祭也。」〈韓奕〉：「韓侯出祖，出宿於屠。」孔穎達正義：「言韓侯出京師之門，爲祖道之祭。爲『祖』若訖，將欲出宿於屠地……始行而爲祖祭者，爲尊其往也。」

有曰「軷（犯軷）」者——〈生民〉：「取羝以軷……以興嗣歲」，毛亨傳說：「軷，道祭也。」鄭玄箋引《說文》：「出必告道神，爲壇而祭爲軷。」朱熹《詩集傳》：「軷，祭行道之神也。」

有曰「餞」者——〈泉水〉：「出宿於泲，飲餞於禰。」毛亨傳：「祖而舍軷，飲酒於其側曰餞，重始有事於道也。」朱熹《詩集傳》說：「飲餞者，古之行者必有祖道之祭，祭畢，處者送之，飲於其側而後行也。」故「餞」也指稱祖、軷之祭禮。

按：以「祖」稱行道之祭，筆者以爲可能有下列幾個原因：其一、李孝定以爲祖原形「且」象神主，〔註445〕祭行道需立祖以象行道神，故祭行道曰「祖道」——「祖」由名詞轉品爲動詞。其二、《禮記・曾子問》：「諸侯適天子，必告於祖」，遠行必告祖，故祭行道亦曰祖。其三、《爾雅》及《儀禮》鄭注、《周禮》賈疏皆曰：「祖，始也。」祭行道爲遠行之始，故祭行道亦稱祖。其四、《周禮・春官・大宗伯》鄭注、賈疏以爲人生自祖出，死自歸祖（詳

〔註443〕錢錦宇〈互滲律下的門神信仰與蚩尤「方相」——兼談「法」字的結構〉，《山東大學學報》哲社版2006年3期，頁28。

〔註444〕王政〈《詩經》與路神奉祭考〉，《世界宗教研究》2004年2期，頁88。

〔註445〕此說法得到大部份古文字研究學者的認同，詳季旭昇，《說文新證（下）》（臺北：藝文印書館，2004年），頁251。

上），故爲死者祭行道曰祖。

　　而「峗」，《說文》曰：「高不平也」，「峗」原用來形容山勢高峻之貌，後來借指祭行道時累土爲壇之祭。〔註446〕《說文》又說：「樹茅依神爲峗。」則搭棚舍以立祖也可稱峗——形容詞轉品爲名詞再轉品爲動詞。依《詩經・邶風・泉水》毛亨傳：「祖而舍峗」，「祖」和「峗」都是行道之祭的一部份。而「餞」，重在飲食送別，是行道之祭結束之後的活動，嚴格來說應該不能歸入行道之祭當中。

　　丁山以爲祭祀行道神的祖峗之祭即古之宜祭（即宜社）。他說：

　　　　定公四年《左傳》，「君以軍行，祓社釁鼓。」杜注：「師出，先有事祓禱於社，謂之宜社。」孔氏《正義》，「釋天，起大事，動大眾，必先有事乎社而後出，謂之宜；是軍師將出，必有祭社之事也。《周禮》，女巫掌祓除釁浴，則祓亦祭名；故知祓社即宜社是也。」管見以爲，宜與祖古本一字，宜社即是祖社，亦即《聘禮・記》所謂「出祖釋峗」……〔註447〕

但丁山的看法有二個問題：其一、社祭非祖峗之祭。祖峗之祭詳見上文，社祭詳見本論文第參章第一節「中霤神信仰研究」。〔註448〕二者的用途與內容不盡相同，茲不贅論。其二、宜祭非祖祭、社祭。丁山認爲宜與祖古本一字，但「宜」，容庚以爲置肴於俎上；「祖」李孝定以爲其原形「且」象神主。容、李二氏的說法得到大部份古文字研究學者的認同。〔註449〕由此可知丁山視宜、祖古本一字是不精確的看法。又雖然從甲骨文「貞：燎於土一牛，宜宰。」（《續》1.1.5，又《合集》14396）來看，殷人宜祭有用在土（社）神的，但從：

　　　　□□卜，永貞：翌丁酉，宜于塵……（《前》7.17.4，又《合集》8233）

　　　　庚戌貞：屮河伐宰，宜大牢。茲用。（《後》上22.7，又《合集》32230）

　　　　貞：翌辛亥乎帚姘宜于磬京……（《續》4.26.2，又《合集》8035）

　　　　丙辰卜，吊貞：其宜于妣辛一牛。（《後》上19.15，又《合集》23399）

〔註446〕《詩經》鄭箋引《說文》：「出必告道神，爲壇而祭爲峗。」
〔註447〕丁山《中國古代宗教與神話考》（上海：上海文藝出版社，1989年），頁480。
〔註448〕另依凌純聲的研究，社祭主要在祭至上神（膜拜上帝）、天神、高禖及穀神，同時也能祈求田獵、巡狩軍旅出征的順利，並在日蝕、火災、大雨、旱魃等災異發生時祈禱消災。詳氏著〈中國古代社之源流〉，《中央研究院民族學研究所集刊》17期，1964年。
〔註449〕季旭昇師《說文新證（上）》（臺北：藝文印書館，2002年），頁598。

　　甲寅貞：來丁巳尊鬲于父丁，宜三十牛。(《後》上 27.10，又《合集》
32125)

　　已未宜于羍羌三，卯十牛。中。(《前》6.2.3，又《合集》388)

等刻辭來看，宜祭也有用在祖靈神妣辛、父丁等對象上的。由是可見商朝的
宜祭未必限用在社神。丁山先是誤將社祭和祖兇之祭混淆，又誤以爲「宜社」
即「祖社」，因而得出宜祭等於祖兇之祭的結果是不太對的。〔註450〕

　　結合《詩經》中行道之祭的資料與秦漢以前文獻所見行道神的祭祀儀式，
〔註451〕我們整理出行道之祭的完整流程如下：

1. 建立祭祀空間

　　在廟門外西祭行道，需築壇釋幣；在國門外祭祀行道神，除築壇外，應
有簡單搭設的「祭棚」之類，以供放神主。《詩經・邶風・泉水》：「出宿於泲，
飲餞於欄。女子有行，遠父母兄弟。」毛亨傳：「祖而舍兇，飲酒於其側曰餞。」
孔穎達正義：「言祖而舍兇，飲酒於其側者，謂爲祖道之祭，當釋酒脯於兇舍。」
毛亨講的「舍兇」與孔穎達講的把祭祀行道神的酒脯放於「兇舍」，都指出以
茅草菩棘捆紮的行道神神主(兇)有一個供設的「臨時建築」空間──「舍」。
至於這個「舍」的具體形式怎樣，不得其詳。但從毛亨說：「飲酒於其側」可
以知道，此「舍」不是供人飲酒之用的。

　　漢以後，祖餞活動的「建築空間」較爲明確，若無館舍可用，即搭建帷
帳幕棚。《漢書・疏廣傳》記載：疏廣告老返鄉，「公卿大夫故人邑子設祖道，

〔註450〕不過到了周朝，宜祭主要指的便是社神之祭了。《尚書・泰誓》「宜於塚土」，
　　　　《傳》：「祭社曰宜。塚土，社也。」《周禮・春官・大祝》「大師，宜於社」，
　　　　賈公彥疏：「王出六軍，親行征伐，故曰大師。云『宜於社』者，軍將出，宜
　　　　祭於社，即將社主行，不用命戮社。」《禮記・王制》「諸侯將出，宜乎社」，
　　　　孔穎達疏：「(諸侯)不得告天，故(祭)從社始也，亦載社主(以行)也。」
　　　　周朝宜祭於社，多出現在天子諸侯帥師外出之時，祭社後會將社主隨軍遷帶；
　　　　在整個征旅過程中，有不效命(不聽指揮)者，即將他殺之於「社主」前。
〔註451〕陳立引《荀子・禮論》：「郊止乎天子，而社止於諸侯，道及士大夫。」以爲
　　　　道爲行神，士亦得與祭，五祀(包括行)止及大夫，故行非道祭。(陳立的意
　　　　見見廖名春〈讀楚竹書〈內豊〉篇箚記(二)〉，「簡帛研究網」，
　　　　http://www.jianboo.org/，2005/2/20 轉述)這其實是不對的看法。楊華根據近
　　　　年來所出有五祀相關資料指出，古代貴族按照身份等級祭祀家居之神的說法
　　　　是錯誤的，詳氏著〈「五祀」祭禱與楚漢文化的繼承〉，《江漢論壇》2004 年 9
　　　　期。更詳細的討論見陳思婷《《上海博物館藏戰國楚竹書(四)・采風曲目、
　　　　逸詩、內豊、相邦之道》研究》(臺北：臺灣師範大學國文系碩士論文，2007
　　　　年 6 月)，頁 414～425。

供張東都門外，送者車數百輛……嘆息爲之下泣。」此「供張」應即祖祭用的「供帳」。《佩文韻府》49 卷「道」字條下引此文，「供張」即作「供帳」。晉‧應碩〈祝祖文〉講：「命於嘉賓，宴茲祖箱，敬饗祖君，休祚是將……」所謂「祖箱」，也即祖餞路祭的帷篷供帳。〔註452〕

2. 巫祝朗誦祝辭

　　祭祀行道神活動，根據祭者的身份、條件，或有巫祝人員出場。《荀子‧正論》：「出戶而巫覡有事，出門而宗祝有事。」楊倞注：「出戶，謂出內門也。出門，謂車駕出國門。有事，謂祭行神也。」由是可見，巫祝是介入行道神之祭的。

　　但也有學者否認祖祭中用巫祝，如何寧《淮南子集釋》依據《淮南子‧主術》：「堯舜禹湯文武，皆坦然天下而南面焉。當此之時，……行不用巫祝，鬼神弗敢祟，山川不敢禍，可謂至貴矣」，認爲：「此『行』字謂出戶、出門，即言出行不用巫祝以祭行神……《文子‧微明篇》襲此文云：『故聖人之於善也……行不用巫覡而鬼神不敢先。』……」〔註453〕但《淮南子》的意思是堯舜禹湯文武，均以德君臨天下，出行時不搞巫祝祭行道神（祖）那一套（所謂「行不用巫祝」）。這裡是贊頌堯舜禹湯文武以己之「德」、「威」、「信」而廢棄路祭禮儀之迷信；廢棄行道神之祭（即祖禮或軷祭）而不用，而並非在說堯舜等在路祭活動中不再用巫祝佐事。把「行不用巫祝」理解爲堯舜等路祭時不使喚巫祝、從而進一步認爲路祭中自古即無巫祝參與，恐怕是不太準確的理解。

　　既有巫祝參與，由巫祝進行禱告祈誦，當是自然的。雲夢睡虎地秦簡《日書》就載有秦人祭行道神時念誦祝詞的情況，全文詳前。漢‧蔡邕亦留下過一篇〈祖餞祝〉，其曰：

> 君既升輿，道路開張。風伯雨師，灑道中央。陽遂求福，蚩尤辟兵。
>
> 倉龍夾轂，白虎扶行。朱雀道行，玄武作侶。勾陳居中，厭伏四方。
>
> 往臨邦國，長樂無疆。

西漢‧焦延壽《焦氏易林‧大畜》也有一段寫到祖道的場面：「住車啜酒，疾風暴起，泛亂福器，飛揚位草，明神降祿，道無害寇。」蔡、焦文章都是四言爲句，且都有押韻，祝禱的語氣十分明顯。〔註454〕

〔註452〕戴燕〈祖餞詩的由來〉，《南京師範大學文學院學報》2003 年 4 期，頁 147。
〔註453〕何寧《淮南子集釋》（北京：中華書局，1998 年），頁 693。
〔註454〕《藝文類聚‧卷 5‧歲時（下）》亦收有一篇晉‧應碩的〈祝祖文〉：「元首肇

3. 獻上犧牲

（1）獻　羊

古人祭行道神用羊。《詩經・大雅・生民》寫道：「載謀載惟，取蕭祭脂。取羝以軷，載燔載烈，以興嗣歲。」由於要外出郊祭或祭天（祈求來歲來年），所以先祭行道神。祭行道神的方式是將公羊作祭牲宰割，取其內臟脂塊和蕭草一齊燃燒於行道神祖之前，以馨香的氣味誘請行道神之靈降臨。然後再將烤燒熟的公羊作爲祭牲呈獻給行道神。〈生民〉鄭注說：「爲郊祀……至其時，取蕭草與祭牲之脂，蓺之於神之位，馨香既聞，取羝羊之體以祭神。」

（2）獻　犬

據《詩經・大雅・生民》所記，祭祀行道神的祭牲用羊。但典籍中也有說用犬的。《周禮・秋官・司寇》云：「凡祭祀供犬牲，用牷物，伏瘞亦如之。」鄭注：「伏謂伏犬，以王車轢之。」意思是祭行道神遠行時，把狗伏於軷壇上，上路的車子從上輾壓過去。〔註455〕《周禮・夏官・大司馬》鄭注引杜子春云：「軷讀爲別異之別，謂祖道，軷軷、磔犬也。」杜子春也以爲路祭用狗爲牲。詹鄞鑫則從狗血辟邪的角度解釋路祭用犬的根源：「祖道儀式有磔狗……（此指以輾壓犧牲）之禮，大約是讓車輪染上牲血，以避邪凶。」〔註456〕包山楚簡233也有：「舉禱行一白犬、酒食」等。〔註457〕

建，吉酉辰良……谷風滌穢，日和月光……敬饗祖君，休祚是將。嘉肴綺錯，白茅薦恭。有肉如坪，有酒如江。祖君既眷，祗蕭咸容。」

〔註455〕關於行神之祭，錢玄《三禮通論》（南京：南京師範大學出版社，1996 年）頁 508 以爲有兩種方式：一種如《周禮・夏官・大馭》所示，是以殺死的犬牲置於地，車輪碾過犬牲。還有一種則不用牲，車踐行神之壇而過，如《禮記・檀弓上》。

〔註456〕詹鄞鑫《神靈與祭祀——中國傳統宗教綜論》（上海：江蘇古籍出版社，1992 年），頁 440。

〔註457〕中國少數民族祭典中，亦可以發現犬與道路之祭的關係密切。桑耀華〈景頗族的鬼魂崇拜與祭祀〉（《雲南民族民俗和宗教調查》，昆明：雲南民族出版社，1985 年），頁 201 指出，景頗族「董薩」（巫師）送亡者靈魂上路口中一邊念：「你遠遠地去吧！過一座山、兩座山……九座山、十座山」，一邊用狗血拌飯包在樹葉裡，置於村前路口；宋恩常〈哈尼族宗教信仰的幾個側面〉（《中國少數民族宗教初編》，昆明：雲南民族出版社，1985 年），頁 244 指出，雲南金平縣哈尼族驅鬼上路後，「在村寨通路口立兩根木杆，上用草繩拉起，將狗的四肢和尾巴……拴在繩上」；李風〈南崗排瑤族社會調查〉（《連南瑤族自治縣瑤族社會調查》，廣州：廣東人民出版社，1987 年），頁 113 的調查提到廣東連南縣瑤族人在十字路口祈福迎神，祭師念經，並殺條小狗，在路邊架起

　　若我們把殷周大墓中與主墓不同穴位的車馬坑中所見殉牲也視作是祭行道的犧牲，那殷周祭行道可能還用了牛、羊、豬。

4. 馭者澆酒轢鬼

　　《周禮‧夏官‧大馭》：「及祭酌僕，僕左執轡，右祭兩軹，祭軓乃飲。」賈公彥疏：

> 將犯軷之時，當祭左右轂末及軓前，乃犯軷而去。酌僕者，使人酌酒與僕，僕即大馭也。大馭則左執轡，右手祭兩軹，並祭軓之軓前三處訖，乃飲。飲者，若祭末飲福酒，乃始轢鬼而去。

賈疏明言大馭是執行「軷祭」的主要角色。由他先以酒澆祭車轂（車軸末端）、車軓（車軾前的擋板），並飲下剩餘祭酒；然後才驅車「犯軷」（以車輪壓軷壇、軷壤或祭牲），完成「路祭」的全過程。〔註458〕

5. 祭祀之後歌樂

　　東漢‧趙曄《吳越春秋》在記述勾踐入吳時寫道：「群臣皆送至浙江之上，臨水祖道」，而越王夫人「哭而歌之。」這是在祖道餞別的儀式上以「歌」告別。《戰國策‧燕策三》記太子丹與荊軻易水分別：「至易水上，既祖取道，高漸離擊筑，荊軻和而歌。」這是在祖道餞別的儀式上以「樂」、「歌」告別。《後漢書‧荀彧傳》記載荀彧死後，「帝哀惜之，祖日爲之廢讌樂。」李立指出，荀彧死去，祖道之祭廢「讌樂」以示哀悼，可見漢時祖道之祭若不廢讌樂，則行道之祭，在「軷祭」、「飲餞」外，也增加了「樂」的形式。〔註459〕

　　綜上可知，先秦行道神之祭有「祖」、「軷」等異名，漢以後，其儀式的重心反倒在「餞」的歌樂之上。從典籍文獻與楚地簡帛資料推測楚地的行道

　　　　爐灶煮狗肉：王子今《史記的文化發掘》（武漢：湖北人民出版社，1997年），頁704收有一幅秘魯印第安人出行前實行犬祭的陶俑圖。圖中可見4條狗將用於祭路。這對於理解中國秦漢前路祭用犬牲的文化形式，是一種參考。

〔註458〕戴燕〈祖餞詩的由來〉，《南京師範大學文學院學報》2003年4期，頁145：「倘若一個人要離家遠去，便要在他漫長征途的起點祭祀行道神，以求平安。首先在國（城、廟）門外堆起一個像山的形狀的軷壇，再把牲犬放在上邊，或是放些菩、芻、棘、柏一類的植物，當作附有神靈的神主。即將遠行的車騎來到門口，停下，由駕車人向行道神供奉上酒和肉脯，以表示敬意和祈求之意，然後，要讓車騎從軷壇也連同那些牲犬或菩芻棘柏上面碾過，這叫犯軷，以此象徵與神結成了契約關係，此後便會道路平坦，任何艱難險阻都能夠克服。」

〔註459〕李立〈論祖餞詩三題〉，《學術研究》2001年1期，頁122。

神之祭，其可能使用的儀節如下：

第一、祭祀時間：行之常祀一般在冬天，於宗廟之西舉行。但事實上祭祀行道神的時間並不固定，主要的依據是真正出行的時間；楚簡裡所見行道之祭亦不定時。睡虎地簡還提到祀行需擇日，譬如《日書（乙）》簡31貳～40貳：「祀行日：甲申，丙申，戊申，壬申，乙亥。龍，戊、巳。祠五祀日，丙丁灶，戊己內中土，乙戶，壬癸行、庚辛門」、《日書（乙）‧行》簡144：「祠常行，甲辰、甲申、庚申、壬辰、壬申，吉。」睡虎地簡《日書（乙）‧□祠》又載：「正□□□□□□□癸不可祠人伏，伏者以死，戊辰不可道旁，道旁以死。丁不可詞道旁。」可見舉行祠行儀式也要選擇良日而避開忌日。〔註460〕

第二、祭祀處所：祭祀五祀前，神主一般都要先席於室之奧。楚地簡帛未見祭行之所，但依傳世文獻所記，祭祀山川行道當在城門之外，築壇，其主置於臨時祭舍之內。若祭平地行道，則當在廟門外之西，築壇，並設主於軷上。

第三、祭祀牲品：依傳世文獻所記，祭行用酒食（脯）、犬、羊，楚地簡帛只見酒食、白犬，未見羊。（殷周車馬坑內則埋有牛、羊、豬、犬牲。）

第四、祭祀方法：依楚地簡帛，祭「行」可用「賽禱」、「舉禱」（或「就禱」），祭「宮行」可用「舉禱」；依傳世文獻所記，先搭舍設主，由巫祝祭禱後以酒祭車後犯軷，並貢獻羊、犬、酒食（脯），而後歌樂。

行道之祭主要在為出行之人祈福，本屬吉禮。但上文提到殷周出殯之時亦需為死者舉行行道之祭，以求其魂魄在升天或入地時能一路平安，在這個層面，行道之祭又是凶禮。而奉祀行道神的祭典同時間又夾在出師、征戰、討伐等軍旅活動中。《周禮‧夏官‧大司馬》設有「戎僕」一職，專管王師出征前的「犯軷」之祭。文曰：「犯軷，如玉路之儀；凡巡狩及兵車之會，亦如之。」王昭禹云：「王以兵出，故有犯軷之儀。」《後漢書‧馬援傳》：「匈奴、譬桓寇扶風，援以三輔侵擾，園陵危逼，內請行，許之。……出屯襄國。（帝）詔百官祖道。」《後漢書‧馬成傳》：「建武四年，（成）拜揚武將軍……發會稽、丹陽、九江、六安四郡兵擊李憲，時帝幸壽春，設壇場、祖禮遣之。」《藝文類聚》59卷梁、簡文帝〈和武帝詩〉：「犒兵隨後拒，軷祭逐前師。」軍征與誅殺，既借祖祭以壯行，又祈行道神來護佑。所以唐‧杜佑在修《通典》

〔註460〕何潤坤〈雲夢秦簡《日書》「行」及有關秦人社會活動考〉，《江漢考古》，1996年1期，頁92。

時，便把「蒐祭」收入「軍禮」。

　　除去漢族，少數民族亦有類似行道崇拜的信仰。在傣族民間信仰中，人們在路邊橋頭植樹，以討好行道神。傣族〈栽樹歌〉唱道：

> 路神，你不要驚慌。地神，你不要誤解。是我們求福人，來到這裡把你打擾。驚散了你的美夢，趕走了你的睡意。原諒我們吧！我們也是好心。今天，我們帶來了樹苗……不栽在高山，不插在深箐，……就讓它生長在馬路邊，在這裡紮根，在這裡茂盛成長。一天三個樣，一月三個樣，一年三個樣……。〔註461〕

路南縣彝文經典《趕邪魔經》說：

> 驅邪畢摩（巫師）啊！在那屋舍中。驅邪聲朗朗……趕「勺」（邪魔之名）屋下方……勺奪（即「勺」之複名）快滾去，此處非你住。……趕勺到寨邊，寨邊有條道，道神莫挽勺，路魂莫留奪。若把勺奪留，路上邪氣多。……〔註462〕

經文中的「道神、路魂」即是彝人信仰中的主管道路的神祇。與此相比，鄂溫克人的行道神則是惡神，俗稱「博迪合特古熱」，人們外出生病，就是它搞鬼；〔註463〕怒江傈僳族的原始宗教中，路鬼叫「加姑尼」，行道神叫「呼咕尼」；祂們常挑起械鬥以至路人橫死，凡遇此現象，先由祭司卜卦確認，再殺雞祭奉，村寨方安寧；〔註464〕錫伯族人把行道神叫「卓袞恩杜里」，它在夜間為人們指路，錫伯人敬祭如土地神；〔註465〕湖南寧鄉縣回龍山上有白雲寺，上白雲寺的路上有座「報路神廟」，報路神的職能是代替求福的人們向白雲寺的神靈報訊，所以去白雲寺拜拜的人們把到報路神廟祭拜當作一個上山門必要的過程，一說報路神的前身是擋路神——夜間擋住做歹事的人，一說祂就是土地神；〔註466〕赫哲族人有一首謝神詞說：「……謹慎守門的查尼神，通風報信的克庫神，勤勤

〔註461〕雲南省少數民族古籍整理出版規劃辦公室編《傣族風俗歌》（昆明：雲南民族出版社，1988年），頁32。

〔註462〕呂大吉主編《中國各民族原始宗教資料集成・彝族卷》（北京：中國社會科學出版社，1999年），頁286。

〔註463〕內蒙古自治區編輯組編《鄂溫克族社會歷史調查・鄂溫克族自治旗輝素木調查報告》（呼和浩特：內蒙古人民出版社，1986年），頁489。

〔註464〕呂大吉主編《中國原始宗教資料叢編・傈僳族卷》（上海：海人民出版社，1993年），頁731。

〔註465〕佟克力《錫伯族歷史與文化》（烏魯木齊：新疆人民出版社，1989年），頁186。

〔註466〕周鵲紅〈回龍山的報路神〉，《民俗研究》2001年1期，頁199～201。

帶路的博爾布克神，管魚的木克蹲特神，……請你們諸位火速光臨……」可見
他們的行道神是「博爾布克」；〔註467〕在碧江怒族人的觀念裡，有一種「小路
之鬼靈」，叫「密起」，徘徊在山間幽徑上，凡人遇見它，即患「眼疾」，怒人對
之，從不祭奉，而是請巫師出面，持刀在患者經過的道路上驅趕，並撒出鵝卵
石，「密起」即逃匿而去；〔註468〕雲南貢山獨龍族的道路神靈有兩個，一具叫
「益休卜郎」，一個叫「木龍卜郎」，都屬於地上靈鬼類型（獨龍族天上靈鬼系
列稱之為「南木」），人們在山路上摔傷或掉下山崖去，那都是「益休卜郎」或
「木龍卜郎」作怪，平時必須以酒食媚祭之。〔註469〕

〔註467〕伊瑪堪〈馬爾托莫口根〉，《黑龍江民間文學》20輯，頁44。
〔註468〕何叔濤〈碧汀怒族的原始宗教〉，《世界宗教研究》1985年3期，頁144。
〔註469〕呂大吉主編《中國原始宗教資料叢編·獨龍族卷》（上海：上海人民出版社，
　　　　1993年），頁622。